INCOME TAX TABLES AND GUIDE TO THE DEDUCTION OF TAX FROM DIVIDENDS, INTEREST, GROUND RENTS, ETC., FOR THE USE OF SECRETARIES, ACCOUNTANTS, COMMERCIAL HOUSES, AND ALL CONCERNED IN THE PAYMENT OF INCOME TAX AND SUPER-TAX

Published © 2017 Trieste Publishing Pty Ltd

ISBN 9780649159048

Income tax tables and guide to the deduction of tax from dividends, interest, ground rents, etc., for the use of secretaries, accountants, commercial houses, and all concerned in the payment of income tax and super-tax by W. E. Snelling

Edited by Trieste Publishing Pty Ltd.
Cover © 2017

www.triestepublishing.com

W. E. SNELLING

INCOME TAX TABLES AND GUIDE TO THE DEDUCTION OF TAX FROM DIVIDENDS, INTEREST, GROUND RENTS, ETC., FOR THE USE OF SECRETARIES, ACCOUNTANTS, COMMERCIAL HOUSES, AND ALL CONCERNED IN THE PAYMENT OF INCOME TAX AND SUPER-TAX

Trieste

INCOME TAX TABLES

INCOME TAX TABLES

AND

GUIDE TO THE DEDUCTION OF TAX FROM DIVIDENDS, INTEREST, GROUND RENTS, ETC.

FOR THE USE OF SECRETARIES, ACCOUNTANTS, COMMERCIAL HOUSES, AND ALL CONCERNED IN THE PAYMENT OF INCOME TAX AND SUPER-TAX

COMPILED BY

W. E. SNELLING

OF THE INLAND REVENUE DEPARTMENT

AUTHOR OF
"INCOME TAX PRACTICE," "INCOME TAX LAW AND CASES,"
"EXCESS PROFITS DUTY," ETC.

SECOND EDITION, REVISED AND ENLARGED

LONDON
SIR ISAAC PITMAN & SONS, LTD., 1 AMEN CORNER, E.C.
BATH, NEW YORK AND MELBOURNE

PRINTED BY SIR ISAAC PITMAN
& SONS, LTD., LONDON, BATH,
NEW YORK AND MELBOURNE

PREFACE

In the preface to the first edition it was suggested that sufficient reason for the compilation of this book lay in the fact that it contained eighty-two tables of rates, all of which would be in frequent use at the date of publication, or within a few months therefrom. The present edition includes the further tables made necessary by the Finance Act of 1916.

The preliminary tables form a guide, which, it is believed, will be of service. The deduction of tax at apportioned rates has always presented difficulty. The alteration of the rates during the fiscal year 1915–16 (which for some time will continue to affect a large proportion of income tax deductions) and the creation of fractional rates has considerably increased the difficulty. Yet experience proves the expediency of the deduction being made at the exact rate and not at a rough approximation thereto. This becomes an easy matter when an appropriate table is at hand.

In all calculations of duty, the person bearing the tax has been given the benefit of fractions of one penny.

CONTENTS

		PAGE
	PREFACE	v
I.	INCOME TAX—RATES CHARGEABLE IN NORMAL CASES, 1914–15, 1915–16, AND 1916–17	1
II.	INCOME TAX—RATES FOR THE PAY OF SOLDIERS, SAILORS, ETC.	1
III.	INCOME TAX—WHEN TAX HAS BEEN PAID ON A LARGER INCOME THAN HAS BEEN RECEIVED	2
IV.	INCOME TAX—ALLOWANCES	2
V.	SUPER-TAX—TABLE OF RATES: 1914-15, 1915-16 AND 1916-17	3
VI.	SUPER-TAX CHARGEABLE IN NORMAL CASES . .	3
VII.	SUPER-TAX—WHERE THE FULL DUTY IS NOT PAYABLE .	4
VIII.	TAX DEDUCTIBLE FROM QUARTERLY PAYMENTS OF DIVIDENDS, INTEREST, GROUND RENTS, ETC. . . .	5
IX.	TAX DEDUCTIBLE FROM HALF-YEARLY PAYMENTS OF DIVIDENDS, INTEREST, GROUND RENTS, ETC.. .	6
X.	TAX DEDUCTIBLE FROM YEARLY PAYMENTS OF DIVIDENDS, INTEREST, GROUND RENTS, ETC. . .	7
XI.	QUARTERLY DIVIDENDS, GROUND RENTS, INTEREST, ETC., UNDER-DEDUCTION OF TAX AND SUBSEQUENT ADJUSTMENTS	9
XII.	HALF-YEARLY DIVIDENDS, INTEREST, GROUND RENTS, ETC., UNDER-DEDUCTION OF TAX AND SUBSEQUENT ADJUSTMENTS	11
XIII.	YEARLY DIVIDENDS, INTEREST, GROUND RENTS, ETC., UNDER-DEDUCTION OF TAX AND SUBSEQUENT ADJUSTMENTS	12
	TABLES OF RATES	14

INCOME TAX TABLES

I. INCOME TAX.

Rates Chargeable in Normal Cases.

Year.	Aggregate Income as assessed or from which Tax has been deducted.	Rates for Earned Income.			Rates for Unearned Income.		
		Original.	Increase.	Total.	Original.	Increase.	Total.
		s. d.	s. d.	s. d.	s. d.	s. d.	s. d.
1914–15	Not exceeding £300	9	3	1 0	1 0	4	1 4
	" " £500	9	3	1 0	1 2	4⅔	1 6⅔
	" " £1,000	9	3	1 0	1 3	5	1 8
	" " £1,500	10½	3½	1 2	1 3	5	1 8
	" " £2,000	1 0	4	1 4	1 3	5	1 8
	" " £2,500	1 2	4⅔	1 6⅔	1 3	5	1 8
	Exceeding £2,500	1 3	5	1 8	1 3	5	1 8
1915–16	Not exceeding £300	1 6	3⅗	1 9⅗	2 0	4⅘	2 4⅘
	" " £500	1 6	3⅗	1 9⅗	2 4	5⅗	2 9⅗
	" " £1,000	1 6	3⅗	1 9⅗	2 6	6	3 0
	" " £1,500	1 9	4⅕	2 1⅕	2 6	6	3 0
	" " £2,000	2 0	4⅘	2 4⅘	2 6	6	3 0
	" " £2,500	2 4	5⅗	2 9⅗	2 6	6	3 0
	Exceeding £2,500	2 6	6	3 0	2 6	6	3 0
1916–17	Not exceeding £300		2 3			3 0	
	" " £500		2 3			3 6	
	" " £1,000		2 6			4 0	
	" " £1,500		3 0			4 6	
	" " £2,000		3 8			4 6	
	" " £2,500		4 4			5 0	
	Exceeding £2,500		5 0			5 0	

II. INCOME TAX.—Soldiers, Sailors, etc.

Rates chargeable on the Pay *of soldiers and sailors, and of persons serving abroad under the British Red Cross Society, the St. John Ambulance Association or similar body.*

Aggregate Income as assessed or from which Tax has been deducted.	Rates for Service Pay.	
	1915–16.	1916–17.
	s. d.	s. d.
Not exceeding £300	9	9
" " £1,000	9	2 1
" " £1,500	10½	2 5
" " £2,000	1 0	2 9
" " £2,500	1 2	3 3
Exceeding £2,500	1 3	3 6

1A—(1526)

III. INCOME TAX.—When Tax has been Paid on a larger Income than has been received.

1915–16.—Part or whole of the increased duty shown under *Increase* in *Table I* is repayable for 1915–16 if the actual total income is less than 90 per cent. of the assumed income on which tax has been paid.

1916–17.—If the actual income is less than 90% of the assumed income on which tax has been paid, liability may be computed on that actual income and the excess tax repaid.

NOTE.—The intent of the enactment in question is to correct any considerable hardship entailed in the "average" system.

Percentage by which actual total income is less than income on which Tax has been paid.	Portion of duty which is repayable. 1915–16.	1916–17.
11% and under 12%	10% of "increased" duty	Tax paid in excess of tax on actual income.
12% ,, 13%	20% ,, ,,	
13% ,, 14%	30% ,, ,,	
14% ,, 15%	40% ,, ,,	
15% ,, 16%	50% ,, ,,	
16% ,, 17%	60% ,, ,,	
17% ,, 18%	70% ,, ,,	
18% ,, 19%	80% ,, ,,	
19% ,, 20%	90% ,, ,,	
20% or more	100% ,, ,,	

IV. INCOME TAX.—Allowances.

i.e., amounts deductible from assessable income before tax is charged thereon; these allowances must be made against earned income until it is exhausted.

Year.	Aggregate Income.	Allowances. Abatement.	Children under 16.	Life Insurance Premiums.
1914–15	Not exceeding £400	£160	£20 each	Not exceeding ⅙th of aggregate income
	,, ,, £500	£150	£20 each	
	,, ,, £600	£120	—	
	,, ,, £700	£70	—	
	Exceeding £700	—	—	
1915–16 and 1916–17	Not exceeding £130	Exempt	—	Premiums ensuring payment at death not exceeding 7% of that payment. Other premiums—not exceeding £100 in all. All premiums not exceeding ⅙th of aggregate income
	,, ,, £400	£120*	£25 each	
	,, ,, £500	£100*	£25 each	
	,, ,, £600	£100*	—	
	,, ,, £700	£70	—	
	Exceeding £700	—	—	

For 1916–17 a person having an income slightly above any limit may, if it is to his advantage, pay the sum by which his income exceeds that limit and then pay tax on the income as reduced.

* For soldiers and sailors the 1914–15 abatements apply.

V. SUPER-TAX.

Table of Rates: 1914–15, 1915–16, and 1916–17

Graduation.		Rates per £ on Incomes exceeding £3,000.						
		1914–15.					1915-16 & 1916-17	
On the first £2,500		Nil					Nil.	
		s.	d.	increased	s.	d.	s.	d.
On the next £500			5	to		6⅔		10
,, fourth £1,000	(£3,000 to £4,000)		7	,,		9⅓	1	2
,, fifth ,,	(£4,000 to £5,000)		9	,,	1	0	1	6
,, sixth ,,	(£5,000 to £6,000)		11	,,	1	2⅔	1	10
,, seventh ,,	(£6,000 to £7,000)	1	1	,,	1	5⅓	2	2
,, eighth ,,	(£7,000 to £8,000)	1	3	,,	1	8	2	6
,, ninth ,,	(£8,000 to £9,000)	1	4	,,	1	9⅓	2	10
,, tenth ,,	(£9,000 to £10,000)	1	4	,,	1	9⅓	3	2
On all beyond		1	4	,,	1	9⅓	3	6

VI. SUPER-TAX CHARGEABLE IN NORMAL CASES.

Example showing how this Table should be Read.—The super-tax chargeable on £6,543 for 1914–15 is £163 17s. 9d. (see below), plus £39 4s. 3d. (see Table of Duty at 1s. 5⅓d.) .. £203 2s. 0d.

For 1916–17 a person having an income slightly above any limit may, if it is to his advantage, pay the sum by which his income exceeds that limit and then pay tax on the income as reduced.

Aggregate Income (after deduction of Insurance premium).	Duty. 1914-15.	Duty. 1915-16 and 1916-17.
Exceeding £3,000 and not exceeding £4,000	**£13 17s. 9d.** plus 9⅓d. for every £ over £3,000	**£20 16s. 8d.** plus 1s. 2d. for every £ over £3,000
Exceeding £4,000 and not exceeding £5,000	**£52 15s. 6d.** plus 1s. 0d. for every £ over £4,000	**£79 3s. 4d.** plus 1s. 6d. for every £ over £4,000
Exceeding £5,000 and not exceeding £6,000	**£102 15s. 6d.** plus 1s. 2⅔d. for every £ over £5,000	**£154 3s. 4d.** plus 1s. 10d. for every £ over £5,000
Exceeding £6,000 and not exceeding £7,000	**£163 17s. 9d.** plus 1s. 5⅓d. for every £ over £6,000	**£245 16s. 8d.** plus 2s. 2d. for every £ over £6,000
Exceeding £7,000 and not exceeding £8,000	**£236 2s. 2d.** plus 1s. 8d. for every £ over £7,000	**£354 3s. 4d.** plus 2s. 6d. for every £ over £7,000
Exceeding £8,000 and not exceeding £9,000	**£319 8s. 10d.** plus 1s. 9⅓d. for every £ over £8,000	**£479 3s. 4d.** plus 2s. 10d. for every £ over £8,000
Exceeding £9,000 and not exceeding £10,000	**£408 6s. 8d.** plus 1s. 9⅓d. for every £ over £9,000	**£620 16s. 8d.** plus 3s. 2d. for every £ over £9,000
Exceeding £10,000	**£497 4s. 5d.** plus 1s. 9⅓d. for every £ over £10,000	**£779 3s. 4d.** plus 3s. 6d. for every £ over £10,000

VII. SUPER-TAX.

Where the full duty is not payable.

Comparison must be made between the aggregate income as estimated for Super-tax purposes and the actual income from all sources. The former will be referred to as (*a*) and the latter as (*b*).

Year for which Super-tax is charged.	Condition.	What Tax is Payable at the usual time.	Provisions as to Payment of Balance.
1914–15	(i) If (*b*) for 1914–15 is less than two-thirds of (*a*) for 1914–15.	The super-tax which would be chargeable if (*b*) for 1914–15 were substituted for (*a*) for 1914–15.	Balance deferred to 1st January, 1916.
	(ii) If (*b*) for 1915–16 is less than two-thirds of (*a*) for 1914–15.	—	Balance dealt with as under (iii); otherwise payable on 1st January, 1916.
	(iii) If (*b*) for 1916–17 is less than two-thirds of (*a*) for 1914–15.	—	Balance further deferred to 1st January, 1918; otherwise payable on 1st January, 1917.
1915–16	(i) If (*b*) for 1915–16 is less than two-thirds of (*a*) for 1915–16.	The super-tax which would be chargeable if (*b*) for 1915–16 were substituted for (*a*) for 1915–16.	Balance deferred to 1st January, 1917.
	(ii) If (*b*) for 1916–17 is less than two-thirds of (*a*) for 1915–16.	—	Balance further deferred to 1st January, 1918; otherwise payable on 1st January, 1917.
1916–17	(i) If (*b*) for 1916–17 is less than two-thirds of (*a*) for 1916–17.	The super-tax which would be chargeable if (*b*) for 1916–17 were substituted for (*a*) for 1916–17.	Balance deferred to 1st January, 1918.

VIII. TAX DEDUCTIBLE FROM QUARTERLY PAYMENTS OF DIVIDENDS, INTEREST, GROUND RENTS, Etc.

Under-deduction of Tax through alteration of rate during the year and subsequent adjustment—see Tables XI, XII, and XIII.

In using Tables VIII, IX, and X, it should be borne in mind that no distinction is made in these matters between 31st March and 5th April. Even 25th March (quarter-day) is regarded as coinciding with the end of the fiscal year when the deduction of tax is concerned. It follows, therefore, that a corresponding latitude must be allowed throughout the year and that no nearer description than " mid-month " or " end-month " is required for any day of the month.

Dates to which the payments accrue.		s. d.	Rates at which tax should be deducted. s. d.
All dates between end-June, 1914, and end-March (or 5th April), 1915			1 8
Mid-April, 1915	2½ months at ½ month at	1 8 3 0	1 10⅔
End-April, 1915	2 months at 1 month at	1 8 3 0	2 1⅓
Mid-May, 1915	1½ „ „ 1½ „ „	1 8 3 0	2 4
End-May, 1915	1 „ „ 2 months at	1 8 3 0	2 6⅔
Mid-June, 1915	½ month at 2½ months at	1 8 3 0	2 9⅓
All dates between end-June, 1915, and end-March (or 5th April), 1916			3 0
Mid-April, 1916	2½ months at ½ month at	3 0 5 0	3 4
End-April, 1916	2 months at 1 month at	3 0 5 0	3 8
Mid-May, 1916	1½ „ „ 1½ „ „	3 0 5 0	4 0
End-May, 1916	1 „ „ 2 months at	3 0 5 0	4 4
Mid-June, 1916	½ month at 2½ months at	3 0 5 0	4 8
All dates between end-June, 1916, and end-March (or 5th April), 1917			5 0

IX. TAX DEDUCTIBLE FROM HALF-YEARLY PAYMENTS OF DIVIDENDS, INTEREST, GROUND RENTS, Etc.

Dates to which the payments accrue.		*s. d.*	Rates at which tax should be deducted. *s. d.*
All dates between end-September, 1914, and end-March (or 5th April,) 1915			1 8
Mid-April, 1915	5½ months at ½ month at	1 8 3 0	1 9⅓
End-April, 1915	5 months at 1 month at	1 8 3 0	1 10⅔
Mid-May, 1915	4½ months at 1½ month at	1 8 3 0	2 0
End-May, 1915	4 months at 2 " "	1 8 3 0	2 1⅓
Mid-June, 1915	3½ " " 2½ " "	1 8 3 0	2 2⅔
End-June, 1915	3 " " 3 " "	1 8 3 0	2 4
Mid-July, 1915	2½ " " 3½ " "	1 8 3 0	2 5⅓
End-July, 1915	2 " " 4 " "	1 8 3 0	2 6⅔
Mid-August, 1915	1½ month at 4½ months at	1 8 3 0	2 8
End-August, 1915	1 month at 5 months at	1 8 3 0	2 9⅓
Mid-September, 1915	½ month at 5½ months at	1 8 3 0	2 10⅔
All dates between end-September, 1915, and end-March (or 5th April), 1916			3 0
Mid-April, 1916	5½ months at ½ month at	3 0 5 0	3 2
End-April, 1916	5 months at 1 month at	3 0 5 0	3 4
Mid-May, 1916	4½ months at 1½ month at	3 0 5 0	3 6
End-May, 1916	4 months at 2 " "	3 0 5 0	3 8
Mid-June, 1916	3½ " " 2½ " "	3 0 5 0	3 10
End-June, 1916	3 " " 3 " "	3 0 5 0	4 0

Dates to which the payments accrue.		s. d.	Rates at which tax should be deducted. s. d.
Mid-July, 1916	2½ months at / 3½ ,, ,,	3 0 / 5 0	4 2
End-July, 1916	2 ,, ,, / 4 ,, ,,	3 0 / 5 0	4 4
Mid-August, 1916	1½ month at / 4½ months at	3 0 / 5 0	4 6
End-August, 1916	1 month at / 5 months at	3 0 / 5 0	4 8
Mid-September, 1916	½ month at / 5½ months at	3 0 / 5 0	4 10
All dates between end-September, 1916 and end-March (or 5th April), 1917			5 0

X. TAX DEDUCTIBLE FROM YEARLY PAYMENTS OF DIVIDENDS, INTEREST, GROUND RENTS, Etc.

Dates to which the payments accrue.		s. d.	Rates at which tax should be deducted. s. d.
End-March (or 5th April), 1915			1 8
Mid-April, 1915	11½ months at / ½ month at	1 8 / 3 0	1 8⅔
End-April, 1915	11 months at / 1 month at	1 8 / 3 0	1 9⅓
Mid-May, 1915	10½ months at / 1½ month at	1 8 / 3 0	1 10
End-May, 1915	10 months at / 2 ,, ,,	1 8 / 3 0	1 10⅔
Mid-June, 1915	9½ ,, ,, / 2½ ,, ,,	1 8 / 3 0	1 11⅓
End-June, 1915	9 ,, ,, / 3 ,, ,,	1 8 / 3 0	2 0
Mid-July, 1915	8½ ,, ,, / 3½ ,, ,,	1 8 / 3 0	2 0⅔
End-July, 1915	8 ,, ,, / 4 ,, ,,	1 8 / 3 0	2 1⅓
Mid-August, 1915	7½ ,, ,, / 4½ ,, ,,	1 8 / 3 0	2 2
End-August, 1915	7 ,, ,, / 5 ,, ,,	1 8 / 3 0	2 2⅔

Dates to which the payments accrue.		s.	d.	Rates at which tax should be deducted. s.	d.
Mid-September, 1915	6½ months at	1	8	2	3⅓
	5½ „ „	3	0		
End-September, 1915	6 „ „	1	8	2	4
	6 „ „	3	0		
Mid-October, 1915	5½ „ „	1	8	2	4⅔
	6½ „ „	3	0		
End-October, 1915	5 „ „	1	8	2	5⅓
	7 „ „	3	0		
Mid-November, 1915	4½ „ „	1	8	2	6
	7½ „ „	3	0		
End-November, 1915	4 „ „	1	8	2	6⅔
	8 „ „	3	0		
Mid-December, 1915	3½ „ „	1	8	2	7⅓
	8½ „ „	3	0		
End-December, 1915	3 „ „	1	8	2	8
	9 „ „	3	0		
Mid-January, 1916	2½ „ „	1	8	2	8⅔
	9½ „ „	3	0		
End-January, 1916	2 „ „	1	8	2	9⅓
	10 „ „	3	0		
Mid-February, 1916	1½ month at	1	8	2	10
	10½ months at	3	0		
End-February, 1916	1 month at	1	8	2	10⅔
	11 months at	3	0		
Mid-March, 1916	½ month at	1	8	2	11⅓
	11½ months at	3	0		
End-March (or 5th April), 1916				3	0
Mid-April, 1916	11½ months at	3	0	3	1
	½ month at	5	0		
End-April, 1916	11 months at	3	0	3	2
	1 month at	5	0		
Mid-May, 1916	10½ months at	3	0	3	3
	1½ month at	5	0		
End-May, 1916	10 months at	3	0	3	4
	2 „ „	5	0		
Mid-June, 1916	9½ „ „	3	0	3	5
	2½ „ „	5	0		
End-June, 1916	9 „ „	3	0	3	6
	3 „ „	5	0		
Mid-July, 1916	8½ „ „	3	0	3	7
	3½ „ „	5	0		

Dates to which the payments accrue.		Rates at which tax should be deducted.
	s. d.	s. d.
End-July, 1916	8 months at 3 0 4 " " 5 0	3 8
Mid-August, 1916	7½ " " 3 0 4½ " " 5 0	3 9
End-August, 1916	7 " " 3 0 5 " " 5 0	3 10
Mid-September, 1916	6½ " " 3 0 5½ " " 5 0	3 11
End-September, 1916	6 " " 3 0 6 " " 5 0	4 0
Mid-October, 1916	5½ " " 3 0 6½ " " 5 0	4 1
End-October, 1916	5 " " 3 0 7 " " 5 0	4 2
Mid-November, 1916	4½ " " 3 0 7½ " " 5 0	4 3
End-November, 1916	4 " " 3 0 8 " " 5 0	4 4
Mid-December, 1916	3½ " " 3 0 8½ " " 5 0	4 5
End-December, 1916	3 " " 3 0 9 " " 5 0	4 6
Mid-January, 1917	2½ " " 3 0 9½ " " 5 0	4 7
End-January, 1917	2 " " 3 0 10 " " 5 0	4 8
Mid-February, 1917	1½ month at 3 0 10½ months at 5 0	4 9
End-February, 1917	1 month at 3 0 11 months at 5 0	4 10
Mid-March, 1917	½ month at 3 0 11½ months " 5 0	4 11
End-March (or 5th April), 1917		5 0

XI. QUARTERLY DIVIDENDS, GROUND RENTS, INTEREST, Etc.

Under-deduction of Tax consequent on alteration of rate during 1915-16, and subsequent adjustment.

It will be noted that half-way through 1915–16 *the rate for the whole year was increased from* 2*s.* 6*d. to* 3*s.* 0*d. Deductions will have been* *made, however, as in the third column and rectifying deductions must be made as in the fifth column.*

The general rule is to deduct from future payments at the correct rate (vide Table VIII), and also to make up any previous short deductions by spreading the deficit over the future payments of 1915–16 *equally.*

Where the dividends are unequal, quarter by quarter, the full under-deduction must be made good as against the next payment.

The aggregate of the amounts in the 3rd *and* 5th *columns equals the aggregate of the amounts in the* 2nd *column (regarding each group of four quarters as a whole).*

For 1916–17 *no alteration during the year is proposed.*

Dates on which Quarters end.	Revised rates ultimately due, per Table VIII.	Actual deductions at original rates.	Under-deductions in comparing with the revised rates.	Deductions at revised rate, also including sums making good the under-deductions of the previous column.
	s. d.	*s. d.*	*d.*	*s. d.*
Mid-April, 1915 . .	1 10⅔	1 9⅔	1 } 7*d.*	—
Mid-July, 1915 . . .	3 0	2 6	6	—
Mid-October, 1915 . .	3 0	—	—	3 3½
Mid-January, 1916 . .	3 0	—	—	3 3½
End-April, 1915 . .	2 1⅓	1 11⅓	2 } 8*d.*	—
End-July, 1915 . . .	3 0	2 6	6	—
End-October, 1915 . .	3 0	—	—	3 4
End-January, 1916 .	3 0	—	—	3 4
Mid-May, 1915 . . .	2 4	2 1	3 } 9*d.*	—
Mid-August, 1915 . .	3 0	2 6	6	—
Mid-November, 1915 .	3 0	—	—	3 4½
Mid-February, 1916 .	3 0	—	—	3 4½
End-May, 1915 . . .	2 6⅔	2 2⅔	4 } 10*d.*	—
End-August, 1915 . .	3 0	2 6	6	—
End-November, 1915 .	3 0	—	—	3 5
End-February, 1916 .	3 0	—	—	3 5
Mid-June, 1915 . . .	2 9⅓	2 4⅓	5 } 11*d.*	—
Mid-September, 1915 .	3 0	2 6	6	—
Mid-December, 1915 .	3 0	—	—	3 5½
Mid-March, 1916 . .	3 0	—	—	3 5½
End-June, 1915 . .	3 0	2 6	6 } 1*s.* 0*d.*	—
End-September, 1915 .	3 0	2 6	6	—
End-December, 1915 .	3 0	—	—	3 6
End-March, 1916 . .	3 0	—	—	3 6

XII. HALF-YEARLY DIVIDENDS, GROUND RENTS, INTEREST, Etc.

Under-deduction of Tax consequent on alteration of rate during 1915–16, and subsequent adjustment.

See note at head of Table XI.

Dates on which Half-years end.	Revised rates ultimately due, per Table IX.	Actual deductions at original rates.	Under-deductions in comparing with the revised rates.	Deductions at revised rate, also including sums making good the under-deductions of the previous column.
	s. d.	*s. d.*	*d.*	*s. d.*
Mid-April, 1915 . .	1 9⅓	1 8⅚	½	—
Mid-October, 1915 . .	3 0	—	—	3 0½
End-April, 1915 . .	1 10⅔	1 9⅔	1	—
End-October, 1915 . .	3 0	—	—	3 1
Mid-May, 1915 . . .	2 0	1 10½	1½	—
Mid-November, 1915 .	3 0	—	—	3 1½
End-May, 1915 . . .	2 1⅓	1 11⅓	2	—
End-November, 1915 .	3 0	—	—	3 2
Mid-June, 1915 . . .	2 2⅔	2 0⅙	2½	—
Mid-December, 1915 .	3 0	—	—	3 2½
End-June, 1915 . .	2 4	2 1	3	—
End-December, 1915 .	3 0	—	—	3 3
Mid-July, 1915 . . .	2 5⅓	2 1⅚	3½	—
Mid-January, 1916 . .	3 0	—	—	3 3½
End-July, 1915 . . .	2 6⅔	2 2⅔	4	—
End-January, 1916 .	3 0	—	—	3 4
Mid-August, 1915 . .	2 8	2 3½	4½	—
Mid-February, 1916 .	3 0	—	—	3 4½
End-August, 1915 . .	2 9⅓	2 4⅓	5	—
End-February, 1916 .	3 0	—	—	3 5
Mid-September, 1915 .	2 10⅔	2 5⅙	5½	—
Mid-March, 1916 . .	3 0	—	—	3 5½
End-September, 1915 .	3 0	2 6	6	—
End-March, 1916 . .	3 0	—	—	3 6

XIII. YEARLY DIVIDENDS, Etc.

Under-deduction of Tax consequent on alteration of rate during 1915-16, and subsequent adjustment.

See note at head of Table XI.

Yearly dividends are not as a rule constant in amount from year to year, and a table is not needed, therefore. In those rare cases in which such dividends *are* constant, a simple rule may be followed. To the rate applicable to the dividend in connection with which an adjustment is to be made, add ¼d. for every half-month which has elapsed since the previous end-March. Thus—

End-May, 1915—Incorrect deductions made.

	s.	d.
End-May, 1916—Rate applicable per Table X . . .	3	4
4 half-months since end-March—4 × ¼d. . .		1
Rate for May, 1916, to include adjustment . . .	3	5

TABLES OF RATES

TAX AT 3⅗d.

Income.	Tax.			Income.	Tax.			Income.	Tax.			Income.	Tax.		
£	£	s.	d.	£	£	s.	d.	£	£	s.	d.	£	£	s.	d.
1			3	51		15	3	101	1	10	3	151	2	5	3
2			7	52		15	7	102	1	10	7	152	2	5	7
3			10	53		15	10	103	1	10	10	153	2	5	10
4		1	2	54		16	2	104	1	11	2	154	2	6	2
5		1	6	55		16	6	105	1	11	6	155	2	6	6
6		1	9	56		16	9	106	1	11	9	156	2	6	9
7		2	1	57		17	1	107	1	12	1	157	2	7	1
8		2	4	58		17	4	108	1	12	4	158	2	7	4
9		2	8	59		17	8	109	1	12	8	159	2	7	8
10		3	0	60		18	0	110	1	13	0	160	2	8	0
11		3	3	61		18	3	111	1	13	3	161	2	8	3
12		3	7	62		18	7	112	1	13	7	162	2	8	7
13		3	10	63		18	10	113	1	13	10	163	2	8	10
14		4	2	64		19	2	114	1	14	2	164	2	9	2
15		4	6	65		19	6	115	1	14	6	165	2	9	6
16		4	9	66		19	9	116	1	14	9	166	2	9	9
17		5	1	67	1	0	1	117	1	15	1	167	2	10	1
18		5	4	68	1	0	4	118	1	15	4	168	2	10	4
19		5	8	69	1	0	8	119	1	15	8	169	2	10	8
20		6	0	70	1	1	0	120	1	16	0	170	2	11	0
21		6	3	71	1	1	3	121	1	16	3	171	2	11	3
22		6	7	72	1	1	7	122	1	16	7	172	2	11	7
23		6	10	73	1	1	10	123	1	16	10	173	2	11	10
24		7	2	74	1	2	2	124	1	17	2	174	2	12	2
25		7	6	75	1	2	6	125	1	17	6	175	2	12	6
26		7	9	76	1	2	9	126	1	17	9	176	2	12	9
27		8	1	77	1	3	1	127	1	18	1	177	2	13	1
28		8	4	78	1	3	4	128	1	18	4	178	2	13	4
29		8	8	79	1	3	8	129	1	18	8	179	2	13	8
30		9	0	80	1	4	0	130	1	19	0	180	2	14	0
31		9	3	81	1	4	3	131	1	19	3	181	2	14	3
32		9	7	82	1	4	7	132	1	19	7	182	2	14	7
33		9	10	83	1	4	10	133	1	19	10	183	2	14	10
34		10	2	84	1	5	2	134	2	0	2	184	2	15	2
35		10	6	85	1	5	6	135	2	0	6	185	2	15	6
36		10	9	86	1	5	9	136	2	0	9	186	2	15	9
37		11	1	87	1	6	1	137	2	1	1	187	2	16	1
38		11	4	88	1	6	4	138	2	1	4	188	2	16	4
39		11	8	89	1	6	8	139	2	1	8	189	2	16	8
40		12	0	90	1	7	0	140	2	2	0	190	2	17	0
41		12	3	91	1	7	3	141	2	2	3	191	2	17	3
42		12	7	92	1	7	7	142	2	2	7	192	2	17	7
43		12	10	93	1	7	10	143	2	2	10	193	2	17	10
44		13	2	94	1	8	2	144	2	3	2	194	2	18	2
45		13	6	95	1	8	6	145	2	3	6	195	2	18	6
46		13	9	96	1	8	9	146	2	3	9	196	2	18	9
47		14	1	97	1	9	1	147	2	4	1	197	2	19	1
48		14	4	98	1	9	4	148	2	4	4	198	2	19	4
49		14	8	99	1	9	8	149	2	4	8	199	2	19	8
50		15	0	100	1	10	0	150	2	5	0	200	3	0	0

TAX AT $3\frac{3}{5}$d.

Income.	Tax.			Income.	Tax.			Income.	Tax.			Income.	Tax.		
£	£	s.	d.	£	£	s.	d.	£	£	s.	d.	£	£	s.	d.
201	3	0	3	251	3	15	3	310	4	13	0	810	12	3	0
202	3	0	7	252	3	15	7	320	4	16	0	820	12	6	0
203	3	0	10	253	3	15	10	330	4	19	0	830	12	9	0
204	3	1	2	254	3	16	2	340	5	2	0	840	12	12	0
205	3	1	6	255	3	16	6	350	5	5	0	850	12	15	0
206	3	1	9	256	3	16	9	360	5	8	0	860	12	18	0
207	3	2	1	257	3	17	1	370	5	11	0	870	13	1	0
208	3	2	4	258	3	17	4	380	5	14	0	880	13	4	0
209	3	2	8	259	3	17	8	390	5	17	0	890	13	7	0
210	3	3	0	260	3	18	0	400	6	0	0	900	13	10	0
211	3	3	3	261	3	18	3	410	6	3	0	910	13	13	0
212	3	3	7	262	3	18	7	420	6	6	0	920	13	16	0
213	3	3	10	263	3	18	10	430	6	9	0	930	13	19	0
214	3	4	2	264	3	19	2	440	6	12	0	940	14	2	0
215	3	4	6	265	3	19	6	450	6	15	0	950	14	5	0
216	3	4	9	266	3	19	9	460	6	18	0	960	14	8	0
217	3	5	1	267	4	0	1	470	7	1	0	970	14	11	0
218	3	5	4	268	4	0	4	480	7	4	0	980	14	14	0
219	3	5	8	269	4	0	8	490	7	7	0	990	14	17	0
220	3	6	0	270	4	1	0	500	7	10	0	1,000	15	0	0
221	3	6	3	271	4	1	3	510	7	13	0	1,100	16	10	0
222	3	6	7	272	4	1	7	520	7	16	0	1,200	18	0	0
223	3	6	10	273	4	1	10	530	7	19	0	1,300	19	10	0
224	3	7	2	274	4	2	2	540	8	2	0	1,400	21	0	0
225	3	7	6	275	4	2	6	550	8	5	0	1,500	22	10	0
226	3	7	9	276	4	2	9	560	8	8	0	1,600	24	0	0
227	3	8	1	277	4	3	1	570	8	11	0	1,700	25	10	0
228	3	8	4	278	4	3	4	580	8	14	0	1,800	27	0	0
229	3	8	8	279	4	3	8	590	8	17	0	1,900	28	10	0
230	3	9	0	280	4	4	0	600	9	0	0	2,000	30	0	0
231	3	9	3	281	4	4	3	610	9	3	0	3,000	45	0	0
232	3	9	7	282	4	4	7	620	9	6	0	4,000	60	0	0
233	3	9	10	283	4	4	10	630	9	9	0	5,000	75	0	0
234	3	10	2	284	4	5	2	640	9	12	0	6,000	90	0	0
235	3	10	6	285	4	5	6	650	9	15	0	7,000	105	0	0
236	3	10	9	286	4	5	9	660	9	18	0	8,000	120	0	0
237	3	11	1	287	4	6	1	670	10	1	0	9,000	135	0	0
238	3	11	4	288	4	6	4	680	10	4	0	10,000	150	0	0
239	3	11	8	289	4	6	8	690	10	7	0				
240	3	12	0	290	4	7	0	700	10	10	0				
241	3	12	3	291	4	7	3	710	10	13	0				
242	3	12	7	292	4	7	7	720	10	16	0				
243	3	12	10	293	4	7	10	730	10	19	0				
244	3	13	2	294	4	8	2	740	11	2	0				
245	3	13	6	295	4	8	6	750	11	5	0				
246	3	13	9	296	4	8	9	760	11	8	0				
247	3	14	1	297	4	9	1	770	11	11	0				
248	3	14	4	298	4	9	4	780	11	14	0				
249	3	14	8	299	4	9	8	790	11	17	0				
250	3	15	0	300	4	10	0	800	12	0	0				

PARTS OF A £.

s.	d.		d.
5	7	....	1
11	2	....	2
16	8	....	3

TAX AT 4⅕d.

Income.	Tax.			Income.	Tax.			Income.	Tax.			Income.	Tax.		
£	£	s.	d.	£	£	s.	d.	£	£	s.	d.	£	£	s.	d.
1			4	51		17	10	101	1	15	4	151	2	12	10
2			8	52		18	2	102	1	15	8	152	2	13	2
3		1	0	53		18	6	103	1	16	0	153	2	13	6
4		1	4	54		18	10	104	1	16	4	154	2	13	10
5		1	9	55		19	3	105	1	16	9	155	2	14	3
6		2	1	56		19	7	106	1	17	1	156	2	14	7
7		2	5	57		19	11	107	1	17	5	157	2	14	11
8		2	9	58	1	0	3	108	1	17	9	158	2	15	3
9		3	1	59	1	0	7	109	1	18	1	159	2	15	7
10		3	6	60	1	1	0	110	1	18	6	160	2	16	0
11		3	10	61	1	1	4	111	1	18	10	161	2	16	4
12		4	2	62	1	1	8	112	1	19	2	162	2	16	8
13		4	6	63	1	2	0	113	1	19	6	163	2	17	0
14		4	10	64	1	2	4	114	1	19	10	164	2	17	4
15		5	3	65	1	2	9	115	2	0	3	165	2	17	9
16		5	7	66	1	3	1	116	2	0	7	166	2	18	1
17		5	11	67	1	3	5	117	2	0	11	167	2	18	5
18		6	3	68	1	3	9	118	2	1	3	168	2	18	9
19		6	7	69	1	4	1	119	2	1	7	169	2	19	1
20		7	0	70	1	4	6	120	2	2	0	170	2	19	6
21		7	4	71	1	4	10	121	2	2	4	171	2	19	10
22		7	8	72	1	5	2	122	2	2	8	172	3	0	2
23		8	0	73	1	5	6	123	2	3	0	173	3	0	6
24		8	4	74	1	5	10	124	2	3	4	174	3	0	10
25		8	9	75	1	6	3	125	2	3	9	175	3	1	3
26		9	1	76	1	6	7	126	2	4	1	176	3	1	7
27		9	5	77	1	6	11	127	2	4	5	177	3	1	11
28		9	9	78	1	7	3	128	2	4	9	178	3	2	3
29		10	1	79	1	7	7	129	2	5	1	179	3	2	7
30		10	6	80	1	8	0	130	2	5	6	180	3	3	0
31		10	10	81	1	8	4	131	2	5	10	181	3	3	4
32		11	2	82	1	8	8	132	2	6	2	182	3	3	8
33		11	6	83	1	9	0	133	2	6	6	183	3	4	0
34		11	10	84	1	9	4	134	2	6	10	184	3	4	4
35		12	3	85	1	9	9	135	2	7	3	185	3	4	9
36		12	7	86	1	10	1	136	2	7	7	186	3	5	1
37		12	11	87	1	10	5	137	2	7	11	187	3	5	5
38		13	3	88	1	10	9	138	2	8	3	188	3	5	9
39		13	7	89	1	11	1	139	2	8	7	189	3	6	1
40		14	0	90	1	11	6	140	2	9	0	190	3	6	6
41		14	4	91	1	11	10	141	2	9	4	191	3	6	10
42		14	8	92	1	12	2	142	2	9	8	192	3	7	2
43		15	0	93	1	12	6	143	2	10	0	193	3	7	6
44		15	4	94	1	12	10	144	2	10	4	194	3	7	10
45		15	9	95	1	13	3	145	2	10	9	195	3	8	3
46		16	1	96	1	13	7	146	2	11	1	196	3	8	7
47		16	5	97	1	13	11	147	2	11	5	197	3	8	11
48		16	9	98	1	14	3	148	2	11	9	198	3	9	3
49		17	1	99	1	14	7	149	2	12	1	199	3	9	7
50		17	6	100	1	15	0	150	2	12	6	200	3	10	0

TAX AT $4\frac{1}{5}$d.

Income.	Tax.			Income.	Tax.			Income.	Tax.			Income.	Tax.		
£	£	s.	d.	£	£	s.	d.	£	£	s.	d.	£	£	s.	d.
201	3	10	4	251	4	7	10	310	5	8	6	810	14	3	6
202	3	10	8	252	4	8	2	320	5	12	0	820	14	7	0
203	3	11	0	253	4	8	6	330	5	15	6	830	14	10	6
204	3	11	4	254	4	8	10	340	5	19	0	840	14	14	0
205	3	11	9	255	4	9	3	350	6	2	6	850	14	17	6
206	3	12	1	256	4	9	7	360	6	6	0	860	15	1	0
207	3	12	5	257	4	9	11	370	6	9	6	870	15	4	6
208	3	12	9	258	4	10	3	380	6	13	0	880	15	8	0
209	3	13	1	259	4	10	7	390	6	16	6	890	15	11	6
210	3	13	6	260	4	11	0	400	7	0	0	900	15	15	0
211	3	13	10	261	4	11	4	410	7	3	6	910	15	18	6
212	3	14	2	262	4	11	8	420	7	7	0	920	16	2	0
213	3	14	6	263	4	12	0	430	7	10	6	930	16	5	6
214	3	14	10	264	4	12	4	440	7	14	0	940	16	9	0
215	3	15	3	265	4	12	9	450	7	17	6	950	16	12	6
216	3	15	7	266	4	13	1	460	8	1	0	960	16	16	0
217	3	15	11	267	4	13	5	470	8	4	6	970	16	19	6
218	3	16	3	268	4	13	9	480	8	8	0	980	17	3	0
219	3	16	7	269	4	14	1	490	8	11	6	990	17	6	6
220	3	17	0	270	4	14	6	500	8	15	0	1,000	17	10	0
221	3	17	4	271	4	14	10	510	8	18	6	1,100	19	5	0
222	3	17	8	272	4	15	2	520	9	2	0	1,200	21	0	0
223	3	18	0	273	4	15	6	530	9	5	6	1,300	22	15	0
224	3	18	4	274	4	15	10	540	9	9	0	1,400	24	10	0
225	3	18	9	275	4	16	3	550	9	12	6	1,500	26	5	0
226	3	19	1	276	4	16	7	560	9	16	0	1,600	28	0	0
227	3	19	5	277	4	16	11	570	9	19	6	1,700	29	15	0
228	3	19	9	278	4	17	3	580	10	3	0	1,800	31	10	0
229	4	0	1	279	4	17	7	590	10	6	6	1,900	33	5	0
230	4	0	6	280	4	18	0	600	10	10	0	2,000	35	0	0
231	4	0	10	281	4	18	4	610	10	13	6	3,000	52	10	0
232	4	1	2	282	4	18	8	620	10	17	0	4,000	70	0	0
233	4	1	6	283	4	19	0	630	11	0	6	5,000	87	10	0
234	4	1	10	284	4	19	4	640	11	4	0	6,000	105	0	0
235	4	2	3	285	4	19	9	650	11	7	6	7,000	122	10	0
236	4	2	7	286	5	0	1	660	11	11	0	8,000	140	0	0
237	4	2	11	287	5	0	5	670	11	14	6	9,000	157	10	0
238	4	3	3	288	5	0	9	680	11	18	0	10,000	175	0	0
239	4	3	7	289	5	1	1	690	12	1	6				
240	4	4	0	290	5	1	6	700	12	5	0				
241	4	4	4	291	5	1	10	710	12	8	6				
242	4	4	8	292	5	2	2	720	12	12	0				
243	4	5	0	293	5	2	6	730	12	15	6				
244	4	5	4	294	5	2	10	740	12	19	0				
245	4	5	9	295	5	3	3	750	13	2	6				
246	4	6	1	296	5	3	7	760	13	6	0				
247	4	6	5	297	5	3	11	770	13	9	6				
248	4	6	9	298	5	4	3	780	13	13	0				
249	4	7	1	299	5	4	7	790	13	16	6				
250	4	7	6	300	5	5	0	800	14	0	0				

PARTS OF A £.

s.	d.		d.
4	10	....	1
9	7	....	2
14	4	....	3
19	1	....	4

2—(1526)

TAX AT 4⅘d.

Income.	Tax.			Income.	Tax.			Income.	Tax.			Income.	Tax.		
£	£	s.	d.	£	£	s.	d.	£	£	s.	d.	£	£	s.	d.
1			4	51	1	0	4	101	2	0	4	151	3	0	4
2			9	52	1	0	9	102	2	0	9	152	3	0	9
3		1	2	53	1	1	2	103	2	1	2	153	3	1	2
4		1	7	54	1	1	7	104	2	1	7	154	3	1	7
5		2	0	55	1	2	0	105	2	2	0	155	3	2	0
6		2	4	56	1	2	4	106	2	2	4	156	3	2	4
7		2	9	57	1	2	9	107	2	2	9	157	3	2	9
8		3	2	58	1	3	2	108	2	3	2	158	3	3	2
9		3	7	59	1	3	7	109	2	3	7	159	3	3	7
10		4	0	60	1	4	0	110	2	4	0	160	3	4	0
11		4	4	61	1	4	4	111	2	4	4	161	3	4	4
12		4	9	62	1	4	9	112	2	4	9	162	3	4	9
13		5	2	63	1	5	2	113	2	5	2	163	3	5	2
14		5	7	64	1	5	7	114	2	5	7	164	3	5	7
15		6	0	65	1	6	0	115	2	6	0	165	3	6	0
16		6	4	66	1	6	4	116	2	6	4	166	3	6	4
17		6	9	67	1	6	9	117	2	6	9	167	3	6	9
18		7	2	68	1	7	2	118	2	7	2	168	3	7	2
19		7	7	69	1	7	7	119	2	7	7	169	3	7	7
20		8	0	70	1	8	0	120	2	8	0	170	3	8	0
21		8	4	71	1	8	4	121	2	8	4	171	3	8	4
22		8	9	72	1	8	9	122	2	8	9	172	3	8	9
23		9	2	73	1	9	2	123	2	9	2	173	3	9	2
24		9	7	74	1	9	7	124	2	9	7	174	3	9	7
25		10	0	75	1	10	0	125	2	10	0	175	3	10	0
26		10	4	76	1	10	4	126	2	10	4	176	3	10	4
27		10	9	77	1	10	9	127	2	10	9	177	3	10	9
28		11	2	78	1	11	2	128	2	11	2	178	3	11	2
29		11	7	79	1	11	7	129	2	11	7	179	3	11	7
30		12	0	80	1	12	0	130	2	12	0	180	3	12	0
31		12	4	81	1	12	4	131	2	12	4	181	3	12	4
32		12	9	82	1	12	9	132	2	12	9	182	3	12	9
33		13	2	83	1	13	2	133	2	13	2	183	3	13	2
34		13	7	84	1	13	7	134	2	13	7	184	3	13	7
35		14	0	85	1	14	0	135	2	14	0	185	3	14	0
36		14	4	86	1	14	4	136	2	14	4	186	3	14	4
37		14	9	87	1	14	9	137	2	14	9	187	3	14	9
38		15	2	88	1	15	2	138	2	15	2	188	3	15	2
39		15	7	89	1	15	7	139	2	15	7	189	3	15	7
40		16	0	90	1	16	0	140	2	16	0	190	3	16	0
41		16	4	91	1	16	4	141	2	16	4	191	3	16	4
42		16	9	92	1	16	9	142	2	16	9	192	3	16	9
43		17	2	93	1	17	2	143	2	17	2	193	3	17	2
44		17	7	94	1	17	7	144	2	17	7	194	3	17	7
45		18	0	95	1	18	0	145	2	18	0	195	3	18	0
46		18	4	96	1	18	4	146	2	18	4	196	3	18	4
47		18	9	97	1	18	9	147	2	18	9	197	3	18	9
48		19	2	98	1	19	2	148	2	19	2	198	3	19	2
49		19	7	99	1	19	7	149	2	19	7	199	3	19	7
50	1	0	0	100	2	0	0	150	3	0	0	200	4	0	0

TAX AT 4$\frac{4}{5}$d.

Income.	Tax.			Income.	Tax.			Income.	Tax.			Income.	Tax.		
£	£	s.	d.	£	£	s.	d.	£	£	s.	d.	£	£	s.	d.
201	4	0	4	251	5	0	4	310	6	4	0	810	16	4	0
202	4	0	9	252	5	0	9	320	6	8	0	820	16	8	0
203	4	1	2	253	5	1	2	330	6	12	0	830	16	12	0
204	4	1	7	254	5	1	7	340	6	16	0	840	16	16	0
205	4	2	0	255	5	2	0	350	7	0	0	850	17	0	0
206	4	2	4	256	5	2	4	360	7	4	0	860	17	4	0
207	4	2	9	257	5	2	9	370	7	8	0	870	17	8	0
208	4	3	2	258	5	3	2	380	7	12	0	880	17	12	0
209	4	3	7	259	5	3	7	390	7	16	0	890	17	16	0
210	4	4	0	260	5	4	0	400	8	0	0	900	18	0	0
211	4	4	4	261	5	4	4	410	8	4	0	910	18	4	0
212	4	4	9	262	5	4	9	420	8	8	0	920	18	8	0
213	4	5	2	263	5	5	2	430	8	12	0	930	18	12	0
214	4	5	7	264	5	5	7	440	8	16	0	940	18	16	0
215	4	6	0	265	5	6	0	450	9	0	0	950	19	0	0
216	4	6	4	266	5	6	4	460	9	4	0	960	19	4	0
217	4	6	9	267	5	6	9	470	9	8	0	970	19	8	0
218	4	7	2	268	5	7	2	480	9	12	0	980	19	12	0
219	4	7	7	269	5	7	7	490	9	16	0	990	19	16	0
220	4	8	0	270	5	8	0	500	10	0	0	1,000	20	0	0
221	4	8	4	271	5	8	4	510	10	4	0	1,100	22	0	0
222	4	8	9	272	5	8	9	520	10	8	0	1,200	24	0	0
223	4	9	2	273	5	9	2	530	10	12	0	1,300	26	0	0
224	4	9	7	274	5	9	7	540	10	16	0	1,400	28	0	0
225	4	10	0	275	5	10	0	550	11	0	0	1,500	30	0	0
226	4	10	4	276	5	10	4	560	11	4	0	1,600	32	0	0
227	4	10	9	277	5	10	9	570	11	8	0	1,700	34	0	0
228	4	11	2	278	5	11	2	580	11	12	0	1,800	36	0	0
229	4	11	7	279	5	11	7	590	11	16	0	1,900	38	0	0
230	4	12	0	280	5	12	0	600	12	0	0	2,000	40	0	0
231	4	12	4	281	5	12	4	610	12	4	0	3,000	60	0	0
232	4	12	9	282	5	12	9	620	12	8	0	4,000	80	0	0
233	4	13	2	283	5	13	2	630	12	12	0	5,000	100	0	0
234	4	13	7	284	5	13	7	640	12	16	0	6,000	120	0	0
235	4	14	0	285	5	14	0	650	13	0	0	7,000	140	0	0
236	4	14	4	286	5	14	4	660	13	4	0	8,000	160	0	0
237	4	14	9	287	5	14	9	670	13	8	0	9,000	180	0	0
238	4	15	2	288	5	15	2	680	13	12	0	10,000	200	0	0
239	4	15	7	289	5	15	7	690	13	16	0				
240	4	16	0	290	5	16	0	700	14	0	0				
241	4	16	4	291	5	16	4	710	14	4	0				
242	4	16	9	292	5	16	9	720	14	8	0				
243	4	17	2	293	5	17	2	730	14	12	0				
244	4	17	7	294	5	17	7	740	14	16	0				
245	4	18	0	295	5	18	0	750	15	0	0				
246	4	18	4	296	5	18	4	760	15	4	0				
247	4	18	9	297	5	18	9	770	15	8	0				
248	4	19	2	298	5	19	2	780	15	12	0				
249	4	19	7	299	5	19	7	790	15	16	0				
250	5	0	0	300	6	0	0	800	16	0	0				

PARTS OF A £.

s.	d.		d.
4	2	....	1
8	4	....	2
12	6	....	3
16	8	....	4

TAX AT 5d.

Income.	Tax.			Income.	Tax.			Income.	Tax.			Income.	Tax.		
£	£	s.	d.	£	£	s.	d.	£	£	s.	d.	£	£	s.	d.
1			5	51	1	1	3	101	2	2	1	151	3	2	11
2			10	52	1	1	8	102	2	2	6	152	3	3	4
3		1	3	53	1	2	1	103	2	2	11	153	3	3	9
4		1	8	54	1	2	6	104	2	3	4	154	3	4	2
5		2	1	55	1	2	11	105	2	3	9	155	3	4	7
6		2	6	56	1	3	4	106	2	4	2	156	3	5	0
7		2	11	57	1	3	9	107	2	4	7	157	3	5	5
8		3	4	58	1	4	2	108	2	5	0	158	3	5	10
9		3	9	59	1	4	7	109	2	5	5	159	3	6	3
10		4	2	60	1	5	0	110	2	5	10	160	3	6	8
11		4	7	61	1	5	5	111	2	6	3	161	3	7	1
12		5	0	62	1	5	10	112	2	6	8	162	3	7	6
13		5	5	63	1	6	3	113	2	7	1	163	3	7	11
14		5	10	64	1	6	8	114	2	7	6	164	3	8	4
15		6	3	65	1	7	1	115	2	7	11	165	3	8	9
16		6	8	66	1	7	6	116	2	8	4	166	3	9	2
17		7	1	67	1	7	11	117	2	8	9	167	3	9	7
18		7	6	68	1	8	4	118	2	9	2	168	3	10	0
19		7	11	69	1	8	9	119	2	9	7	169	3	10	5
20		8	4	70	1	9	2	120	2	10	0	170	3	10	10
21		8	9	71	1	9	7	121	2	10	5	171	3	11	3
22		9	2	72	1	10	0	122	2	10	10	172	3	11	8
23		9	7	73	1	10	5	123	2	11	3	173	3	12	1
24		10	0	74	1	10	10	124	2	11	8	174	3	12	6
25		10	5	75	1	11	3	125	2	12	1	175	3	12	11
26		10	10	76	1	11	8	126	2	12	6	176	3	13	4
27		11	3	77	1	12	1	127	2	12	11	177	3	13	9
28		11	8	78	1	12	6	128	2	13	4	178	3	14	2
29		12	1	79	1	12	11	129	2	13	9	179	3	14	7
30		12	6	80	1	13	4	130	2	14	2	180	3	15	0
31		12	11	81	1	13	9	131	2	14	7	181	3	15	5
32		13	4	82	1	14	2	132	2	15	0	182	3	15	10
33		13	9	83	1	14	7	133	2	15	5	183	3	16	3
34		14	2	84	1	15	0	134	2	15	10	184	3	16	8
35		14	7	85	1	15	5	135	2	16	3	185	3	17	1
36		15	0	86	1	15	10	136	2	16	8	186	3	17	6
37		15	5	87	1	16	3	137	2	17	1	187	3	17	11
38		15	10	88	1	16	8	138	2	17	6	188	3	18	4
39		16	3	89	1	17	1	139	2	17	11	189	3	18	9
40		16	8	90	1	17	6	140	2	18	4	190	3	19	2
41		17	1	91	1	17	11	141	2	18	9	191	3	19	7
42		17	6	92	1	18	4	142	2	19	2	192	4	0	0
43		17	11	93	1	18	9	143	2	19	7	193	4	0	5
44		18	4	94	1	19	2	144	3	0	0	194	4	0	10
45		18	9	95	1	19	7	145	3	0	5	195	4	1	3
46		19	2	96	2	0	0	146	3	0	10	196	4	1	8
47		19	7	97	2	0	5	147	3	1	3	197	4	2	1
48	1	0	0	98	2	0	10	148	3	1	8	198	4	2	6
49	1	0	5	99	2	1	3	149	3	2	1	199	4	2	11
50	1	0	10	100	2	1	8	150	3	2	6	200	4	3	4

TAX AT 5d.

Income.	Tax.			Income.	Tax.			Income.	Tax.			Income.	Tax.		
£	£	s.	d.	£	£	s.	d.	£	£	s.	d.	£	£	s.	d.
201	4	3	9	251	5	4	7	310	6	9	2	810	16	17	6
202	4	4	2	252	5	5	0	320	6	13	4	820	17	1	8
203	4	4	7	253	5	5	5	330	6	17	6	830	17	5	10
204	4	5	0	254	5	5	10	340	7	1	8	840	17	10	0
205	4	5	5	255	5	6	3	350	7	5	10	850	17	14	2
206	4	5	10	256	5	6	8	360	7	10	0	860	17	18	4
207	4	6	3	257	5	7	1	370	7	14	2	870	18	2	6
208	4	6	8	258	5	7	6	380	7	18	4	880	18	6	8
209	4	7	1	259	5	7	11	390	8	2	6	890	18	10	10
210	4	7	6	260	5	8	4	400	8	6	8	900	18	15	0
211	4	7	11	261	5	8	9	410	8	10	10	910	18	19	2
212	4	8	4	262	5	9	2	420	8	15	0	920	19	3	4
213	4	8	9	263	5	9	7	430	8	19	2	930	19	7	6
214	4	9	2	264	5	10	0	440	9	3	4	940	19	11	8
215	4	9	7	265	5	10	5	450	9	7	6	950	19	15	10
216	4	10	0	266	5	10	10	460	9	11	8	960	20	0	0
217	4	10	5	267	5	11	3	470	9	15	10	970	20	4	2
218	4	10	10	268	5	11	8	480	10	0	0	980	20	8	4
219	4	11	3	269	5	12	1	490	10	4	2	990	20	12	6
220	4	11	8	270	5	12	6	500	10	8	4	1,000	20	16	8
221	4	12	1	271	5	12	11	510	10	12	6	1,100	22	18	4
222	4	12	6	272	5	13	4	520	10	16	8	1,200	25	0	0
223	4	12	11	273	5	13	9	530	11	0	10	1,300	27	1	8
224	4	13	4	274	5	14	2	540	11	5	0	1,400	29	3	4
225	4	13	9	275	5	14	7	550	11	9	2	1,500	31	5	0
226	4	14	2	276	5	15	0	560	11	13	4	1,600	33	6	8
227	4	14	7	277	5	15	5	570	11	17	6	1,700	35	8	4
228	4	15	0	278	5	15	10	580	12	1	8	1,800	37	10	0
229	4	15	5	279	5	16	3	590	12	5	10	1,900	39	11	8
230	4	15	10	280	5	16	8	600	12	10	0	2,000	41	13	4
231	4	16	3	281	5	17	1	610	12	14	2	3,000	62	10	0
232	4	16	8	282	5	17	6	620	12	18	4	4,000	83	6	8
233	4	17	1	283	5	17	11	630	13	2	6	5,000	104	3	4
234	4	17	6	284	5	18	4	640	13	6	8	6,000	125	0	0
235	4	17	11	285	5	18	9	650	13	10	10	7,000	145	16	8
236	4	18	4	286	5	19	2	660	13	15	0	8,000	166	13	4
237	4	18	9	287	5	19	7	670	13	19	2	9,000	187	10	0
238	4	19	2	288	6	0	0	680	14	3	4	10,000	208	6	8
239	4	19	7	289	6	0	5	690	14	7	6				
240	5	0	0	290	6	0	10	700	14	11	8				
241	5	0	5	291	6	1	3	710	14	15	10				
242	5	0	10	292	6	1	8	720	15	0	0				
243	5	1	3	293	6	2	1	730	15	4	2				
244	5	1	8	294	6	2	6	740	15	8	4				
245	5	2	1	295	6	2	11	750	15	12	6				
246	5	2	6	296	6	3	4	760	15	16	8				
247	5	2	11	297	6	3	9	770	16	0	10				
248	5	3	4	298	6	4	2	780	16	5	0				
249	5	3	9	299	6	4	7	790	16	9	2				
250	5	4	2	300	6	5	0	800	16	13	4				

PARTS OF A £.

s.	d.	d.
4	0	1
8	0	2
12	0	3
16	0	4

TAX AT 5^{3}d.

Income.	Tax.			Income.	Tax.			Income.	Tax.			Income.	Tax.		
£	£	s.	d.	£	£	s.	d.	£	£	s.	d.	£	£	s.	d.
1			5	51	1	3	9	101	2	7	1	151	3	10	5
2			11	52	1	4	3	102	2	7	7	152	3	10	11
3		1	4	53	1	4	8	103	2	8	0	153	3	11	4
4		1	10	54	1	5	2	104	2	8	6	154	3	11	10
5		2	4	55	1	5	8	105	2	9	0	155	3	12	4
6		2	9	56	1	6	1	106	2	9	5	156	3	12	9
7		3	3	57	1	6	7	107	2	9	11	157	3	13	3
8		3	8	58	1	7	0	108	2	10	4	158	3	13	8
9		4	2	59	1	7	6	109	2	10	10	159	3	14	2
10		4	8	60	1	8	0	110	2	11	4	160	3	14	8
11		5	1	61	1	8	5	111	2	11	9	161	3	15	1
12		5	7	62	1	8	11	112	2	12	3	162	3	15	7
13		6	0	63	1	9	4	113	2	12	8	163	3	16	0
14		6	6	64	1	9	10	114	2	13	2	164	3	16	6
15		7	0	65	1	10	4	115	2	13	8	165	3	17	0
16		7	5	66	1	10	9	116	2	14	1	166	3	17	5
17		7	11	67	1	11	3	117	2	14	7	167	3	17	11
18		8	4	68	1	11	8	118	2	15	0	168	3	18	4
19		8	10	69	1	12	2	119	2	15	6	169	3	18	10
20		9	4	70	1	12	8	120	2	16	0	170	3	19	4
21		9	9	71	1	13	1	121	2	16	5	171	3	19	9
22		10	3	72	1	13	7	122	2	16	11	172	4	0	3
23		10	8	73	1	14	0	123	2	17	4	173	4	0	8
24		11	2	74	1	14	6	124	2	17	10	174	4	1	2
25		11	8	75	1	15	0	125	2	18	4	175	4	1	8
26		12	1	76	1	15	5	126	2	18	9	176	4	2	1
27		12	7	77	1	15	11	127	2	19	3	177	4	2	7
28		13	0	78	1	16	4	128	2	19	8	178	4	3	0
29		13	6	79	1	16	10	129	3	0	2	179	4	3	6
30		14	0	80	1	17	4	130	3	0	8	180	4	4	0
31		14	5	81	1	17	9	131	3	1	1	181	4	4	5
32		14	11	82	1	18	3	132	3	1	7	182	4	4	11
33		15	4	83	1	18	8	133	3	2	0	183	4	5	4
34		15	10	84	1	19	2	134	3	2	6	184	4	5	10
35		16	4	85	1	19	8	135	3	3	0	185	4	6	4
36		16	9	86	2	0	1	136	3	3	5	186	4	6	9
37		17	3	87	2	0	7	137	3	3	11	187	4	7	3
38		17	8	88	2	1	0	138	3	4	4	188	4	7	8
39		18	2	89	2	1	6	139	3	4	10	189	4	8	2
40		18	8	90	2	2	0	140	3	5	4	190	4	8	8
41		19	1	91	2	2	5	141	3	5	9	191	4	9	1
42		19	7	92	2	2	11	142	3	6	3	192	4	9	7
43	1	0	0	93	2	3	4	143	3	6	8	193	4	10	0
44	1	0	6	94	2	3	10	144	3	7	2	194	4	10	6
45	1	1	0	95	2	4	4	145	3	7	8	195	4	11	0
46	1	1	5	96	2	4	9	146	3	8	1	196	4	11	5
47	1	1	11	97	2	5	3	147	3	8	7	197	4	11	11
48	1	2	4	98	2	5	8	148	3	9	0	198	4	12	4
49	1	2	10	99	2	6	2	149	3	9	6	199	4	12	10
50	1	3	4	100	2	6	8	150	3	10	0	200	4	13	4

TAX AT 5⅗d.

Income.	Tax.			Income.	Tax.			Income.	Tax.			Income.	Tax.		
£	£	s.	d.	£	£	s.	d.	£	£	s.	d.	£	£	s.	d.
201	4	13	9	251	5	17	1	310	7	4	8	810	18	18	0
202	4	14	3	252	5	17	7	320	7	9	4	820	19	2	8
203	4	14	8	253	5	18	0	330	7	14	0	830	19	7	4
204	4	15	2	254	5	18	6	340	7	18	8	840	19	12	0
205	4	15	8	255	5	19	0	350	8	3	4	850	19	16	8
206	4	16	1	256	5	19	5	360	8	8	0	860	20	1	4
207	4	16	7	257	5	19	11	370	8	12	8	870	20	6	0
208	4	17	0	258	6	0	4	380	8	17	4	880	20	10	8
209	4	17	6	259	6	0	10	390	9	2	0	890	20	15	4
210	4	18	0	260	6	1	4	400	9	6	8	900	21	0	0
211	4	18	5	261	6	1	9	410	9	11	4	910	21	4	8
212	4	18	11	262	6	2	3	420	9	16	0	920	21	9	4
213	4	19	4	263	6	2	8	430	10	0	8	930	21	14	0
214	4	19	10	264	6	3	2	440	10	5	4	940	21	18	8
215	5	0	4	265	6	3	8	450	10	10	0	950	22	3	4
216	5	0	9	266	6	4	1	460	10	14	8	960	22	8	0
217	5	1	3	267	6	4	7	470	10	19	4	970	22	12	8
218	5	1	8	268	6	5	0	480	11	4	0	980	22	17	4
219	5	2	2	269	6	5	6	490	11	8	8	990	23	2	0
220	5	2	8	270	6	6	0	500	11	13	4	1,000	23	6	8
221	5	3	1	271	6	6	5	510	11	18	0	1,100	25	13	4
222	5	3	7	272	6	6	11	520	12	2	8	1,200	28	0	0
223	5	4	0	273	6	7	4	530	12	7	4	1,300	30	6	8
224	5	4	6	274	6	7	10	540	12	12	0	1,400	32	13	4
225	5	5	0	275	6	8	4	550	12	16	8	1,500	35	0	0
226	5	5	5	276	6	8	9	560	13	1	4	1,600	37	6	8
227	5	5	11	277	6	9	3	570	13	6	0	1,700	39	13	4
228	5	6	4	278	6	9	8	580	13	10	8	1,800	42	0	0
229	5	6	10	279	6	10	2	590	13	15	4	1,900	44	6	8
230	5	7	4	280	6	10	8	600	14	0	0	2,000	46	13	4
231	5	7	9	281	6	11	1	610	14	4	8	3,000	70	0	0
232	5	8	3	282	6	11	7	620	14	9	4	4,000	93	6	8
233	5	8	8	283	6	12	0	630	14	14	0	5,000	116	13	4
234	5	9	2	284	6	12	6	640	14	18	8	6,000	140	0	0
235	5	9	8	285	6	13	0	650	15	3	4	7,000	163	6	8
236	5	10	1	286	6	13	5	660	15	8	0	8,000	186	13	4
237	5	10	7	287	6	13	11	670	15	12	8	9,000	210	0	0
238	5	11	0	288	6	14	4	680	15	17	4	10,000	233	6	8
239	5	11	6	289	6	14	10	690	16	2	0				
240	5	12	0	290	6	15	4	700	16	6	8				
241	5	12	5	291	6	15	9	710	16	11	4				
242	5	12	11	292	6	16	3	720	16	16	0				
243	5	13	4	293	6	16	8	730	17	0	8				
244	5	13	10	294	6	17	2	740	17	5	4				
245	5	14	4	295	6	17	8	750	17	10	0				
246	5	14	9	296	6	18	1	760	17	14	8				
247	5	15	3	297	6	18	7	770	17	19	4				
248	5	15	8	298	6	19	0	780	18	4	0				
249	5	16	2	299	6	19	6	790	18	8	8				
250	5	16	8	300	7	0	0	800	18	13	4				

PARTS OF A £.

s.	d.		d.
3	7	....	1
7	2	....	2
10	9	....	3
14	4	....	4
17	11	....	5

TAX AT 6d.

Income.	Tax.			Income.	Tax.			Income.	Tax.			Income.	Tax.		
£	£	s.	d.	£	£	s.	d.	£	£	s.	d.	£	£	s.	d.
1			6	51	1	5	6	101	2	10	6	151	3	15	6
2		1	0	52	1	6	0	102	2	11	0	152	3	16	0
3		1	6	53	1	6	6	103	2	11	6	153	3	16	6
4		2	0	54	1	7	0	104	2	12	0	154	3	17	0
5		2	6	55	1	7	6	105	2	12	6	155	3	17	6
6		3	0	56	1	8	0	106	2	13	0	156	3	18	0
7		3	6	57	1	8	6	107	2	13	6	157	3	18	6
8		4	0	58	1	9	0	108	2	14	0	158	3	19	0
9		4	6	59	1	9	6	109	2	14	6	159	3	19	6
10		5	0	60	1	10	0	110	2	15	0	160	4	0	0
11		5	6	61	1	10	6	111	2	15	6	161	4	0	6
12		6	0	62	1	11	0	112	2	16	0	162	4	1	0
13		6	6	63	1	11	6	113	2	16	6	163	4	1	6
14		7	0	64	1	12	0	114	2	17	0	164	4	2	0
15		7	6	65	1	12	6	115	2	17	6	165	4	2	6
16		8	0	66	1	13	0	116	2	18	0	166	4	3	0
17		8	6	67	1	13	6	117	2	18	6	167	4	3	6
18		9	0	68	1	14	0	118	2	19	0	168	4	4	0
19		9	6	69	1	14	6	119	2	19	6	169	4	4	6
20		10	0	70	1	15	0	120	3	0	0	170	4	5	0
21		10	6	71	1	15	6	121	3	0	6	171	4	5	6
22		11	0	72	1	16	0	122	3	1	0	172	4	6	0
23		11	6	73	1	16	6	123	3	1	6	173	4	6	6
24		12	0	74	1	17	0	124	3	2	0	174	4	7	0
25		12	6	75	1	17	6	125	3	2	6	175	4	7	6
26		13	0	76	1	18	0	126	3	3	0	176	4	8	0
27		13	6	77	1	18	6	127	3	3	6	177	4	8	6
28		14	0	78	1	19	0	128	3	4	0	178	4	9	0
29		14	6	79	1	19	6	129	3	4	6	179	4	9	6
30		15	0	80	2	0	0	130	3	5	0	180	4	10	0
31		15	6	81	2	0	6	131	3	5	6	181	4	10	6
32		16	0	82	2	1	0	132	3	6	0	182	4	11	0
33		16	6	83	2	1	6	133	3	6	6	183	4	11	6
34		17	0	84	2	2	0	134	3	7	0	184	4	12	0
35		17	6	85	2	2	6	135	3	7	6	185	4	12	6
36		18	0	86	2	3	0	136	3	8	0	186	4	13	0
37		18	6	87	2	3	6	137	3	8	6	187	4	13	6
38		19	0	88	2	4	0	138	3	9	0	188	4	14	0
39		19	6	89	2	4	6	139	3	9	6	189	4	14	6
40	1	0	0	90	2	5	0	140	3	10	0	190	4	15	0
41	1	0	6	91	2	5	6	141	3	10	6	191	4	15	6
42	1	1	0	92	2	6	0	142	3	11	0	192	4	16	0
43	1	1	6	93	2	6	6	143	3	11	6	193	4	16	6
44	1	2	0	94	2	7	0	144	3	12	0	194	4	17	0
45	1	2	6	95	2	7	6	145	3	12	6	195	4	17	6
46	1	3	0	96	2	8	0	146	3	13	0	196	4	18	0
47	1	3	6	97	2	8	6	147	3	13	6	197	4	18	6
48	1	4	0	98	2	9	0	148	3	14	0	198	4	19	0
49	1	4	6	99	2	9	6	149	3	14	6	199	4	19	6
50	1	5	0	100	2	10	0	150	3	15	0	200	5	0	0

TAX AT 6d.

Income.	Tax.			Income.	Tax.			Income.	Tax.			Income.	Tax.		
£	£	s.	d.	£	£	s.	d.	£	£	s.	d.	£	£	s.	d.
201	5	0	6	251	6	5	6	310	7	15	0	810	20	5	0
202	5	1	0	252	6	6	0	320	8	0	0	820	20	10	0
203	5	1	6	253	6	6	6	330	8	5	0	830	20	15	0
204	5	2	0	254	6	7	0	340	8	10	0	840	21	0	0
205	5	2	6	255	6	7	6	350	8	15	0	850	21	5	0
206	5	3	0	256	6	8	0	360	9	0	0	860	21	10	0
207	5	3	6	257	6	8	6	370	9	5	0	870	21	15	0
208	5	4	0	258	6	9	0	380	9	10	0	880	22	0	0
209	5	4	6	259	6	9	6	390	9	15	0	890	22	5	0
210	5	5	0	260	6	10	0	400	10	0	0	900	22	10	0
211	5	5	6	261	6	10	6	410	10	5	0	910	22	15	0
212	5	6	0	262	6	11	0	420	10	10	0	920	23	0	0
213	5	6	6	263	6	11	6	430	10	15	0	930	23	5	0
214	5	7	0	264	6	12	0	440	11	0	0	940	23	10	0
215	5	7	6	265	6	12	6	450	11	5	0	950	23	15	0
216	5	8	0	266	6	13	0	460	11	10	0	960	24	0	0
217	5	8	6	267	6	13	6	470	11	15	0	970	24	5	0
218	5	9	0	268	6	14	0	480	12	0	0	980	24	10	0
219	5	9	6	269	6	14	6	490	12	5	0	990	24	15	0
220	5	10	0	270	6	15	0	500	12	10	0	1,000	25	0	0
221	5	10	6	271	6	15	6	510	12	15	0	1,100	27	10	0
222	5	11	0	272	6	16	0	520	13	0	0	1,200	30	0	0
223	5	11	6	273	6	16	6	530	13	5	0	1,300	32	10	0
224	5	12	0	274	6	17	0	540	13	10	0	1,400	35	0	0
225	5	12	6	275	6	17	6	550	13	15	0	1,500	37	10	0
226	5	13	0	276	6	18	0	560	14	0	0	1,600	40	0	0
227	5	13	6	277	6	18	6	570	14	5	0	1,700	42	10	0
228	5	14	0	278	6	19	0	580	14	10	0	1,800	45	0	0
229	5	14	6	279	6	19	6	590	14	15	0	1,900	47	10	0
230	5	15	0	280	7	0	0	600	15	0	0	2,000	50	0	0
231	5	15	6	281	7	0	6	610	15	5	0	3,000	75	0	0
232	5	16	0	282	7	1	0	620	15	10	0	4,000	100	0	0
233	5	16	6	283	7	1	6	630	15	15	0	5,000	125	0	0
234	5	17	0	284	7	2	0	640	16	0	0	6,000	150	0	0
235	5	17	6	285	7	2	6	650	16	5	0	7,000	175	0	0
236	5	18	0	286	7	3	0	660	16	10	0	8,000	200	0	0
237	5	18	6	287	7	3	6	670	16	15	0	9,000	225	0	0
238	5	19	0	288	7	4	0	680	17	0	0	10,000	250	0	0
239	5	19	6	289	7	4	6	690	17	5	0				
240	6	0	0	290	7	5	0	700	17	10	0				
241	6	0	6	291	7	5	6	710	17	15	0				
242	6	1	0	292	7	6	0	720	18	0	0				
243	6	1	6	293	7	6	6	730	18	5	0				
244	6	2	0	294	7	7	0	740	18	10	0				
245	6	2	6	295	7	7	6	750	18	15	0				
246	6	3	0	296	7	8	0	760	19	0	0				
247	6	3	6	297	7	8	6	770	19	5	0				
248	6	4	0	298	7	9	0	780	19	10	0				
249	6	4	6	299	7	9	6	790	19	15	0				
250	6	5	0	300	7	10	0	800	20	0	0				

PARTS OF A £.

s.	d.	d.
3	4	1
6	8	2
10	0	3
13	4	4
16	8	5

TAX AT 6⅔d.

Income.	Tax.			Income.	Tax.			Income.	Tax.			Income.	Tax.		
£	£	s.	d.	£	£	s.	d.	£	£	s.	d.	£	£	s.	d.
1			6	51	1	8	4	101	2	16	1	151	4	3	10
2		1	1	52	1	8	10	102	2	16	8	152	4	4	5
3		1	8	53	1	9	5	103	2	17	2	153	4	5	0
4		2	2	54	1	10	0	104	2	17	9	154	4	5	6
5		2	9	55	1	10	6	105	2	18	4	155	4	6	1
6		3	4	56	1	11	1	106	2	18	10	156	4	6	8
7		3	10	57	1	11	8	107	2	19	5	157	4	7	2
8		4	5	58	1	12	2	108	3	0	0	158	4	7	9
9		5	0	59	1	12	9	109	3	0	6	159	4	8	4
10		5	6	60	1	13	4	110	3	1	1	160	4	8	10
11		6	1	61	1	13	10	111	3	1	8	161	4	9	5
12		6	8	62	1	14	5	112	3	2	2	162	4	10	0
13		7	2	63	1	15	0	113	3	2	9	163	4	10	6
14		7	9	64	1	15	6	114	3	3	4	164	4	11	1
15		8	4	65	1	16	1	115	3	3	10	165	4	11	8
16		8	10	66	1	16	8	116	3	4	5	166	4	12	2
17		9	5	67	1	17	2	117	3	5	0	167	4	12	9
18		10	0	68	1	17	9	118	3	5	6	168	4	13	4
19		10	6	69	1	18	4	119	3	6	1	169	4	13	10
20		11	1	70	1	18	10	120	3	6	8	170	4	14	5
21		11	8	71	1	19	5	121	3	7	2	171	4	15	0
22		12	2	72	2	0	0	122	3	7	9	172	4	15	6
23		12	9	73	2	0	6	123	3	8	4	173	4	16	1
24		13	4	74	2	1	1	124	3	8	10	174	4	16	8
25		13	10	75	2	1	8	125	3	9	5	175	4	17	2
26		14	5	76	2	2	2	126	3	10	0	176	4	17	9
27		15	0	77	2	2	9	127	3	10	6	177	4	18	4
28		15	6	78	2	3	4	128	3	11	1	178	4	18	10
29		16	1	79	2	3	10	129	3	11	8	179	4	19	5
30		16	8	80	2	4	5	130	3	12	2	180	5	0	0
31		17	2	81	2	5	0	131	3	12	9	181	5	0	6
32		17	9	82	2	5	6	132	3	13	4	182	5	1	1
33		18	4	83	2	6	1	133	3	13	10	183	5	1	8
34		18	10	84	2	6	8	134	3	14	5	184	5	2	2
35		19	5	85	2	7	2	135	3	15	0	185	5	2	9
36	1	0	0	86	2	7	9	136	3	15	6	186	5	3	4
37	1	0	6	87	2	8	4	137	3	16	1	187	5	3	10
38	1	1	1	88	2	8	10	138	3	16	8	188	5	4	5
39	1	1	8	89	2	9	5	139	3	17	2	189	5	5	0
40	1	2	2	90	2	10	0	140	3	17	9	190	5	5	6
41	1	2	9	91	2	10	6	141	3	18	4	191	5	6	1
42	1	3	4	92	2	11	1	142	3	18	10	192	5	6	8
43	1	3	10	93	2	11	8	143	3	19	5	193	5	7	2
44	1	4	5	94	2	12	2	144	4	0	0	194	5	7	9
45	1	5	0	95	2	12	9	145	4	0	6	195	5	8	4
46	1	5	6	96	2	13	4	146	4	1	1	196	5	8	10
47	1	6	1	97	2	13	10	147	4	1	8	197	5	9	5
48	1	6	8	98	2	14	5	148	4	2	2	198	5	10	0
49	1	7	2	99	2	15	0	149	4	2	9	199	5	10	6
50	1	7	9	100	2	15	6	150	4	3	4	200	5	11	1

TAX AT 6⅔d.

Income. £	Tax. £	s.	d.
201	5	11	8
202	5	12	2
203	5	12	9
204	5	13	4
205	5	13	10
206	5	14	5
207	5	15	0
208	5	15	6
209	5	16	1
210	5	16	8
211	5	17	2
212	5	17	9
213	5	18	4
214	5	18	10
215	5	19	5
216	6	0	0
217	6	0	6
218	6	1	1
219	6	1	8
220	6	2	2
221	6	2	9
222	6	3	4
223	6	3	10
224	6	4	5
225	6	5	0
226	6	5	6
227	6	6	1
228	6	6	8
229	6	7	2
230	6	7	9
231	6	8	4
232	6	8	10
233	6	9	5
234	6	10	0
235	6	10	6
236	6	11	1
237	6	11	8
238	6	12	2
239	6	12	9
240	6	13	4
241	6	13	10
242	6	14	5
243	6	15	0
244	6	15	6
245	6	16	1
246	6	16	8
247	6	17	2
248	6	17	9
249	6	18	4
250	6	18	10

Income. £	Tax. £	s.	d.
251	6	19	5
252	7	0	0
253	7	0	6
254	7	1	1
255	7	1	8
256	7	2	2
257	7	2	9
258	7	3	4
259	7	3	10
260	7	4	5
261	7	5	0
262	7	5	6
263	7	6	1
264	7	6	8
265	7	7	2
266	7	7	9
267	7	8	4
268	7	8	10
269	7	9	5
270	7	10	0
271	7	10	6
272	7	11	1
273	7	11	8
274	7	12	2
275	7	12	9
276	7	13	4
277	7	13	10
278	7	14	5
279	7	15	0
280	7	15	6
281	7	16	1
282	7	16	8
283	7	17	2
284	7	17	9
285	7	18	4
286	7	18	10
287	7	19	5
288	8	0	0
289	8	0	6
290	8	1	1
291	8	1	8
292	8	2	2
293	8	2	9
294	8	3	4
295	8	3	10
296	8	4	5
297	8	5	0
298	8	5	6
299	8	6	1
300	8	6	8

Income. £	Tax. £	s.	d.
310	8	12	2
320	8	17	9
330	9	3	4
340	9	8	10
350	9	14	5
360	10	0	0
370	10	5	6
380	10	11	1
390	10	16	8
400	11	2	2
410	11	7	9
420	11	13	4
430	11	18	10
440	12	4	5
450	12	10	0
460	12	15	6
470	13	1	1
480	13	6	8
490	13	12	2
500	13	17	9
510	14	3	4
520	14	8	10
530	14	14	5
540	15	0	0
550	15	5	6
560	15	11	1
570	15	16	8
580	16	2	2
590	16	7	9
600	16	13	4
610	16	18	10
620	17	4	5
630	17	10	0
640	17	15	6
650	18	1	1
660	18	6	8
670	18	12	2
680	18	17	9
690	19	3	4
700	19	8	10
710	19	14	5
720	20	0	0
730	20	5	6
740	20	11	1
750	20	16	8
760	21	2	2
770	21	7	9
780	21	13	4
790	21	18	10
800	22	4	5

Income. £	Tax. £	s.	d.
810	22	10	0
820	22	15	6
830	23	1	1
840	23	6	8
850	23	12	2
860	23	17	9
870	24	3	4
880	24	8	10
890	24	14	5
900	25	0	0
910	25	5	6
920	25	11	1
930	25	16	8
940	26	2	2
950	26	7	9
960	26	13	4
970	26	18	10
980	27	4	5
990	27	10	0
1,000	27	15	6
1,100	30	11	1
1,200	33	6	8
1,300	36	2	2
1,400	38	17	9
1,500	41	13	4
1,600	44	8	10
1,700	47	4	5
1,800	50	0	0
1,900	52	15	6
2,000	55	11	1
3,000	83	6	8
4,000	111	2	2
5,000	138	17	9
6,000	166	13	4
7,000	194	8	10
8,000	222	4	5
9,000	250	0	0
10,000	277	15	6

PARTS OF A £.

s.	d.	d.
3	0	1
6	0	2
9	0	3
12	0	4
15	0	5
18	0	6

TAX AT 7d.

Income.	Tax.			Income.	Tax.			Income.	Tax.			Income.	Tax.		
£	£	s.	d.	£	£	s.	d.	£	£	s.	d.	£	£	s.	d.
1			7	51	1	9	9	101	2	18	11	151	4	8	1
2		1	2	52	1	10	4	102	2	19	6	152	4	8	8
3		1	9	53	1	10	11	103	3	0	1	153	4	9	3
4		2	4	54	1	11	6	104	3	0	8	154	4	9	10
5		2	11	55	1	12	1	105	3	1	3	155	4	10	5
6		3	6	56	1	12	8	106	3	1	10	156	4	11	0
7		4	1	57	1	13	3	107	3	2	5	157	4	11	7
8		4	8	58	1	13	10	108	3	3	0	158	4	12	2
9		5	3	59	1	14	5	109	3	3	7	159	4	12	9
10		5	10	60	1	15	0	110	3	4	2	160	4	13	4
11		6	5	61	1	5	7	111	3	4	9	161	4	13	11
12		7	0	62	1	16	2	112	3	5	4	162	4	14	6
13		7	7	63	1	16	9	113	3	5	11	163	4	15	1
14		8	2	64	1	17	4	114	3	6	6	164	4	15	8
15		8	9	65	1	17	11	115	3	7	1	165	4	16	3
16		9	4	66	1	18	6	116	3	7	8	166	4	16	10
17		9	11	67	1	19	1	117	3	8	3	167	4	17	5
18		10	6	68	1	19	8	118	3	8	10	168	4	18	0
19		11	1	69	2	0	3	119	3	9	5	169	4	18	7
20		11	8	70	2	0	10	120	3	10	0	170	4	19	2
21		12	3	71	2	1	5	121	3	10	7	171	4	19	9
22		12	10	72	2	2	0	122	3	11	2	172	5	0	4
23		13	5	73	2	2	7	123	3	11	9	173	5	0	11
24		14	0	74	2	3	2	124	3	12	4	174	5	1	6
25		14	7	75	2	3	9	125	3	12	11	175	5	2	1
26		15	2	76	2	4	4	126	3	13	6	176	5	2	8
27		15	9	77	2	4	11	127	3	14	1	177	5	3	3
28		16	4	78	2	5	6	128	3	14	8	178	5	3	10
29		16	11	79	2	6	1	129	3	15	3	179	5	4	5
30		17	6	80	2	6	8	130	3	15	10	180	5	5	0
31		18	1	81	2	7	3	131	3	16	5	181	5	5	7
32		18	8	82	2	7	10	132	3	17	0	182	5	6	2
33		19	3	83	2	8	5	133	3	17	7	183	5	6	9
34		19	10	84	2	9	0	134	3	18	2	184	5	7	4
35	1	0	5	85	2	9	7	135	3	18	9	185	5	7	11
36	1	1	0	86	2	10	2	136	3	19	4	186	5	8	6
37	1	1	7	87	2	10	9	137	3	19	11	187	5	9	1
38	1	2	2	88	2	11	4	138	4	0	6	188	5	9	8
39	1	2	9	89	2	11	11	139	4	1	1	189	5	10	3
40	1	3	4	90	2	12	6	140	4	1	8	190	5	10	10
41	1	3	11	91	2	13	1	141	4	2	3	191	5	11	5
42	1	4	6	92	2	13	8	142	4	2	10	192	5	12	0
43	1	5	1	93	2	14	3	143	4	3	5	193	5	12	7
44	1	5	8	94	2	14	10	144	4	4	0	194	5	13	2
45	1	6	3	95	2	15	5	145	4	4	7	195	5	13	9
46	1	6	10	96	2	16	0	146	4	5	2	196	5	14	4
47	1	7	5	97	2	16	7	147	4	5	9	197	5	14	11
48	1	8	0	98	2	17	2	148	4	6	4	198	5	15	6
49	1	8	7	99	2	17	9	149	4	6	11	199	5	16	1
50	1	9	2	100	2	18	4	150	4	7	6	200	5	16	8

TAX AT 7d.

Income.	Tax.			Income.	Tax.			Income.	Tax.			Income.	Tax.		
£	£	s.	d.	£	£	s.	d.	£	£	s.	d.	£	£	s.	d.
201	5	17	3	251	7	6	5	310	9	0	10	810	23	12	6
202	5	17	10	252	7	7	0	320	9	6	8	820	23	18	4
203	5	18	5	253	7	7	7	330	9	12	6	830	24	4	2
204	5	19	0	254	7	8	2	340	9	18	4	840	24	10	0
205	5	19	7	255	7	8	9	350	10	4	2	850	24	15	10
206	6	0	2	256	7	9	4	360	10	10	0	860	25	1	8
207	6	0	9	257	7	9	11	370	10	15	10	870	25	7	6
208	6	1	4	258	7	10	6	380	11	1	8	880	25	13	4
209	6	1	11	259	7	11	1	390	11	7	6	890	25	19	2
210	6	2	6	260	7	11	8	400	11	13	4	900	26	5	0
211	6	3	1	261	7	12	3	410	11	19	2	910	26	10	10
212	6	3	8	262	7	12	10	420	12	5	0	920	26	16	8
213	6	4	3	263	7	13	5	430	12	10	10	930	27	2	6
214	6	4	10	264	7	14	0	440	12	16	8	940	27	8	4
215	6	5	5	265	7	14	7	450	13	2	6	950	27	14	2
216	6	6	0	266	7	15	2	460	13	8	4	960	28	0	0
217	6	6	7	267	7	15	9	470	13	14	2	970	28	5	10
218	6	7	2	268	7	16	4	480	14	0	0	980	28	11	8
219	6	7	9	269	7	16	11	490	14	5	10	990	28	17	6
220	6	8	4	270	7	17	6	500	14	11	8	1,000	29	3	4
221	6	8	11	271	7	18	1	510	14	17	6	1,100	32	1	8
222	6	9	6	272	7	18	8	520	15	3	4	1,200	35	0	0
223	6	10	1	273	7	19	3	530	15	9	2	1,300	37	18	4
224	6	10	8	274	7	19	10	540	15	15	0	1,400	40	16	8
225	6	11	3	275	8	0	5	550	16	0	10	1,500	43	15	0
226	6	11	10	276	8	1	0	560	16	6	8	1,600	46	13	4
227	6	12	5	277	8	1	7	570	16	12	6	1,700	49	11	8
228	6	13	0	278	8	2	2	580	16	18	4	1,800	52	10	0
229	6	13	7	279	8	2	9	590	17	4	2	1,900	55	8	4
230	6	14	2	280	8	3	4	600	17	10	0	2,000	58	6	8
231	6	14	9	281	8	3	11	610	17	15	10	3,000	87	10	0
232	6	15	4	282	8	4	6	620	18	1	8	4,000	116	13	4
233	6	15	11	283	8	5	1	630	18	7	6	5,000	145	16	8
234	6	16	6	284	8	5	8	640	18	13	4	6,000	175	0	0
235	6	17	1	285	8	6	3	650	18	19	2	7,000	204	3	4
236	6	17	8	286	8	6	10	660	19	5	0	8,000	233	6	8
237	6	18	3	287	8	7	5	670	19	10	10	9,000	262	10	0
238	6	18	10	288	8	8	0	680	19	16	8	10,000	291	13	4
239	6	19	5	289	8	8	7	690	20	2	6				
240	7	0	0	290	8	9	2	700	20	8	4				
241	7	0	7	291	8	9	9	710	20	14	2				
242	7	1	2	292	8	10	4	720	21	0	0				
243	7	1	9	293	8	10	11	730	21	5	10				
244	7	2	4	294	8	11	6	740	21	11	8				
245	7	2	11	295	8	12	1	750	21	17	6				
246	7	3	6	296	8	12	8	760	22	3	4				
247	7	4	1	297	8	13	3	770	22	9	2				
248	7	4	8	298	8	13	10	780	22	15	0				
249	7	5	3	299	8	14	5	790	23	0	10				
250	7	5	10	300	8	15	0	800	23	6	8				

PARTS OF A £.

s.	d.	d.
2	11	1
5	9	2
8	7	3
11	6	4
14	4	5
17	2	6

TAX AT 7⅕d.

Income.	Tax.			Income.	Tax.			Income.	Tax.			Income.	Tax.		
£	£	s.	d.	£	£	s.	d.	£	£	s.	d.	£	£	s.	d.
1			7	51	1	10	7	101	3	0	7	151	4	10	7
2		1	2	52	1	11	2	102	3	1	2	152	4	11	2
3		1	9	53	1	11	9	103	3	1	9	153	4	11	9
4		2	4	54	1	12	4	104	3	2	4	154	4	12	4
5		3	0	55	1	13	0	105	3	3	0	155	4	13	0
6		3	7	56	1	13	7	106	3	3	7	156	4	13	7
7		4	2	57	1	14	2	107	3	4	2	157	4	14	2
8		4	9	58	1	14	9	108	3	4	9	158	4	14	9
9		5	4	59	1	15	4	109	3	5	4	159	4	15	4
10		6	0	60	1	16	0	110	3	6	0	160	4	16	0
11		6	7	61	1	16	7	111	3	6	7	161	4	16	7
12		7	2	62	1	17	2	112	3	7	2	162	4	17	2
13		7	9	63	1	17	9	113	3	7	9	163	4	17	9
14		8	4	64	1	18	4	114	3	8	4	164	4	18	4
15		9	0	65	1	19	0	115	3	9	0	165	4	19	0
16		9	7	66	1	19	7	116	3	9	7	166	4	19	7
17		10	2	67	2	0	2	117	3	10	2	167	5	0	2
18		10	9	68	2	0	9	118	3	10	9	168	5	0	9
19		11	4	69	2	1	4	119	3	11	4	169	5	1	4
20		12	0	70	2	2	0	120	3	12	0	170	5	2	0
21		12	7	71	2	2	7	121	3	12	7	171	5	2	7
22		13	2	72	2	3	2	122	3	13	2	172	5	3	2
23		13	9	73	2	3	9	123	3	13	9	173	5	3	9
24		14	4	74	2	4	4	124	3	14	4	174	5	4	4
25		15	0	75	2	5	0	125	3	15	0	175	5	5	0
26		15	7	76	2	5	7	126	3	15	7	176	5	5	7
27		16	2	77	2	6	2	127	3	16	2	177	5	6	2
28		16	9	78	2	6	9	128	3	16	9	178	5	6	9
29		17	4	79	2	7	4	129	3	17	4	179	5	7	4
30		18	0	80	2	8	0	130	3	18	0	180	5	8	0
31		18	7	81	2	8	7	131	3	18	7	181	5	8	7
32		19	2	82	2	9	2	132	3	19	2	182	5	9	2
33		19	9	83	2	9	9	133	3	19	9	183	5	9	9
34	1	0	4	84	2	10	4	134	4	0	4	184	5	10	4
35	1	1	0	85	2	11	0	135	4	1	0	185	5	11	0
36	1	1	7	86	2	11	7	136	4	1	7	186	5	11	7
37	1	2	2	87	2	12	2	137	4	2	2	187	5	12	2
38	1	2	9	88	2	12	9	138	4	2	9	188	5	12	9
39	1	3	4	89	2	13	4	139	4	3	4	189	5	13	4
40	1	4	0	90	2	14	0	140	4	4	0	190	5	14	0
41	1	4	7	91	2	14	7	141	4	4	7	191	5	14	7
42	1	5	2	92	2	15	2	142	4	5	2	192	5	15	2
43	1	5	9	93	2	15	9	143	4	5	9	193	5	15	9
44	1	6	4	94	2	16	4	144	4	6	4	194	5	16	4
45	1	7	0	95	2	17	0	145	4	7	0	195	5	17	0
46	1	7	7	96	2	17	7	146	4	7	7	196	5	17	7
47	1	8	2	97	2	18	2	147	4	8	2	197	5	18	2
48	1	8	9	98	2	18	9	148	4	8	9	198	5	18	9
49	1	9	4	99	2	19	4	149	4	9	4	199	5	19	4
50	1	10	0	100	3	0	0	150	4	10	0	200	6	0	0

TAX AT $7\frac{1}{5}$d.

Income.	Tax.			Income.	Tax.			Income.	Tax.			Income.	Tax.		
£	£	s.	d.	£	£	s.	d.	£	£	s.	d.	£	£	s.	d.
201	6	0	7	251	7	10	7	310	9	6	0	810	24	6	0
202	6	1	2	252	7	11	2	320	9	12	0	820	24	12	0
203	6	1	9	253	7	11	9	330	9	18	0	830	24	18	0
204	6	2	4	254	7	12	4	340	10	4	0	840	25	4	0
205	6	3	0	255	7	13	0	350	10	10	0	850	25	10	0
206	6	3	7	256	7	13	7	360	10	16	0	860	25	16	0
207	6	4	2	257	7	14	2	370	11	2	0	870	26	2	0
208	6	4	9	258	7	14	9	380	11	8	0	880	26	8	0
209	6	5	4	259	7	15	4	390	11	14	0	890	26	14	0
210	6	6	0	260	7	16	0	400	12	0	0	900	27	0	0
211	6	6	7	261	7	16	7	410	12	6	0	910	27	6	0
212	6	7	2	262	7	17	2	420	12	12	0	920	27	12	0
213	6	7	9	263	7	17	9	430	12	18	0	930	27	18	0
214	6	8	4	264	7	18	4	440	13	4	0	940	28	4	0
215	6	9	0	265	7	19	0	450	13	10	0	950	28	10	0
216	6	9	7	266	7	19	7	460	13	16	0	960	28	16	0
217	6	10	2	267	8	0	2	470	14	2	0	970	29	2	0
218	6	10	9	268	8	0	9	480	14	8	0	980	29	8	0
219	6	11	4	269	8	1	4	490	14	14	0	990	29	14	0
220	6	12	0	270	8	2	0	500	15	0	0	1,000	30	0	0
221	6	12	7	271	8	2	7	510	15	6	0	1,100	33	0	0
222	6	13	2	272	8	3	2	520	15	12	0	1,200	36	0	0
223	6	13	9	273	8	3	9	530	15	18	0	1,300	39	0	0
224	6	14	4	274	8	4	4	540	16	4	0	1,400	42	0	0
225	6	15	0	275	8	5	0	550	16	10	0	1,500	45	0	0
226	6	15	7	276	8	5	7	560	16	16	0	1,600	48	0	0
227	6	16	2	277	8	6	2	570	17	2	0	1,700	51	0	0
228	6	16	9	278	8	6	9	580	17	8	0	1,800	54	0	0
229	6	17	4	279	8	7	4	590	17	14	0	1,900	57	0	0
230	6	18	0	280	8	8	0	600	18	0	0	2,000	60	0	0
231	6	18	7	281	8	8	7	610	18	6	0	3.000	90	0	0
232	6	19	2	282	8	9	2	620	18	12	0	4,000	120	0	0
233	6	19	9	283	8	9	9	630	18	18	0	5,000	150	0	0
234	7	0	4	284	8	10	4	640	19	4	0	6,000	180	0	0
235	7	1	0	285	8	11	0	650	19	10	0	7,000	210	0	0
236	7	1	7	286	8	11	7	660	19	16	0	8,000	240	0	0
237	7	2	2	287	8	12	2	670	20	2	0	9,000	270	0	0
238	7	2	9	288	8	12	9	680	20	8	0	10,000	300	0	0
239	7	3	4	289	8	13	4	690	20	14	0				
240	7	4	0	290	8	14	0	700	21	0	0				
241	7	4	7	291	8	14	7	710	21	6	0				
242	7	5	2	292	8	15	2	720	21	12	0				
243	7	5	9	293	8	15	9	730	21	18	0				
244	7	6	4	294	8	16	4	740	22	4	0				
245	7	7	0	295	8	17	0	750	22	10	0				
246	7	7	7	296	8	17	7	760	22	16	0				
247	7	8	2	297	8	18	2	770	23	2	0				
248	7	8	9	298	8	18	9	780	23	8	0				
249	7	9	4	299	8	19	4	790	23	14	0				
250	7	10	0	300	9	0	0	800	24	0	0				

PARTS OF A £.

s.	d.		d.
2	10	....	1
5	7	....	2
8	4	....	3
11	2	....	4
13	11	....	5
16	8	....	6
19	6	....	7

TAX AT 8⅖d.

Income.	Tax.			Income.	Tax.			Income.	Tax.			Income.	Tax.		
£	£	s.	d.	£	£	s.	d.	£	£	s.	d.	£	£	s.	d.
1			8	51	1	15	8	101	3	10	8	151	5	5	8
2		1	4	52	1	16	4	102	3	11	4	152	5	6	4
3		2	1	53	1	17	1	103	3	12	1	153	5	7	1
4		2	9	54	1	17	9	104	3	12	9	154	5	7	9
5		3	6	55	1	18	6	105	3	13	6	155	5	8	6
6		4	2	56	1	19	2	106	3	14	2	156	5	9	2
7		4	10	57	1	19	10	107	3	14	10	157	5	9	10
8		5	7	58	2	0	7	108	3	15	7	158	5	10	7
9		6	3	59	2	1	3	109	3	16	3	159	5	11	3
10		7	0	60	2	2	0	110	3	17	0	160	5	12	0
11		7	8	61	2	2	8	111	3	17	8	161	5	12	8
12		8	4	62	2	3	4	112	3	18	4	162	5	13	4
13		9	1	63	2	4	1	113	3	19	1	163	5	14	1
14		9	9	64	2	4	9	114	3	19	9	164	5	14	9
15		10	6	65	2	5	6	115	4	0	6	165	5	15	6
16		11	2	66	2	6	2	116	4	1	2	166	5	16	2
17		11	10	67	2	6	10	117	4	1	10	167	5	16	10
18		12	7	68	2	7	7	118	4	2	7	168	5	17	7
19		13	3	69	2	8	3	119	4	3	3	169	5	18	3
20		14	0	70	2	9	0	120	4	4	0	170	5	19	0
21		14	8	71	2	9	8	121	4	4	8	171	5	19	8
22		15	4	72	2	10	4	122	4	5	4	172	6	0	4
23		16	1	73	2	11	1	123	4	6	1	173	6	1	1
24		16	9	74	2	11	9	124	4	6	9	174	6	1	9
25		17	6	75	2	12	6	125	4	7	6	175	6	2	6
26		18	2	76	2	13	2	126	4	8	2	176	6	3	2
27		18	10	77	2	13	10	127	4	8	10	177	6	3	10
28		19	7	78	2	14	7	128	4	9	7	178	6	4	7
29	1	0	3	79	2	15	3	129	4	10	3	179	6	5	3
30	1	1	0	80	2	16	0	130	4	11	0	180	6	6	0
31	1	1	8	81	2	16	8	131	4	11	8	181	6	6	8
32	1	2	4	82	2	17	4	132	4	12	4	182	6	7	4
33	1	3	1	83	2	18	1	133	4	13	1	183	6	8	1
34	1	3	9	84	2	18	9	134	4	13	9	184	6	8	9
35	1	4	6	85	2	19	6	135	4	14	6	185	6	9	6
36	1	5	2	86	3	0	2	136	4	15	2	186	6	10	2
37	1	5	10	87	3	0	10	137	4	15	10	187	6	10	10
38	1	6	7	88	3	1	7	138	4	16	7	188	6	11	7
39	1	7	3	89	3	2	3	139	4	17	3	189	6	12	3
40	1	8	0	90	3	3	0	140	4	18	0	190	6	13	0
41	1	8	8	91	3	3	8	141	4	18	8	191	6	13	8
42	1	9	4	92	3	4	4	142	4	19	4	192	6	14	4
43	1	10	1	93	3	5	1	143	5	0	1	193	6	15	1
44	1	10	9	94	3	5	9	144	5	0	9	194	6	15	9
45	1	11	6	95	3	6	6	145	5	1	6	195	6	16	6
46	1	12	2	96	3	7	2	146	5	2	2	196	6	17	2
47	1	12	10	97	3	7	10	147	5	2	10	197	6	17	10
48	1	13	7	98	3	8	7	148	5	3	7	198	6	18	7
49	1	14	3	99	3	9	3	149	5	4	3	199	6	19	3
50	1	15	0	100	3	10	0	150	5	5	0	200	7	0	0

TAX AT $8\frac{2}{5}$d.

Income.	Tax.			Income.	Tax.			Income.	Tax.			Income.	Tax.		
£	£	s.	d.	£	£	s.	d.	£	£	s.	d.	£	£	s.	d.
201	7	0	8	251	8	15	8	310	10	17	0	810	28	7	0
202	7	1	4	252	8	16	4	320	11	4	0	820	28	14	0
203	7	2	1	253	8	17	1	330	11	11	0	830	29	1	0
204	7	2	9	254	8	17	9	340	11	18	0	840	29	8	0
205	7	3	6	255	8	18	6	350	12	5	0	850	29	15	0
206	7	4	2	256	8	19	2	360	12	12	0	860	30	2	0
207	7	4	10	257	8	19	10	370	12	19	0	870	30	9	0
208	7	5	7	258	9	0	7	380	13	6	0	880	30	16	0
209	7	6	3	259	9	1	3	390	13	13	0	890	31	3	0
210	7	7	0	260	9	2	0	400	14	0	0	900	31	10	0
211	7	7	8	261	9	2	8	410	14	7	0	910	31	17	0
212	7	8	4	262	9	3	4	420	14	14	0	920	32	4	0
213	7	9	1	263	9	4	1	430	15	1	0	930	32	11	0
214	7	9	9	264	9	4	9	440	15	8	0	940	32	18	0
215	7	10	6	265	9	5	6	450	15	15	0	950	33	5	0
216	7	11	2	266	9	6	2	460	16	2	0	960	33	12	0
217	7	11	10	267	9	6	10	470	16	9	0	970	33	19	0
218	7	12	7	268	9	7	7	480	16	16	0	980	34	6	0
219	7	13	3	269	9	8	3	490	17	3	0	990	34	13	0
220	7	14	0	270	9	9	0	500	17	10	0	1,000	35	0	0
221	7	14	8	271	9	9	8	510	17	17	0	1,100	38	10	0
222	7	15	4	272	9	10	4	520	18	4	0	1,200	42	0	0
223	7	16	1	273	9	11	1	530	18	11	0	1,300	45	10	0
224	7	16	9	274	9	11	9	540	18	18	0	1,400	49	0	0
225	7	17	6	275	9	12	6	550	19	5	0	1,500	52	10	0
226	7	18	2	276	9	13	2	560	19	12	0	1,600	56	0	0
227	7	18	10	277	9	13	10	570	19	19	0	1,700	59	10	0
228	7	19	7	278	9	14	7	580	20	6	0	1,800	63	0	0
229	8	0	3	279	9	15	3	590	20	13	0	1,900	66	10	0
230	8	1	0	280	9	16	0	600	21	0	0	2,000	70	0	0
231	8	1	8	281	9	16	8	610	21	7	0	3,000	105	0	0
232	8	2	4	282	9	17	4	620	21	14	0	4,000	140	0	0
233	8	3	1	283	9	18	1	630	22	1	0	5,000	175	0	0
234	8	3	9	284	9	18	9	640	22	8	0	6,000	210	0	0
235	8	4	6	285	9	19	6	650	22	15	0	7,000	245	0	0
236	8	5	2	286	10	0	2	660	23	2	0	8,000	280	0	0
237	8	5	10	287	10	0	10	670	23	9	0	9,000	315	0	0
238	8	6	7	288	10	1	7	680	23	16	0	10,000	350	0	0
239	8	7	3	289	10	2	3	690	24	3	0				
240	8	8	0	290	10	3	0	700	24	10	0				
241	8	8	8	291	10	3	8	710	24	17	0				
242	8	9	4	292	10	4	4	720	25	4	0				
243	8	10	1	293	10	5	1	730	25	11	0				
244	8	10	9	294	10	5	9	740	25	18	0				
245	8	11	6	295	10	6	6	750	26	5	0				
246	8	12	2	296	10	7	2	760	26	12	0				
247	8	12	10	297	10	7	10	770	26	19	0				
248	8	13	7	298	10	8	7	780	27	6	0				
249	8	14	3	299	10	9	3	790	27	13	0				
250	8	15	0	300	10	10	0	800	28	0	0				

PARTS OF A £.

s.	d.	d.
2	5	1
4	10	2
7	2	3
9	7	4
11	11	5
14	4	6
16	8	7
19	1	8

3—(1526)

TAX AT 9d.

Income.	Tax.			Income.	Tax.			Income.	Tax.			Income.	Tax.		
£	£	s.	d.	£	£	s.	d.	£	£	s.	d.	£	£	s.	d.
1			9	51	1	18	3	101	3	15	9	151	5	13	3
2		1	6	52	1	19	0	102	3	16	6	152	5	14	0
3		2	3	53	1	19	9	103	3	17	3	153	5	14	9
4		3	0	54	2	0	6	104	3	18	0	154	5	15	6
5		3	9	55	2	1	3	105	3	18	9	155	5	16	3
6		4	6	56	2	2	0	106	3	19	6	156	5	17	0
7		5	3	57	2	2	9	107	4	0	3	157	5	17	9
8		6	0	58	2	3	6	108	4	1	0	158	5	18	6
9		6	9	59	2	4	3	109	4	1	9	159	5	19	3
10		7	6	60	2	5	0	110	4	2	6	160	6	0	0
11		8	3	61	2	5	9	111	4	3	3	161	6	0	9
12		9	0	62	2	6	6	112	4	4	0	162	6	1	6
13		9	9	63	2	7	3	113	4	4	9	163	6	2	3
14		10	6	64	2	8	0	114	4	5	6	164	6	3	0
15		11	3	65	2	8	9	115	4	6	3	165	6	3	9
16		12	0	66	2	9	6	116	4	7	0	166	6	4	6
17		12	9	67	2	10	3	117	4	7	9	167	6	5	3
18		13	6	68	2	11	0	118	4	8	6	168	6	6	0
19		14	3	69	2	11	9	119	4	9	3	169	6	6	9
20		15	0	70	2	12	6	120	4	10	0	170	6	7	6
21		15	9	71	2	13	3	121	4	10	9	171	6	8	3
22		16	6	72	2	14	0	122	4	11	6	172	6	9	0
23		17	3	73	2	14	9	123	4	12	3	173	6	9	9
24		18	0	74	2	15	6	124	4	13	0	174	6	10	6
25		18	9	75	2	16	3	125	4	13	9	175	6	11	3
26		19	6	76	2	17	0	126	4	14	6	176	6	12	0
27	1	0	3	77	2	17	9	127	4	15	3	177	6	12	9
28	1	1	0	78	2	18	6	128	4	16	0	178	6	13	6
29	1	1	9	79	2	19	3	129	4	16	9	179	6	14	3
30	1	2	6	80	3	0	0	130	4	17	6	180	6	15	0
31	1	3	3	81	3	0	9	131	4	18	3	181	6	15	9
32	1	4	0	82	3	1	6	132	4	19	0	182	6	16	6
33	1	4	9	83	3	2	3	133	4	19	9	183	6	17	3
34	1	5	6	84	3	3	0	134	5	0	6	184	6	18	0
35	1	6	3	85	3	3	9	135	5	1	3	185	6	18	9
36	1	7	0	86	3	4	6	136	5	2	0	186	6	19	6
37	1	7	9	87	3	5	3	137	5	2	9	187	7	0	3
38	1	8	6	88	3	6	0	138	5	3	6	188	7	1	0
39	1	9	3	89	3	6	9	139	5	4	3	189	7	1	9
40	1	10	0	90	3	7	6	140	5	5	0	190	7	2	6
41	1	10	9	91	3	8	3	141	5	5	9	191	7	3	3
42	1	11	6	92	3	9	0	142	5	6	6	192	7	4	0
43	1	12	3	93	3	9	9	143	5	7	3	193	7	4	9
44	1	13	0	94	3	10	6	144	5	8	0	194	7	5	6
45	1	13	9	95	3	11	3	145	5	8	9	195	7	6	3
46	1	14	6	96	3	12	0	146	5	9	6	196	7	7	0
47	1	15	3	97	3	12	9	147	5	10	3	197	7	7	9
48	1	16	0	98	3	13	6	148	5	11	0	198	7	8	6
49	1	16	9	99	3	14	3	149	5	11	9	199	7	9	3
50	1	17	6	100	3	15	0	150	5	12	6	200	7	10	0

TAX AT 9d.

Income.	Tax.			Income.	Tax.			Income.	Tax.			Income.	Tax.		
£	£	s.	d.	£	£	s.	d.	£	£	s.	d.	£	£	s.	d.
201	7	10	9	251	9	8	3	310	11	12	6	810	30	7	6
202	7	11	6	252	9	9	0	320	12	0	0	820	30	15	0
203	7	12	3	253	9	9	9	330	12	7	6	830	31	2	6
204	7	13	0	254	9	10	6	340	12	15	0	840	31	10	0
205	7	13	9	255	9	11	3	350	13	2	6	850	31	17	6
206	7	14	6	256	9	12	0	360	13	10	0	860	32	5	0
207	7	15	3	257	9	12	9	370	13	17	6	870	32	12	6
208	7	16	0	258	9	13	6	380	14	5	0	880	33	0	0
209	7	16	9	259	9	14	3	390	14	12	6	890	33	7	6
210	7	17	6	260	9	15	0	400	15	0	0	900	33	15	0
211	7	18	3	261	9	15	9	410	15	7	6	910	34	2	6
212	7	19	0	262	9	16	6	420	15	15	0	920	34	10	0
213	7	19	9	263	9	17	3	430	16	2	6	930	34	17	6
214	8	0	6	264	9	18	0	440	16	10	0	940	35	5	0
215	8	1	3	265	9	18	9	450	16	17	6	950	35	12	6
216	8	2	0	266	9	19	6	460	17	5	0	960	36	0	0
217	8	2	9	267	10	0	3	470	17	12	6	970	36	7	6
218	8	3	6	268	10	1	0	480	18	0	0	980	36	15	0
219	8	4	3	269	10	1	9	490	18	7	6	990	37	2	6
220	8	5	0	270	10	2	6	500	18	15	0	1,000	37	10	0
221	8	5	9	271	10	3	3	510	19	2	6	1,100	41	5	0
222	8	6	6	272	10	4	0	520	19	10	0	1,200	45	0	0
223	8	7	3	273	10	4	9	530	19	17	6	1,300	48	15	0
224	8	8	0	274	10	5	6	540	20	5	0	1,400	52	10	0
225	8	8	9	275	10	6	3	550	20	12	6	1,500	56	5	0
226	8	9	6	276	10	7	0	560	21	0	0	1,600	60	0	0
227	8	10	3	277	10	7	9	570	21	7	6	1,700	63	15	0
228	8	11	0	278	10	8	6	580	21	15	0	1,800	67	10	0
229	8	11	9	279	10	9	3	590	22	2	6	1,900	71	5	0
230	8	12	6	280	10	10	0	600	22	10	0	2,000	75	0	0
231	8	13	3	281	10	10	9	610	22	17	6	3,000	112	10	0
232	8	14	0	282	10	11	6	620	23	5	0	4,000	150	0	0
233	8	14	9	283	10	12	3	630	23	12	6	5,000	187	10	0
234	8	15	6	284	10	13	0	640	24	0	0	6,000	225	0	0
235	8	16	3	285	10	13	9	650	24	7	6	7,000	262	10	0
236	8	17	0	286	10	14	6	660	24	15	0	8,000	300	0	0
237	8	17	9	287	10	15	3	670	25	2	6	9,000	337	10	0
238	8	18	6	288	10	16	0	680	25	10	0	10,000	375	0	0
239	8	19	3	289	10	16	9	690	25	17	6				
240	9	0	0	290	10	17	6	700	26	5	0				
241	9	0	9	291	10	18	3	710	26	12	6				
242	9	1	6	292	10	19	0	720	27	0	0				
243	9	2	3	293	10	19	9	730	27	7	6				
244	9	3	0	294	11	0	6	740	27	15	0				
245	9	3	9	295	11	1	3	750	28	2	6				
246	9	4	6	296	11	2	0	760	28	10	0				
247	9	5	3	297	11	2	9	770	28	17	6				
248	9	6	0	298	11	3	6	780	29	5	0				
249	9	6	9	299	11	4	3	790	29	12	6				
250	9	7	6	300	11	5	0	800	30	0	0				

PARTS OF A £.

s.	d.	d.
2	3	1
4	6	2
6	8	3
8	11	4
11	2	5
13	4	6
15	7	7
17	10	8

TAX AT $9\frac{1}{3}$d.

Income.	Tax.			Income.	Tax.			Income.	Tax.			Income.	Tax.		
£	£	s.	d.	£	£	s.	d.	£	£	s.	d.	£	£	s.	d.
1			9	51	1	19	8	101	3	18	6	151	5	17	5
2		1	6	52	2	0	5	102	3	19	4	152	5	18	2
3		2	4	53	2	1	2	103	4	0	1	153	5	19	0
4		3	1	54	2	2	0	104	4	0	10	154	5	19	9
5		3	10	55	2	2	9	105	4	1	8	155	6	0	6
6		4	8	56	2	3	6	106	4	2	5	156	6	1	4
7		5	5	57	2	4	4	107	4	3	2	157	6	2	1
8		6	2	58	2	5	1	108	4	4	0	158	6	2	10
9		7	0	59	2	5	10	109	4	4	9	159	6	3	8
10		7	9	60	2	6	8	110	4	5	6	160	6	4	5
11		8	6	61	2	7	5	111	4	6	4	161	6	5	2
12		9	4	62	2	8	2	112	4	7	1	162	6	6	0
13		10	1	63	2	9	0	113	4	7	10	163	6	6	9
14		10	10	64	2	9	9	114	4	8	8	164	6	7	6
15		11	8	65	2	10	6	115	4	9	5	165	6	8	4
16		12	5	66	2	11	4	116	4	10	2	166	6	9	1
17		13	2	67	2	12	1	117	4	11	0	167	6	9	10
18		14	0	68	2	12	10	118	4	11	9	168	6	10	8
19		14	9	69	2	13	8	119	4	12	6	169	6	11	5
20		15	6	70	2	14	5	120	4	13	4	170	6	12	2
21		16	4	71	2	15	2	121	4	14	1	171	6	13	0
22		17	1	72	2	16	0	122	4	14	10	172	6	13	9
23		17	10	73	2	16	9	123	4	15	8	173	6	14	6
24		18	8	74	2	17	6	124	4	16	5	174	6	15	4
25		19	5	75	2	18	4	125	4	17	2	175	6	16	1
26	1	0	2	76	2	19	1	126	4	18	0	176	6	16	10
27	1	1	0	77	2	19	10	127	4	18	9	177	6	17	8
28	1	1	9	78	3	0	8	128	4	19	6	178	6	18	5
29	1	2	6	79	3	1	5	129	5	0	4	179	6	19	2
30	1	3	4	80	3	2	2	130	5	1	1	180	7	0	0
31	1	4	1	81	3	3	0	131	5	1	10	181	7	0	9
32	1	4	10	82	3	3	9	132	5	2	8	182	7	1	6
33	1	5	8	83	3	4	6	133	5	3	5	183	7	2	4
34	1	6	5	84	3	5	4	134	5	4	2	184	7	3	1
35	1	7	2	85	3	6	1	135	5	5	0	185	7	3	10
36	1	8	0	86	3	6	10	136	5	5	9	186	7	4	8
37	1	8	9	87	3	7	8	137	5	6	6	187	7	5	5
38	1	9	6	88	3	8	5	138	5	7	4	188	7	6	2
39	1	10	4	89	3	9	2	139	5	8	1	189	7	7	0
40	1	11	1	90	3	10	0	140	5	8	10	190	7	7	9
41	1	11	10	91	3	10	9	141	5	9	8	191	7	8	6
42	1	12	8	92	3	11	6	142	5	10	5	192	7	9	4
43	1	13	5	93	3	12	4	143	5	11	2	193	7	10	1
44	1	14	2	94	3	13	1	144	5	12	0	194	7	10	10
45	1	15	0	95	3	13	10	145	5	12	9	195	7	11	8
46	1	15	9	96	3	14	8	146	5	13	6	196	7	12	5
47	1	16	6	97	3	15	5	147	5	14	4	197	7	13	2
48	1	17	4	98	3	16	2	148	5	15	1	198	7	14	0
49	1	18	1	99	3	17	0	149	5	15	10	199	7	14	9
50	1	18	10	100	3	17	9	150	5	16	8	200	7	15	6

TAX AT 9⅓d.

Income.	Tax.			Income.	Tax.			Income.	Tax.			Income.	Tax.		
£	£	s.	d.	£	£	s.	d.	£	£	s.	d.	£	£	s.	d.
201	7	16	4	251	9	15	2	310	12	1	1	810	31	10	0
202	7	17	1	252	9	16	0	320	12	8	10	820	31	17	9
203	7	17	10	253	9	16	9	330	12	16	8	830	32	5	6
204	7	18	8	254	9	17	6	340	13	4	5	840	32	13	4
205	7	19	5	255	9	18	4	350	13	12	2	850	33	1	1
206	8	0	2	256	9	19	1	360	14	0	0	860	33	8	10
207	8	1	0	257	9	19	10	370	14	7	9	870	33	16	8
208	8	1	9	258	10	0	8	380	14	15	6	880	34	4	5
209	8	2	6	259	10	1	5	390	15	3	4	890	34	12	2
210	8	3	4	260	10	2	2	400	15	11	1	900	35	0	0
211	8	4	1	261	10	3	0	410	15	18	10	910	35	7	9
212	8	4	10	262	10	3	9	420	16	6	8	920	35	15	6
213	8	5	8	263	10	4	6	430	16	14	5	930	36	3	4
214	8	6	5	264	10	5	4	440	17	2	2	940	36	11	1
215	8	7	2	265	10	6	1	450	17	10	0	950	36	18	10
216	8	8	0	266	10	6	10	460	17	17	9	960	37	6	8
217	8	8	9	267	10	7	8	470	18	5	6	970	37	14	5
218	8	9	6	268	10	8	5	480	18	13	4	980	38	2	2
219	8	10	4	269	10	9	2	490	19	1	1	990	38	10	0
220	8	11	1	270	10	10	0	500	19	8	10	1,000	38	17	9
221	8	11	10	271	10	10	9	510	19	16	8	1,100	42	15	6
222	8	12	8	272	10	11	6	520	20	4	5	1,200	46	13	4
223	8	13	5	273	10	12	4	530	20	12	2	1,300	50	11	1
224	8	14	2	274	10	13	1	540	21	0	0	1,400	54	8	10
225	8	15	0	275	10	13	10	550	21	7	9	1,500	58	6	8
226	8	15	9	276	10	14	8	560	21	15	6	1,600	62	4	5
227	8	16	6	277	10	15	5	570	22	3	4	1,700	66	2	2
228	8	17	4	278	10	16	2	580	22	11	1	1,800	70	0	0
229	8	18	1	279	10	17	0	590	22	18	10	1,900	73	17	9
230	8	18	10	280	10	17	9	600	23	6	8	2,000	77	15	6
231	8	19	8	281	10	18	6	610	23	14	5	3,000	116	13	4
232	9	0	5	282	10	19	4	620	24	2	2	4,000	155	11	1
233	9	1	2	283	11	0	1	630	24	10	0	5,000	194	8	10
234	9	2	0	284	11	0	10	640	24	17	9	6,000	233	6	8
235	9	2	9	285	11	1	8	650	25	5	6	7,000	272	4	5
236	9	3	6	286	11	2	5	660	25	13	4	8,000	311	2	2
237	9	4	4	287	11	3	2	670	26	1	1	9,000	350	0	0
238	9	5	1	288	11	4	0	680	26	8	10	10,000	388	17	9
239	9	5	10	289	11	4	9	690	26	16	8				
240	9	6	8	290	11	5	6	700	27	4	5				
241	9	7	5	291	11	6	4	710	27	12	2				
242	9	8	2	292	11	7	1	720	28	0	0				
243	9	9	0	293	11	7	10	730	28	7	9				
244	9	9	9	294	11	8	8	740	28	15	6				
245	9	10	6	295	11	9	5	750	29	3	4				
246	9	11	4	296	11	10	2	760	29	11	1				
247	9	12	1	297	11	11	0	770	29	18	10				
248	9	12	10	298	11	11	9	780	30	6	8				
249	9	13	8	299	11	12	6	790	30	14	5				
250	9	14	5	300	11	13	4	800	31	2	2				

PARTS OF A £.

s.	d.		d.
2	2	....	1
4	4	....	2
6	6	....	3
8	7	....	4
10	9	....	5
12	11	....	6
15	0	....	7
17	2	....	8
19	4	....	9

TAX AT 9$\frac{3}{5}$d.

Income.	Tax.			nco ne.	Tax.			Income.	Tax.			Income.	Tax.		
£	£	s.	d.	£	£	s.	d.	£	£	s.	d.	£	£	s.	d.
1			9	51	2	0	9	101	4	0	9	151	6	0	9
2		1	7	52	2	1	7	102	4	1	7	152	6	1	7
3		2	4	53	2	2	4	103	4	2	4	153	6	2	4
4		3	2	54	2	3	2	104	4	3	2	154	6	3	2
5		4	0	55	2	4	0	105	4	4	0	155	6	4	0
6		4	9	56	2	4	9	106	4	4	9	156	6	4	9
7		5	7	57	2	5	7	107	4	5	7	157	6	5	7
8		6	4	58	2	6	4	108	4	6	4	158	6	6	4
9		7	2	59	2	7	2	109	4	7	2	159	6	7	2
10		8	0	60	2	8	0	110	4	8	0	160	6	8	0
11		8	9	61	2	8	9	111	4	8	9	161	6	8	9
12		9	7	62	2	9	7	112	4	9	7	162	6	9	7
13		10	4	63	2	10	4	113	4	10	4	163	6	10	4
14		11	2	64	2	11	2	114	4	11	2	164	6	11	2
15		12	0	65	2	12	0	115	4	12	0	165	6	12	0
16		12	9	66	2	12	9	116	4	12	9	166	6	12	9
17		13	7	67	2	13	7	117	4	13	7	167	6	13	7
18		14	4	68	2	14	4	118	4	14	4	168	6	14	4
19		15	2	69	2	15	2	119	4	15	2	169	6	15	2
20		16	0	70	2	16	0	120	4	16	0	170	6	16	0
21		16	9	71	2	16	9	121	4	16	9	171	6	16	9
22		17	7	72	2	17	7	122	4	17	7	172	6	17	7
23		18	4	73	2	18	4	123	4	18	4	173	6	18	4
24		19	2	74	2	19	2	124	4	19	2	174	6	19	2
25	1	0	0	75	3	0	0	125	5	0	0	175	7	0	0
26	1	0	9	76	3	0	9	126	5	0	9	176	7	0	9
27	1	1	7	77	3	1	7	127	5	1	7	177	7	1	7
28	1	2	4	78	3	2	4	128	5	2	4	178	7	2	4
29	1	3	2	79	3	3	2	129	5	3	2	179	7	3	2
30	1	4	0	80	3	4	0	130	5	4	0	180	7	4	0
31	1	4	9	81	3	4	9	131	5	4	9	181	7	4	9
32	1	5	7	82	3	5	7	132	5	5	7	182	7	5	7
33	1	6	4	83	3	6	4	133	5	6	4	183	7	6	4
34	1	7	2	84	3	7	2	134	5	7	2	184	7	7	2
35	1	8	0	85	3	8	0	135	5	8	0	185	7	8	0
36	1	8	9	86	3	8	9	136	5	8	9	186	7	8	9
37	1	9	7	87	3	9	7	137	5	9	7	187	7	9	7
38	1	10	4	88	3	10	4	138	5	10	4	188	7	10	4
39	1	11	2	89	3	11	2	139	5	11	2	189	7	11	2
40	1	12	0	90	3	12	0	140	5	12	0	190	7	12	0
41	1	12	9	91	3	12	9	141	5	12	9	191	7	12	9
42	1	13	7	92	3	13	7	142	5	13	7	192	7	13	7
43	1	14	4	93	3	14	4	143	5	14	4	193	7	14	4
44	1	15	2	94	3	15	2	144	5	15	2	194	7	15	2
45	1	16	0	95	3	16	0	145	5	16	0	195	7	16	0
46	1	16	9	96	3	16	9	146	5	16	9	196	7	16	9
47	1	17	7	97	3	17	7	147	5	17	7	197	7	17	7
48	1	18	4	98	3	18	4	148	5	18	4	198	7	18	4
49	1	19	2	99	3	19	2	149	5	19	2	199	7	19	2
50	2	0	0	100	4	0	0	150	6	0	0	200	8	0	0

TAX AT $9\frac{3}{5}$d.

Income.	Tax.			Income.	Tax.			Income.	Tax.			Income.	Tax.		
£	£	s.	d.	£	£	s.	d.	£	£	s	d.	£	£	s.	d.
201	8	0	9	251	10	0	9	310	12	8	0	810	32	8	0
202	8	1	7	252	10	1	7	320	12	16	0	820	32	16	0
203	8	2	4	253	10	2	4	330	13	4	0	830	33	4	0
204	8	3	2	254	10	3	2	340	13	12	0	840	33	12	0
205	8	4	0	255	10	4	0	350	14	0	0	850	34	0	0
206	8	4	9	256	10	4	9	360	14	8	0	860	34	8	0
207	8	5	7	257	10	5	7	370	14	16	0	870	34	16	0
208	8	6	4	258	10	6	4	380	15	4	0	880	35	4	0
209	8	7	2	259	10	7	2	390	15	12	0	890	35	12	0
210	8	8	0	260	10	8	0	400	16	0	0	900	36	0	0
211	8	8	9	261	10	8	9	410	16	8	0	910	36	8	0
212	8	9	7	262	10	9	7	420	16	16	0	920	36	16	0
213	8	10	4	263	10	10	4	430	17	4	0	930	37	4	0
214	8	11	2	264	10	11	2	440	17	12	0	940	37	12	0
215	8	12	0	265	10	12	0	450	18	0	0	950	38	0	0
216	8	12	9	266	10	12	9	460	18	8	0	960	38	8	0
217	8	13	7	267	10	13	7	470	18	16	0	970	38	16	0
218	8	14	4	268	10	14	4	480	19	4	0	980	39	4	0
219	8	15	2	269	10	15	2	490	19	12	0	990	39	12	0
220	8	16	0	270	10	16	0	500	20	0	0	1,000	40	0	0
221	8	16	9	271	10	16	9	510	20	8	0	1,100	44	0	0
222	8	17	7	272	10	17	7	520	20	16	0	1,200	48	0	0
223	8	18	4	273	10	18	4	530	21	4	0	1,300	52	0	0
224	8	19	2	274	10	19	2	540	21	12	0	1,400	56	0	0
225	9	0	0	275	11	0	0	550	22	0	0	1,500	60	0	0
226	9	0	9	276	11	0	9	560	22	8	0	1,600	64	0	0
227	9	1	7	277	11	1	7	570	22	16	0	1,700	68	0	0
228	9	2	4	278	11	2	4	580	23	4	0	1,800	72	0	0
229	9	3	2	279	11	3	2	590	23	12	0	1,900	76	0	0
230	9	4	0	280	11	4	0	600	24	0	0	2,000	80	0	0
231	9	4	9	281	11	4	9	610	24	8	0	3,000	120	0	0
232	9	5	7	282	11	5	7	620	24	16	0	4,000	160	0	0
233	9	6	4	283	11	6	4	630	25	4	0	5,000	200	0	0
234	9	7	2	284	11	7	2	640	25	12	0	6,000	240	0	0
235	9	8	0	285	11	8	0	650	26	0	0	7,000	280	0	0
236	9	8	9	286	11	8	9	660	26	8	0	8,000	320	0	0
237	9	9	7	287	11	9	7	670	26	16	0	9,000	360	0	0
238	9	10	4	288	11	10	4	680	27	4	0	10,000	400	0	0
239	9	11	2	289	11	11	2	690	27	12	0				
240	9	12	0	290	11	12	0	700	28	0	0				
241	9	12	9	291	11	12	9	710	28	8	0				
242	9	13	7	292	11	13	7	720	28	16	0				
243	9	14	4	293	11	14	4	730	29	4	0				
244	9	15	2	294	11	15	2	740	29	12	0				
245	9	16	0	295	11	16	0	750	30	0	0				
246	9	16	9	296	11	16	9	760	30	8	0				
247	9	17	7	297	11	17	7	770	30	16	0				
248	9	18	4	298	11	18	4	780	31	4	0				
249	9	19	2	299	11	19	2	790	31	12	0				
250	10	0	0	300	12	0	0	800	32	0	0				

PARTS OF A £.

s.	d.	d.
2	1	1
4	2	2
6	3	3
8	4	4
10	5	5
12	6	6
14	7	7
16	8	8
18	9	9

TAX AT 10d.

Income.	Tax.			Income.	Tax.			Income.	Tax.			Income.	Tax.		
£	£	s.	d.	£	£	s.	d.	£	£	s.	d.	£	£	s.	d.
1			10	51	2	2	6	101	4	4	2	151	6	5	10
2		1	8	52	2	3	4	102	4	5	0	152	6	6	8
3		2	6	53	2	4	2	103	4	5	10	153	6	7	6
4		3	4	54	2	5	0	104	4	6	8	154	6	8	4
5		4	2	55	2	5	10	105	4	7	6	155	6	9	2
6		5	0	56	2	6	8	106	4	8	4	156	6	10	0
7		5	10	57	2	7	6	107	4	9	2	157	6	10	10
8		6	8	58	2	8	4	108	4	10	0	158	6	11	8
9		7	6	59	2	9	2	109	4	10	10	159	6	12	6
10		8	4	60	2	10	0	110	4	11	8	160	6	13	4
11		9	2	61	2	10	10	111	4	12	6	161	6	14	2
12		10	0	62	2	11	8	112	4	13	4	162	6	15	0
13		10	10	63	2	12	6	113	4	14	2	163	6	15	10
14		11	8	64	2	13	4	114	4	15	0	164	6	16	8
15		12	6	65	2	14	2	115	4	15	10	165	6	17	6
16		13	4	66	2	15	0	116	4	16	8	166	6	18	4
17		14	2	67	2	15	10	117	4	17	6	167	6	19	2
18		15	0	68	2	16	8	118	4	18	4	168	7	0	0
19		15	10	69	2	17	6	119	4	19	2	169	7	0	10
20		16	8	70	2	18	4	120	5	0	0	170	7	1	8
21		17	6	71	2	19	2	121	5	0	10	171	7	2	6
22		18	4	72	3	0	0	122	5	1	8	172	7	3	4
23		19	2	73	3	0	10	123	5	2	6	173	7	4	2
24	1	0	0	74	3	1	8	124	5	3	4	174	7	5	0
25	1	0	10	75	3	2	6	125	5	4	2	175	7	5	10
26	1	1	8	76	3	3	4	126	5	5	0	176	7	6	8
27	1	2	6	77	3	4	2	127	5	5	10	177	7	7	6
28	1	3	4	78	3	5	0	128	5	6	8	178	7	8	4
29	1	4	2	79	3	5	10	129	5	7	6	179	7	9	2
30	1	5	0	80	3	6	8	130	5	8	4	180	7	10	0
31	1	5	10	81	3	7	6	131	5	9	2	181	7	10	10
32	1	6	8	82	3	8	4	132	5	10	0	182	7	11	8
33	1	7	6	83	3	9	2	133	5	10	10	183	7	12	6
34	1	8	4	84	3	10	0	134	5	11	8	184	7	13	4
35	1	9	2	85	3	10	10	135	5	12	6	185	7	14	2
36	1	10	0	86	3	11	8	136	5	13	4	186	7	15	0
37	1	10	10	87	3	12	6	137	5	14	2	187	7	15	10
38	1	11	8	88	3	13	4	138	5	15	0	188	7	16	8
39	1	12	6	89	3	14	2	139	5	15	10	189	7	17	6
40	1	13	4	90	3	15	0	140	5	16	8	190	7	18	4
41	1	14	2	91	3	15	10	141	5	17	6	191	7	19	2
42	1	15	0	92	3	16	8	142	5	18	4	192	8	0	0
43	1	15	10	93	3	17	6	143	5	19	2	193	8	0	10
44	1	16	8	94	3	18	4	144	6	0	0	194	8	1	8
45	1	17	6	95	3	19	2	145	6	0	10	195	8	2	6
46	1	18	4	96	4	0	0	146	6	1	8	196	8	3	4
47	1	19	2	97	4	0	10	147	6	2	6	197	8	4	2
48	2	0	0	98	4	1	8	148	6	3	4	198	8	5	0
49	2	0	10	99	4	2	6	149	6	4	2	199	8	5	10
50	2	1	8	100	4	3	4	150	6	5	0	200	8	6	8

TAX AT 10d.

Income.	Tax.		
£	£	s.	d.
201	8	7	6
202	8	8	4
203	8	9	2
204	8	10	0
205	8	10	10
206	8	11	8
207	8	12	6
208	8	13	4
209	8	14	2
210	8	15	0
211	8	15	10
212	8	16	8
213	8	17	6
214	8	18	4
215	8	19	2
216	9	0	0
217	9	0	10
218	9	1	8
219	9	2	6
220	9	3	4
221	9	4	2
222	9	5	0
223	9	5	10
224	9	6	8
225	9	7	6
226	9	8	4
227	9	9	2
228	9	10	0
229	9	10	10
230	9	11	8
231	9	12	6
232	9	13	4
233	9	14	2
234	9	15	0
235	9	15	10
236	9	16	8
237	9	17	6
238	9	18	4
239	9	19	2
240	10	0	0
241	10	0	10
242	10	1	8
243	10	2	6
244	10	3	4
245	10	4	2
246	10	5	0
247	10	5	10
248	10	6	8
249	10	7	6
250	10	8	4

Income.	Tax.		
£	£	s.	d.
251	10	9	2
252	10	10	0
253	10	10	10
254	10	11	8
255	10	12	6
256	10	13	4
257	10	14	2
258	10	15	0
259	10	15	10
260	10	16	8
261	10	17	6
262	10	18	4
263	10	19	2
264	11	0	0
265	11	0	10
266	11	1	8
267	11	2	6
268	11	3	4
269	11	4	2
270	11	5	0
271	11	5	10
272	11	6	8
273	11	7	6
274	11	8	4
275	11	9	2
276	11	10	0
277	11	10	10
278	11	11	8
279	11	12	6
280	11	13	4
281	11	14	2
282	11	15	0
283	11	15	10
284	11	16	8
285	11	17	6
286	11	18	4
287	11	19	2
288	12	0	0
289	12	0	10
290	12	1	8
291	12	2	6
292	12	3	4
293	12	4	2
294	12	5	0
295	12	5	10
296	12	6	8
297	12	7	6
298	12	8	4
299	12	9	2
300	12	10	0

Income.	Tax.		
£	£	s.	d.
310	12	18	4
320	13	6	8
330	13	15	0
340	14	3	4
350	14	11	8
360	15	0	0
370	15	8	4
380	15	16	8
390	16	5	0
400	16	13	4
410	17	1	8
420	17	10	0
430	17	18	4
440	18	6	8
450	18	15	0
460	19	3	4
470	19	11	8
480	20	0	0
490	20	8	4
500	20	16	8
510	21	5	0
520	21	13	4
530	22	1	8
540	22	10	0
550	22	18	4
560	23	6	8
570	23	15	0
580	24	3	4
590	24	11	8
600	25	0	0
610	25	8	4
620	25	16	8
630	26	5	0
640	26	13	4
650	27	1	8
660	27	10	0
670	27	18	4
680	28	6	8
690	28	15	0
700	29	3	4
710	29	11	8
720	30	0	0
730	30	8	4
740	30	16	8
750	31	5	0
760	31	13	4
770	32	1	8
780	32	10	0
790	32	18	4
800	33	6	8

Income.	Tax.		
£	£	s.	d.
810	33	15	0
820	34	3	4
830	34	11	8
840	35	0	0
850	35	8	4
860	35	16	8
870	36	5	0
880	36	13	4
890	37	1	8
900	37	10	0
910	37	18	4
920	38	6	8
930	38	15	0
940	39	3	4
950	39	11	8
960	40	0	0
970	40	8	4
980	40	16	8
990	41	5	0
1,000	41	13	4
1,100	45	16	8
1,200	50	0	0
1,300	54	3	4
1,400	58	6	8
1,500	62	10	0
1,600	66	13	4
1,700	70	16	8
1,800	75	0	0
1,900	79	3	4
2,000	83	6	8
3,000	125	0	0
4,000	166	13	4
5,000	208	6	8
6,000	250	0	0
7,000	291	13	4
8,000	333	6	8
9,000	375	0	0
10,000	416	13	4

PARTS OF A £.

s.	d.	d.
2	0	1
4	0	2
6	0	3
8	0	4
10	0	5
12	0	6
14	0	7
16	0	8
18	0	9

TAX AT 10½d.

Income.	Tax.			Income.	Tax.			Income.	Tax.			Income.	Tax.		
£	£	s.	d.	£	£	s.	d.	£	£	s.	d.	£	£	s.	d.
1			10	**51**	2	4	7	**101**	4	8	4	**151**	6	12	1
2		1	9	**52**	2	5	6	**102**	4	9	3	**152**	6	13	0
3		2	7	**53**	2	6	4	**103**	4	10	1	**153**	6	13	10
4		3	6	**54**	2	7	3	**104**	4	11	0	**154**	6	14	9
5		4	4	**55**	2	8	1	**105**	4	11	10	**155**	6	15	7
6		5	3	**56**	2	9	0	**106**	4	12	9	**156**	6	16	6
7		6	1	**57**	2	9	10	**107**	4	13	7	**157**	6	17	4
8		7	0	**58**	2	10	9	**108**	4	14	6	**158**	6	18	3
9		7	10	**59**	2	11	7	**109**	4	15	4	**159**	6	19	1
10		8	9	**60**	2	12	6	**110**	4	16	3	**160**	7	0	0
11		9	7	**61**	2	13	4	**111**	4	17	1	**161**	7	0	10
12		10	6	**62**	2	14	3	**112**	4	18	0	**162**	7	1	9
13		11	4	**63**	2	15	1	**113**	4	18	10	**163**	7	2	7
14		12	3	**64**	2	16	0	**114**	4	19	9	**164**	7	3	6
15		13	1	**65**	2	16	10	**115**	5	0	7	**165**	7	4	4
16		14	0	**66**	2	17	9	**116**	5	1	6	**166**	7	5	3
17		14	10	**67**	2	18	7	**117**	5	2	4	**167**	7	6	1
18		15	9	**68**	2	19	6	**118**	5	3	3	**168**	7	7	0
19		16	7	**69**	3	0	4	**119**	5	4	1	**169**	7	7	10
20		17	6	**70**	3	1	3	**120**	5	5	0	**170**	7	8	9
21		18	4	**71**	3	2	1	**121**	5	5	10	**171**	7	9	7
22		19	3	**72**	3	3	0	**122**	5	6	9	**172**	7	10	6
23	1	0	1	**73**	3	3	10	**123**	5	7	7	**173**	7	11	4
24	1	1	0	**74**	3	4	9	**124**	5	8	6	**174**	7	12	3
25	1	1	10	**75**	3	5	7	**125**	5	9	4	**175**	7	13	1
26	1	2	9	**76**	3	6	6	**126**	5	10	3	**176**	7	14	0
27	1	3	7	**77**	3	7	4	**127**	5	11	1	**177**	7	14	10
28	1	4	6	**78**	3	8	3	**128**	5	12	0	**178**	7	15	9
29	1	5	4	**79**	3	9	1	**129**	5	12	10	**179**	7	16	7
30	1	6	3	**80**	3	10	0	**130**	5	13	9	**180**	7	17	6
31	1	7	1	**81**	3	10	10	**131**	5	14	7	**181**	7	18	4
32	1	8	0	**82**	3	11	9	**132**	5	15	6	**182**	7	19	3
33	1	8	10	**83**	3	12	7	**133**	5	16	4	**183**	8	0	1
34	1	9	9	**84**	3	13	6	**134**	5	17	3	**184**	8	1	0
35	1	10	7	**85**	3	14	4	**135**	5	18	1	**185**	8	1	10
36	1	11	6	**86**	3	15	3	**136**	5	19	0	**186**	8	2	9
37	1	12	4	**87**	3	16	1	**137**	5	19	10	**187**	8	3	7
38	1	13	3	**88**	3	17	0	**138**	6	0	9	**188**	8	4	6
39	1	14	1	**89**	3	17	10	**139**	6	1	7	**189**	8	5	4
40	1	15	0	**90**	3	18	9	**140**	6	2	6	**190**	8	6	3
41	1	15	10	**91**	3	19	7	**141**	6	3	4	**191**	8	7	1
42	1	16	9	**92**	4	0	6	**142**	6	4	3	**192**	8	8	0
43	1	17	7	**93**	4	1	4	**143**	6	5	1	**193**	8	8	10
44	1	18	6	**94**	4	2	3	**144**	6	6	0	**194**	8	9	9
45	1	19	4	**95**	4	3	1	**145**	6	6	10	**195**	8	10	7
46	2	0	3	**96**	4	4	0	**146**	6	7	9	**196**	8	11	6
47	2	1	1	**97**	4	4	10	**147**	6	8	7	**197**	8	12	4
48	2	2	0	**98**	4	5	9	**148**	6	9	6	**198**	8	13	3
49	2	2	10	**99**	4	6	7	**149**	6	10	4	**199**	8	14	1
50	2	3	9	**100**	4	7	6	**150**	6	11	3	**200**	8	15	0

TAX AT 10½d.

Income.	Tax.			Income.	Tax.			Income.	Tax.			Income.	Tax.		
£	£	s.	d.	£	£	s.	d.	£	£	s.	d.	£	£	s.	d.
201	8	15	10	251	10	19	7	310	13	11	3	810	35	8	9
202	8	16	9	252	11	0	6	320	14	0	0	820	35	17	6
203	8	17	7	253	11	1	4	330	14	8	9	830	36	6	3
204	8	18	6	254	11	2	3	340	14	17	6	840	36	15	0
205	8	19	4	255	11	3	1	350	15	6	3	850	37	3	9
206	9	0	3	256	11	4	0	360	15	15	0	860	37	12	6
207	9	1	1	257	11	4	10	370	16	3	9	870	38	1	3
208	9	2	0	258	11	5	9	380	16	12	6	880	38	10	0
209	9	2	10	259	11	6	7	390	17	1	3	890	38	18	9
210	9	3	9	260	11	7	6	400	17	10	0	900	39	7	6
211	9	4	7	261	11	8	4	410	17	18	9	910	39	16	3
212	9	5	6	262	11	9	3	420	18	7	6	920	40	5	0
213	9	6	4	263	11	10	1	430	18	16	3	930	40	13	9
214	9	7	3	264	11	11	0	440	19	5	0	940	41	2	6
215	9	8	1	265	11	11	10	450	19	13	9	950	41	11	3
216	9	9	0	266	11	12	9	460	20	2	6	960	42	0	0
217	9	9	10	267	11	13	7	470	20	11	3	970	42	8	9
218	9	10	9	268	11	14	6	480	21	0	0	980	42	17	6
219	9	11	7	269	11	15	4	490	21	8	9	990	43	6	3
220	9	12	6	270	11	16	3	500	21	17	6	1,000	43	15	0
221	9	13	4	271	11	17	1	510	22	6	3	1,100	48	2	6
222	9	14	3	272	11	18	0	520	22	15	0	1,200	52	10	0
223	9	15	1	273	11	18	10	530	23	3	9	1,300	56	17	6
224	9	16	0	274	11	19	9	540	23	12	6	1,400	61	5	0
225	9	16	10	275	12	0	7	550	24	1	3	1,500	65	12	6
226	9	17	9	276	12	1	6	560	24	10	0	1,600	70	0	0
227	9	18	7	277	12	2	4	570	24	18	9	1,700	74	7	6
228	9	19	6	278	12	3	3	580	25	7	6	1,800	78	15	0
229	10	0	4	279	12	4	1	590	25	16	3	1,900	83	2	6
230	10	1	3	280	12	5	0	600	26	5	0	2,000	87	10	0
231	10	2	1	281	12	5	10	610	26	13	9	3,000	131	5	0
232	10	3	0	282	12	6	9	620	27	2	6	4,000	175	0	0
233	10	3	10	283	12	7	7	630	27	11	3	5,000	218	15	0
234	10	4	9	284	12	8	6	640	28	0	0	6,000	262	10	0
235	10	5	7	285	12	9	4	650	28	8	9	7,000	306	5	0
236	10	6	6	286	12	10	3	660	28	17	6	8,000	350	0	0
237	10	7	4	287	12	11	1	670	29	6	3	9,000	393	15	0
238	10	8	3	288	12	12	0	680	29	15	0	10,000	437	10	0
239	10	9	1	289	12	12	10	690	30	3	9				
240	10	10	0	290	12	13	9	700	30	12	6				
241	10	10	10	291	12	14	7	710	31	1	3				
242	10	11	9	292	12	15	6	720	31	10	0				
243	10	12	7	293	12	16	4	730	31	18	9				
244	10	13	6	294	12	17	3	740	32	7	6				
245	10	14	4	295	12	18	1	750	32	16	3				
246	10	15	3	296	12	19	0	760	33	5	0				
247	10	16	1	297	12	19	10	770	33	13	9				
248	10	17	0	298	13	0	9	780	34	2	6				
249	10	17	10	299	13	1	7	790	34	11	3				
250	10	18	9	300	13	2	6	800	35	0	0				

PARTS OF A £.

s.	d.		d.
1	11	....	1
3	10	....	2
5	9	....	3
7	8	....	4
9	7	....	5
11	6	....	6
13	4	....	7
15	3	....	8
17	2	....	9
19	1	....	10

TAX AT 11d.

Income.	Tax.			Income.	Tax.			Income.	Tax.			Income.	Tax.		
£	£	s.	d.	£	£	s.	d.	£	£	s.	d.	£	£	s.	d.
1			11	51	2	6	9	101	4	12	7	151	6	18	5
2		1	10	52	2	7	8	102	4	13	6	152	6	19	4
3		2	9	53	2	8	7	103	4	14	5	153	7	0	3
4		3	8	54	2	9	6	104	4	15	4	154	7	1	2
5		4	7	55	2	10	5	105	4	16	3	155	7	2	1
6		5	6	56	2	11	4	106	4	17	2	156	7	3	0
7		6	5	57	2	12	3	107	4	18	1	157	7	3	11
8		7	4	58	2	13	2	108	4	19	0	158	7	4	10
9		8	3	59	2	14	1	109	4	19	11	159	7	5	9
10		9	2	60	2	15	0	110	5	0	10	160	7	6	8
11		10	1	61	2	15	11	111	5	1	9	161	7	7	7
12		11	0	62	2	16	10	112	5	2	8	162	7	8	6
13		11	11	63	2	17	9	113	5	3	7	163	7	9	5
14		12	10	64	2	18	8	114	5	4	6	164	7	10	4
15		13	9	65	2	19	7	115	5	5	5	165	7	11	3
16		14	8	66	3	0	6	116	5	6	4	166	7	12	2
17		15	7	67	3	1	5	117	5	7	3	167	7	13	1
18		16	6	68	3	2	4	118	5	8	2	168	7	14	0
19		17	5	69	3	3	3	119	5	9	1	169	7	14	11
20		18	4	70	3	4	2	120	5	10	0	170	7	15	10
21		19	3	71	3	5	1	121	5	10	11	171	7	16	9
22	1	0	2	72	3	6	0	122	5	11	10	172	7	17	8
23	1	1	1	73	3	6	11	123	5	12	9	173	7	18	7
24	1	2	0	74	3	7	10	124	5	13	8	174	7	19	6
25	1	2	11	75	3	8	9	125	5	14	7	175	8	0	5
26	1	3	10	76	3	9	8	126	5	15	6	176	8	1	4
27	1	4	9	77	3	10	7	127	5	16	5	177	8	2	3
28	1	5	8	78	3	11	6	128	5	17	4	178	8	3	2
29	1	6	7	79	3	12	5	129	5	18	3	179	8	4	1
30	1	7	6	80	3	13	4	130	5	19	2	180	8	5	0
31	1	8	5	81	3	14	3	131	6	0	1	181	8	5	11
32	1	9	4	82	3	15	2	132	6	1	0	182	8	6	10
33	1	10	3	83	3	16	1	133	6	1	11	183	8	7	9
34	1	11	2	84	3	17	0	134	6	2	10	184	8	8	8
35	1	12	1	85	3	17	11	135	6	3	9	185	8	9	7
36	1	13	0	86	3	18	10	136	6	4	8	186	8	10	6
37	1	13	11	87	3	19	9	137	6	5	7	187	8	11	5
38	1	14	10	88	4	0	8	138	6	6	6	188	8	12	4
39	1	15	9	89	4	1	7	139	6	7	5	189	8	13	3
40	1	16	8	90	4	2	6	140	6	8	4	190	8	14	2
41	1	17	7	91	4	3	5	141	6	9	3	191	8	15	1
42	1	18	6	92	4	4	4	142	6	10	2	192	8	16	0
43	1	19	5	93	4	5	3	143	6	11	1	193	8	16	11
44	2	0	4	94	4	6	2	144	6	12	0	194	8	17	10
45	2	1	3	95	4	7	1	145	6	12	11	195	8	18	9
46	2	2	2	96	4	8	0	146	6	13	10	196	8	19	8
47	2	3	1	97	4	8	11	147	6	14	9	197	9	0	7
48	2	4	0	98	4	9	10	148	6	15	8	198	9	1	6
49	2	4	11	99	4	10	9	149	6	16	7	199	9	2	5
50	2	5	10	100	4	11	8	150	6	17	6	200	9	3	4

TAX AT 11d.

Income.	Tax.			Income.	Tax.			Income.	Tax.			Income.	Tax.		
£	£	s.	d.	£	£	s.	d.	£	£	s.	d.	£	£	s.	d.
201	9	4	3	251	11	10	1	310	14	4	2	810	37	2	6
202	9	5	2	252	11	11	0	320	14	13	4	820	37	11	8
203	9	6	1	253	11	11	11	330	15	2	6	830	38	0	10
204	9	7	0	254	11	12	10	340	15	11	8	840	38	10	0
205	9	7	11	255	11	13	9	350	16	0	10	850	38	19	2
206	9	8	10	256	11	14	8	360	16	10	0	860	39	8	4
207	9	9	9	257	11	15	7	370	16	19	2	870	39	17	6
208	9	10	8	258	11	16	6	380	17	8	4	880	40	6	8
209	9	11	7	259	11	17	5	390	17	17	6	890	40	15	10
210	9	12	6	260	11	18	4	400	18	6	8	900	41	5	0
211	9	13	5	261	11	19	3	410	18	15	10	910	41	14	2
212	9	14	4	262	12	0	2	420	19	5	0	920	42	3	4
213	9	15	3	263	12	1	1	430	19	14	2	930	42	12	6
214	9	16	2	264	12	2	0	440	20	3	4	940	43	1	8
215	9	17	1	265	12	2	11	450	20	12	6	950	43	10	10
216	9	18	0	266	12	3	10	460	21	1	8	960	44	0	0
217	9	18	11	267	12	4	9	470	21	10	10	970	44	9	2
218	9	19	10	268	12	5	8	480	22	0	0	980	44	18	4
219	10	0	9	269	12	6	7	490	22	9	2	990	45	7	6
220	10	1	8	270	12	7	6	500	22	18	4	1,000	45	16	8
221	10	2	7	271	12	8	5	510	23	7	6	1,100	50	8	4
222	10	3	6	272	12	9	4	520	23	16	8	1,200	55	0	0
223	10	4	5	273	12	10	3	530	24	5	10	1,300	59	11	8
224	10	5	4	274	12	11	2	540	24	15	0	1,400	64	3	4
225	10	6	3	275	12	12	1	550	25	4	2	1,500	68	15	0
226	10	7	2	276	12	13	0	560	25	13	4	1,600	73	6	8
227	10	8	1	277	12	13	11	570	26	2	6	1,700	77	18	4
228	10	9	0	278	12	14	10	580	26	11	8	1,800	82	10	0
229	10	9	11	279	12	15	9	590	27	0	10	1,900	87	1	8
230	10	10	10	280	12	16	8	600	27	10	0	2,000	91	13	4
231	10	11	9	281	12	17	7	610	27	19	2	3,000	137	10	0
232	10	12	8	282	12	18	6	620	28	8	4	4,000	183	6	8
233	10	13	7	283	12	19	5	630	28	17	6	5,000	229	3	4
234	10	14	6	284	13	0	4	640	29	6	8	6,000	275	0	0
235	10	15	5	285	13	1	3	650	29	15	10	7,000	320	16	8
236	10	16	4	286	13	2	2	660	30	5	0	8,000	366	13	4
237	10	17	3	287	13	3	1	670	30	14	2	9,000	412	10	0
238	10	18	2	288	13	4	0	680	31	3	4	10,000	458	6	8
239	10	19	1	289	13	4	11	690	31	12	6				
240	11	0	0	290	13	5	10	700	32	1	8				
241	11	0	11	291	13	6	9	710	32	10	10				
242	11	1	10	292	13	7	8	720	33	0	0				
243	11	2	9	293	13	8	7	730	33	9	2				
244	11	3	8	294	13	9	6	740	33	18	4				
245	11	4	7	295	13	10	5	750	34	7	6				
246	11	5	6	296	13	11	4	760	34	16	8				
247	11	6	5	297	13	12	3	770	35	5	10				
248	11	7	4	298	13	13	2	780	35	15	0				
249	11	8	3	299	13	14	1	790	36	4	2				
250	11	9	2	300	13	15	0	800	36	13	4				

PARTS OF A £.

s.	d.	d.
1	10	1
3	8	2
5	6	3
7	4	4
9	2	5
10	11	6
12	9	7
14	7	8
16	5	9
18	3	10

TAX AT 11⅕d.

Income.	Tax.			Income.	Tax.			Income.	Tax.			Income.	Tax.		
£	£	s.	d.	£	£	s.	d.	£	£	s.	d.	£	£	s.	d.
1			11	51	2	7	7	101	4	14	3	151	7	0	11
2		1	10	52	2	8	6	102	4	15	2	152	7	1	10
3		2	9	53	2	9	5	103	4	16	1	153	7	2	9
4		3	8	54	2	10	4	104	4	17	0	154	7	3	8
5		4	8	55	2	11	4	105	4	18	0	155	7	4	8
6		5	7	56	2	12	3	106	4	18	11	156	7	5	7
7		6	6	57	2	13	2	107	4	19	10	157	7	6	6
8		7	5	58	2	14	1	108	5	0	9	158	7	7	5
9		8	4	59	2	15	0	109	5	1	8	159	7	8	4
10		9	4	60	2	16	0	110	5	2	8	160	7	9	4
11		10	3	61	2	16	11	111	5	3	7	161	7	10	3
12		11	2	62	2	17	10	112	5	4	6	162	7	11	2
13		12	1	63	2	18	9	113	5	5	5	163	7	12	1
14		13	0	64	2	19	8	114	5	6	4	164	7	13	0
15		14	0	65	3	0	8	115	5	7	4	165	7	14	0
16		14	11	66	3	1	7	116	5	8	3	166	7	14	11
17		15	10	67	3	2	6	117	5	9	2	167	7	15	10
18		16	9	68	3	3	5	118	5	10	1	168	7	16	9
19		17	8	69	3	4	4	119	5	11	0	169	7	17	8
20		18	8	70	3	5	4	120	5	12	0	170	7	18	8
21		19	7	71	3	6	3	121	5	12	11	171	7	19	7
22	1	0	6	72	3	7	2	122	5	13	10	172	8	0	6
23	1	1	5	73	3	8	1	123	5	14	9	173	8	1	5
24	1	2	4	74	3	9	0	124	5	15	8	174	8	2	4
25	1	3	4	75	3	10	0	125	5	16	8	175	8	3	4
26	1	4	3	76	3	10	11	126	5	17	7	176	8	4	3
27	1	5	2	77	3	11	10	127	5	18	6	177	8	5	2
28	1	6	1	78	3	12	9	128	5	19	5	178	8	6	1
29	1	7	0	79	3	13	8	129	6	0	4	179	8	7	0
30	1	8	0	80	3	14	8	130	6	1	4	180	8	8	0
31	1	8	11	81	3	15	7	131	6	2	3	181	8	8	11
32	1	9	10	82	3	16	6	132	6	3	2	182	8	9	10
33	1	10	9	83	3	17	5	133	6	4	1	183	8	10	9
34	1	11	8	84	3	18	4	134	6	5	0	184	8	11	8
35	1	12	8	85	3	19	4	135	6	6	0	185	8	12	8
36	1	13	7	86	4	0	3	136	6	6	11	186	8	13	7
37	1	14	6	87	4	1	2	137	6	7	10	187	8	14	6
38	1	15	5	88	4	2	1	138	6	8	9	188	8	15	5
39	1	16	4	89	4	3	0	139	6	9	8	189	8	16	4
40	1	17	4	90	4	4	0	140	6	10	8	190	8	17	4
41	1	18	3	91	4	4	11	141	6	11	7	191	8	18	3
42	1	19	2	92	4	5	10	142	6	12	6	192	8	19	2
43	2	0	1	93	4	6	9	143	6	13	5	193	9	0	1
44	2	1	0	94	4	7	8	144	6	14	4	194	9	1	0
45	2	2	0	95	4	8	8	145	6	15	4	195	9	2	0
46	2	2	11	96	4	9	7	146	6	16	3	196	9	2	11
47	2	3	10	97	4	10	6	147	6	17	2	197	9	3	10
48	2	4	9	98	4	11	5	148	6	18	1	198	9	4	9
49	2	5	8	99	4	12	4	149	6	19	0	199	9	5	8
50	2	6	8	100	4	13	4	150	7	0	0	200	9	6	8

TAX AT 11$\frac{1}{5}$d.

Income.	Tax.			Income.	Tax.			Income.	Tax.			Income.	Tax.		
£	£	s.	d.	£	£	s.	d.	£	£	s.	d.	£	£	s.	d.
201	9	7	7	251	11	14	3	310	14	9	4	810	37	16	0
202	9	8	6	252	11	15	2	320	14	18	8	820	38	5	4
203	9	9	5	253	11	16	1	330	15	8	0	830	38	14	8
204	9	10	4	254	11	17	0	340	15	17	4	840	39	4	0
205	9	11	4	255	11	18	0	350	16	6	8	850	39	13	4
206	9	12	3	256	11	18	11	360	16	16	0	860	40	2	8
207	9	13	2	257	11	19	10	370	17	5	4	870	40	12	0
208	9	14	1	258	12	0	9	380	17	14	8	880	41	1	4
209	9	15	0	259	12	1	8	390	18	4	0	890	41	10	8
210	9	16	0	260	12	2	8	400	18	13	4	900	42	0	0
211	9	16	11	261	12	3	7	410	19	2	8	910	42	9	4
212	9	17	10	262	12	4	6	420	19	12	0	920	42	18	8
213	9	18	9	263	12	5	5	430	20	1	4	930	43	8	0
214	9	19	8	264	12	6	4	440	20	10	8	940	43	17	4
215	10	0	8	265	12	7	4	450	21	0	0	950	44	6	8
216	10	1	7	266	12	8	3	460	21	9	4	960	44	16	0
217	10	2	6	267	12	9	2	470	21	18	8	970	45	5	4
218	10	3	5	268	12	10	1	480	22	8	0	980	45	14	8
219	10	4	4	269	12	11	0	490	22	17	4	990	46	4	0
220	10	5	4	270	12	12	0	500	23	6	8	1,000	46	13	4
221	10	6	3	271	12	12	11	510	23	16	0	1,100	51	6	8
222	10	7	2	272	12	13	10	520	24	5	4	1,200	56	0	0
223	10	8	1	273	12	14	9	530	24	14	8	1,300	60	13	4
224	10	9	0	274	12	15	8	540	25	4	0	1,400	65	6	8
225	10	10	0	275	12	16	8	550	25	13	4	1,500	70	0	0
226	10	10	11	276	12	17	7	560	26	2	8	1,600	74	13	4
227	10	11	10	277	12	18	6	570	26	12	0	1,700	79	6	8
228	10	12	9	278	12	19	5	580	27	1	4	1,800	84	0	0
229	10	13	8	279	13	0	4	590	27	10	8	1,900	88	13	4
230	10	14	8	280	13	1	4	600	28	0	0	2,000	93	6	8
231	10	15	7	281	13	2	3	610	28	9	4	3,000	140	0	0
232	10	16	6	282	13	3	2	620	28	18	8	4,000	186	13	4
233	10	17	5	283	13	4	1	630	29	8	0	5,000	233	6	8
234	10	18	4	284	13	5	0	640	29	17	4	6,000	280	0	0
235	10	19	4	285	13	6	0	650	30	6	8	7,000	326	13	4
236	11	0	3	286	13	6	11	660	30	16	0	8,000	373	6	8
237	11	1	2	287	13	7	10	670	31	5	4	9,000	420	0	0
238	11	2	1	288	13	8	9	680	31	14	8	10,000	466	13	4
239	11	3	0	289	13	9	8	690	32	4	0				
240	11	4	0	290	13	10	8	700	32	13	4				
241	11	4	11	291	13	11	7	710	33	2	8				
242	11	5	10	292	13	12	6	720	33	12	0				
243	11	6	9	293	13	13	5	730	34	1	4				
244	11	7	8	294	13	14	4	740	34	10	8				
245	11	8	8	295	13	15	4	750	35	0	0				
246	11	9	7	296	13	16	3	760	35	9	4				
247	11	10	6	297	13	17	2	770	35	18	8				
248	11	11	5	298	13	18	1	780	36	8	0				
249	11	12	4	299	13	19	0	790	36	17	4				
250	11	13	4	300	14	0	0	800	37	6	8				

PARTS OF A £.

s.	d.		d.
1	10	....	1
3	7	....	2
5	5	....	3
7	2	....	4
9	0	....	5
10	9	....	6
12	6	....	7
14	4	....	8
16	1	....	9
17	11	....	10
19	8	....	11

TAX AT 1s.

Income.	Tax.			Income.	Tax.			Income.	Tax.			Income	Tax.		
£	£	s.	d.	£	£	s.	d.	£	£	s.	d.	£	£	s.	d.
1		1	0	51	2	11	0	101	5	1	0	151	7	11	0
2		2	0	52	2	12	0	102	5	2	0	152	7	12	0
3		3	0	53	2	13	0	103	5	3	0	153	7	13	0
4		4	0	54	2	14	0	104	5	4	0	154	7	14	0
5		5	0	55	2	15	0	105	5	5	0	155	7	15	0
6		6	0	56	2	16	0	106	5	6	0	156	7	16	0
7		7	0	57	2	17	0	107	5	7	0	157	7	17	0
8		8	0	58	2	18	0	108	5	8	0	158	7	18	0
9		9	0	59	2	19	0	109	5	9	0	159	7	19	0
10		10	0	60	3	0	0	110	5	10	0	160	8	0	0
11		11	0	61	3	1	0	111	5	11	0	161	8	1	0
12		12	0	62	3	2	0	112	5	12	0	162	8	2	0
13		13	0	63	3	3	0	113	5	13	0	163	8	3	0
14		14	0	64	3	4	0	114	5	14	0	164	8	4	0
15		15	0	65	3	5	0	115	5	15	0	165	8	5	0
16		16	0	66	3	6	0	116	5	16	0	166	8	6	0
17		17	0	67	3	7	0	117	5	17	0	167	8	7	0
18		18	0	68	3	8	0	118	5	18	0	168	8	8	0
19		19	0	69	3	9	0	119	5	19	0	169	8	9	0
20	1	0	0	70	3	10	0	120	6	0	0	170	8	10	0
21	1	1	0	71	3	11	0	121	6	1	0	171	8	11	0
22	1	2	0	72	3	12	0	122	6	2	0	172	8	12	0
23	1	3	0	73	3	13	0	123	6	3	0	173	8	13	0
24	1	4	0	74	3	14	0	124	6	4	0	174	8	14	0
25	1	5	0	75	3	15	0	125	6	5	0	175	8	15	0
26	1	6	0	76	3	16	0	126	6	6	0	176	8	16	0
27	1	7	0	77	3	17	0	127	6	7	0	177	8	17	0
28	1	8	0	78	3	18	0	128	6	8	0	178	8	18	0
29	1	9	0	79	3	19	0	129	6	9	0	179	8	19	0
30	1	10	0	80	4	0	0	130	6	10	0	180	9	0	0
31	1	11	0	81	4	1	0	131	6	11	0	181	9	1	0
32	1	12	0	82	4	2	0	132	6	12	0	182	9	2	0
33	1	13	0	83	4	3	0	133	6	13	0	183	9	3	0
34	1	14	0	84	4	4	0	134	6	14	0	184	9	4	0
35	1	15	0	85	4	5	0	135	6	15	0	185	9	5	0
36	1	16	0	86	4	6	0	136	6	16	0	186	9	6	0
37	1	17	0	87	4	7	0	137	6	17	0	187	9	7	0
38	1	18	0	88	4	8	0	138	6	18	0	188	9	8	0
39	1	19	0	89	4	9	0	139	6	19	0	189	9	9	0
40	2	0	0	90	4	10	0	140	7	0	0	190	9	10	0
41	2	1	0	91	4	11	0	141	7	1	0	191	9	11	0
42	2	2	0	92	4	12	0	142	7	2	0	192	9	12	0
43	2	3	0	93	4	13	0	143	7	3	0	193	9	13	0
44	2	4	0	94	4	14	0	144	7	4	0	194	9	14	0
45	2	5	0	95	4	15	0	145	7	5	0	195	9	15	0
46	2	6	0	96	4	16	0	146	7	6	0	196	9	16	0
47	2	7	0	97	4	17	0	147	7	7	0	197	9	17	0
48	2	8	0	98	4	18	0	148	7	8	0	198	9	18	0
49	2	9	0	99	4	19	0	149	7	9	0	199	9	19	0
50	2	10	0	100	5	0	0	150	7	10	0	200	10	0	0

TAX AT 1s.

Income.	Tax.			Income.	Tax.			Income.	Tax.			Income.	Tax.		
£	£	s.	d.	£	£	s.	d.	£	£	s.	d.	£	£	s.	d.
201	10	1	0	251	12	11	0	310	15	10	0	810	40	10	0
202	10	2	0	252	12	12	0	320	16	0	0	820	41	0	0
203	10	3	0	253	12	13	0	330	16	10	0	830	41	10	0
204	10	4	0	254	12	14	0	340	17	0	0	840	42	0	0
205	10	5	0	255	12	15	0	350	17	10	0	850	42	10	0
206	10	6	0	256	12	16	0	360	18	0	0	860	43	0	0
207	10	7	0	257	12	17	0	370	18	10	0	870	43	10	0
208	10	8	0	258	12	18	0	380	19	0	0	880	44	0	0
209	10	9	0	259	12	19	0	390	19	10	0	890	44	10	0
210	10	10	0	260	13	0	0	400	20	0	0	900	45	0	0
211	10	11	0	261	13	1	0	410	20	10	0	910	45	10	0
212	10	12	0	262	13	2	0	420	21	0	0	920	46	0	0
213	10	13	0	263	13	3	0	430	21	10	0	930	46	10	0
214	10	14	0	264	13	4	0	440	22	0	0	940	47	0	0
215	10	15	0	265	13	5	0	450	22	10	0	950	47	10	0
216	10	16	0	266	13	6	0	460	23	0	0	960	48	0	0
217	10	17	0	267	13	7	0	470	23	10	0	970	48	10	0
218	10	18	0	268	13	8	0	480	24	0	0	980	49	0	0
219	10	19	0	269	13	9	0	490	24	10	0	990	49	10	0
220	11	0	0	270	13	10	0	500	25	0	0	1,000	50	0	0
221	11	1	0	271	13	11	0	510	25	10	0	1,100	55	0	0
222	11	2	0	272	13	12	0	520	26	0	0	1,200	60	0	0
223	11	3	0	273	13	13	0	530	26	10	0	1,300	65	0	0
224	11	4	0	274	13	14	0	540	27	0	0	1,400	70	0	0
225	11	5	0	275	13	15	0	550	27	10	0	1,500	75	0	0
226	11	6	0	276	13	16	0	560	28	0	0	1,600	80	0	0
227	11	7	0	277	13	17	0	570	28	10	0	1,700	85	0	0
228	11	8	0	278	13	18	0	580	29	0	0	1,800	90	0	0
229	11	9	0	279	13	19	0	590	29	10	0	1,900	95	0	0
230	11	10	0	280	14	0	0	600	30	0	0	2,000	100	0	0
231	11	11	0	281	14	1	0	610	30	10	0	3,000	150	0	0
232	11	12	0	282	14	2	0	620	31	0	0	4,000	200	0	0
233	11	13	0	283	14	3	0	630	31	10	0	5,000	250	0	0
234	11	14	0	284	14	4	0	640	32	0	0	6,000	300	0	0
235	11	15	0	285	14	5	0	650	32	10	0	7,000	350	0	0
236	11	16	0	286	14	6	0	660	33	0	0	8,000	400	0	0
237	11	17	0	287	14	7	0	670	33	10	0	9,000	450	0	0
238	11	18	0	288	14	8	0	680	34	0	0	10,000	500	0	0
239	11	19	0	289	14	9	0	690	34	10	0				
240	12	0	0	290	14	10	0	700	35	0	0				
241	12	1	0	291	14	11	0	710	35	10	0				
242	12	2	0	292	14	12	0	720	36	0	0				
243	12	3	0	293	14	13	0	730	36	10	0				
244	12	4	0	294	14	14	0	740	37	0	0				
245	12	5	0	295	14	15	0	750	37	10	0				
246	12	6	0	296	14	16	0	760	38	0	0				
247	12	7	0	297	14	17	0	770	38	10	0				
248	12	8	0	298	14	18	0	780	39	0	0				
249	12	9	0	299	14	19	0	790	39	10	0				
250	12	10	0	300	15	0	0	800	40	0	0				

PARTS OF A £.

s.	d.		d.
1	8	....	1
3	4	....	2
5	0	....	3
6	8	....	4
8	4	....	5
10	0	....	6
11	8	....	7
13	4	....	8
15	0	....	9
16	8	....	10
18	4	....	11

4—(1526

TAX AT 1s. 1d.

Income.	Tax.			Income.	Tax.			Income.	Tax.			Income.	Tax.		
£	£	s.	d.	£	£	s.	d.	£	£	s.	d.	£	£	s.	d.
1		1	1	51	2	15	3	101	5	9	5	151	8	3	7
2		2	2	52	2	16	4	102	5	10	6	152	8	4	8
3		3	3	53	2	17	5	103	5	11	7	153	8	5	9
4		4	4	54	2	18	6	104	5	12	8	154	8	6	10
5		5	5	55	2	19	7	105	5	13	9	155	8	7	11
6		6	6	56	3	0	8	106	5	14	10	156	8	9	0
7		7	7	57	3	1	9	107	5	15	11	157	8	10	1
8		8	8	58	3	2	10	108	5	17	0	158	8	11	2
9		9	9	59	3	3	11	109	5	18	1	159	8	12	3
10		10	10	60	3	5	0	110	5	19	2	160	8	13	4
11		11	11	61	3	6	1	111	6	0	3	161	8	14	5
12		13	0	62	3	7	2	112	6	1	4	162	8	15	6
13		14	1	63	3	8	3	113	6	2	5	163	8	16	7
14		15	2	64	3	9	4	114	6	3	6	164	8	17	8
15		16	3	65	3	10	5	115	6	4	7	165	8	18	9
16		17	4	66	3	11	6	116	6	5	8	166	8	19	10
17		18	5	67	3	12	7	117	6	6	9	167	9	0	11
18		19	6	68	3	13	8	118	6	7	10	168	9	2	0
19	1	0	7	69	3	14	9	119	6	8	11	169	9	3	1
20	1	1	8	70	3	15	10	120	6	10	0	170	9	4	2
21	1	2	9	71	3	16	11	121	6	11	1	171	9	5	3
22	1	3	10	72	3	18	0	122	6	12	2	172	9	6	4
23	1	4	11	73	3	19	1	123	6	13	3	173	9	7	5
24	1	6	0	74	4	0	2	124	6	14	4	174	9	8	6
25	1	7	1	75	4	1	3	125	6	15	5	175	9	9	7
26	1	8	2	76	4	2	4	126	6	16	6	176	9	10	8
27	1	9	3	77	4	3	5	127	6	17	7	177	9	11	9
28	1	10	4	78	4	4	6	128	6	18	8	178	9	12	10
29	1	11	5	79	4	5	7	129	6	19	9	179	9	13	11
30	1	12	6	80	4	6	8	130	7	0	10	180	9	15	0
31	1	13	7	81	4	7	9	131	7	1	11	181	9	16	1
32	1	14	8	82	4	8	10	132	7	3	0	182	9	17	2
33	1	15	9	83	4	9	11	133	7	4	1	183	9	18	3
34	1	16	10	84	4	11	0	134	7	5	2	184	9	19	4
35	1	17	11	85	4	12	1	135	7	6	3	185	10	0	5
36	1	19	0	86	4	13	2	136	7	7	4	186	10	1	6
37	2	0	1	87	4	14	3	137	7	8	5	187	10	2	7
38	2	1	2	88	4	15	4	138	7	9	6	188	10	3	8
39	2	2	3	89	4	16	5	139	7	10	7	189	10	4	9
40	2	3	4	90	4	17	6	140	7	11	8	190	10	5	10
41	2	4	5	91	4	18	7	141	7	12	9	191	10	6	11
42	2	5	6	92	4	19	8	142	7	13	10	192	10	8	0
43	2	6	7	93	5	0	9	143	7	14	11	193	10	9	1
44	2	7	8	94	5	1	10	144	7	16	0	194	10	10	2
45	2	8	9	95	5	2	11	145	7	17	1	195	10	11	3
46	2	9	10	96	5	4	0	146	7	18	2	196	10	12	4
47	2	10	11	97	5	5	1	147	7	19	3	197	10	13	5
48	2	12	0	98	5	6	2	148	8	0	4	198	10	14	6
49	2	13	1	99	5	7	3	149	8	1	5	199	10	15	7
50	2	14	2	100	5	8	4	150	8	2	6	200	10	16	8

TAX AT 1s. 1d.

Income.	Tax.			Income.	Tax.			Income.	Tax.			Income.	Tax.		
£	£	s.	d.	£	£	s.	d.	£	£	s.	d.	£	£	s.	d.
201	10	17	9	251	13	11	11	310	16	15	10	810	43	17	6
202	10	18	10	252	13	13	0	320	17	6	8	820	44	8	4
203	10	19	11	253	13	14	1	330	17	17	6	830	44	19	2
204	11	1	0	254	13	15	2	340	18	8	4	840	45	10	0
205	11	2	1	255	13	16	3	350	18	19	2	850	46	0	10
206	11	3	2	256	13	17	4	360	19	10	0	860	46	11	8
207	11	4	3	257	13	18	5	370	20	0	10	870	47	2	6
208	11	5	4	258	13	19	6	380	20	11	8	880	47	13	4
209	11	6	5	259	14	0	7	390	21	2	6	890	48	4	2
210	11	7	6	260	14	1	8	400	21	13	4	900	48	15	0
211	11	8	7	261	14	2	9	410	22	4	2	910	49	5	10
212	11	9	8	262	14	3	10	420	22	15	0	920	49	16	8
213	11	10	9	263	14	4	11	430	23	5	10	930	50	7	6
214	11	11	10	264	14	6	0	440	23	16	8	940	50	18	4
215	11	12	11	265	14	7	1	450	24	7	6	950	51	9	2
216	11	14	0	266	14	8	2	460	24	18	4	960	52	0	0
217	11	15	1	267	14	9	3	470	25	9	2	970	52	10	10
218	11	16	2	268	14	10	4	480	26	0	0	980	53	1	8
219	11	17	3	269	14	11	5	490	26	10	10	990	53	12	6
220	11	18	4	270	14	12	6	500	27	1	8	1,000	54	3	4
221	11	19	5	271	14	13	7	510	27	12	6	1,100	59	11	8
222	12	0	6	272	14	14	8	520	28	3	4	1,200	65	0	0
223	12	1	7	273	14	15	9	530	28	14	2	1,300	70	8	4
224	12	2	8	274	14	16	10	540	29	5	0	1,400	75	16	8
225	12	3	9	275	14	17	11	550	29	15	10	1,500	81	5	0
226	12	4	10	276	14	19	0	560	30	6	8	1,600	86	13	4
227	12	5	11	277	15	0	1	570	30	17	6	1,700	92	1	8
228	12	7	0	278	15	1	2	580	31	8	4	1,800	97	10	0
229	12	8	1	279	15	2	3	590	31	19	2	1,900	102	18	4
230	12	9	2	280	15	3	4	600	32	10	0	2,000	108	6	8
231	12	10	3	281	15	4	5	610	33	0	10	3,000	162	10	0
232	12	11	4	282	15	5	6	620	33	11	8	4,000	216	13	4
233	12	12	5	283	15	6	7	630	34	2	6	5,000	270	16	8
234	12	13	6	284	15	7	8	640	34	13	4	6,000	325	0	0
235	12	14	7	285	15	8	9	650	35	4	2	7,000	379	3	4
236	12	15	8	286	15	9	10	660	35	15	0	8,000	433	6	8
237	12	16	9	287	15	10	11	670	36	5	10	9,000	487	10	0
238	12	17	10	288	15	12	0	680	36	16	8	10,000	541	13	4
239	12	18	11	289	15	13	1	690	37	7	6				
240	13	0	0	290	15	14	2	700	37	18	4				
241	13	1	1	291	15	15	3	710	38	9	2				
242	13	2	2	292	15	16	4	720	39	0	0				
243	13	3	3	293	15	17	5	730	39	10	10				
244	13	4	4	294	15	18	6	740	40	1	8				
245	13	5	5	295	15	19	7	750	40	12	6				
246	13	6	6	296	16	0	8	760	41	3	4				
247	13	7	7	297	16	1	9	770	41	14	2				
248	13	8	8	298	16	2	10	780	42	5	0				
249	13	9	9	299	16	3	11	790	42	15	10				
250	13	10	10	300	16	5	0	800	43	6	8				

PARTS OF A £.

s.	d.		s.	d.
1	7	....		1
3	1	....		2
4	8	....		3
6	2	....		4
7	9	....		5
9	3	....		6
10	10	....		7
12	4	....		8
13	11	....		9
15	5	....		10
17	0	....		11
18	6	....	1	0

TAX AT 1s. 2d.

Income.	Tax.			Income.	Tax.			Income.	Tax.			Income.	Tax.		
£	£	s.	d.	£	£	s.	d.	£	£	s.	d.	£	£	s.	d.
1		1	2	51	2	19	6	101	5	17	10	151	8	16	2
2		2	4	52	3	0	8	102	5	19	0	152	8	17	4
3		3	6	53	3	1	10	103	6	0	2	153	8	18	6
4		4	8	54	3	3	0	104	6	1	4	154	8	19	8
5		5	10	55	3	4	2	105	6	2	6	155	9	0	10
6		7	0	56	3	5	4	106	6	3	8	156	9	2	0
7		8	2	57	3	6	6	107	6	4	10	157	9	3	2
8		9	4	58	3	7	8	108	6	6	0	158	9	4	4
9		10	6	59	3	8	10	109	6	7	2	159	9	5	6
10		11	8	60	3	10	0	110	6	8	4	160	9	6	8
11		12	10	61	3	11	2	111	6	9	6	161	9	7	10
12		14	0	62	3	12	4	112	6	10	8	162	9	9	0
13		15	2	63	3	13	6	113	6	11	10	163	9	10	2
14		16	4	64	3	14	8	114	6	13	0	164	9	11	4
15		17	6	65	3	15	10	115	6	14	2	165	9	12	6
16		18	8	66	3	17	0	116	6	15	4	166	9	13	8
17		19	10	67	3	18	2	117	6	16	6	167	9	14	10
18	1	1	0	68	3	19	4	118	6	17	8	168	9	16	0
19	1	2	2	69	4	0	6	119	6	18	10	169	9	17	2
20	1	3	4	70	4	1	8	120	7	0	0	170	9	18	4
21	1	4	6	71	4	2	10	121	7	1	2	171	9	19	6
22	1	5	8	72	4	4	0	122	7	2	4	172	10	0	8
23	1	6	10	73	4	5	2	123	7	3	6	173	10	1	10
24	1	8	0	74	4	6	4	124	7	4	8	174	10	3	0
25	1	9	2	75	4	7	6	125	7	5	10	175	10	4	2
26	1	10	4	76	4	8	8	126	7	7	0	176	10	5	4
27	1	11	6	77	4	9	10	127	7	8	2	177	10	6	6
28	1	12	8	78	4	11	0	128	7	9	4	178	10	7	8
29	1	13	10	79	4	12	2	129	7	10	6	179	10	8	10
30	1	15	0	80	4	13	4	130	7	11	8	180	10	10	0
31	1	16	2	81	4	14	6	131	7	12	10	181	10	11	2
32	1	17	4	82	4	15	8	132	7	14	0	182	10	12	4
33	1	18	6	83	4	16	10	133	7	15	2	183	10	13	6
34	1	19	8	84	4	18	0	134	7	16	4	184	10	14	8
35	2	0	10	85	4	19	2	135	7	17	6	185	10	15	10
36	2	2	0	86	5	0	4	136	7	18	8	186	10	17	0
37	2	3	2	87	5	1	6	137	7	19	10	187	10	18	2
38	2	4	4	88	5	2	8	138	8	1	0	188	10	19	4
39	2	5	6	89	5	3	10	139	8	2	2	189	11	0	6
40	2	6	8	90	5	5	0	140	8	3	4	190	11	1	8
41	2	7	10	91	5	6	2	141	8	4	6	191	11	2	10
42	2	9	0	92	5	7	4	142	8	5	8	192	11	4	0
43	2	10	2	93	5	8	6	143	8	6	10	193	11	5	2
44	2	11	4	94	5	9	8	144	8	8	0	194	11	6	4
45	2	12	6	95	5	10	10	145	8	9	2	195	11	7	6
46	2	13	8	96	5	12	0	146	8	10	4	196	11	8	8
47	2	14	10	97	5	13	2	147	8	11	6	197	11	9	10
48	2	16	0	98	5	14	4	148	8	12	8	198	11	11	0
49	2	17	2	99	5	15	6	149	8	13	10	199	11	12	2
50	2	18	4	100	5	16	8	150	8	15	0	200	11	13	4

TAX AT 1s. 2d.

Income.	Tax.			Income.	Tax.			Income.	Tax.			Income.	Tax.		
£	£	s.	d.	£	£	s.	d.	£	£	s.	d.	£	£	s.	d.
201	11	14	6	251	14	12	10	310	18	1	8	810	47	5	0
202	11	15	8	252	14	14	0	320	18	13	4	820	47	16	8
203	11	16	10	253	14	15	2	330	19	5	0	830	48	8	4
204	11	18	0	254	14	16	4	340	19	16	8	840	49	0	0
205	11	19	2	255	14	17	6	350	20	8	4	850	49	11	8
206	12	0	4	256	14	18	8	360	21	0	0	860	50	3	4
207	12	1	6	257	14	19	10	370	21	11	8	870	50	15	0
208	12	2	8	258	15	1	0	380	22	3	4	880	51	6	8
209	12	3	10	259	15	2	2	390	22	15	0	890	51	18	4
210	12	5	0	260	15	3	4	400	23	6	8	900	52	10	0
211	12	6	2	261	15	4	6	410	23	18	4	910	53	1	8
212	12	7	4	262	15	5	8	420	24	10	0	920	53	13	4
213	12	8	6	263	15	6	10	430	25	1	8	930	54	5	0
214	12	9	8	264	15	8	0	440	25	13	4	940	54	16	8
215	12	10	10	265	15	9	2	450	26	5	0	950	55	8	4
216	12	12	0	266	15	10	4	460	26	16	8	960	56	0	0
217	12	13	2	267	15	11	6	470	27	8	4	970	56	11	8
218	12	14	4	268	15	12	8	480	28	0	0	980	57	3	4
219	12	15	6	269	15	13	10	490	28	11	8	990	57	15	0
220	12	16	8	270	15	15	0	500	29	3	4	1,000	58	6	8
221	12	17	10	271	15	16	2	510	29	15	0	1,100	64	3	4
222	12	19	0	272	15	17	4	520	30	6	8	1,200	70	0	0
223	13	0	2	273	15	18	6	530	30	18	4	1,300	75	16	8
224	13	1	4	274	15	19	8	540	31	10	0	1,400	81	13	4
225	13	2	6	275	16	0	10	550	32	1	8	1,500	87	10	0
226	13	3	8	276	16	2	0	560	32	13	4	1,600	93	6	8
227	13	4	10	277	16	3	2	570	33	5	0	1,700	99	3	4
228	13	6	0	278	16	4	4	580	33	16	8	1,800	105	0	0
229	13	7	2	279	16	5	6	590	34	8	4	1,900	110	16	8
230	13	8	4	280	16	6	8	600	35	0	0	2,000	116	13	4
231	13	9	6	281	16	7	10	610	35	11	8	3,000	175	0	0
232	13	10	8	282	16	9	0	620	36	3	4	4,000	233	6	8
233	13	11	10	283	16	10	2	630	36	15	0	5,000	291	13	4
234	13	13	0	284	16	11	4	640	37	6	8	6,000	350	0	0
235	13	14	2	285	16	12	6	650	37	18	4	7,000	408	6	8
236	13	15	4	286	16	13	8	660	38	10	0	8,000	466	13	4
237	13	16	6	287	16	14	10	670	39	1	8	9,000	525	0	0
238	13	17	8	288	16	16	0	680	39	13	4	10,000	583	6	8
239	13	18	10	289	16	17	2	690	40	5	0				
240	14	0	0	290	16	18	4	700	40	16	8				
241	14	1	2	291	16	19	6	710	41	8	4				
242	14	2	4	292	17	0	8	720	42	0	0				
243	14	3	6	293	17	1	10	730	42	11	8				
244	14	4	8	294	17	3	0	740	43	3	4				
245	14	5	10	295	17	4	2	750	43	15	0				
246	14	7	0	296	17	5	4	760	44	6	8				
247	14	8	2	297	17	6	6	770	44	18	4				
248	14	9	4	298	17	7	8	780	45	10	0				
249	14	10	6	299	17	8	10	790	46	1	8				
250	14	11	8	300	17	10	0	800	46	13	4				

PARTS OF A £.

s.	d.		s.	d.
1	8	....		1
2	11	....		2
4	4	....		3
5	9	....		4
7	2	....		5
8	7	....		6
10	0	....		7
11	6	....		8
12	11	....		9
14	4	....		10
15	9	....		11
17	2	....	1	0
18	7	....	1	1

TAX AT 1s. $2\frac{2}{3}$d.

Income.	Tax.			Income.	Tax.			Income.	Tax.			Income.	Tax.		
£	£	s.	d.	£	£	s.	d.	£	£	s.	d.	£	£	s.	d.
1		1	2	51	3	2	4	101	6	3	5	151	9	4	6
2		2	5	52	3	3	6	102	6	4	8	152	9	5	9
3		3	8	53	3	4	9	103	6	5	10	153	9	7	0
4		4	10	54	3	6	0	104	6	7	1	154	9	8	2
5		6	1	55	3	7	2	105	6	8	4	155	9	9	5
6		7	4	56	3	8	5	106	6	9	6	156	9	10	8
7		8	6	57	3	9	8	107	6	10	9	157	9	11	10
8		9	9	58	3	10	10	108	6	12	0	158	9	13	1
9		11	0	59	3	12	1	109	6	13	2	159	9	14	4
10		12	2	60	3	13	4	110	6	14	5	160	9	15	6
11		13	5	61	3	14	6	111	6	15	8	161	9	16	9
12		14	8	62	3	15	9	112	6	16	10	162	9	18	0
13		15	10	63	3	17	0	113	6	18	1	163	9	19	2
14		17	1	64	3	18	2	114	6	19	4	164	10	0	5
15		18	4	65	3	19	5	115	7	0	6	165	10	1	8
16		19	6	66	4	0	8	116	7	1	9	166	10	2	10
17	1	0	9	67	4	1	10	117	7	3	0	167	10	4	1
18	1	2	0	68	4	3	1	118	7	4	2	168	10	5	4
19	1	3	2	69	4	4	4	119	7	5	5	169	10	6	6
20	1	4	5	70	4	5	6	120	7	6	8	170	10	7	9
21	1	5	8	71	4	6	9	121	7	7	10	171	10	9	0
22	1	6	10	72	4	8	0	122	7	9	1	172	10	10	2
23	1	8	1	73	4	9	2	123	7	10	4	173	10	11	5
24	1	9	4	74	4	10	5	124	7	11	6	174	10	12	8
25	1	10	6	75	4	11	8	125	7	12	9	175	10	13	10
26	1	11	9	76	4	12	10	126	7	14	0	176	10	15	1
27	1	13	0	77	4	14	1	127	7	15	2	177	10	16	4
28	1	14	2	78	4	15	4	128	7	16	5	178	10	17	6
29	1	15	5	79	4	16	6	129	7	17	8	179	10	18	9
30	1	16	8	80	4	17	9	130	7	18	10	180	11	0	0
31	1	17	10	81	4	19	0	131	8	0	1	181	11	1	2
32	1	19	1	82	5	0	2	132	8	1	4	182	11	2	5
33	2	0	4	83	5	1	5	133	8	2	6	183	11	3	8
34	2	1	6	84	5	2	8	134	8	3	9	184	11	4	10
35	2	2	9	85	5	3	10	135	8	5	0	185	11	6	1
36	2	4	0	86	5	5	1	136	8	6	2	186	11	7	4
37	2	5	2	87	5	6	4	137	8	7	5	187	11	8	6
38	2	6	5	88	5	7	6	138	8	8	8	188	11	9	9
39	2	7	8	89	5	8	9	139	8	9	10	189	11	11	0
40	2	8	10	90	5	10	0	140	8	11	1	190	11	12	2
41	2	10	1	91	5	11	2	141	8	12	4	191	11	13	5
42	2	11	4	92	5	12	5	142	8	13	6	192	11	14	8
43	2	12	6	93	5	13	8	143	8	14	9	193	11	15	10
44	2	13	9	94	5	14	10	144	8	16	0	194	11	17	1
45	2	15	0	95	5	16	1	145	8	17	2	195	11	18	4
46	2	16	2	96	5	17	4	146	8	18	5	196	11	19	6
47	2	17	5	97	5	18	6	147	8	19	8	197	12	0	9
48	2	18	8	98	5	19	9	148	9	0	10	198	12	2	0
49	2	19	10	99	6	1	0	149	9	2	1	199	12	3	2
50	3	1	1	100	6	2	2	150	9	3	4	200	12	4	5

TAX AT 1s. 2⅔d.

Income.	Tax.			Income.	Tax.			Income.	Tax.			Income.	Tax.		
£	£	s.	d.	£	£	s.	d.	£.	£	s.	d.	£	£	s.	d.
201	12	5	8	251	15	6	9	310	18	18	10	810	49	10	0
202	12	6	10	252	15	8	0	320	19	11	1	820	50	2	2
203	12	8	1	253	15	9	2	330	20	3	4	830	50	14	5
204	12	9	4	254	15	10	5	340	20	15	6	840	51	6	8
205	12	10	6	255	15	11	8	350	21	7	9	850	51	18	10
206	12	11	9	256	15	12	10	360	22	0	0	860	52	11	1
207	12	13	0	257	15	14	1	370	22	12	2	870	53	3	4
208	12	14	2	258	15	15	4	380	23	4	5	880	53	15	6
209	12	15	5	259	15	16	6	390	23	16	8	890	54	7	9
210	12	16	8	260	15	17	9	400	24	8	10	900	55	0	0
211	12	17	10	261	15	19	0	410	25	1	1	910	55	12	2
212	12	19	1	262	16	0	2	420	25	13	4	920	56	4	5
213	13	0	4	263	16	1	5	430	26	5	6	930	56	16	8
214	13	1	6	264	16	2	8	440	26	17	9	940	57	8	10
215	13	2	9	265	16	3	10	450	27	10	0	950	58	1	1
216	13	4	0	266	16	5	1	460	28	2	2	960	58	13	4
217	13	5	2	267	16	6	4	470	28	14	5	970	59	5	6
218	13	6	5	268	16	7	6	480	29	6	8	980	59	17	9
219	13	7	8	269	16	8	9	490	29	18	10	990	60	10	0
220	13	8	10	270	16	10	0	500	30	11	1	1,000	61	2	2
221	13	10	1	271	16	11	2	510	31	3	4	1,100	67	4	5
222	13	11	4	272	16	12	5	520	31	15	6	1,200	73	6	8
223	13	12	6	273	16	13	8	530	32	7	9	1,300	79	8	10
224	13	13	9	274	16	14	10	540	33	0	0	1,400	85	11	1
225	13	15	0	275	16	16	1	550	33	12	2	1,500	91	13	4
226	13	16	2	276	16	17	4	560	34	4	5	1,600	97	15	6
227	13	17	5	277	16	18	6	570	34	16	8	1,700	103	17	9
228	13	18	8	278	16	19	9	580	35	8	10	1,800	110	0	0
229	13	19	10	279	17	1	0	590	36	1	1	1,900	116	2	2
230	14	1	1	280	17	2	2	600	36	13	4	2,000	122	4	5
231	14	2	4	281	17	3	5	610	37	5	6	3,000	183	6	8
232	14	3	6	282	17	4	8	620	37	17	9	4,000	244	8	10
233	14	4	9	283	17	5	10	630	38	10	0	5,000	305	11	1
234	14	6	0	284	17	7	1	640	39	2	2	6,000	366	13	4
235	14	7	2	285	17	8	4	650	39	14	5	7,000	427	15	6
236	14	8	5	286	17	9	6	660	40	6	8	8,000	488	17	9
237	14	9	8	287	17	10	9	670	40	18	10	9,000	550	0	0
238	14	10	10	288	17	12	0	680	41	11	1	10,000	611	2	2
239	14	12	1	289	17	13	2	690	42	3	4				
240	14	13	4	290	17	14	5	700	42	15	6				
241	14	14	6	291	17	15	8	710	43	7	9				
242	14	15	9	292	17	16	10	720	44	0	0				
243	14	17	0	293	17	18	1	730	44	12	2				
244	14	18	2	294	17	19	4	740	45	4	5				
245	14	19	5	295	18	0	6	750	45	16	8				
246	15	0	8	296	18	1	9	760	46	8	10				
247	15	1	10	297	18	3	0	770	47	1	1				
248	15	3	1	298	18	4	2	780	47	13	4				
249	15	4	4	299	18	5	5	790	48	5	6				
250	15	5	6	300	18	6	8	800	48	17	9				

PARTS OF A £.

s.	d.	s.	d.
1	5		1
2	9		2
4	2		3
5	6		4
6	10		5
8	3		6
9	7		7
10	11		8
12	4		9
13	8		10
15	0		11
16	5	1	0
17	9	1	1
19	2	1	2

TAX AT 1s. 3d.

Income.	Tax.			Income.	Tax.			Income.	Tax.			Income.	Tax.		
£	£	s.	d.	£	£	s.	d.	£	£	s.	d.	£	£	s.	d.
1		1	3	51	3	3	9	101	6	6	3	151	9	8	9
2		2	6	52	3	5	0	102	6	7	6	152	9	10	0
3		3	9	53	3	6	3	103	6	8	9	153	9	11	3
4		5	0	54	3	7	6	104	6	10	0	154	9	12	6
5		6	3	55	3	8	9	105	6	11	3	155	9	13	9
6		7	6	56	3	10	0	106	6	12	6	156	9	15	0
7		8	9	57	3	11	3	107	6	13	9	157	9	16	3
8		10	0	58	3	12	6	108	6	15	0	158	9	17	6
9		11	3	59	3	13	9	109	6	16	3	159	9	18	9
10		12	6	60	3	15	0	110	6	17	6	160	10	0	0
11		13	9	61	3	16	3	111	6	18	9	161	10	1	3
12		15	0	62	3	17	6	112	7	0	0	162	10	2	6
13		16	3	63	3	18	9	113	7	1	3	163	10	3	9
14		17	6	64	4	0	0	114	7	2	6	164	10	5	0
15		18	9	65	4	1	3	115	7	3	9	165	10	6	3
16	1	0	0	66	4	2	6	116	7	5	0	166	10	7	6
17	1	1	3	67	4	3	9	117	7	6	3	167	10	8	9
18	1	2	6	68	4	5	0	118	7	7	6	168	10	10	0
19	1	3	9	69	4	6	3	119	7	8	9	169	10	11	3
20	1	5	0	70	4	7	6	120	7	10	0	170	10	12	6
21	1	6	3	71	4	8	9	121	7	11	3	171	10	13	9
22	1	7	6	72	4	10	0	122	7	12	6	172	10	15	0
23	1	8	9	73	4	11	3	123	7	13	9	173	10	16	3
24	1	10	0	74	4	12	6	124	7	15	0	174	10	17	6
25	1	11	3	75	4	13	9	125	7	16	3	175	10	18	9
26	1	12	6	76	4	15	0	126	7	17	6	176	11	0	0
27	1	13	9	77	4	16	3	127	7	18	9	177	11	1	3
28	1	15	0	78	4	17	6	128	8	0	0	178	11	2	6
29	1	16	3	79	4	18	9	129	8	1	3	179	11	3	9
30	1	17	6	80	5	0	0	130	8	2	6	180	11	5	0
31	1	18	9	81	5	1	3	131	8	3	9	181	11	6	3
32	2	0	0	82	5	2	6	132	8	5	0	182	11	7	6
33	2	1	3	83	5	3	9	133	8	6	3	183	11	8	9
34	2	2	6	84	5	5	0	134	8	7	6	184	11	10	0
35	2	3	9	85	5	6	3	135	8	8	9	185	11	11	3
36	2	5	0	86	5	7	6	136	8	10	0	186	11	12	6
37	2	6	3	87	5	8	9	137	8	11	3	187	11	13	9
38	2	7	6	88	5	10	0	138	8	12	6	188	11	15	0
39	2	8	9	89	5	11	3	139	8	13	9	189	11	16	3
40	2	10	0	90	5	12	6	140	8	15	0	190	11	17	6
41	2	11	3	91	5	13	9	141	8	16	3	191	11	18	9
42	2	12	6	92	5	15	0	142	8	17	6	192	12	0	0
43	2	13	9	93	5	16	3	143	8	18	9	193	12	1	3
44	2	15	0	94	5	17	6	144	9	0	0	194	12	2	6
45	2	16	3	95	5	18	9	145	9	1	3	195	12	3	9
46	2	17	6	96	6	0	0	146	9	2	6	196	12	5	0
47	2	18	9	97	6	1	3	147	9	3	9	197	12	6	3
48	3	0	0	98	6	2	6	148	9	5	0	198	12	7	6
49	3	1	3	99	6	3	9	149	9	6	3	199	12	8	9
50	3	2	6	100	6	5	0	150	9	7	6	200	12	10	0

TAX AT 1s. 3d.

Income.	Tax.			Income.	Tax.			Income.	Tax.			Income.	Tax.		
£	£	s.	d.	£	£	s.	d.	£	£	s.	d.	£	£	s.	d.
201	12	11	3	251	15	13	9	310	19	7	6	810	50	12	6
202	12	12	6	252	15	15	0	320	20	0	0	820	51	5	0
203	12	13	9	253	15	16	3	330	20	12	6	830	51	17	6
204	12	15	0	254	15	17	6	340	21	5	0	840	52	10	0
205	12	16	3	255	15	18	9	350	21	17	6	850	53	2	6
206	12	17	6	256	16	0	0	360	22	10	0	860	53	15	0
207	12	18	9	257	16	1	3	370	23	2	6	870	54	7	6
208	13	0	0	258	16	2	6	380	23	15	0	880	55	0	0
209	13	1	3	259	16	3	9	390	24	7	6	890	55	12	6
210	13	2	6	260	16	5	0	400	25	0	0	900	56	5	0
211	13	3	9	261	16	6	3	410	25	12	6	910	56	17	6
212	13	5	0	262	16	7	6	420	26	5	0	920	57	10	0
213	13	6	3	263	16	8	9	430	26	17	6	930	58	2	6
214	13	7	6	264	16	10	0	440	27	10	0	940	58	15	0
215	13	8	9	265	16	11	3	450	28	2	6	950	59	7	6
216	13	10	0	266	16	12	6	460	28	15	0	960	60	0	0
217	13	11	3	267	16	13	9	470	29	7	6	970	60	12	6
218	13	12	6	268	16	15	0	480	30	0	0	980	61	5	0
219	13	13	9	269	16	16	3	490	30	12	6	990	61	17	6
220	13	15	0	270	16	17	6	500	31	5	0	1,000	62	10	0
221	13	16	3	271	16	18	9	510	31	17	6	1,100	68	15	0
222	13	17	6	272	17	0	0	520	32	10	0	1,200	75	0	0
223	13	18	9	273	17	1	3	530	33	2	6	1,300	81	5	0
224	14	0	0	274	17	2	6	540	33	15	0	1,400	87	10	0
225	14	1	3	275	17	3	9	550	34	7	6	1,500	93	15	0
226	14	2	6	276	17	5	0	560	35	0	0	1,600	100	0	0
227	14	3	9	277	17	6	3	570	35	12	6	1,700	106	5	0
228	14	5	0	278	17	7	6	580	36	5	0	1,800	112	10	0
229	14	6	3	279	17	8	9	590	36	17	6	1,900	118	15	0
230	14	7	6	280	17	10	0	600	37	10	0	2,000	125	0	0
231	14	8	9	281	17	11	3	610	38	2	6	3,000	187	10	0
232	14	10	0	282	17	12	6	620	38	15	0	4,000	250	0	0
233	14	11	3	283	17	13	9	630	39	7	6	5,000	312	10	0
234	14	12	6	284	17	15	0	640	40	0	0	6,000	375	0	0
235	14	13	9	285	17	16	3	650	40	12	6	7,000	437	10	0
236	14	15	0	286	17	17	6	660	41	5	0	8,000	500	0	0
237	14	16	3	287	17	18	9	670	41	17	6	9,000	562	10	0
238	14	17	6	288	18	0	0	680	42	10	0	10,000	625	0	0
239	14	18	9	289	18	1	3	690	43	2	6				
240	15	0	0	290	18	2	6	700	43	15	0				
241	15	1	3	291	18	3	9	710	44	7	6				
242	15	2	6	292	18	5	0	720	45	0	0				
243	15	3	9	293	18	6	3	730	45	12	6				
244	15	5	0	294	18	7	6	740	46	5	0				
245	15	6	3	295	18	8	9	750	46	17	6				
246	15	7	6	296	18	10	0	760	47	10	0				
247	15	8	9	297	18	11	3	770	48	2	6				
248	15	10	0	298	18	12	6	780	48	15	0				
249	15	11	3	299	18	13	9	790	49	7	6				
250	15	12	6	300	18	15	0	800	50	0	0				

PARTS OF A £.

s.	d.	s.	d.
1	4		1
2	8		2
4	0		3
5	4		4
6	8		5
8	0		6
9	4		7
10	8		8
12	0		9
13	4		10
14	8		11
16	0	1	0
17	4	1	1
18	8	1	2

TAX AT 1s. 4d.

Income.	Tax.			Income.	Tax.			Income.	Tax.			Income.	Tax.		
£	£	s.	d.	£	£	s.	d.	£	£	s.	d.	£	£	s.	d.
1		1	4	51	3	8	0	101	6	14	8	151	10	1	4
2		2	8	52	3	9	4	102	6	16	0	152	10	2	8
3		4	0	53	3	10	8	103	6	17	4	153	10	4	0
4		5	4	54	3	12	0	104	6	18	8	154	10	5	4
5		6	8	55	3	13	4	105	7	0	0	155	10	6	8
6		8	0	56	3	14	8	106	7	1	4	156	10	8	0
7		9	4	57	3	16	0	107	7	2	8	157	10	9	4
8		10	8	58	3	17	4	108	7	4	0	158	10	10	8
9		12	0	59	3	18	8	109	7	5	4	159	10	12	0
10		13	4	60	4	0	0	110	7	6	8	160	10	13	4
11		14	8	61	4	1	4	111	7	8	0	161	10	14	8
12		16	0	62	4	2	8	112	7	9	4	162	10	16	0
13		17	4	63	4	4	0	113	7	10	8	163	10	17	4
14		18	8	64	4	5	4	114	7	12	0	164	10	18	8
15	1	0	0	65	4	6	8	115	7	13	4	165	11	0	0
16	1	1	4	66	4	8	0	116	7	14	8	166	11	1	4
17	1	2	8	67	4	9	4	117	7	16	0	167	11	2	8
18	1	4	0	68	4	10	8	118	7	17	4	168	11	4	0
19	1	5	4	69	4	12	0	119	7	18	8	169	11	5	4
20	1	6	8	70	4	13	4	120	8	0	0	170	11	6	8
21	1	8	0	71	4	14	8	121	8	1	4	171	11	8	0
22	1	9	4	72	4	16	0	122	8	2	8	172	11	9	4
23	1	10	8	73	4	17	4	123	8	4	0	173	11	10	8
24	1	12	0	74	4	18	8	124	8	5	4	174	11	12	0
25	1	13	4	75	5	0	0	125	8	6	8	175	11	13	4
26	1	14	8	76	5	1	4	126	8	8	0	176	11	14	8
27	1	16	0	77	5	2	8	127	8	9	4	177	11	16	0
28	1	17	4	78	5	4	0	128	8	10	8	178	11	17	4
29	1	18	8	79	5	5	4	129	8	12	0	179	11	18	8
30	2	0	0	80	5	6	8	130	8	13	4	180	12	0	0
31	2	1	4	81	5	8	0	131	8	14	8	181	12	1	4
32	2	2	8	82	5	9	4	132	8	16	0	182	12	2	8
33	2	4	0	83	5	10	8	133	8	17	4	183	12	4	0
34	2	5	4	84	5	12	0	134	8	18	8	184	12	5	4
35	2	6	8	85	5	13	4	135	9	0	0	185	12	6	8
36	2	8	0	86	5	14	8	136	9	1	4	186	12	8	0
37	2	9	4	87	5	16	0	137	9	2	8	187	12	9	4
38	2	10	8	88	5	17	4	138	9	4	0	188	12	10	8
39	2	12	0	89	5	18	8	139	9	5	4	189	12	12	0
40	2	13	4	90	6	0	0	140	9	6	8	190	12	13	4
41	2	14	8	91	6	1	4	141	9	8	0	191	12	14	8
42	2	16	0	92	6	2	8	142	9	9	4	192	12	16	0
43	2	17	4	93	6	4	0	143	9	10	8	193	12	17	4
44	2	18	8	94	6	5	4	144	9	12	0	194	12	18	8
45	3	0	0	95	6	6	8	145	9	13	4	195	13	0	0
46	3	1	4	96	6	8	0	146	9	14	8	196	13	1	4
47	3	2	8	97	6	9	4	147	9	16	0	197	13	2	8
48	3	4	0	98	6	10	8	148	9	17	4	198	13	4	0
49	3	5	4	99	6	12	0	149	9	18	8	199	13	5	4
50	3	6	8	100	6	13	4	150	10	0	0	200	13	6	8

TAX AT 1s. 4d.

Income. £	Tax. £	s.	d.	Income. £	Tax. £	s.	d.	Income. £	Tax. £	s.	d.
201	13	8	0	251	16	14	8	310	20	13	4
202	13	9	4	252	16	16	0	320	21	6	8
203	13	10	8	253	16	17	4	330	22	0	0
204	13	12	0	254	16	18	8	340	22	13	4
205	13	13	4	255	17	0	0	350	23	6	8
206	13	14	8	256	17	1	4	360	24	0	0
207	13	16	0	257	17	2	8	370	24	13	4
208	13	17	4	258	17	4	0	380	25	6	8
209	13	18	8	259	17	5	4	390	26	0	0
210	14	0	0	260	17	6	8	400	26	13	4
211	14	1	4	261	17	8	0	410	27	6	8
212	14	2	8	262	17	9	4	420	28	0	0
213	14	4	0	263	17	10	8	430	28	13	4
214	14	5	4	264	17	12	0	440	29	6	8
215	14	6	8	265	17	13	4	450	30	0	0
216	14	8	0	266	17	14	8	460	30	13	4
217	14	9	4	267	17	16	0	470	31	6	8
218	14	10	8	268	17	17	4	480	32	0	0
219	14	12	0	269	17	18	8	490	32	13	4
220	14	13	4	270	18	0	0	500	33	6	8
221	14	14	8	271	18	1	4	510	34	0	0
222	14	16	0	272	18	2	8	520	34	13	4
223	14	17	4	273	18	4	0	530	35	6	8
224	14	18	8	274	18	5	4	540	36	0	0
225	15	0	0	275	18	6	8	550	36	13	4
226	15	1	4	276	18	8	0	560	37	6	8
227	15	2	8	277	18	9	4	570	38	0	0
228	15	4	0	278	18	10	8	580	38	13	4
229	15	5	4	279	18	12	0	590	39	6	8
230	15	6	8	280	18	13	4	600	40	0	0
231	15	8	0	281	18	14	8	610	40	13	4
232	15	9	4	282	18	16	0	620	41	6	8
233	15	10	8	283	18	17	4	630	42	0	0
234	15	12	0	284	18	18	8	640	42	13	4
235	15	13	4	285	19	0	0	650	43	6	8
236	15	14	8	286	19	1	4	660	44	0	0
237	15	16	0	287	19	2	8	670	44	13	4
238	15	17	4	288	19	4	0	680	45	6	8
239	15	18	8	289	19	5	4	690	46	0	0
240	16	0	0	290	19	6	8	700	46	13	4
241	16	1	4	291	19	8	0	710	47	6	8
242	16	2	8	292	19	9	4	720	48	0	0
243	16	4	0	293	19	10	8	730	48	13	4
244	16	5	4	294	19	12	0	740	49	6	8
245	16	6	8	295	19	13	4	750	50	0	0
246	16	8	0	296	19	14	8	760	50	13	4
247	16	9	4	297	19	16	0	770	51	6	8
248	16	10	8	298	19	17	4	780	52	0	0
249	16	12	0	299	19	18	8	790	52	13	4
250	16	13	4	300	20	0	0	800	53	6	8

Income. £	Tax. £	s.	d.
810	54	0	0
820	54	13	4
830	55	6	8
840	56	0	0
850	56	13	4
860	57	6	8
870	58	0	0
880	58	13	4
890	59	6	8
900	60	0	0
910	60	13	4
920	61	6	8
930	62	0	0
940	62	13	4
950	63	6	8
960	64	0	0
970	64	13	4
980	65	6	8
990	66	0	0
1,000	66	13	4
1,100	73	6	8
1,200	80	0	0
1,300	86	13	4
1,400	93	6	8
1,500	100	0	0
1,600	106	13	4
1,700	113	6	8
1,800	120	0	0
1,900	126	13	4
2,000	133	6	8
3,000	200	0	0
4,000	266	13	4
5,000	333	6	8
6,000	400	0	0
7,000	466	13	4
8,000	533	6	8
9,000	600	0	0
10,000	666	13	4

PARTS OF A £.

s.	d.	s.	d.
1	3		1
2	6		2
3	9		3
5	0		4
6	3		5
7	6		6
8	9		7
10	0		8
11	3		9
12	6		10
13	9		11
15	0	1	0
16	3	1	1
17	6	1	2
18	9	1	3

TAX AT 1s. 5⅓d.

Income.	Tax.			Income.	Tax.			Income.	Tax.			Income.	Tax.		
£	£	s.	d.	£	£	s.	d.	£	£	s.	d.	£	£	s.	d.
1		1	5	51	3	13	8	101	7	5	10	151	10	18	1
2		2	10	52	3	15	1	102	7	7	4	152	10	19	6
3		4	4	53	3	16	6	103	7	8	9	153	11	1	0
4		5	9	54	3	18	0	104	7	10	2	154	11	2	5
5		7	2	55	3	19	5	105	7	11	8	155	11	3	10
6		8	8	56	4	0	10	106	7	13	1	156	11	5	4
7		10	1	57	4	2	4	107	7	14	6	157	11	6	9
8		11	6	58	4	3	9	108	7	16	0	158	11	8	2
9		13	0	59	4	5	2	109	7	17	5	159	11	9	8
10		14	5	60	4	6	8	110	7	18	10	160	11	11	1
11		15	10	61	4	8	1	111	8	0	4	161	11	12	6
12		17	4	62	4	9	6	112	8	1	9	162	11	14	0
13		18	9	63	4	11	0	113	8	3	2	163	11	15	5
14	1	0	2	64	4	12	5	114	8	4	8	164	11	16	10
15	1	1	8	65	4	13	10	115	8	6	1	165	11	18	4
16	1	3	1	66	4	15	4	116	8	7	6	166	11	19	9
17	1	4	6	67	4	16	9	117	8	9	0	167	12	1	2
18	1	6	0	68	4	18	2	118	8	10	5	168	12	2	8
19	1	7	5	69	4	19	8	119	8	11	10	169	12	4	1
20	1	8	10	70	5	1	1	120	8	13	4	170	12	5	6
21	1	10	4	71	5	2	6	121	8	14	9	171	12	7	0
22	1	11	9	72	5	4	0	122	8	16	2	172	12	8	5
23	1	13	2	73	5	5	5	123	8	17	8	173	12	9	10
24	1	14	8	74	5	6	10	124	8	19	1	174	12	11	4
25	1	16	1	75	5	8	4	125	9	0	6	175	12	12	9
26	1	17	6	76	5	9	9	126	9	2	0	176	12	14	2
27	1	19	0	77	5	11	2	127	9	3	5	177	12	15	8
28	2	0	5	78	5	12	8	128	9	4	10	178	12	17	1
29	2	1	10	79	5	14	1	129	9	6	4	179	12	18	6
30	2	3	4	80	5	15	6	130	9	7	9	180	13	0	0
31	2	4	9	81	5	17	0	131	9	9	2	181	13	1	5
32	2	6	2	82	5	18	5	132	9	10	8	182	13	2	10
33	2	7	8	83	5	19	10	133	9	12	1	183	13	4	4
34	2	9	1	84	6	1	4	134	9	13	6	184	13	5	9
35	2	10	6	85	6	2	9	135	9	15	0	185	13	7	2
36	2	12	0	86	6	4	2	136	9	16	5	186	13	8	8
37	2	13	5	87	6	5	8	137	9	17	10	187	13	10	1
38	2	14	10	88	6	7	1	138	9	19	4	188	13	11	6
39	2	16	4	89	6	8	6	139	10	0	9	189	13	13	0
40	2	17	9	90	6	10	0	140	10	2	2	190	13	14	5
41	2	19	2	91	6	11	5	141	10	3	8	191	13	15	10
42	3	0	8	92	6	12	10	142	10	5	1	192	13	17	4
43	3	2	1	93	6	14	4	143	10	6	6	193	13	18	9
44	3	3	6	94	6	15	9	144	10	8	0	194	14	0	2
45	3	5	0	95	6	17	2	145	10	9	5	195	14	1	8
46	3	6	5	96	6	18	8	146	10	10	10	196	14	3	1
47	3	7	10	97	7	0	1	147	10	12	4	197	14	4	6
48	3	9	4	98	7	1	6	148	10	13	9	198	14	6	0
49	3	10	9	99	7	3	0	149	10	15	2	199	14	7	5
50	3	12	2	100	7	4	5	150	10	16	8	200	14	8	10

TAX AT 1s. 5⅓d.

Income. £	Tax. £	s.	d.
201	14	10	4
202	14	11	9
203	14	13	2
204	14	14	8
205	14	16	1
206	14	17	6
207	14	19	0
208	15	0	5
209	15	1	10
210	15	3	4
211	15	4	9
212	15	6	2
213	15	7	8
214	15	9	1
215	15	10	6
216	15	12	0
217	15	13	5
218	15	14	10
219	15	16	4
220	15	17	9
221	15	19	2
222	16	0	8
223	16	2	1
224	16	3	6
225	16	5	0
226	16	6	5
227	16	7	10
228	16	9	4
229	16	10	9
230	16	12	2
231	16	13	8
232	16	15	1
233	16	16	6
234	16	18	0
235	16	19	5
236	17	0	10
237	17	2	4
238	17	3	9
239	17	5	2
240	17	6	8
241	17	8	1
242	17	9	6
243	17	11	0
244	17	12	5
245	17	13	10
246	17	15	4
247	17	16	9
248	17	18	2
249	17	19	8
250	18	1	1

Income. £	Tax. £	s.	d.
251	18	2	6
252	18	4	0
253	18	5	5
254	18	6	10
255	18	8	4
256	18	9	9
257	18	11	2
258	18	12	8
259	18	14	1
260	18	15	6
261	18	17	0
262	18	18	5
263	18	19	10
264	19	1	4
265	19	2	9
266	19	4	2
267	19	5	8
268	19	7	1
269	19	8	6
270	19	10	0
271	19	11	5
272	19	12	10
273	19	14	4
274	19	15	9
275	19	17	2
276	19	18	8
277	20	0	1
278	20	1	6
279	20	3	0
280	20	4	5
281	20	5	10
282	20	7	4
283	20	8	9
284	20	10	2
285	20	11	8
286	20	13	1
287	20	14	6
288	20	16	0
289	20	17	5
290	20	18	10
291	21	0	4
292	21	1	9
293	21	3	2
294	21	4	8
295	21	6	1
296	21	7	6
297	21	9	0
298	21	10	5
299	21	11	10
300	21	13	4

Income. £	Tax. £	s.	d.
310	22	7	9
320	23	2	2
330	23	16	8
340	24	11	1
350	25	5	6
360	26	0	0
370	26	14	5
380	27	8	10
390	28	3	4
400	28	17	9
410	29	12	2
420	30	6	8
430	31	1	1
440	31	15	6
450	32	10	0
460	33	4	5
470	33	18	10
480	34	13	4
490	35	7	9
500	36	2	2
510	36	16	8
520	37	11	1
530	38	5	6
540	39	0	0
550	39	14	5
560	40	8	10
570	41	3	4
580	41	17	9
590	42	12	2
600	43	6	8
610	44	1	1
620	44	15	6
630	45	10	0
640	46	4	5
650	46	18	10
660	47	13	4
670	48	7	9
680	49	2	2
690	49	16	8
700	50	11	1
710	51	5	6
720	52	0	0
730	52	14	5
740	53	8	10
750	54	3	4
760	54	17	9
770	55	12	2
780	56	6	8
790	57	1	1
800	57	15	6

Income. £	Tax. £	s.	d.
810	58	10	0
820	59	4	5
830	59	18	10
840	60	13	4
850	61	7	9
860	62	2	2
870	62	16	8
880	63	11	1
890	64	5	6
900	65	0	0
910	65	14	5
920	66	8	10
930	67	3	4
940	67	17	9
950	68	12	2
960	69	6	8
970	70	1	1
980	70	15	6
990	71	10	0
1,000	72	4	5
1,100	79	8	10
1,200	86	13	4
1,300	93	17	9
1,400	101	2	2
1,500	108	6	8
1,600	115	11	1
1,700	122	15	6
1,800	130	0	0
1,900	137	4	5
2,000	144	8	10
3,000	216	13	4
4,000	288	17	9
5,000	361	2	2
6,000	433	6	8
7,000	505	11	1
8,000	577	15	6
9,000	650	0	0
10,000	722	4	5

PARTS OF A £.

s.	d.	s.	d.
1	2		1
2	4		2
3	6		3
4	8		4
5	10		5
7	0		6
8	1		7
9	3		8
10	5		9
11	7		10
12	9		11
13	11	1	0
15	0	1	1
16	2	1	2
17	4	1	3

TAX AT 1s. 6d.

Income.	Tax.			Income.	Tax.			Income.	Tax.			Income.	Tax.		
£	£	s.	d.	£	£	s.	d.	£	£	s.	d.	£	£	s.	d.
1		1	6	51	3	16	6	101	7	11	6	151	11	6	6
2		3	0	52	3	18	0	102	7	13	0	152	11	8	0
3		4	6	53	3	19	6	103	7	14	6	153	11	9	6
4		6	0	54	4	1	0	104	7	16	0	154	11	11	0
5		7	6	55	4	2	6	105	7	17	6	155	11	12	6
6		9	0	56	4	4	0	106	7	19	0	156	11	14	0
7		10	6	57	4	5	6	107	8	0	6	157	11	15	6
8		12	0	58	4	7	0	108	8	2	0	158	11	17	0
9		13	6	59	4	8	6	109	8	3	6	159	11	18	6
10		15	0	60	4	10	0	110	8	5	0	160	12	0	0
11		16	6	61	4	11	6	111	8	6	6	161	12	1	6
12		18	0	62	4	13	0	112	8	8	0	162	12	3	0
13		19	6	63	4	14	6	113	8	9	6	163	12	4	6
14	1	1	0	64	4	16	0	114	8	11	0	164	12	6	0
15	1	2	6	65	4	17	6	115	8	12	6	165	12	7	6
16	1	4	0	66	4	19	0	116	8	14	0	166	12	9	0
17	1	5	6	67	5	0	6	117	8	15	6	167	12	10	6
18	1	7	0	68	5	2	0	118	8	17	0	168	12	12	0
19	1	8	6	69	5	3	6	119	8	18	6	169	12	13	6
20	1	10	0	70	5	5	0	120	9	0	0	170	12	15	0
21	1	11	6	71	5	6	6	121	9	1	6	171	12	16	6
22	1	13	0	72	5	8	0	122	9	3	0	172	12	18	0
23	1	14	6	73	5	9	6	123	9	4	6	173	12	19	6
24	1	16	0	74	5	11	0	124	9	6	0	174	13	1	0
25	1	17	6	75	5	12	6	125	9	7	6	175	13	2	6
26	1	19	0	76	5	14	0	126	9	9	0	176	13	4	0
27	2	0	6	77	5	15	6	127	9	10	6	177	13	5	6
28	2	2	0	78	5	17	0	128	9	12	0	178	13	7	0
29	2	3	6	79	5	18	6	129	9	13	6	179	13	8	6
30	2	5	0	80	6	0	0	130	9	15	0	180	13	10	0
31	2	6	6	81	6	1	6	131	9	16	6	181	13	11	6
32	2	8	0	82	6	3	0	132	9	18	0	182	13	13	0
33	2	9	6	83	6	4	6	133	9	19	6	183	13	14	6
34	2	11	0	84	6	6	0	134	10	1	0	184	13	16	0
35	2	12	6	85	6	7	6	135	10	2	6	185	13	17	6
36	2	14	0	86	6	9	0	136	10	4	0	186	13	19	0
37	2	15	6	87	6	10	6	137	10	5	6	187	14	0	6
38	2	17	0	88	6	12	0	138	10	7	0	188	14	2	0
39	2	18	6	89	6	13	6	139	10	8	6	189	14	3	6
40	3	0	0	90	6	15	0	140	10	10	0	190	14	5	0
41	3	1	6	91	6	16	6	141	10	11	6	191	14	6	6
42	3	3	0	92	6	18	0	142	10	13	0	192	14	8	0
43	3	4	6	93	6	19	6	143	10	14	6	193	14	9	6
44	3	6	0	94	7	1	0	144	10	16	0	194	14	11	0
45	3	7	6	95	7	2	6	145	10	17	6	195	14	12	6
46	3	9	0	96	7	4	0	146	10	19	0	196	14	14	0
47	3	10	6	97	7	5	6	147	11	0	6	197	14	15	6
48	3	12	0	98	7	7	0	148	11	2	0	198	14	17	0
49	3	13	6	99	7	8	6	149	11	3	6	199	14	18	6
50	3	15	0	100	7	10	0	150	11	5	0	200	15	0	0

TAX AT 1s. 6d.

Income.	Tax.			Income.	Tax.			Income.	Tax.			Income.	Tax.		
£	£	s.	d.	£	£	s.	d.	£	£	s.	d.	£	£	s.	d.
201	15	1	6	251	18	16	6	310	23	5	0	810	60	15	0
202	15	3	0	252	18	18	0	320	24	0	0	820	61	10	0
203	15	4	6	253	18	19	6	330	24	15	0	830	62	5	0
204	15	6	0	254	19	1	0	340	25	10	0	840	63	0	0
205	15	7	6	255	19	2	6	350	26	5	0	850	63	15	0
206	15	9	0	256	19	4	0	360	27	0	0	860	64	10	0
207	15	10	6	257	19	5	6	370	27	15	0	870	65	5	0
208	15	12	0	258	19	7	0	380	28	10	0	880	66	0	0
209	15	13	6	259	19	8	6	390	29	5	0	890	66	15	0
210	15	15	0	260	19	10	0	400	30	0	0	900	67	10	0
211	15	16	6	261	19	11	6	410	30	15	0	910	68	5	0
212	15	18	0	262	19	13	0	420	31	10	0	920	69	0	0
213	15	19	6	263	19	14	6	430	32	5	0	930	69	15	0
214	16	1	0	264	19	16	0	440	33	0	0	940	70	10	0
215	16	2	6	265	19	17	6	450	33	15	0	950	71	5	0
216	16	4	0	266	19	19	0	460	34	10	0	960	72	0	0
217	16	5	6	267	20	0	6	470	35	5	0	970	72	15	0
218	16	7	0	268	20	2	0	480	36	0	0	980	73	10	0
219	16	8	6	269	20	3	6	490	36	15	0	990	74	5	0
220	16	10	0	270	20	5	0	500	37	10	0	1,000	75	0	0
221	16	11	6	271	20	6	6	510	38	5	0	1,100	82	10	0
222	16	13	0	272	20	8	0	520	39	0	0	1,200	90	0	0
223	16	14	6	273	20	9	6	530	39	15	0	1,300	97	10	0
224	16	16	0	274	20	11	0	540	40	10	0	1,400	105	0	0
225	16	17	6	275	20	12	6	550	41	5	0	1,500	112	10	0
226	16	19	0	276	20	14	0	560	42	0	0	1,600	120	0	0
227	17	0	6	277	20	15	6	570	42	15	0	1,700	127	10	0
228	17	2	0	278	20	17	0	580	43	10	0	1,800	135	0	0
229	17	3	6	279	20	18	6	590	44	5	0	1,900	142	10	0
230	17	5	0	280	21	0	0	600	45	0	0	2,000	150	0	0
231	17	6	6	281	21	1	6	610	45	15	0	3,000	225	0	0
232	17	8	0	282	21	3	0	620	46	10	0	4,000	300	0	0
233	17	9	6	283	21	4	6	630	47	5	0	5,000	375	0	0
234	17	11	0	284	21	6	0	640	48	0	0	6,000	450	0	0
235	17	12	6	285	21	7	6	650	48	15	0	7,000	525	0	0
236	17	14	0	286	21	9	0	660	49	10	0	8,000	600	0	0
237	17	15	6	287	21	10	6	670	50	5	0	9,000	675	0	0
238	17	17	0	288	21	12	0	680	51	0	0	10,000	750	0	0
239	17	18	6	289	21	13	6	690	51	15	0				
240	18	0	0	290	21	15	0	700	52	10	0				
241	18	1	6	291	21	16	6	710	53	5	0				
242	18	3	0	292	21	18	0	720	54	0	0				
243	18	4	6	293	21	19	6	730	54	15	0				
244	18	6	0	294	22	1	0	740	55	10	0				
245	18	7	6	295	22	2	6	750	56	5	0				
246	18	9	0	296	22	4	0	760	57	0	0				
247	18	10	6	297	22	5	6	770	57	15	0				
248	18	12	0	298	22	7	0	780	58	10	0				
249	18	13	6	299	22	8	6	790	59	5	0				
250	18	15	0	300	22	10	0	800	60	0	0				

PARTS OF A £.

s.	d.	s.	d.
1	2		1
2	3		2
3	4		3
4	6		4
5	7		5
6	8		6
7	10		7
8	11		8
10	0		9
11	2		10
12	3		11
13	4	1	0
15	7	1	2
17	10	1	4

TAX AT 1s. $6\frac{2}{3}$d.

Income.	Tax.			Income.	Tax.			Income.	Tax.			Income.	Tax.		
£	£	s.	d.	£	£	s.	d.	£	£	s.	d.	£	£	s.	d.
1		1	6	51	3	19	4	101	7	17	1	151	11	14	10
2		3	1	52	4	0	10	102	7	18	8	152	11	16	5
3		4	8	53	4	2	5	103	8	0	2	153	11	18	0
4		6	2	54	4	4	0	104	8	1	9	154	11	19	6
5		7	9	55	4	5	6	105	8	3	4	155	12	1	1
6		9	4	56	4	7	1	106	8	4	10	156	12	2	8
7		10	10	57	4	8	8	107	8	6	5	157	12	4	2
8		12	5	58	4	10	2	108	8	8	0	158	12	5	9
9		14	0	59	4	11	9	109	8	9	6	159	12	7	4
10		15	6	60	4	13	4	110	8	11	1	160	12	8	10
11		17	1	61	4	14	10	111	8	12	8	161	12	10	5
12		18	8	62	4	16	5	112	8	14	2	162	12	12	0
13	1	0	2	63	4	18	0	113	8	15	9	163	12	13	6
14	1	1	9	64	4	19	6	114	8	17	4	164	12	15	1
15	1	3	4	65	5	1	1	115	8	18	10	165	12	16	8
16	1	4	10	66	5	2	8	116	9	0	5	166	12	18	2
17	1	6	5	67	5	4	2	117	9	2	0	167	12	19	9
18	1	8	0	68	5	5	9	118	9	3	6	168	13	1	4
19	1	9	6	69	5	7	4	119	9	5	1	169	13	2	10
20	1	11	1	70	5	8	10	120	9	6	8	170	13	4	5
21	1	12	8	71	5	10	5	121	9	8	2	171	13	6	0
22	1	14	2	72	5	12	0	122	9	9	9	172	13	7	6
23	1	15	9	73	5	13	6	123	9	11	4	173	13	9	1
24	1	17	4	74	5	15	1	124	9	12	10	174	13	10	8
25	1	18	10	75	5	16	8	125	9	14	5	175	13	12	2
26	2	0	5	76	5	18	2	126	9	16	0	176	13	13	9
27	2	2	0	77	5	19	9	127	9	17	6	177	13	15	4
28	2	3	6	78	6	1	4	128	9	19	1	178	13	16	10
29	2	5	1	79	6	2	10	129	10	0	8	179	13	18	5
30	2	6	8	80	6	4	5	130	10	2	2	180	14	0	0
31	2	8	2	81	6	6	0	131	10	3	9	181	14	1	6
32	2	9	9	82	6	7	6	132	10	5	4	182	14	3	1
33	2	11	4	83	6	9	1	133	10	6	10	183	14	4	8
34	2	12	10	84	6	10	8	134	10	8	5	184	14	6	2
35	2	14	5	85	6	12	2	135	10	10	0	185	14	7	9
36	2	16	0	86	6	13	9	136	10	11	6	186	14	9	4
37	2	17	6	87	6	15	4	137	10	13	1	187	14	10	10
38	2	19	1	88	6	16	10	138	10	14	8	188	14	12	5
39	3	0	8	89	6	18	5	139	10	16	2	189	14	14	0
40	3	2	2	90	7	0	0	140	10	17	9	190	14	15	6
41	3	3	9	91	7	1	6	141	10	19	4	191	14	17	1
42	3	5	4	92	7	3	1	142	11	0	10	192	14	18	8
43	3	6	10	93	7	4	8	143	11	2	5	193	15	0	2
44	3	8	5	94	7	6	2	144	11	4	0	194	15	1	9
45	3	10	0	95	7	7	9	145	11	5	6	195	15	3	4
46	3	11	6	96	7	9	4	146	11	7	1	196	15	4	10
47	3	13	1	97	7	10	10	147	11	8	8	197	15	6	5
48	3	14	8	98	7	12	5	148	11	10	2	198	15	8	0
49	3	16	2	99	7	14	0	149	11	11	9	199	15	9	6
50	3	17	9	100	7	15	6	150	11	13	4	200	15	11	1

TAX AT 1s. 6⅔d.

Income.	Tax.			Income.	Tax.			Income.	Tax.			Income.	Tax.		
£	£	s.	d.	£	£	s.	d.	£	£	s.	d.	£	£	s.	d.
201	15	12	8	251	19	10	5	310	24	2	2	810	63	0	0
202	15	14	2	252	19	12	0	320	24	17	9	820	63	15	6
203	15	15	9	253	19	13	6	330	25	13	4	830	64	11	1
204	15	17	4	254	19	15	1	340	26	8	10	840	65	6	8
205	15	18	10	255	19	16	8	350	27	4	5	850	66	2	2
206	16	0	5	256	19	18	2	360	28	0	0	860	66	17	9
207	16	2	0	257	19	19	9	370	28	15	6	870	67	13	4
208	16	3	6	258	20	1	4	380	29	11	1	880	68	8	10
209	16	5	1	259	20	2	10	390	30	6	8	890	69	4	5
210	16	6	8	260	20	4	5	400	31	2	2	900	70	0	0
211	16	8	2	261	20	6	0	410	31	17	9	910	70	15	6
212	16	9	9	262	20	7	6	420	32	13	4	920	71	11	1
213	16	11	4	263	20	9	1	430	33	8	10	930	72	6	8
214	16	12	10	264	20	10	8	440	34	4	5	940	73	2	2
215	16	14	5	265	20	12	2	450	35	0	0	950	73	17	9
216	16	16	0	266	20	13	9	460	35	15	6	960	74	13	4
217	16	17	6	267	20	15	4	470	36	11	1	970	75	8	10
218	16	19	1	268	20	16	10	480	37	6	8	980	76	4	5
219	17	0	8	269	20	18	5	490	38	2	2	990	77	0	0
220	17	2	2	270	21	0	0	500	38	17	9	1,000	77	15	6
221	17	3	9	271	21	1	6	510	39	13	4	1,100	85	11	1
222	17	5	4	272	21	3	1	520	40	8	10	1,200	93	6	8
223	17	6	10	273	21	4	8	530	41	4	5	1,300	101	2	2
224	17	8	5	274	21	6	2	540	42	0	0	1,400	108	17	9
225	17	10	0	275	21	7	9	550	42	15	6	1,500	116	13	4
226	17	11	6	276	21	9	4	560	43	11	1	1,600	124	8	10
227	17	13	1	277	21	10	10	570	44	6	8	1,700	132	4	5
228	17	14	8	278	21	12	5	580	45	2	2	1,800	140	0	0
229	17	16	2	279	21	14	0	590	45	17	9	1,900	147	15	6
230	17	17	9	280	21	15	6	600	46	13	4	2,000	155	11	1
231	17	19	4	281	21	17	1	610	47	8	10	3,000	233	6	8
232	18	0	10	282	21	18	8	620	48	4	5	4,000	311	2	2
233	18	2	5	283	22	0	2	630	49	0	0	5,000	388	17	9
234	18	4	0	284	22	1	9	640	49	15	6	6,000	466	13	4
235	18	5	6	285	22	3	4	650	50	11	1	7,000	544	8	10
236	18	7	1	286	22	4	10	660	51	6	8	8.000	622	4	5
237	18	8	8	287	22	6	5	670	52	2	2	9,000	700	0	0
238	18	10	2	288	22	8	0	680	52	17	9	10,000	777	15	6
239	18	11	9	289	22	9	6	690	53	13	4				
240	18	13	4	290	22	11	1	700	54	8	10				
241	18	14	10	291	22	12	8	710	55	4	5				
242	18	16	5	292	22	14	2	720	56	0	0				
243	18	18	0	293	22	15	9	730	56	15	6				
244	18	19	6	294	22	17	4	740	57	11	1				
245	19	1	1	295	22	18	10	750	58	6	8				
246	19	2	8	296	23	0	5	760	59	2	2				
247	19	4	2	297	23	2	0	770	59	17	9				
248	19	5	9	298	23	3	6	780	60	13	4				
249	19	7	4	299	23	5	1	790	61	8	10				
250	19	8	10	300	23	6	8	800	62	4	5				

PARTS OF A £.

s.	d.		s.	d.
1	1	....		1
2	2	....		2
4	3	....		3
3	4	....		4
5	5	....		5
6	6	....		6
7	6	....		7
8	7	....		8
9	8	....		9
10	9	....		10
12	11	....	1	0
15	0	....	1	2
17	2	....	1	4
19	4	....	1	6

5—(1526)

TAX AT 1s. 8d.

Income.	Tax.			Income.	Tax.			Income.	Tax.			Income.	Tax.		
£	£	s.	d.	£	£	s.	d.	£	£	s.	d.	£	£	s.	d.
1		1	8	51	4	5	0	101	8	8	4	151	12	11	8
2		3	4	52	4	6	8	102	8	10	0	152	12	13	4
3		5	0	53	4	8	4	103	8	11	8	153	12	15	0
4		6	8	54	4	10	0	104	8	13	4	154	12	16	8
5		8	4	55	4	11	8	105	8	15	0	155	12	18	4
6		10	0	56	4	13	4	106	8	16	8	156	13	0	0
7		11	8	57	4	15	0	107	8	18	4	157	13	1	8
8		13	4	58	4	16	8	108	9	0	0	158	13	3	4
9		15	0	59	4	18	4	109	9	1	8	159	13	5	0
10		16	8	60	5	0	0	110	9	3	4	160	13	6	8
11		18	4	61	5	1	8	111	9	5	0	161	13	8	4
12	1	0	0	62	5	3	4	112	9	6	8	162	13	10	0
13	1	1	8	63	5	5	0	113	9	8	4	163	13	11	8
14	1	3	4	64	5	6	8	114	9	10	0	164	13	13	4
15	1	5	0	65	5	8	4	115	9	11	8	165	13	15	0
16	1	6	8	66	5	10	0	116	9	13	4	166	13	16	8
17	1	8	4	67	5	11	8	117	9	15	0	167	13	18	4
18	1	10	0	68	5	13	4	118	9	16	8	168	14	0	0
19	1	11	8	69	5	15	0	119	9	18	4	169	14	1	8
20	1	13	4	70	5	16	8	120	10	0	0	170	14	3	4
21	1	15	0	71	5	18	4	121	10	1	8	171	14	5	0
22	1	16	8	72	6	0	0	122	10	3	4	172	14	6	8
23	1	18	4	73	6	1	8	123	10	5	0	173	14	8	4
24	2	0	0	74	6	3	4	124	10	6	8	174	14	10	0
25	2	1	8	75	6	5	0	125	10	8	4	175	14	11	8
26	2	3	4	76	6	6	8	126	10	10	0	176	14	13	4
27	2	5	0	77	6	8	4	127	10	11	8	177	14	15	0
28	2	6	8	78	6	10	0	128	10	13	4	178	14	16	8
29	2	8	4	79	6	11	8	129	10	15	0	179	14	18	4
30	2	10	0	80	6	13	4	130	10	16	8	180	15	0	0
31	2	11	8	81	6	15	0	131	10	18	4	181	15	1	8
32	2	13	4	82	6	16	8	132	11	0	0	182	15	3	4
33	2	15	0	83	6	18	4	133	11	1	8	183	15	5	0
34	2	16	8	84	7	0	0	134	11	3	4	184	15	6	8
35	2	18	4	85	7	1	8	135	11	5	0	185	15	8	4
36	3	0	0	86	7	3	4	136	11	6	8	186	15	10	0
37	3	1	8	87	7	5	0	137	11	8	4	187	15	11	8
38	3	3	4	88	7	6	8	138	11	10	0	188	15	13	4
39	3	5	0	89	7	8	4	139	11	11	8	189	15	15	0
40	3	6	8	90	7	10	0	140	11	13	4	190	15	16	8
41	3	8	4	91	7	11	8	141	11	15	0	191	15	18	4
42	3	10	0	92	7	13	4	142	11	16	8	192	16	0	0
43	3	11	8	93	7	15	0	143	11	18	4	193	16	1	8
44	3	13	4	94	7	16	8	144	12	0	0	194	16	3	4
45	3	15	0	95	7	18	4	145	12	1	8	195	16	5	0
46	3	16	8	96	8	0	0	146	12	3	4	196	16	6	8
47	3	18	4	97	8	1	8	147	12	5	0	197	16	8	4
48	4	0	0	98	8	3	4	148	12	6	8	198	16	10	0
49	4	1	8	99	8	5	0	149	12	8	4	199	16	11	8
50	4	3	4	100	8	6	8	150	12	10	0	200	16	13	4

TAX AT 1s. 8d.

Income.	Tax.			Income.	Tax.			Income.	Tax.			Income.	Tax.		
£	£	s.	d.	£	£	s.	d.	£	£	s.	d.	£	£	s.	d.
201	16	15	0	251	20	18	4	310	25	16	8	810	67	10	0
202	16	16	8	252	21	0	0	320	26	13	4	820	68	6	8
203	16	18	4	253	21	1	8	330	27	10	0	830	69	3	4
204	17	0	0	254	21	3	4	340	28	6	8	840	70	0	0
205	17	1	8	255	21	5	0	350	29	3	4	850	70	16	8
206	17	3	4	256	21	6	8	360	30	0	0	860	71	13	4
207	17	5	0	257	21	8	4	370	30	16	8	870	72	10	0
208	17	6	8	258	21	10	0	380	31	13	4	880	73	6	8
209	17	8	4	259	21	11	8	390	32	10	0	890	74	3	4
210	17	10	0	260	21	13	4	400	33	6	8	900	75	0	0
211	17	11	8	261	21	15	0	410	34	3	4	910	75	16	8
212	17	13	4	262	21	16	8	420	35	0	0	920	76	13	4
213	17	15	0	263	21	18	4	430	35	16	8	930	77	10	0
214	17	16	8	264	22	0	0	440	36	13	4	940	78	6	8
215	17	18	4	265	22	1	8	450	37	10	0	950	79	3	4
216	18	0	0	266	22	3	4	460	38	6	8	960	80	0	0
217	18	1	8	267	22	5	0	470	39	3	4	970	80	16	8
218	18	3	4	268	22	6	8	480	40	0	0	980	81	13	4
219	18	5	0	269	22	8	4	490	40	16	8	990	82	10	0
220	18	6	8	270	22	10	0	500	41	13	4	1,000	83	6	8
221	18	8	4	271	22	11	8	510	42	10	0	1,100	91	13	4
222	18	10	0	272	22	13	4	520	43	6	8	1,200	100	0	0
223	18	11	8	273	22	15	0	530	44	3	4	1,300	108	6	8
224	18	13	4	274	22	16	8	540	45	0	0	1,400	116	13	4
225	18	15	0	275	22	18	4	550	45	16	8	1,500	125	0	0
226	18	16	8	276	23	0	0	560	46	13	4	1,600	133	6	8
227	18	18	4	277	23	1	8	570	47	10	0	1,700	141	13	4
228	19	0	0	278	23	3	4	580	48	6	8	1,800	150	0	0
229	19	1	8	279	23	5	0	590	49	3	4	1,900	158	6	8
230	19	3	4	280	23	6	8	600	50	0	0	2,000	166	13	4
231	19	5	0	281	23	8	4	610	50	16	8	3,000	250	0	0
232	19	6	8	282	23	10	0	620	51	13	4	4,000	333	6	8
233	19	8	4	283	23	11	8	630	52	10	0	5,000	416	13	4
234	19	10	0	284	23	13	4	640	53	6	8	6,000	500	0	0
235	19	11	8	285	23	15	0	650	54	3	4	7,000	583	6	8
236	19	13	4	286	23	16	8	660	55	0	0	8,000	666	13	4
237	19	15	0	287	23	18	4	670	55	16	8	9,000	750	0	0
238	19	16	8	288	24	0	0	680	56	13	4	10,000	833	6	8
239	19	18	4	289	24	1	8	690	57	10	0				
240	20	0	0	290	24	3	4	700	58	6	8				
241	20	1	8	291	24	5	0	710	59	3	4				
242	20	3	4	292	24	6	8	720	60	0	0				
243	20	5	0	293	24	8	4	730	60	16	8				
244	20	6	8	294	24	10	0	740	61	13	4				
245	20	8	4	295	24	11	8	750	62	10	0				
246	20	10	0	296	24	13	4	760	63	6	8				
247	20	11	8	297	24	15	0	770	64	3	4				
248	20	13	4	298	24	16	8	780	65	0	0				
249	20	15	0	299	24	18	4	790	65	16	8				
250	20	16	8	300	25	0	0	800	66	13	4				

PARTS OF A £.

s.	d.	s.	d.
1	0		1
2	0		2
3	0		3
4	0		4
5	0		5
6	0		6
7	0		7
8	0		8
9	0		9
10	0		10
12	0	1	0
14	0	1	2
16	0	1	4
18	0	1	6

TAX AT 1s. 8⅔d.

Income.	Tax.			Income.	Tax.			Income.	Tax.			Income.	Tax.		
£	£	s.	d.	£	£	s.	d.	£	£	s.	d.	£	£	s.	d.
1		1	8	51	4	7	10	101	8	13	11	151	13	0	0
2		3	5	52	4	9	6	102	8	15	8	152	13	1	9
3		5	2	53	4	11	3	103	8	17	4	153	13	3	6
4		6	10	54	4	13	0	104	8	19	1	154	13	5	2
5		8	7	55	4	14	8	105	9	0	10	155	13	6	11
6		10	4	56	4	16	5	106	9	2	6	156	13	8	8
7		12	0	57	4	18	2	107	9	4	3	157	13	10	4
8		13	9	58	4	19	10	108	9	6	0	158	13	12	1
9		15	6	59	5	1	7	109	9	7	8	159	13	13	10
10		17	2	60	5	3	4	110	9	9	5	160	13	15	6
11		18	11	61	5	5	0	111	9	11	2	161	13	17	3
12	1	0	8	62	5	6	9	112	9	12	10	162	13	19	0
13	1	2	4	63	5	8	6	113	9	14	7	163	14	0	8
14	1	4	1	64	5	10	2	114	9	16	4	164	14	2	5
15	1	5	10	65	5	11	11	115	9	18	0	165	14	4	2
16	1	7	6	66	5	13	8	116	9	19	9	166	14	5	10
17	1	9	3	67	5	15	4	117	10	1	6	167	14	7	7
18	1	11	0	68	5	17	1	118	10	3	2	168	14	9	4
19	1	12	8	69	5	18	10	119	10	4	11	169	14	11	0
20	1	14	5	70	6	0	6	120	10	6	8	170	14	12	9
21	1	16	2	71	6	2	3	121	10	8	4	171	14	14	6
22	1	17	10	72	6	4	0	122	10	10	1	172	14	16	2
23	1	19	7	73	6	5	8	123	10	11	10	173	14	17	11
24	2	1	4	74	6	7	5	124	10	13	6	174	14	19	8
25	2	3	0	75	6	9	2	125	10	15	3	175	15	1	4
26	2	4	9	76	6	10	10	126	10	17	0	176	15	3	1
27	2	6	6	77	6	12	7	127	10	18	8	177	15	4	10
28	2	8	2	78	6	14	4	128	11	0	5	178	15	6	6
29	2	9	11	79	6	16	0	129	11	2	2	179	15	8	3
30	2	11	8	80	6	17	9	130	11	3	10	180	15	10	0
31	2	13	4	81	6	19	6	131	11	5	7	181	15	11	8
32	2	15	1	82	7	1	2	132	11	7	4	182	15	13	5
33	2	16	10	83	7	2	11	133	11	9	0	183	15	15	2
34	2	18	6	84	7	4	8	134	11	10	9	184	15	16	10
35	3	0	3	85	7	6	4	135	11	12	6	185	15	18	7
36	3	2	0	86	7	8	1	136	11	14	2	186	16	0	4
37	3	3	8	87	7	9	10	137	11	15	11	187	16	2	0
38	3	5	5	88	7	11	6	138	11	17	8	188	16	3	9
39	3	7	2	89	7	13	3	139	11	19	4	189	16	5	6
40	3	8	10	90	7	15	0	140	12	1	1	190	16	7	2
41	3	10	7	91	7	16	8	141	12	2	10	191	16	8	11
42	3	12	4	92	7	18	5	142	12	4	6	192	16	10	8
43	3	14	0	93	8	0	2	143	12	6	3	193	16	12	4
44	3	15	9	94	8	1	10	144	12	8	0	194	16	14	1
45	3	17	6	95	8	3	7	145	12	9	8	195	16	15	10
46	3	19	2	96	8	5	4	146	12	11	5	196	16	17	6
47	4	0	11	97	8	7	0	147	12	13	2	197	16	19	3
48	4	2	8	98	8	8	9	148	12	14	10	198	17	1	0
49	4	4	4	99	8	10	6	149	12	16	7	199	17	2	8
50	4	6	1	100	8	12	2	150	12	18	4	200	17	4	5

TAX AT 1s. $8\frac{2}{3}$d.

Income.	Tax.			Income.	Tax.			Income.	Tax.			Income.	Tax.		
£	£	s.	d.	£	£	s.	d.	£	£	s.	d.	£	£	s.	d.
201	17	6	2	251	21	12	3	310	26	13	10	810	69	15	0
202	17	7	10	252	21	14	0	320	27	11	1	820	70	12	2
203	17	9	7	253	21	15	8	330	28	8	4	830	71	9	5
204	17	11	4	254	21	17	5	340	29	5	6	840	72	6	8
205	17	13	0	255	21	19	2	350	30	2	9	850	73	3	10
206	17	14	9	256	22	0	10	360	31	0	0	860	74	1	1
207	17	16	6	257	22	2	7	370	31	17	2	870	74	18	4
208	17	18	2	258	22	4	4	380	32	14	5	880	75	15	6
209	17	19	11	259	22	6	0	390	33	11	8	890	76	12	9
210	18	1	8	260	22	7	9	400	34	8	10	900	77	10	0
211	18	3	4	261	22	9	6	410	35	6	1	910	78	7	2
212	18	5	1	262	22	11	2	420	36	3	4	920	79	4	5
213	18	6	10	263	22	12	11	430	37	0	6	930	80	1	8
214	18	8	6	264	22	14	8	440	37	17	9	940	80	18	10
215	18	10	3	265	22	16	4	450	38	15	0	950	81	16	1
216	18	12	0	266	22	18	1	460	39	12	2	960	82	13	4
217	18	13	8	267	22	19	10	470	40	9	5	970	83	10	6
218	18	15	5	268	23	1	6	480	41	6	8	980	84	7	9
219	18	17	2	269	23	3	3	490	42	3	10	990	85	5	0
220	18	18	10	270	23	5	0	500	43	1	1	1,000	86	2	2
221	19	0	7	271	23	6	8	510	43	18	4	1,100	94	14	5
222	19	2	4	272	23	8	5	520	44	15	6	1,200	103	6	8
223	19	4	0	273	23	10	2	530	45	12	9	1,300	111	18	10
224	19	5	9	274	23	11	10	540	46	10	0	1,400	120	11	1
225	19	7	6	275	23	13	7	550	47	7	2	1,500	129	3	4
226	19	9	2	276	23	15	4	560	48	4	5	1,600	137	15	6
227	19	10	11	277	23	17	0	570	49	1	8	1,700	146	7	9
228	19	12	8	278	23	18	9	580	49	18	10	1,800	155	0	0
229	19	14	4	279	24	0	6	590	50	16	1	1,900	163	12	2
230	19	16	1	280	24	2	2	600	51	13	4	2,000	172	4	5
231	19	17	10	281	24	3	11	610	52	10	6	3,000	258	6	8
232	19	19	6	282	24	5	8	620	53	7	9	4,000	344	8	10
233	20	1	3	283	24	7	4	630	54	5	0	5,000	430	11	1
234	20	3	0	284	24	9	1	640	55	2	2	6,000	516	13	4
235	20	4	8	285	24	10	10	650	55	19	5	7,000	602	15	6
236	20	6	5	286	24	12	6	660	56	16	8	8,000	688	17	9
237	20	8	2	287	24	14	3	670	57	13	10	9,000	775	0	0
238	20	9	10	288	24	16	0	680	58	11	1	10,000	861	2	2
239	20	11	7	289	24	17	8	690	59	8	4				
240	20	13	4	290	24	19	5	700	60	5	6				
241	20	15	0	291	25	1	2	710	61	2	9				
242	20	16	9	292	25	2	10	720	62	0	0				
243	20	18	6	293	25	4	7	730	62	17	2				
244	21	0	2	294	25	6	4	740	63	14	5				
245	21	1	11	295	25	8	0	750	64	11	8				
246	21	3	8	296	25	9	9	760	65	8	10				
247	21	5	4	297	25	11	6	770	66	6	2				
248	21	7	1	298	25	13	2	780	67	3	4				
249	21	8	10	299	25	14	11	790	68	0	6				
250	21	10	6	300	25	16	8	800	68	17	9				

PARTS OF A £.

s.	d.	s.	d.
1	0		1
2	0		2
2	11		3
3	11		4
4	10		5
5	10		6
6	10		7
7	9		8
9	8		10
11	8	1	0
13	7	1	2
15	6	1	4
17	5	1	6
19	4	1	8

TAX AT 1s. 9d.

Income.	Tax.			Income.	Tax.			Income.	Tax.			Income.	Tax.		
£	£	s.	d.	£	£	s.	d.	£	£	s.	d.	£	£	s.	d.
1		1	9	51	4	9	3	101	8	16	9	151	13	4	3
2		3	6	52	4	11	0	102	8	18	6	152	13	6	0
3		5	3	53	4	12	9	103	9	0	3	153	13	7	9
4		7	0	54	4	14	6	104	9	2	0	154	13	9	6
5		8	9	55	4	16	3	105	9	3	9	155	13	11	3
6		10	6	56	4	18	0	106	9	5	6	156	13	13	0
7		12	3	57	4	19	9	107	9	7	3	157	13	14	9
8		14	0	58	5	1	6	108	9	9	0	158	13	16	6
9		15	9	59	5	3	3	109	9	10	9	159	13	18	3
10		17	6	60	5	5	0	110	9	12	6	160	14	0	0
11		19	3	61	5	6	9	111	9	14	3	161	14	1	9
12	1	1	0	62	5	8	6	112	9	16	0	162	14	3	6
13	1	2	9	63	5	10	3	113	9	17	9	163	14	5	3
14	1	4	6	64	5	12	0	114	9	19	6	164	14	7	0
15	1	6	3	65	5	13	9	115	10	1	3	165	14	8	9
16	1	8	0	66	5	15	6	116	10	3	0	166	14	10	6
17	1	9	9	67	5	17	3	117	10	4	9	167	14	12	3
18	1	11	6	68	5	19	0	118	10	6	6	168	14	14	0
19	1	13	3	69	6	0	9	119	10	8	3	169	14	15	9
20	1	15	0	70	6	2	6	120	10	10	0	170	14	17	6
21	1	16	9	71	6	4	3	121	10	11	9	171	14	19	3
22	1	18	6	72	6	6	0	122	10	13	6	172	15	1	0
23	2	0	3	73	6	7	9	123	10	15	3	173	15	2	9
24	2	2	0	74	6	9	6	124	10	17	0	174	15	4	6
25	2	3	9	75	6	11	3	125	10	18	9	175	15	6	3
26	2	5	6	76	6	13	0	126	11	0	6	176	15	8	0
27	2	7	3	77	6	14	9	127	11	2	3	177	15	9	9
28	2	9	0	78	6	16	6	128	11	4	0	178	15	11	6
29	2	10	9	79	6	18	3	129	11	5	9	179	15	13	3
30	2	12	6	80	7	0	0	130	11	7	6	180	15	15	0
31	2	14	3	81	7	1	9	131	11	9	3	181	15	16	9
32	2	16	0	82	7	3	6	132	11	11	0	182	15	18	6
33	2	17	9	83	7	5	3	133	11	12	9	183	16	0	3
34	2	19	6	84	7	7	0	134	11	14	6	184	16	2	0
35	3	1	3	85	7	8	9	135	11	16	3	185	16	3	9
36	3	3	0	86	7	10	6	136	11	18	0	186	16	5	6
37	3	4	9	87	7	12	3	137	11	19	9	187	16	7	3
38	3	6	6	88	7	14	0	138	12	1	6	188	16	9	0
39	3	8	3	89	7	15	9	139	12	3	3	189	16	10	9
40	3	10	0	90	7	17	6	140	12	5	0	190	16	12	6
41	3	11	9	91	7	19	3	141	12	6	9	191	16	14	3
42	3	13	6	92	8	1	0	142	12	8	6	192	16	16	0
43	3	15	3	93	8	2	9	143	12	10	3	193	16	17	9
44	3	17	0	94	8	4	6	144	12	12	0	194	16	19	6
45	3	18	9	95	8	6	3	145	12	13	9	195	17	1	3
46	4	0	6	96	8	8	0	146	12	15	6	196	17	3	0
47	4	2	3	97	8	9	9	147	12	17	3	197	17	4	9
48	4	4	0	98	8	11	6	148	12	19	0	198	17	6	6
49	4	5	9	99	8	13	3	149	13	0	9	199	17	8	3
50	4	7	6	100	8	15	0	150	13	2	6	200	17	10	0

TAX AT 1s. 9d.

Income.	Tax.			Income.	Tax.			Income	Tax			Income.	Tax.		
£	£	s.	d.	£	£	s.	d.	£	£	s.	d.	£	£	s.	d.
201	17	11	9	251	21	19	3	310	27	2	6	810	70	17	6
202	17	13	6	252	22	1	0	320	28	0	0	820	71	15	0
203	17	15	3	253	22	2	9	330	28	17	6	830	72	12	6
204	17	17	0	254	22	4	6	340	29	15	0	840	73	10	0
205	17	18	9	255	22	6	3	350	30	12	6	850	74	7	6
206	18	0	6	256	22	8	0	360	31	10	0	860	75	5	0
207	18	2	3	257	22	9	9	370	32	7	6	870	76	2	6
208	18	4	0	258	22	11	6	380	33	5	0	880	77	0	0
209	18	5	9	259	22	13	3	390	34	2	6	890	77	17	6
210	18	7	6	260	22	15	0	400	35	0	0	900	78	15	0
211	18	9	3	261	22	16	9	410	35	17	6	910	79	12	6
212	18	11	0	262	22	18	6	420	36	15	0	920	80	10	0
213	18	12	9	263	23	0	3	430	37	12	6	930	81	7	6
214	18	14	6	264	23	2	0	440	38	10	0	940	82	5	0
215	18	16	3	265	23	3	9	450	39	7	6	950	83	2	6
216	18	18	0	266	23	5	6	460	40	5	0	960	84	0	0
217	18	19	9	267	23	7	3	470	41	2	6	970	84	17	6
218	19	1	6	268	23	9	0	480	42	0	0	980	85	15	0
219	19	3	3	269	23	10	9	490	42	17	6	990	86	12	6
220	19	5	0	270	23	12	6	500	43	15	0	1,000	87	10	0
221	19	6	9	271	23	14	3	510	44	12	6	1,100	96	5	0
222	19	8	6	272	23	16	0	520	45	10	0	1,200	105	0	0
223	19	10	3	273	23	17	9	530	46	7	6	1,300	113	15	0
224	19	12	0	274	23	19	6	540	47	5	0	1,400	122	10	0
225	19	13	9	275	24	1	3	550	48	2	6	1,500	131	5	0
226	19	15	6	276	24	3	0	560	49	0	0	1,600	140	0	0
227	19	17	3	277	24	4	9	570	49	17	6	1,700	148	15	0
228	19	19	0	278	24	6	6	580	50	15	0	1,800	157	10	0
229	20	0	9	279	24	8	3	590	51	12	6	1,900	166	5	0
230	20	2	6	280	24	10	0	600	52	10	0	2,000	175	0	0
231	20	4	3	281	24	11	9	610	53	7	6	3,000	262	10	0
232	20	6	0	282	24	13	6	620	54	5	0	4,000	350	0	0
233	20	7	9	283	24	15	3	630	55	2	6	5,000	437	10	0
234	20	9	6	284	24	17	0	640	56	0	0	6,000	525	0	0
235	20	11	3	285	24	18	9	650	56	17	6	7,000	612	10	0
236	20	13	0	286	25	0	6	660	57	15	0	8,000	700	0	0
237	20	14	9	287	25	2	3	670	58	12	6	9,000	787	10	0
238	20	16	6	288	25	4	0	680	59	10	0	10,000	875	0	0
239	20	18	3	289	25	5	9	690	60	7	6				
240	21	0	0	290	25	7	6	700	61	5	0				
241	21	1	9	291	25	9	3	710	62	2	6				
242	21	3	6	292	25	11	0	720	63	0	0				
243	21	5	3	293	25	12	9	730	63	17	6				
244	21	7	0	294	25	14	6	740	64	15	0				
245	21	8	9	295	25	16	3	750	65	12	6				
246	21	10	6	296	25	18	0	760	66	10	0				
247	21	12	3	297	25	19	9	770	67	7	6				
248	21	14	0	298	26	1	6	780	68	5	0				
249	21	15	9	299	26	3	3	790	69	2	6				
250	21	17	6	300	26	5	0	800	70	0	0				

PARTS OF A £.

s.	d.	s.	d.
1	0		1
1	11		2
2	11		3
3	10		4
4	10		5
5	9		6
6	8		7
7	8		8
9	7		10
11	6	1	0
13	4	1	2
15	3	1	4
17	2	1	6
19	1	1	8

TAX AT 1s. 9⅓d.

Income.	Tax.			Income.	Tax.			Income.	Tax.			Income.	Tax.		
£	£	s.	d.	£	£	s.	d.	£	£	s.	d.	£	£	s.	d.
1		1	9	51	4	10	8	101	8	19	6	151	13	8	5
2		3	6	52	4	12	5	102	9	1	4	152	13	10	2
3		5	4	53	4	14	2	103	9	3	1	153	13	12	0
4		7	1	54	4	16	0	104	9	4	10	154	13	13	9
5		8	10	55	4	17	9	105	9	6	8	155	13	15	6
6		10	8	56	4	19	6	106	9	8	5	156	13	17	4
7		12	5	57	5	1	4	107	9	10	2	157	13	19	1
8		14	2	58	5	3	1	108	9	12	0	158	14	0	10
9		16	0	59	5	4	10	109	9	13	9	159	14	2	8
10		17	9	60	5	6	8	110	9	15	6	160	14	4	5
11		19	6	61	5	8	5	111	9	17	4	161	14	6	2
12	1	1	4	62	5	10	2	112	9	19	1	162	14	8	0
13	1	3	1	63	5	12	0	113	10	0	10	163	14	9	9
14	1	4	10	64	5	13	9	114	10	2	8	164	14	11	6
15	1	6	8	65	5	15	6	115	10	4	5	165	14	13	4
16	1	8	5	66	5	17	4	116	10	6	2	166	14	15	1
17	1	10	2	67	5	19	1	117	10	8	0	167	14	16	10
18	1	12	0	68	6	0	10	118	10	9	9	168	14	18	8
19	1	13	9	69	6	2	8	119	10	11	6	169	15	0	5
20	1	15	6	70	6	4	5	120	10	13	4	170	15	2	2
21	1	17	4	71	6	6	2	121	10	15	1	171	15	4	0
22	1	19	1	72	6	8	0	122	10	16	10	172	15	5	9
23	2	0	10	73	6	9	9	123	10	18	8	173	15	7	6
24	2	2	8	74	6	11	6	124	11	0	5	174	15	9	4
25	2	4	5	75	6	13	4	125	11	2	2	175	15	11	1
26	2	6	2	76	6	15	1	126	11	4	0	176	15	12	10
27	2	8	0	77	6	16	10	127	11	5	9	177	15	14	8
28	2	9	9	78	6	18	8	128	11	7	6	178	15	16	5
29	2	11	6	79	7	0	5	129	11	9	4	179	15	18	2
30	2	13	4	80	7	2	2	130	11	11	1	180	16	0	0
31	2	15	1	81	7	4	0	131	11	12	10	181	16	1	9
32	2	16	10	82	7	5	9	132	11	14	8	182	16	3	6
33	2	18	8	83	7	7	6	133	11	16	5	183	16	5	4
34	3	0	5	84	7	9	4	134	11	18	2	184	16	7	1
35	3	2	2	85	7	11	1	135	12	0	0	185	16	8	10
36	3	4	0	86	7	12	10	136	12	1	9	186	16	10	8
37	3	5	9	87	7	14	8	137	12	3	6	187	16	12	5
38	3	7	6	88	7	16	5	138	12	5	4	188	16	14	2
39	3	9	4	89	7	18	2	139	12	7	1	189	16	16	0
40	3	11	1	90	8	0	0	140	12	8	10	190	16	17	9
41	3	12	10	91	8	1	9	141	12	10	8	191	16	19	6
42	3	14	8	92	8	3	6	142	12	12	5	192	17	1	4
43	3	16	5	93	8	5	4	143	12	14	2	193	17	3	1
44	3	18	2	94	8	7	1	144	12	16	0	194	17	4	10
45	4	0	0	95	8	8	10	145	12	17	9	195	17	6	8
46	4	1	9	96	8	10	8	146	12	19	6	196	17	8	5
47	4	3	6	97	8	12	5	147	13	1	4	197	17	10	2
48	4	5	4	98	8	14	2	148	13	3	1	198	17	12	0
49	4	7	1	99	8	16	0	149	13	4	10	199	17	13	9
50	4	8	10	100	8	17	9	150	13	6	8	200	17	15	6

TAX AT 1s. 9⅓d.

Income.	Tax.			Income.	Tax.			Income.	Tax.			Income.	Tax.		
£	£	s.	d.	£	£	s.	d.	£	£	s.	d.	£	£	s.	d.
201	17	17	4	251	22	6	2	310	27	11	1	810	72	0	0
202	17	19	1	252	22	8	0	320	28	8	10	820	72	17	9
203	18	0	10	253	22	9	9	330	29	6	8	830	73	15	6
204	18	2	8	254	22	11	6	340	30	4	5	840	74	13	4
205	18	4	5	255	22	13	4	350	31	2	2	850	75	11	1
206	18	6	2	256	22	15	1	360	32	0	0	860	76	8	10
207	18	8	0	257	22	16	10	370	32	17	9	870	77	6	8
208	18	9	9	258	22	18	8	380	33	15	6	880	78	4	5
209	18	11	6	259	23	0	5	390	34	13	4	890	79	2	2
210	18	13	4	260	23	2	2	400	35	11	1	900	80	0	0
211	18	15	1	261	23	4	0	410	36	8	10	910	80	17	9
212	18	16	10	262	23	5	9	420	37	6	8	920	81	15	6
213	18	18	8	263	23	7	6	430	38	4	5	930	82	13	4
214	19	0	5	264	23	9	4	440	39	2	2	940	83	11	1
215	19	2	2	265	23	11	1	450	40	0	0	950	84	8	10
216	19	4	0	266	23	12	10	460	40	17	9	960	85	6	8
217	19	5	9	267	23	14	8	470	41	15	6	970	86	4	5
218	19	7	6	268	23	16	5	480	42	13	4	980	87	2	2
219	19	9	4	269	23	18	2	490	43	11	1	990	88	0	0
220	19	11	1	270	24	0	0	500	44	8	10	1,000	88	17	9
221	19	12	10	271	24	1	9	510	45	6	8	1,100	97	15	6
222	19	14	8	272	24	3	6	520	46	4	5	1,200	106	13	4
223	19	16	5	273	24	5	4	530	47	2	2	1,300	115	11	1
224	19	18	2	274	24	7	1	540	48	0	0	1,400	124	8	10
225	20	0	0	275	24	8	10	550	48	17	9	1,500	133	6	8
226	20	1	9	276	24	10	8	560	49	15	6	1,600	142	4	5
227	20	3	6	277	24	12	5	570	50	13	4	1,700	151	2	2
228	20	5	4	278	24	14	2	580	51	11	1	1,800	160	0	0
229	20	7	1	279	24	16	0	590	52	8	10	1,900	168	17	9
230	20	8	10	280	24	17	9	600	53	6	8	2,000	177	15	6
231	20	10	8	281	24	19	6	610	54	4	5	3,000	266	13	4
232	20	12	5	282	25	1	4	620	55	2	2	4,000	355	11	1
233	20	14	2	283	25	3	1	630	56	0	0	5,000	444	8	10
234	20	16	0	284	25	4	10	640	56	17	9	6,000	533	6	8
235	20	17	9	285	25	6	8	650	57	15	6	7,000	622	4	5
236	20	19	6	286	25	8	5	660	58	13	4	8,000	711	2	2
237	21	1	4	287	25	10	2	670	59	11	1	9,000	800	0	0
238	21	3	1	288	25	12	0	680	60	8	10	10,000	888	17	9
239	21	4	10	289	25	13	9	690	61	6	8				
240	21	6	8	290	25	15	6	700	62	4	5				
241	21	8	5	291	25	17	4	710	63	2	2				
242	21	10	2	292	25	19	1	720	64	0	0				
243	21	12	0	293	26	0	10	730	64	17	9				
244	21	13	9	294	26	2	8	740	65	15	6				
245	21	15	6	295	26	4	5	750	66	13	4				
246	21	17	4	296	26	6	2	760	67	11	1				
247	21	19	1	297	26	8	0	770	68	8	10				
248	22	0	10	298	26	9	9	780	69	6	8				
249	22	2	8	299	26	11	6	790	70	4	5				
250	22	4	5	300	26	13	4	800	71	2	2				

PARTS OF A £.

s.	d.		s.	d.
1	0	....		1
1	11	....		2
2	10	....		3
3	9	....		4
4	9	....		5
5	8	....		6
6	7	....		7
7	6	....		8
9	5	....		10
11	3	....	1	0
13	2	....	1	2
15	0	....	1	4
16	11	....	1	6
18	9	....	1	8

TAX AT 1s. $9\frac{3}{5}$d.

Income.	Tax.			Income.	Tax.			Income.	Tax.			Income.	Tax.		
£	£	s.	d.	£	£	s.	d.	£	£	s.	d.	£	£	s.	d.
1		1	9	51	4	11	9	101	9	1	9	151	13	11	9
2		3	7	52	4	13	7	102	9	3	7	152	13	13	7
3		5	4	53	4	15	4	103	9	5	4	153	13	15	4
4		7	2	54	4	17	2	104	9	7	2	154	13	17	2
5		9	0	55	4	19	0	105	9	9	0	155	13	19	0
6		10	9	56	5	0	9	106	9	10	9	156	14	0	9
7		12	7	57	5	2	7	107	9	12	7	157	14	2	7
8		14	4	58	5	4	4	108	9	14	4	158	14	4	4
9		16	2	59	5	6	2	109	9	16	2	159	14	6	2
10		18	0	60	5	8	0	110	9	18	0	160	14	8	0
11		19	9	61	5	9	9	111	9	19	9	161	14	9	9
12	1	1	7	62	5	11	7	112	10	1	7	162	14	11	7
13	1	3	4	63	5	13	4	113	10	3	4	163	14	13	4
14	1	5	2	64	5	15	2	114	10	5	2	164	14	15	2
15	1	7	0	65	5	17	0	115	10	7	0	165	14	17	0
16	1	8	9	66	5	18	9	116	10	8	9	166	14	18	9
17	1	10	7	67	6	0	7	117	10	10	7	167	15	0	7
18	1	12	4	68	6	2	4	118	10	12	4	168	15	2	4
19	1	14	2	69	6	4	2	119	10	14	2	169	15	4	2
20	1	16	0	70	6	6	0	120	10	16	0	170	15	6	0
21	1	17	9	71	6	7	9	121	10	17	9	171	15	7	9
22	1	19	7	72	6	9	7	122	10	19	7	172	15	9	7
23	2	1	4	73	6	11	4	123	11	1	4	173	15	11	4
24	2	3	2	74	6	13	2	124	11	3	2	174	15	13	2
25	2	5	0	75	6	15	0	125	11	5	0	175	15	15	0
26	2	6	9	76	6	16	9	126	11	6	9	176	15	16	9
27	2	8	7	77	6	18	7	127	11	8	7	177	15	18	7
28	2	10	4	78	7	0	4	128	11	10	4	178	16	0	4
29	2	12	2	79	7	2	2	129	11	12	2	179	16	2	2
30	2	14	0	80	7	4	0	130	11	14	0	180	16	4	0
31	2	15	9	81	7	5	9	131	11	15	9	181	16	5	9
32	2	17	7	82	7	7	7	132	11	17	7	182	16	7	7
33	2	19	4	83	7	9	4	133	11	19	4	183	16	9	4
34	3	1	2	84	7	11	2	134	12	1	2	184	16	11	2
35	3	3	0	85	7	13	0	135	12	3	0	185	16	13	0
36	3	4	9	86	7	14	9	136	12	4	9	186	16	14	9
37	3	6	7	87	7	16	7	137	12	6	7	187	16	16	7
38	3	8	4	88	7	18	4	138	12	8	4	188	16	18	4
39	3	10	2	89	8	0	2	139	12	10	2	189	17	0	2
40	3	12	0	90	8	2	0	140	12	12	0	190	17	2	0
41	3	13	9	91	8	3	9	141	12	13	9	191	17	3	9
42	3	15	7	92	8	5	7	142	12	15	7	192	17	5	7
43	3	17	4	93	8	7	4	143	12	17	4	193	17	7	4
44	3	19	2	94	8	9	2	144	12	19	2	194	17	9	2
45	4	1	0	95	8	11	0	145	13	1	0	195	17	11	0
46	4	2	9	96	8	12	9	146	13	2	9	196	17	12	9
47	4	4	7	97	8	14	7	147	13	4	7	197	17	14	7
48	4	6	4	98	8	16	4	148	13	6	4	198	17	16	4
49	4	8	2	99	8	18	2	149	13	8	2	199	17	18	2
50	4	10	0	100	9	0	0	150	13	10	0	200	18	0	0

TAX AT 1s. $9\frac{3}{5}$d.

Income.	Tax.			Income.	Tax.			Income.	Tax.			Income.	Tax.		
£	£	s.	d.	£	£	s.	d.	£	£	s.	d.	£	£	s.	d.
201	18	1	9	251	22	11	9	310	27	18	0	810	72	18	0
202	18	3	7	252	22	13	7	320	28	16	0	820	73	16	0
203	18	5	4	253	22	15	4	330	29	14	0	830	74	14	0
204	18	7	2	254	22	17	2	340	30	12	0	840	75	12	0
205	18	9	0	255	22	19	0	350	31	10	0	850	76	10	0
206	18	10	9	256	23	0	9	360	32	8	0	860	77	8	0
207	18	12	7	257	23	2	7	370	33	6	0	870	78	6	0
208	18	14	4	258	23	4	4	380	34	4	0	880	79	4	0
209	18	16	2	259	23	6	2	390	35	2	0	890	80	2	0
210	18	18	0	260	23	8	0	400	36	0	0	900	81	0	0
211	18	19	9	261	23	9	9	410	36	18	0	910	81	18	0
212	19	1	7	262	23	11	7	420	37	16	0	920	82	16	0
213	19	3	4	263	23	13	4	430	38	14	0	930	83	14	0
214	19	5	2	264	23	15	2	440	39	12	0	940	84	12	0
215	19	7	0	265	23	17	0	450	40	10	0	950	85	10	0
216	19	8	9	266	23	18	9	460	41	8	0	960	86	8	0
217	19	10	7	267	24	0	7	470	42	6	0	970	87	6	0
218	19	12	4	268	24	2	4	480	43	4	0	980	88	4	0
219	19	14	2	269	24	4	2	490	44	2	0	990	89	2	0
220	19	16	0	270	24	6	0	500	45	0	0	1,000	90	0	0
221	19	17	9	271	24	7	9	510	45	18	0	1,100	99	0	0
222	19	19	7	272	24	9	7	520	46	16	0	1,200	108	0	0
223	20	1	4	273	24	11	4	530	47	14	0	1,300	117	0	0
224	20	3	2	274	24	13	2	540	48	12	0	1,400	126	0	0
225	20	5	0	275	24	15	0	550	49	10	0	1,500	135	0	0
226	20	6	9	276	24	16	9	560	50	8	0	1,600	144	0	0
227	20	8	7	277	24	18	7	570	51	6	0	1,700	153	0	0
228	20	10	4	278	25	0	4	580	52	4	0	1,800	162	0	0
229	20	12	2	279	25	2	2	590	53	2	0	1,900	171	0	0
230	20	14	0	280	25	4	0	600	54	0	0	2,000	180	0	0
231	20	15	9	281	25	5	9	610	54	18	0	3,000	270	0	0
232	20	17	7	282	25	7	7	620	55	16	0	4,000	360	0	0
233	20	19	4	283	25	9	4	630	56	14	0	5,000	450	0	0
234	21	1	2	284	25	11	2	640	57	12	0	6,000	540	0	0
235	21	3	0	285	25	13	0	650	58	10	0	7,000	630	0	0
236	21	4	9	286	25	14	9	660	59	8	0	8,000	720	0	0
237	21	6	7	287	25	16	7	670	60	6	0	9,000	810	0	0
238	21	8	4	288	25	18	4	680	61	4	0	10,000	900	0	0
239	21	10	2	289	26	0	2	690	62	2	0				
240	21	12	0	290	26	2	0	700	63	0	0				
241	21	13	9	291	26	3	9	710	63	18	0				
242	21	15	7	292	26	5	7	720	64	16	0				
243	21	17	4	293	26	7	4	730	65	14	0				
244	21	19	2	294	26	9	2	740	66	12	0				
245	22	1	0	295	26	11	0	750	67	10	0				
246	22	2	9	296	26	12	9	760	68	8	0				
247	22	4	7	297	26	14	7	770	69	6	0				
248	22	6	4	298	26	16	4	780	70	4	0				
249	22	8	2	299	26	18	2	790	71	2	0				
250	22	10	0	300	27	0	0	800	72	0	0				

PARTS OF A £.

s.	d.	s.	d.
1	0		1
1	11		2
2	10		3
3	9		4
4	8		5
5	7		6
6	6		7
7	5		8
10	3		10
12	1	1	0
13	11	1	2
15	9	1	4
16	8	1	6
18	7	1	8

TAX AT 1s. 10d.

Income.	Tax.			Income.	Tax.			Income.	Tax.			Income.	Tax.		
£	£	s.	d.	£	£	s.	d.	£	£	s.	d.	£	£	s.	d.
1		1	10	51	4	13	6	101	9	5	2	151	13	16	10
2		3	8	52	4	15	4	102	9	7	0	152	13	18	8
3		5	6	53	4	17	2	103	9	8	10	153	14	0	6
4		7	4	54	4	19	0	104	9	10	8	154	14	2	4
5		9	2	55	5	0	10	105	9	12	6	155	14	4	2
6		11	0	56	5	2	8	106	9	14	4	156	14	6	0
7		12	10	57	5	4	6	107	9	16	2	157	14	7	10
8		14	8	58	5	6	4	108	9	18	0	158	14	9	8
9		16	6	59	5	8	2	109	9	19	10	159	14	11	6
10		18	4	60	5	10	0	110	10	1	8	160	14	13	4
11	1	0	2	61	5	11	10	111	10	3	6	161	14	15	2
12	1	2	0	62	5	13	8	112	10	5	4	162	14	17	0
13	1	3	10	63	5	15	6	113	10	7	2	163	14	18	10
14	1	5	8	64	5	17	4	114	10	9	0	164	15	0	8
15	1	7	6	65	5	19	2	115	10	10	10	165	15	2	6
16	1	9	4	66	6	1	0	116	10	12	8	166	15	4	4
17	1	11	2	67	6	2	10	117	10	14	6	167	15	6	2
18	1	13	0	68	6	4	8	118	10	16	4	168	15	8	0
19	1	14	10	69	6	6	6	119	10	18	2	169	15	9	10
20	1	16	8	70	6	8	4	120	11	0	0	170	15	11	8
21	1	18	6	71	6	10	2	121	11	1	10	171	15	13	6
22	2	0	4	72	6	12	0	122	11	3	8	172	15	15	4
23	2	2	2	73	6	13	10	123	11	5	6	173	15	17	2
24	2	4	0	74	6	15	8	124	11	7	4	174	15	19	0
25	2	5	10	75	6	17	6	125	11	9	2	175	16	0	10
26	2	7	8	76	6	19	4	126	11	11	0	176	16	2	8
27	2	9	6	77	7	1	2	127	11	12	10	177	16	4	6
28	2	11	4	78	7	3	0	128	11	14	8	178	16	6	4
29	2	13	2	79	7	4	10	129	11	16	6	179	16	8	2
30	2	15	0	80	7	6	8	130	11	18	4	180	16	10	0
31	2	16	10	81	7	8	6	131	12	0	2	181	16	11	10
32	2	18	8	82	7	10	4	132	12	2	0	182	16	13	8
33	3	0	6	83	7	12	2	133	12	3	10	183	16	15	6
34	3	2	4	84	7	14	0	134	12	5	8	184	16	17	4
35	3	4	2	85	7	15	10	135	12	7	6	185	16	19	2
36	3	6	0	86	7	17	8	136	12	9	4	186	17	1	0
37	3	7	10	87	7	19	6	137	12	11	2	187	17	2	10
38	3	9	8	88	8	1	4	138	12	13	0	188	17	4	8
39	3	11	6	89	8	3	2	139	12	14	10	189	17	6	6
40	3	13	4	90	8	5	0	140	12	16	8	190	17	8	4
41	3	15	2	91	8	6	10	141	12	18	6	191	17	10	2
42	3	17	0	92	8	8	8	142	13	0	4	192	17	12	0
43	3	18	10	93	8	10	6	143	13	2	2	193	17	13	10
44	4	0	8	94	8	12	4	144	13	4	0	194	17	15	8
45	4	2	6	95	8	14	2	145	13	5	10	195	17	17	6
46	4	4	4	96	8	16	0	146	13	7	8	196	17	19	4
47	4	6	2	97	8	17	10	147	13	9	6	197	18	1	2
48	4	8	0	98	8	19	8	148	13	11	4	198	18	3	0
49	4	9	10	99	9	1	6	149	13	13	2	199	18	4	10
50	4	11	8	100	9	3	4	150	13	15	0	200	18	6	8

TAX AT 1s. 10d.

Income.	Tax.			Income.	Tax.			Income.	Tax.			Income.	Tax.		
£	£	s.	d.	£	£	s.	d.	£	£	s.	d.	£	£	s.	d.
201	18	8	6	251	23	0	2	310	28	8	4	810	74	5	0
202	18	10	4	252	23	2	0	320	29	6	8	820	75	3	4
203	18	12	2	253	23	3	10	330	30	5	0	830	76	1	8
204	18	14	0	254	23	5	8	340	31	3	4	840	77	0	0
205	18	15	10	255	23	7	6	350	32	1	8	850	77	18	4
206	18	17	8	256	23	9	4	360	33	0	0	860	78	16	8
207	18	19	6	257	23	11	2	370	33	18	4	870	79	15	0
208	19	1	4	258	23	13	0	380	34	16	8	880	80	13	4
209	19	3	2	259	23	14	10	390	35	15	0	890	81	11	8
210	19	5	0	260	23	16	8	400	36	13	4	900	82	10	0
211	19	6	10	261	23	18	6	410	37	11	8	910	83	8	4
212	19	8	8	262	24	0	4	420	38	10	0	920	84	6	8
213	19	10	6	263	24	2	2	430	39	8	4	930	85	5	0
214	19	12	4	264	24	4	0	440	40	6	8	940	86	3	4
215	19	14	2	265	24	5	10	450	41	5	0	950	87	1	8
216	19	16	0	266	24	7	8	460	42	3	4	960	88	0	0
217	19	17	10	267	24	9	6	470	43	1	8	970	88	18	4
218	19	19	8	268	24	11	4	480	44	0	0	980	89	16	8
219	20	1	6	269	24	13	2	490	44	18	4	990	90	15	0
220	20	3	4	270	24	15	0	500	45	16	8	1,000	91	13	4
221	20	5	2	271	24	16	10	510	46	15	0	1,100	100	16	8
222	20	7	0	272	24	18	8	520	47	13	4	1,200	110	0	0
223	20	8	10	273	25	0	6	530	48	11	8	1,300	119	3	4
224	20	10	8	274	25	2	4	540	49	10	0	1,400	128	6	8
225	20	12	6	275	25	4	2	550	50	8	4	1,500	137	10	0
226	20	14	4	276	25	6	0	560	51	6	8	1,600	146	13	4
227	20	16	2	277	25	7	10	570	52	5	0	1,700	155	16	8
228	20	18	0	278	25	9	8	580	53	3	4	1,800	165	0	0
229	20	19	10	279	25	11	6	590	54	1	8	1,900	174	3	4
230	21	1	8	280	25	13	4	600	55	0	0	2,000	183	6	8
231	21	3	6	281	25	15	2	610	55	18	4	3,000	275	0	0
232	21	5	4	282	25	17	0	620	56	16	8	4,000	366	13	4
233	21	7	2	283	25	18	10	630	57	15	0	5.000	458	6	8
234	21	9	0	284	26	0	8	640	58	13	4	6,000	550	0	0
235	21	10	10	285	26	2	6	650	59	11	8	7,000	641	13	4
236	21	12	8	286	26	4	4	660	60	10	0	8,000	733	6	8
237	21	14	6	287	26	6	2	670	61	8	4	9.000	825	0	0
238	21	16	4	288	26	8	0	680	62	6	8	10 000	916	13	4
239	21	18	2	289	26	9	10	690	63	5	0				
240	22	0	0	290	26	11	8	700	64	3	4				
241	22	1	10	291	26	13	6	710	65	1	8				
242	22	3	8	292	26	15	4	720	66	0	0				
243	22	5	6	293	26	17	2	730	66	18	4				
244	22	7	4	294	26	19	0	740	67	16	8				
245	22	9	2	295	27	0	10	750	68	15	0				
246	22	11	0	296	27	2	8	760	69	13	4				
247	22	12	10	297	27	4	6	770	70	11	8				
248	22	14	8	298	27	6	4	780	71	10	0				
249	22	16	6	299	27	8	2	790	72	8	4				
250	22	18	4	300	27	10	0	800	73	6	8				

PARTS OF A £.

s.	d.		s.	d.
	11	....		1
1	10	....		2
2	9	....		3
3	8	....		4
4	7	....		5
5	6	....		6
6	5	....		7
7	4	....		8
9	1	....		10
10	11	....	1	0
12	9	....	1	2
14	7	....	1	4
16	5	....	1	6
18	2	....	1	8

TAX AT 1s. $10\frac{2}{3}$d.

Income.	Tax.			Income	Tax.			Income.	Tax.			Income.	Tax.		
£	£	s.	d.	£	£	s.	d.	£	£	s.	d.	£	£	s.	d.
1		1	10	51	4	16	4	101	9	10	9	151	14	5	2
2		3	9	52	4	18	2	102	9	12	8	152	14	7	1
3		5	8	53	5	0	1	103	9	14	6	153	14	9	0
4		7	6	54	5	2	0	104	9	16	5	154	14	10	10
5		9	5	55	5	3	10	105	9	18	4	155	14	12	9
6		11	4	56	5	5	9	106	10	0	2	156	14	14	8
7		13	2	57	5	7	8	107	10	2	1	157	14	16	6
8		15	1	58	5	9	6	108	10	4	0	158	14	18	5
9		17	0	59	5	11	5	109	10	5	10	159	15	0	4
10		18	10	60	5	13	4	110	10	7	9	160	15	2	2
11	1	0	9	61	5	15	2	111	10	9	8	161	15	4	1
12	1	2	8	62	5	17	1	112	10	11	6	162	15	6	0
13	1	4	6	63	5	19	0	113	10	13	5	163	15	7	10
14	1	6	5	64	6	0	10	114	10	15	4	164	15	9	9
15	1	8	4	65	6	2	9	115	10	17	2	165	15	11	8
16	1	10	2	66	6	4	8	116	10	19	1	166	15	13	6
17	1	12	1	67	6	6	6	117	11	1	0	167	15	15	5
18	1	14	0	68	6	8	5	118	11	2	10	168	15	17	4
19	1	15	10	69	6	10	4	119	11	4	9	169	15	19	2
20	1	17	9	70	6	12	2	120	11	6	8	170	16	1	1
21	1	19	8	71	6	14	1	121	11	8	6	171	16	3	0
22	2	1	6	72	6	16	0	122	11	10	5	172	16	4	10
23	2	3	5	73	6	17	10	123	11	12	4	173	16	6	9
24	2	5	4	74	6	19	9	124	11	14	2	174	16	8	8
25	2	7	2	75	7	1	8	125	11	16	1	175	16	10	6
26	2	9	1	76	7	3	6	126	11	18	0	176	16	12	5
27	2	11	0	77	7	5	5	127	11	19	10	177	16	14	4
28	2	12	10	78	7	7	4	128	12	1	9	178	16	16	2
29	2	14	9	79	7	9	2	129	12	3	8	179	16	18	1
30	2	16	8	80	7	11	1	130	12	5	6	180	17	0	0
31	2	18	6	81	7	13	0	131	12	7	5	181	17	1	10
32	3	0	5	82	7	14	10	132	12	9	4	182	17	3	9
33	3	2	4	83	7	16	9	133	12	11	2	183	17	5	8
34	3	4	2	84	7	18	8	134	12	13	1	184	17	7	6
35	3	6	1	85	8	0	6	135	12	15	0	185	17	9	5
36	3	8	0	86	8	2	5	136	12	16	10	186	17	11	4
37	3	9	10	87	8	4	4	137	12	18	9	187	17	13	2
38	3	11	9	88	8	6	2	138	13	0	8	188	17	15	1
39	3	13	8	89	8	8	1	139	13	2	6	189	17	17	0
40	3	15	6	90	8	10	0	140	13	4	5	190	17	18	10
41	3	17	5	91	8	11	10	141	13	6	4	191	18	0	9
42	3	19	4	92	8	13	9	142	13	8	2	192	18	2	8
43	4	1	2	93	8	15	8	143	13	10	1	193	18	4	6
44	4	3	1	94	8	17	6	144	13	12	0	194	18	6	5
45	4	5	0	95	8	19	5	145	13	13	10	195	18	8	4
46	4	6	10	96	9	1	4	146	13	15	9	196	18	10	2
47	4	8	9	97	9	3	2	147	13	17	8	197	18	12	1
48	4	10	8	98	9	5	1	148	13	19	6	198	18	14	0
49	4	12	6	99	9	7	0	149	14	1	5	199	18	15	10
50	4	14	5	100	9	8	10	150	14	3	4	200	18	17	9

TAX AT 1s. 10⅔d.

Income.	Tax.			Income.	Tax.			Income.	Tax.			Income.	Tax.		
£	£	s.	d.	£	£	s.	d.	£	£	s.	d.	£	£	s.	d.
201	18	19	8	251	23	14	1	310	29	5	6	810	76	10	0
202	19	1	6	252	23	16	0	320	30	4	5	820	77	8	10
203	19	3	5	253	23	17	10	330	31	3	4	830	78	7	9
204	19	5	4	254	23	19	9	340	32	2	2	840	79	6	8
205	19	7	2	255	24	1	8	350	33	1	1	850	80	5	6
206	19	9	1	256	24	3	6	360	34	0	0	860	81	4	5
207	19	11	0	257	24	5	5	370	34	18	10	870	82	3	4
208	19	12	10	258	24	7	4	380	35	17	9	880	83	2	2
209	19	14	9	259	24	9	2	390	36	16	8	890	84	1	1
210	19	16	8	260	24	11	1	400	37	15	6	900	85	0	0
211	19	18	6	261	24	13	0	410	38	14	5	910	85	18	10
212	20	0	5	262	24	14	10	420	39	13	4	920	86	17	9
213	20	2	4	263	24	16	9	430	40	12	2	930	87	16	8
214	20	4	2	264	24	18	8	440	41	11	1	940	88	15	6
215	20	6	1	265	25	0	6	450	42	10	0	950	89	14	5
216	20	8	0	266	25	2	5	460	43	8	10	960	90	13	4
217	20	9	10	267	25	4	4	470	44	7	9	970	91	12	2
218	20	11	9	268	25	6	2	480	45	6	8	980	92	11	1
219	20	13	8	269	25	8	1	490	46	5	6	990	93	10	0
220	20	15	6	270	25	10	0	500	47	4	5	1,000	94	8	10
221	20	17	5	271	25	11	10	510	48	3	4	1,100	103	17	9
222	20	19	4	272	25	13	9	520	49	2	2	1,200	113	6	8
223	21	1	2	273	25	15	8	530	50	1	1	1,300	122	15	6
224	21	3	1	274	25	17	6	540	51	0	0	1,400	132	4	5
225	21	5	0	275	25	19	5	550	51	18	10	1,500	141	13	4
226	21	6	10	276	26	1	4	560	52	17	9	1,600	151	2	2
227	21	8	9	277	26	3	2	570	53	16	8	1,700	160	11	1
228	21	10	8	278	26	5	1	580	54	15	6	1,800	170	0	0
229	21	12	6	279	26	7	0	590	55	14	5	1,900	179	8	10
230	21	14	5	280	26	8	10	600	56	13	4	2,000	188	17	9
231	21	16	4	281	26	10	9	610	57	12	2	3,000	283	6	8
232	21	18	2	282	26	12	8	620	58	11	1	4,000	377	15	6
233	22	0	1	283	26	14	6	630	59	10	0	5,000	472	4	5
234	22	2	0	284	26	16	5	640	60	8	10	6,000	566	13	4
235	22	3	10	285	26	18	4	650	61	7	9	7,000	661	2	2
236	22	5	9	286	27	0	2	660	62	6	8	8,000	755	11	1
237	22	7	8	287	27	2	1	670	63	5	6	9,000	850	0	0
238	22	9	6	288	27	4	0	680	64	4	5	10,000	944	8	10
239	22	11	5	289	27	5	10	690	65	3	4				
240	22	13	4	290	27	7	9	700	66	2	2				
241	22	15	2	291	27	9	8	710	67	1	1				
242	22	17	1	292	27	11	6	720	68	0	0				
243	22	19	0	293	27	13	5	730	68	18	10				
244	23	0	10	294	27	15	4	740	69	17	9				
245	23	2	9	295	27	17	2	750	70	16	8				
246	23	4	8	296	27	19	1	760	71	15	6				
247	23	6	6	297	28	1	0	770	72	14	5				
248	23	8	5	298	28	2	10	780	73	13	4				
249	23	10	4	299	28	4	9	790	74	12	2				
250	23	12	2	300	28	6	8	800	75	11	1				

PARTS OF A £.

s.	d.	s.	d.
	11		1
1	10		2
2	8		3
3	7		4
4	5		5
5	4		6
7	1		8
8	10		10
10	8	1	0
12	5	1	2
14	2	1	4
15	11	1	6
17	8	1	8
19	6	1	10

TAX AT 1s. 11⅓d.

Income.	Tax.			Income.	Tax.			Income.	Tax.			Income.	Tax.		
£	£	s.	d.	£	£	s.	d.	£	£	s.	d.	£	£	s.	d.
1		1	11	51	4	19	2	101	9	16	4	151	14	13	7
2		3	10	52	5	1	1	102	9	18	4	152	14	15	6
3		5	10	53	5	3	0	103	10	0	3	153	14	17	6
4		7	9	54	5	5	0	104	10	2	2	154	14	19	5
5		9	8	55	5	6	11	105	10	4	2	155	15	1	4
6		11	8	56	5	8	10	106	10	6	1	156	15	3	4
7		13	7	57	5	10	10	107	10	8	0	157	15	5	3
8		15	6	58	5	12	9	108	10	10	0	158	15	7	2
9		17	6	59	5	14	8	109	10	11	11	159	15	9	2
10		19	5	60	5	16	8	110	10	13	10	160	15	11	1
11	1	1	4	61	5	18	7	111	10	15	10	161	15	13	0
12	1	3	4	62	6	0	6	112	10	17	9	162	15	15	0
13	1	5	3	63	6	2	6	113	10	19	8	163	15	16	11
14	1	7	2	64	6	4	5	114	11	1	8	164	15	18	10
15	1	9	2	65	6	6	4	115	11	3	7	165	16	0	10
16	1	11	1	66	6	8	4	116	11	5	6	166	16	2	9
17	1	13	0	67	6	10	3	117	11	7	6	167	16	4	8
18	1	15	0	68	6	12	2	118	11	9	5	168	16	6	8
19	1	16	11	69	6	14	2	119	11	11	4	169	16	8	7
20	1	18	10	70	6	16	1	120	11	13	4	170	16	10	6
21	2	0	10	71	6	18	0	121	11	15	3	171	16	12	6
22	2	2	9	72	7	0	0	122	11	17	2	172	16	14	5
23	2	4	8	73	7	1	11	123	11	19	2	173	16	16	4
24	2	6	8	74	7	3	10	124	12	1	1	174	16	18	4
25	2	8	7	75	7	5	10	125	12	3	0	175	17	0	3
26	2	10	6	76	7	7	9	126	12	5	0	176	17	2	2
27	2	12	6	77	7	9	8	127	12	6	11	177	17	4	2
28	2	14	5	78	7	11	8	128	12	8	10	178	17	6	1
29	2	16	4	79	7	13	7	129	12	10	10	179	17	8	0
30	2	18	4	80	7	15	6	130	12	12	9	180	17	10	0
31	3	0	3	81	7	17	6	131	12	14	8	181	17	11	11
32	3	2	2	82	7	19	5	132	12	16	8	182	17	13	10
33	3	4	2	83	8	1	4	133	12	18	7	183	17	15	10
34	3	6	1	84	8	3	4	134	13	0	6	184	17	17	9
35	3	8	0	85	8	5	3	135	13	2	6	185	17	19	8
36	3	10	0	86	8	7	2	136	13	4	5	186	18	1	8
37	3	11	11	87	8	9	2	137	13	6	4	187	18	3	7
38	3	13	10	88	8	11	1	138	13	8	4	188	18	5	6
39	3	15	10	89	8	13	0	139	13	10	3	189	18	7	6
40	3	17	9	90	8	15	0	140	13	12	2	190	18	9	5
41	3	19	8	91	8	16	11	141	13	14	2	191	18	11	4
42	4	1	8	92	8	18	10	142	13	16	1	192	18	13	4
43	4	3	7	93	9	0	10	143	13	18	0	193	18	15	3
44	4	5	6	94	9	2	9	144	14	0	0	194	18	17	2
45	4	7	6	95	9	4	8	145	14	1	11	195	18	19	2
46	4	9	5	96	9	6	8	146	14	3	10	196	19	1	1
47	4	11	4	97	9	8	7	147	14	5	10	197	19	3	0
48	4	13	4	98	9	10	6	148	14	7	9	198	19	5	0
49	4	15	3	99	9	12	6	149	14	9	8	199	19	6	11
50	4	17	2	100	9	14	5	150	14	11	8	200	19	8	10

TAX AT 1s. 11⅓d.

Income.	Tax.			Income.	Tax.			Income.	Tax.			Income.	Tax.		
£	£	s.	d.	£	£	s.	d.	£	£	s.	d.	£	£	s.	d.
201	19	10	10	251	24	8	0	310	30	2	9	810	78	15	0
202	19	12	9	252	24	10	0	320	31	2	2	820	79	14	5
203	19	14	8	253	24	11	11	330	32	1	8	830	80	13	10
204	19	16	8	254	24	13	10	340	33	1	1	840	81	13	4
205	19	18	7	255	24	15	10	350	34	0	6	850	82	12	9
206	20	0	6	256	24	17	9	360	35	0	0	860	83	12	2
207	20	2	6	257	24	19	8	370	35	19	5	870	84	11	8
208	20	4	5	258	25	1	8	380	36	18	10	880	85	11	1
209	20	6	4	259	25	3	7	390	37	18	4	890	86	10	6
210	20	8	4	260	25	5	6	400	38	17	9	900	87	10	0
211	20	10	3	261	25	7	6	410	39	17	2	910	88	9	5
212	20	12	2	262	25	9	5	420	40	16	8	920	89	8	10
213	20	14	2	263	25	11	4	430	41	16	1	930	90	8	4
214	20	16	1	264	25	13	4	440	42	15	6	940	91	7	9
215	20	18	0	265	25	15	3	450	43	15	0	950	92	7	2
216	21	0	0	266	25	17	2	460	44	14	5	960	93	6	8
217	21	1	11	267	25	19	2	470	45	13	10	970	94	6	1
218	21	3	10	268	26	1	1	480	46	13	4	980	95	5	6
219	21	5	10	269	26	3	0	490	47	12	9	990	96	5	0
220	21	7	9	270	26	5	0	500	48	12	2	1,000	97	4	5
221	21	9	8	271	26	6	11	510	49	11	8	1,100	106	18	10
222	21	11	8	272	26	8	10	520	50	11	1	1,200	116	13	4
223	21	13	7	273	26	10	10	530	51	10	6	1,300	126	7	9
224	21	15	6	274	26	12	9	540	52	10	0	1,400	136	2	2
225	21	17	6	275	26	14	8	550	53	9	5	1,500	145	16	8
226	21	19	5	276	26	16	8	560	54	8	10	1,600	155	11	1
227	22	1	4	277	26	18	7	570	55	8	4	1,700	165	5	6
228	22	3	4	278	27	0	6	580	56	7	9	1,800	175	0	0
229	22	5	3	279	27	2	6	590	57	7	2	1,900	184	14	5
230	22	7	2	280	27	4	5	600	58	6	8	2,000	194	8	10
231	22	9	2	281	27	6	4	610	59	6	1	3,000	291	13	4
232	22	11	1	282	27	8	4	620	60	5	6	4,000	388	17	9
233	22	13	0	283	27	10	3	630	61	5	0	5,000	486	2	2
234	22	15	0	284	27	12	2	640	62	4	5	6,000	583	6	8
235	22	16	11	285	27	14	2	650	63	3	10	7,000	680	11	1
236	22	18	10	286	27	16	1	660	64	3	4	8,000	777	15	6
237	23	0	10	287	27	18	0	670	65	2	9	9,000	875	0	0
238	23	2	9	288	28	0	0	680	66	2	2	10,000	972	4	5
239	23	4	8	289	28	1	11	690	67	1	8				
240	23	6	8	290	28	3	10	700	68	1	1				
241	23	8	7	291	28	5	10	710	69	0	6				
242	23	10	6	292	28	7	9	720	70	0	0				
243	23	12	6	293	28	9	8	730	70	19	5				
244	23	14	5	294	28	11	8	740	71	18	10				
245	23	16	4	295	28	13	7	750	72	18	4				
246	23	18	4	296	28	15	6	760	73	17	9				
247	24	0	3	297	28	17	6	770	74	17	2				
248	24	2	2	298	28	19	5	780	75	16	8				
249	24	4	2	299	29	1	4	790	76	16	1				
250	24	6	1	300	29	3	4	800	77	15	6				

PARTS OF A £.

s.	d.	s.	d.
	11		1
1	9		2
2	7		3
3	6		4
4	4		5
5	2		6
6	1		8
8	7		10
10	4	1	0
12	0	1	2
13	9	1	4
15	6	1	6
17	2	1	8
18	11	1	10

6—(1526)

TAX AT 2s.

Income.	Tax.			Income.	Tax.			Income.	Tax.			Income.	Tax.		
£	£	s.	d.	£	£	s.	d.	£	£	s.	d.	£	£	s.	d.
1		2	0	51	5	2	0	101	10	2	0	151	15	2	0
2		4	0	52	5	4	0	102	10	4	0	152	15	4	0
3		6	0	53	5	6	0	103	10	6	0	153	15	6	0
4		8	0	54	5	8	0	104	10	8	0	154	15	8	0
5		10	0	55	5	10	0	105	10	10	0	155	15	10	0
6		12	0	56	5	12	0	106	10	12	0	156	15	12	0
7		14	0	57	5	14	0	107	10	14	0	157	15	14	0
8		16	0	58	5	16	0	108	10	16	0	158	15	16	0
9		18	0	59	5	18	0	109	10	18	0	159	15	18	0
10	1	0	0	60	6	0	0	110	11	0	0	160	16	0	0
11	1	2	0	61	6	2	0	111	11	2	0	161	16	2	0
12	1	4	0	62	6	4	0	112	11	4	0	162	16	4	0
13	1	6	0	63	6	6	0	113	11	6	0	163	16	6	0
14	1	8	0	64	6	8	0	114	11	8	0	164	16	8	0
15	1	10	0	65	6	10	0	115	11	10	0	165	16	10	0
16	1	12	0	66	6	12	0	116	11	12	0	166	16	12	0
17	1	14	0	67	6	14	0	117	11	14	0	167	16	14	0
18	1	16	0	68	6	16	0	118	11	16	0	168	16	16	0
19	1	18	0	69	6	18	0	119	11	18	0	169	16	18	0
20	2	0	0	70	7	0	0	120	12	0	0	170	17	0	0
21	2	2	0	71	7	2	0	121	12	2	0	171	17	2	0
22	2	4	0	72	7	4	0	122	12	4	0	172	17	4	0
23	2	6	0	73	7	6	0	123	12	6	0	173	17	6	0
24	2	8	0	74	7	8	0	124	12	8	0	174	17	8	0
25	2	10	0	75	7	10	0	125	12	10	0	175	17	10	0
26	2	12	0	76	7	12	0	126	12	12	0	176	17	12	0
27	2	14	0	77	7	14	0	127	12	14	0	177	17	14	0
28	2	16	0	78	7	16	0	128	12	16	0	178	17	16	0
29	2	18	0	79	7	18	0	129	12	18	0	179	17	18	0
30	3	0	0	80	8	0	0	130	13	0	0	180	18	0	0
31	3	2	0	81	8	2	0	131	13	2	0	181	18	2	0
32	3	4	0	82	8	4	0	132	13	4	0	182	18	4	0
33	3	6	0	83	8	6	0	133	13	6	0	183	18	6	0
34	3	8	0	84	8	8	0	134	13	8	0	184	18	8	0
35	3	10	0	85	8	10	0	135	13	10	0	185	18	10	0
36	3	12	0	86	8	12	0	136	13	12	0	186	18	12	0
37	3	14	0	87	8	14	0	137	13	14	0	187	18	14	0
38	3	16	0	88	8	16	0	138	13	16	0	188	18	16	0
39	3	18	0	89	8	18	0	139	13	18	0	189	18	18	0
40	4	0	0	90	9	0	0	140	14	0	0	190	19	0	0
41	4	2	0	91	9	2	0	141	14	2	0	191	19	2	0
42	4	4	0	92	9	4	0	142	14	4	0	192	19	4	0
43	4	6	0	93	9	6	0	143	14	6	0	193	19	6	0
44	4	8	0	94	9	8	0	144	14	8	0	194	19	8	0
45	4	10	0	95	9	10	0	145	14	10	0	195	19	10	0
46	4	12	0	96	9	12	0	146	14	12	0	196	19	12	0
47	4	14	0	97	9	14	0	147	14	14	0	197	19	14	0
48	4	16	0	98	9	16	0	148	14	16	0	198	19	16	0
49	4	18	0	99	9	18	0	149	14	18	0	199	19	18	0
50	5	0	0	100	10	0	0	150	15	0	0	200	20	0	0

TAX AT 2s.

Income.	Tax.			Income.	Tax.			Income.	Tax.			Income.	Tax.		
£	£	s.	d.	£	£	s.	d.	£	£	s.	d.	£	£	s.	d.
201	20	2	0	251	25	2	0	310	31	0	0	810	81	0	0
202	20	4	0	252	25	4	0	320	32	0	0	820	82	0	0
203	20	6	0	253	25	6	0	330	33	0	0	830	83	0	0
204	20	8	0	254	25	8	0	340	34	0	0	840	84	0	0
205	20	10	0	255	25	10	0	350	35	0	0	850	85	0	0
206	20	12	0	256	25	12	0	360	36	0	0	860	86	0	0
207	20	14	0	257	25	14	0	370	37	0	0	870	87	0	0
208	20	16	0	258	25	16	0	380	38	0	0	880	88	0	0
209	20	18	0	259	25	18	0	390	39	0	0	890	89	0	0
210	21	0	0	260	26	0	0	400	40	0	0	900	90	0	0
211	21	2	0	261	26	2	0	410	41	0	0	910	91	0	0
212	21	4	0	262	26	4	0	420	42	0	0	920	92	0	0
213	21	6	0	263	26	6	0	430	43	0	0	930	93	0	0
214	21	8	0	264	26	8	0	440	44	0	0	940	94	0	0
215	21	10	0	265	26	10	0	450	45	0	0	950	95	0	0
216	21	12	0	266	26	12	0	460	46	0	0	960	96	0	0
217	21	14	0	267	26	14	0	470	47	0	0	970	97	0	0
218	21	16	0	268	26	16	0	480	48	0	0	980	98	0	0
219	21	18	0	269	26	18	0	490	49	0	0	990	99	0	0
220	22	0	0	270	27	0	0	500	50	0	0	1,000	100	0	0
221	22	2	0	271	27	2	0	510	51	0	0	1,100	110	0	0
222	22	4	0	272	27	4	0	520	52	0	0	1,200	120	0	0
223	22	6	0	273	27	6	0	530	53	0	0	1,300	130	0	0
224	22	8	0	274	27	8	0	540	54	0	0	1,400	140	0	0
225	22	10	0	275	27	10	0	550	55	0	0	1,500	150	0	0
226	22	12	0	276	27	12	0	560	56	0	0	1,600	160	0	0
227	22	14	0	277	27	14	0	570	57	0	0	1,700	170	0	0
228	22	16	0	278	27	16	0	580	58	0	0	1,800	180	0	0
229	22	18	0	279	27	18	0	590	59	0	0	1,900	190	0	0
230	23	0	0	280	28	0	0	600	60	0	0	2,000	200	0	0
231	23	2	0	281	28	2	0	610	61	0	0	3,000	300	0	0
232	23	4	0	282	28	4	0	620	62	0	0	4,000	400	0	0
233	23	6	0	283	28	6	0	630	63	0	0	5,000	500	0	0
234	23	8	0	284	28	8	0	640	64	0	0	6,000	600	0	0
235	23	10	0	285	28	10	0	650	65	0	0	7,000	700	0	0
236	23	12	0	286	28	12	0	660	66	0	0	8,000	800	0	0
237	23	14	0	287	28	14	0	670	67	0	0	9,000	900	0	0
238	23	16	0	288	28	16	0	680	68	0	0	10,000	1,000	0	0
239	23	18	0	289	28	18	0	690	69	0	0				
240	24	0	0	290	29	0	0	700	70	0	0				
241	24	2	0	291	29	2	0	710	71	0	0				
242	24	4	0	292	29	4	0	720	72	0	0				
243	24	6	0	293	29	6	0	730	73	0	0				
244	24	8	0	294	29	8	0	740	74	0	0				
245	24	10	0	295	29	10	0	750	75	0	0				
246	24	12	0	296	29	12	0	760	76	0	0				
247	24	14	0	297	29	14	0	770	77	0	0				
248	24	16	0	298	29	16	0	780	78	0	0				
249	24	18	0	299	29	18	0	790	79	0	0				
250	25	0	0	300	30	0	0	800	80	0	0				

PARTS OF A £.

s.	d.	s.	d.
	10		1
1	8		2
3	4		4
5	0		6
6	8		8
8	4		10
10	0	1	0
11	8	1	2
13	4	1	4
15	0	1	6
16	8	1	8
18	4	1	10

TAX AT 2s. 0$\frac{2}{3}$d.

Income.	Tax.			Income.	Tax.			Income.	Tax.			Income.	Tax.		
£	£	s.	d.	£	£	s.	d.	£	£	s.	d.	£	£	s.	d.
1		2	0	51	5	4	10	101	10	7	7	151	15	10	4
2		4	1	52	5	6	10	102	10	9	8	152	15	12	5
3		6	2	53	5	8	11	103	10	11	8	153	15	14	6
4		8	2	54	5	11	0	104	10	13	9	154	15	16	6
5		10	3	55	5	13	0	105	10	15	10	155	15	18	7
6		12	4	56	5	15	1	106	10	17	10	156	16	0	8
7		14	4	57	5	17	2	107	10	19	11	157	16	2	8
8		16	5	58	5	19	2	108	11	2	0	158	16	4	9
9		18	6	59	6	1	3	109	11	4	0	159	16	6	10
10	1	0	6	60	6	3	4	110	11	6	1	160	16	8	10
11	1	2	7	61	6	5	4	111	11	8	2	161	16	10	11
12	1	4	8	62	6	7	5	112	11	10	2	162	16	13	0
13	1	6	8	63	6	9	6	113	11	12	3	163	16	15	0
14	1	8	9	64	6	11	6	114	11	14	4	164	16	17	1
15	1	10	10	65	6	13	7	115	11	16	4	165	16	19	2
16	1	12	10	66	6	15	8	116	11	18	5	166	17	1	2
17	1	14	11	67	6	17	8	117	12	0	6	167	17	3	3
18	1	17	0	68	6	19	9	118	12	2	6	168	17	5	4
19	1	19	0	69	7	1	10	119	12	4	7	169	17	7	4
20	2	1	1	70	7	3	10	120	12	6	8	170	17	9	5
21	2	3	2	71	7	5	11	121	12	8	8	171	17	11	6
22	2	5	2	72	7	8	0	122	12	10	9	172	17	13	6
23	2	7	3	73	7	10	0	123	12	12	10	173	17	15	7
24	2	9	4	74	7	12	1	124	12	14	10	174	17	17	8
25	2	11	4	75	7	14	2	125	12	16	11	175	17	19	8
26	2	13	5	76	7	16	2	126	12	19	0	176	18	1	9
27	2	15	6	77	7	18	3	127	13	1	0	177	18	3	10
28	2	17	6	78	8	0	4	128	13	3	1	178	18	5	10
29	2	19	7	79	8	2	4	129	13	5	2	179	18	7	11
30	3	1	8	80	8	4	5	130	13	7	2	180	18	10	0
31	3	3	8	81	8	6	6	131	13	9	3	181	18	12	0
32	3	5	9	82	8	8	6	132	13	11	4	182	18	14	1
33	3	7	10	83	8	10	7	133	13	13	4	183	18	16	2
34	3	9	10	84	8	12	8	134	13	15	5	184	18	18	2
35	3	11	11	85	8	14	8	135	13	17	6	185	19	0	3
36	3	14	0	86	8	16	9	136	13	19	6	186	19	2	4
37	3	16	0	87	8	18	10	137	14	1	7	187	19	4	4
38	3	18	1	88	9	0	10	138	14	3	8	188	19	6	5
39	4	0	2	89	9	2	11	139	14	5	8	189	19	8	6
40	4	2	2	90	9	5	0	140	14	7	9	190	19	10	6
41	4	4	3	91	9	7	0	141	14	9	10	191	19	12	7
42	4	6	4	92	9	9	1	142	14	11	10	192	19	14	8
43	4	8	4	93	9	11	2	143	14	13	11	193	19	16	8
44	4	10	5	94	9	13	2	144	14	16	0	194	19	18	9
45	4	12	6	95	9	15	3	145	14	18	0	195	20	0	10
46	4	14	6	96	9	17	4	146	15	0	1	196	20	2	10
47	4	16	7	97	9	19	4	147	15	2	2	197	20	4	11
48	4	18	8	98	10	1	5	148	15	4	2	198	20	7	0
49	5	0	8	99	10	3	6	149	15	6	3	199	20	9	0
50	5	2	9	100	10	5	6	150	15	8	4	200	20	11	1

TAX AT 2s. 0$\frac{2}{3}$d.

Income.	Tax.			Income.	Tax.			Income.	Tax.			Income.	Tax.		
£	£	s.	d.	£	£	s.	d.	£	£	s.	d.	£	£	s.	d.
201	20	13	2	251	25	15	11	310	31	17	2	810	83	5	0
202	20	15	2	252	25	18	0	320	32	17	9	820	84	5	6
203	20	17	3	253	26	0	0	330	33	18	4	830	85	6	1
204	20	19	4	254	26	2	1	340	34	18	10	840	86	6	8
205	21	1	4	255	26	4	2	350	35	19	5	850	87	7	2
206	21	3	5	256	26	6	2	360	37	0	0	860	88	7	9
207	21	5	6	257	26	8	3	370	38	0	6	870	89	8	4
208	21	7	6	258	26	10	4	380	39	1	1	880	90	8	10
209	21	9	7	259	26	12	4	390	40	1	8	890	91	9	5
210	21	11	8	260	26	14	5	400	41	2	2	900	92	10	0
211	21	13	8	261	26	16	6	410	42	2	9	910	93	10	6
212	21	15	9	262	26	18	6	420	43	3	4	920	94	11	1
213	21	17	10	263	27	0	7	430	44	3	10	930	95	11	8
214	21	19	10	264	27	2	8	440	45	4	5	940	96	12	2
215	22	1	11	265	27	4	8	450	46	5	0	950	97	12	9
216	22	4	0	266	27	6	9	460	47	5	6	960	98	13	4
217	22	6	0	267	27	8	10	470	48	6	1	970	99	13	10
218	22	8	1	268	27	10	10	480	49	6	8	980	100	14	5
219	22	10	2	269	27	12	11	490	50	7	2	990	101	15	0
220	22	12	2	270	27	15	0	500	51	7	9	1,000	102	15	6
221	22	14	3	271	27	17	0	510	52	8	4	1,100	113	1	1
222	22	16	4	272	27	19	1	520	53	8	10	1,200	123	6	8
223	22	18	4	273	28	1	2	530	54	9	5	1,300	133	12	2
224	23	0	5	274	28	3	2	540	55	10	0	1,400	143	17	9
225	23	2	6	275	28	5	3	550	56	10	6	1,500	154	3	4
226	23	4	6	276	28	7	4	560	57	11	1	1,600	164	8	10
227	23	6	7	277	28	9	4	570	58	11	8	1,700	174	14	5
228	23	8	8	278	28	11	5	580	59	12	2	1,800	185	0	0
229	23	10	8	279	28	13	6	590	60	12	9	1,900	195	5	6
230	23	12	9	280	28	15	6	600	61	13	4	2,000	205	11	1
231	23	14	10	281	28	17	7	610	62	13	10	3,000	308	6	8
232	23	16	10	282	28	19	8	620	63	14	5	4,000	411	2	2
233	23	18	11	283	29	1	8	630	64	15	0	5,000	513	17	9
234	24	1	0	284	29	3	9	640	65	15	6	6,000	616	13	4
235	24	3	0	285	29	5	10	650	66	16	1	7,000	719	8	10
236	24	5	1	286	29	7	10	660	67	16	8	8,000	822	4	5
237	24	7	2	287	29	9	11	670	68	17	2	9,000	925	0	0
238	24	9	2	288	29	12	0	680	69	17	9	10,000	1,027	15	6
239	24	11	3	289	29	14	0	690	70	18	4				
240	24	13	4	290	29	16	1	700	71	18	10				
241	24	15	4	291	29	18	2	710	72	19	5				
242	24	17	5	292	30	0	2	720	74	0	0				
243	24	19	6	293	30	2	3	730	75	0	6				
244	25	1	6	294	30	4	4	740	76	1	1				
245	25	3	7	295	30	6	4	750	77	1	8				
246	25	5	8	296	30	8	5	760	78	2	2				
247	25	7	8	297	30	10	6	770	79	2	9				
248	25	9	9	298	30	12	6	780	80	3	4				
249	25	11	10	299	30	14	7	790	81	3	10				
250	25	13	10	300	30	16	8	800	82	4	5				

PARTS OF A £.

s.	d.		s.	d.
	10	……		1
1	8	……		2
2	6	……		3
3	3	……		4
4	11	……		6
7	4	……		9
9	9	……	1	0
12	2	……	1	3
14	7	……	1	6
17	0	……	1	9
19	5	……	2	0

TAX AT 2s. 1⅛d.

Income.	Tax.			Income.	Tax.			Income.	Tax.			Income.	Tax.		
£	£	s.	d.	£	£	s.	d.	£	£	s.	d.	£	£	s.	d.
1		2	1	51	5	7	1	101	10	12	1	151	15	17	1
2		4	2	52	5	9	2	102	10	14	2	152	15	19	2
3		6	3	53	5	11	3	103	10	16	3	153	16	1	3
4		8	4	54	5	13	4	104	10	18	4	154	16	3	4
5		10	6	55	5	15	6	105	11	0	6	155	16	5	6
6		12	7	56	5	17	7	106	11	2	7	156	16	7	7
7		14	8	57	5	19	8	107	11	4	8	157	16	9	8
8		16	9	58	6	1	9	108	11	6	9	158	16	11	9
9		18	10	59	6	3	10	109	11	8	10	159	16	13	10
10	1	1	0	60	6	6	0	110	11	11	0	160	16	16	0
11	1	3	1	61	6	8	1	111	11	13	1	161	16	18	1
12	1	5	2	62	6	10	2	112	11	15	2	162	17	0	2
13	1	7	3	63	6	12	3	113	11	17	3	163	17	2	3
14	1	9	4	64	6	14	4	114	11	19	4	164	17	4	4
15	1	11	6	65	6	16	6	115	11	1	6	165	17	6	6
16	1	13	7	66	6	18	7	116	12	3	7	166	17	8	7
17	1	15	8	67	7	0	8	117	12	5	8	167	17	10	8
18	1	17	9	68	7	2	9	118	12	7	9	168	17	12	9
19	1	19	10	69	7	4	10	119	12	9	10	169	17	14	10
20	2	2	0	70	7	7	0	120	12	12	0	170	17	17	0
21	2	4	1	71	7	9	1	121	12	14	1	171	17	19	1
22	2	6	2	72	7	11	2	122	12	16	2	172	18	1	2
23	2	8	3	73	7	13	3	123	12	18	3	173	18	3	3
24	2	10	4	74	7	15	4	124	13	0	4	174	18	5	4
25	2	12	6	75	7	17	6	125	13	2	6	175	18	7	6
26	2	14	7	76	7	19	7	126	13	4	7	176	18	9	7
27	2	16	8	77	8	1	8	127	13	6	8	177	18	11	8
28	2	18	9	78	8	3	9	128	13	8	9	178	18	13	9
29	3	0	10	79	8	5	10	129	13	10	10	179	18	15	10
30	3	3	0	80	8	8	0	130	13	13	0	180	18	18	0
31	3	5	1	81	8	10	1	131	13	15	1	181	19	0	1
32	3	7	2	82	8	12	2	132	13	17	2	182	19	2	2
33	3	9	3	83	8	14	3	133	13	19	3	183	19	4	3
34	3	11	4	84	8	16	4	134	14	1	4	184	19	6	4
35	3	13	6	85	8	18	6	135	14	3	6	185	19	8	6
36	3	15	7	86	9	0	7	136	14	5	7	186	19	10	7
37	3	17	8	87	9	2	8	137	14	7	8	187	19	12	8
38	3	19	9	88	9	4	9	138	14	9	9	188	19	14	9
39	4	1	10	89	9	6	10	139	14	11	10	189	19	16	10
40	4	4	0	90	9	9	0	140	14	14	0	190	19	19	0
41	4	6	1	91	9	11	1	141	14	16	1	191	20	1	1
42	4	8	2	92	9	13	2	142	14	18	2	192	20	3	2
43	4	10	3	93	9	15	3	143	15	0	3	193	20	5	3
44	4	12	4	94	9	17	4	144	15	2	4	194	20	7	4
45	4	14	6	95	9	19	6	145	15	4	6	195	20	9	6
46	4	16	7	96	10	1	7	146	15	6	7	196	20	11	7
47	4	18	8	97	10	3	8	147	15	8	8	197	20	13	8
48	5	0	9	98	10	5	9	148	15	10	9	198	20	15	9
49	5	2	10	99	10	7	10	149	15	12	10	199	20	17	10
50	5	5	0	100	10	10	0	150	15	15	0	200	21	0	0

TAX AT 2s. 1⅛d.

Income.	Tax.			Income.	Tax.			Income.	Tax.			Income.	Tax.		
£	£	s.	d.	£	£	s.	d.	£	£	s.	d.	£	£	s.	d.
201	21	2	1	251	26	7	1	310	32	11	0	810	85	1	0
202	21	4	2	252	26	9	2	320	33	12	0	820	86	2	0
203	21	6	3	253	26	11	3	330	34	13	0	830	87	3	0
204	21	8	4	254	26	13	4	340	35	14	0	840	88	4	0
205	21	10	6	255	26	15	6	350	36	15	0	850	89	5	0
206	21	12	7	256	26	17	7	360	37	16	0	860	90	6	0
207	21	14	8	257	26	19	8	370	38	17	0	870	91	7	0
208	21	16	9	258	27	1	9	380	39	18	0	880	92	8	0
209	21	18	10	259	27	3	10	390	40	19	0	890	93	9	0
210	22	1	0	260	27	6	0	400	42	0	0	900	94	10	0
211	22	3	1	261	27	8	1	410	43	1	0	910	95	11	0
212	22	5	2	262	27	10	2	420	44	2	0	920	96	12	0
213	22	7	3	263	27	12	3	430	45	3	0	930	97	13	0
214	22	9	4	264	27	14	4	440	46	4	0	940	98	14	0
215	22	11	6	265	27	16	6	450	47	5	0	950	99	15	0
216	22	13	7	266	27	18	7	460	48	6	0	960	100	16	0
217	22	15	8	267	28	0	8	470	49	7	0	970	101	17	0
218	22	17	9	268	28	2	9	480	50	8	0	980	102	18	0
219	22	19	10	269	28	4	10	490	51	9	0	990	103	19	0
220	23	2	0	270	28	7	0	500	52	10	0	1,000	105	0	0
221	23	4	1	271	28	9	1	510	53	11	0	1,100	115	10	0
222	23	6	2	272	28	11	2	520	54	12	0	1,200	126	0	0
223	23	8	3	273	28	13	3	530	55	13	0	1,300	136	10	0
224	23	10	4	274	28	15	4	540	56	14	0	1,400	147	0	0
225	23	12	6	275	28	17	6	550	57	15	0	1,500	157	10	0
226	23	14	7	276	28	19	7	560	58	16	0	1,600	168	0	0
227	23	16	8	277	29	1	8	570	59	17	0	1,700	178	10	0
228	23	18	9	278	29	3	9	580	60	18	0	1,800	189	0	0
229	24	0	10	279	29	5	10	590	61	19	0	1,900	199	10	0
230	24	3	0	280	29	8	0	600	63	0	0	2,000	210	0	0
231	24	5	1	281	29	10	1	610	64	1	0	3,000	315	0	0
232	24	7	2	282	29	12	2	620	65	2	0	4,000	420	0	0
233	24	9	3	283	29	14	3	630	66	3	0	5,000	525	0	0
234	24	11	4	284	29	16	4	640	67	4	0	6,000	630	0	0
235	24	13	6	285	29	18	6	650	68	5	0	7,000	735	0	0
236	24	15	7	286	30	0	7	660	69	6	0	8,000	840	0	0
237	24	17	8	287	30	2	8	670	70	7	0	9,000	945	0	0
238	24	19	9	288	30	4	9	680	71	8	0	10,000	1,050	0	0
239	25	1	10	289	30	6	10	690	72	9	0				
240	25	4	0	290	30	9	0	700	73	10	0				
241	25	6	1	291	30	11	1	710	74	11	0				
242	25	8	2	292	30	13	2	720	75	12	0				
243	25	10	3	293	30	15	3	730	76	13	0				
244	25	12	4	294	30	17	4	740	77	14	0				
245	25	14	6	295	30	19	6	750	78	15	0				
246	25	16	7	296	31	1	7	760	79	16	0				
247	25	18	8	297	31	3	8	770	80	17	0				
248	26	0	9	298	31	5	9	780	81	18	0				
249	26	2	10	299	31	7	10	790	82	19	0				
250	26	5	0	300	31	10	0	800	84	0	0				

PARTS OF A £.

s.	d.	s.	d.
	10		1
1	8		2
2	5		3
3	3		4
4	10		6
7	2		9
9	7	1	0
11	11	1	3
14	4	1	6
16	8	1	9
19	1	2	0

TAX AT 2s. 1⅓d.

Income.	Tax.			Income.	Tax.			Income.	Tax.			Income.	Tax.		
£	£	s.	d.	£	£	s.	d.	£	£	s.	d.	£	£	s.	d.
1		2	1	**51**	5	7	8	**101**	10	13	2	**151**	15	18	9
2		4	2	**52**	5	9	9	**102**	10	15	4	**152**	16	0	10
3		6	4	**53**	5	11	10	**103**	10	17	5	**153**	16	3	0
4		8	5	**54**	5	14	0	**104**	10	19	6	**154**	16	5	1
5		10	6	**55**	5	16	1	**105**	11	1	8	**155**	16	7	2
6		12	8	**56**	5	18	2	**106**	11	3	9	**156**	16	9	4
7		14	9	**57**	6	0	4	**107**	11	5	10	**157**	16	11	5
8		16	10	**58**	6	2	5	**108**	11	8	0	**158**	16	13	6
9		19	0	**59**	6	4	6	**109**	11	10	1	**159**	16	15	8
10	1	1	1	**60**	6	6	8	**110**	11	12	2	**160**	16	17	9
11	1	3	2	**61**	6	8	9	**111**	11	14	4	**161**	16	19	10
12	1	5	4	**62**	6	10	10	**112**	11	16	5	**162**	17	2	0
13	1	7	5	**63**	6	13	0	**113**	11	18	6	**163**	17	4	1
14	1	9	6	**64**	6	15	1	**114**	12	0	8	**164**	17	6	2
15	1	11	8	**65**	6	17	2	**115**	12	2	9	**165**	17	8	4
16	1	13	9	**66**	6	19	4	**116**	12	4	10	**166**	17	10	5
17	1	15	10	**67**	7	1	5	**117**	12	7	0	**167**	17	12	6
18	1	18	0	**68**	7	3	6	**118**	12	9	1	**168**	17	14	8
19	2	0	1	**69**	7	5	8	**119**	12	11	2	**169**	17	16	9
20	2	2	2	**70**	7	7	9	**120**	12	13	4	**170**	17	18	10
21	2	4	4	**71**	7	9	10	**121**	12	15	5	**171**	18	1	0
22	2	6	5	**72**	7	12	0	**122**	12	17	6	**172**	18	3	1
23	2	8	6	**73**	7	14	1	**123**	12	19	8	**173**	18	5	2
24	2	10	8	**74**	7	16	2	**124**	13	1	9	**174**	18	7	4
25	2	12	9	**75**	7	18	4	**125**	13	3	10	**175**	18	9	5
26	2	14	10	**76**	8	0	5	**126**	13	6	0	**176**	18	11	6
27	2	17	0	**77**	8	2	6	**127**	13	8	1	**177**	18	13	8
28	2	19	1	**78**	8	4	8	**128**	13	10	2	**178**	18	15	9
29	3	1	2	**79**	8	6	9	**129**	13	12	4	**179**	18	17	10
30	3	3	4	**80**	8	8	10	**130**	13	14	5	**180**	19	0	0
31	3	5	5	**81**	8	11	0	**131**	13	16	6	**181**	19	2	1
32	3	7	6	**82**	8	13	1	**132**	13	18	8	**182**	19	4	2
33	3	9	8	**83**	8	15	2	**133**	14	0	9	**183**	19	6	4
34	3	11	9	**84**	8	17	4	**134**	14	2	10	**184**	19	8	5
35	3	13	10	**85**	8	19	5	**135**	14	5	0	**185**	19	10	6
36	3	16	0	**86**	9	1	6	**136**	14	7	1	**186**	19	12	8
37	3	18	1	**87**	9	3	8	**137**	14	9	2	**187**	19	14	9
38	4	0	2	**88**	9	5	9	**138**	14	11	4	**188**	19	16	10
39	4	2	4	**89**	9	7	10	**139**	14	13	5	**189**	19	19	0
40	4	4	5	**90**	9	10	0	**140**	14	15	6	**190**	20	1	1
41	4	6	6	**91**	9	12	1	**141**	14	17	8	**191**	20	3	2
42	4	8	8	**92**	9	14	2	**142**	14	19	9	**192**	20	5	4
43	4	10	9	**93**	9	16	4	**143**	15	1	10	**193**	20	7	5
44	4	12	10	**94**	9	18	5	**144**	15	4	0	**194**	20	9	6
45	4	15	0	**95**	10	0	6	**145**	15	6	1	**195**	20	11	8
46	4	17	1	**96**	10	2	8	**146**	15	8	2	**196**	20	13	9
47	4	19	2	**97**	10	4	9	**147**	15	10	4	**197**	20	15	10
48	5	1	4	**98**	10	6	10	**148**	15	12	5	**198**	20	18	0
49	5	3	5	**99**	10	9	0	**149**	15	14	6	**199**	21	0	1
50	5	5	6	**100**	10	11	1	**150**	15	16	8	**200**	21	2	2

TAX AT 2s. 1⅓d.

Income.	Tax			Income.	Tax.			Income.	Tax.			Income.	Tax.		
£	£	s.	d.	£	£	s.	d.	£	£	s.	d.	£	£	s.	d.
201	21	4	4	**251**	26	9	10	**310**	32	14	5	**810**	85	10	0
202	21	6	5	**252**	26	12	0	**320**	33	15	6	**820**	86	11	1
203	21	8	6	**253**	26	14	1	**330**	34	16	8	**830**	87	12	2
204	21	10	8	**254**	26	16	2	**340**	35	17	9	**840**	88	13	4
205	21	12	9	**255**	26	18	4	**350**	36	18	10	**850**	89	14	5
206	21	14	10	**256**	27	0	5	**360**	38	0	0	**860**	90	15	6
207	21	17	0	**257**	27	2	6	**370**	39	1	1	**870**	91	16	8
208	21	19	1	**258**	27	4	8	**380**	40	2	2	**880**	92	17	9
209	22	1	2	**259**	27	6	9	**390**	41	3	4	**890**	93	18	10
210	22	3	4	**260**	27	8	10	**400**	42	4	5	**900**	95	0	0
211	22	5	5	**261**	27	11	0	**410**	43	5	6	**910**	96	1	1
212	22	7	6	**262**	27	13	1	**420**	44	6	8	**920**	97	2	2
213	22	9	8	**263**	27	15	2	**430**	45	7	9	**930**	98	3	4
214	22	11	9	**264**	27	17	4	**440**	46	8	10	**940**	99	4	5
215	22	13	10	**265**	27	19	5	**450**	47	10	0	**950**	100	5	6
216	22	16	0	**266**	28	1	6	**460**	48	11	1	**960**	101	6	8
217	22	18	1	**267**	28	3	8	**470**	49	12	2	**970**	102	7	9
218	23	0	2	**268**	28	5	9	**480**	50	13	4	**980**	103	8	10
219	23	2	4	**269**	28	7	10	**490**	51	14	5	**990**	104	10	0
220	23	4	5	**270**	28	10	0	**500**	52	15	6	**1,000**	105	11	1
221	23	6	6	**271**	28	12	1	**510**	53	16	8	**1,100**	116	2	2
222	23	8	8	**272**	28	14	2	**520**	54	17	9	**1,200**	126	13	4
223	23	10	9	**273**	28	16	4	**530**	55	18	10	**1,300**	137	4	5
224	23	12	10	**274**	28	18	5	**540**	57	0	0	**1,400**	147	15	6
225	23	15	0	**275**	29	0	6	**550**	58	1	1	**1,500**	158	6	8
226	23	17	1	**276**	29	2	8	**560**	59	2	2	**1,600**	168	17	9
227	23	19	2	**277**	29	4	9	**570**	60	3	4	**1,700**	179	8	10
228	24	1	4	**278**	29	6	10	**580**	61	4	5	**1,800**	190	0	0
229	24	3	5	**279**	29	9	0	**590**	62	5	6	**1,900**	200	11	1
230	24	5	6	**280**	29	11	1	**600**	63	6	8	**2,000**	211	2	2
231	24	7	8	**281**	29	13	2	**610**	64	7	9	**3,000**	316	13	4
232	24	9	9	**282**	29	15	4	**620**	65	8	10	**4,000**	422	4	5
233	24	11	10	**283**	29	17	5	**630**	66	10	0	**5,000**	527	15	6
234	24	14	0	**284**	29	19	6	**640**	67	11	1	**6,000**	633	6	8
235	24	16	1	**285**	30	1	8	**650**	68	12	2	**7,000**	738	17	9
236	24	18	2	**286**	30	3	9	**660**	69	13	4	**8,000**	844	8	10
237	25	0	4	**287**	30	5	10	**670**	70	14	5	**9,000**	950	0	0
238	25	2	5	**288**	30	8	0	**680**	71	15	6	**10,000**	1,055	11	1
239	25	4	6	**289**	30	10	1	**690**	72	16	8				
240	25	6	8	**290**	30	12	2	**700**	73	17	9				
241	25	8	9	**291**	30	14	4	**710**	74	18	10				
242	25	10	10	**292**	30	16	5	**720**	76	0	0				
243	25	13	0	**293**	30	18	6	**730**	77	1	1				
244	25	15	1	**294**	31	0	8	**740**	78	2	2				
245	25	17	2	**295**	31	2	9	**750**	79	3	4				
246	25	19	4	**296**	31	4	10	**760**	80	4	5				
247	26	1	5	**297**	31	7	0	**770**	81	5	6				
248	26	3	6	**298**	31	9	1	**780**	82	6	8				
249	26	5	8	**299**	31	11	2	**790**	83	7	9				
250	26	7	9	**300**	31	13	4	**800**	84	8	10				

PARTS OF A £.

s.	d.	s.	d.
	10		1
1	**7**		2
2	**5**		3
4	**9**		6
7	**2**		9
9	**6**	1	0
11	**11**	1	3
14	**3**	1	6
16	**7**	1	9
19	**0**	2	0

TAX AT 2s. 2d.

Income.	Tax.			Income.	Tax.			Income.	Tax.			Income.	Tax.		
£	£	s.	d.	£	£	s.	d.	£	£	s.	d.	£	£	s.	d.
1		2	2	51	5	10	6	101	10	18	10	151	16	7	2
2		4	4	52	5	12	8	102	11	1	0	152	16	9	4
3		6	6	53	5	14	10	103	11	3	2	153	16	11	6
4		8	8	54	5	17	0	104	11	5	4	154	16	13	8
5		10	10	55	5	19	2	105	11	7	6	155	16	15	10
6		13	0	56	6	1	4	106	11	9	8	156	16	18	0
7		15	2	57	6	3	6	107	11	11	10	157	17	0	2
8		17	4	58	6	5	8	108	11	14	0	158	17	2	4
9		19	6	59	6	7	10	109	11	16	2	159	17	4	6
10	1	1	8	60	6	10	0	110	11	18	4	160	17	6	8
11	1	3	10	61	6	12	2	111	12	0	6	161	17	8	10
12	1	6	0	62	6	14	4	112	12	2	8	162	17	11	0
13	1	8	2	63	6	16	6	113	12	4	10	163	17	13	2
14	1	10	4	64	6	18	8	114	12	7	0	164	17	15	4
15	1	12	6	65	7	0	10	115	12	9	2	165	17	17	6
16	1	14	8	66	7	3	0	116	12	11	4	166	17	19	8
17	1	16	10	67	7	5	2	117	12	13	6	167	18	1	10
18	1	19	0	68	7	7	4	118	12	15	8	168	18	4	0
19	2	1	2	69	7	9	6	119	12	17	10	169	18	6	2
20	2	3	4	70	7	11	8	120	13	0	0	170	18	8	4
21	2	5	6	71	7	13	10	121	13	2	2	171	18	10	6
22	2	7	8	72	7	16	0	122	13	4	4	172	18	12	8
23	2	9	10	73	7	18	2	123	13	6	6	173	18	14	10
24	2	12	0	74	8	0	4	124	13	8	8	174	18	17	0
25	2	14	2	75	8	2	6	125	13	10	10	175	18	19	2
26	2	16	4	76	8	4	8	126	13	13	0	176	19	1	4
27	2	18	6	77	8	6	10	127	13	15	2	177	19	3	6
28	3	0	8	78	8	9	0	128	13	17	4	178	19	5	8
29	3	2	10	79	8	11	2	129	13	19	6	179	19	7	10
30	3	5	0	80	8	13	4	130	14	1	8	180	19	10	0
31	3	7	2	81	8	15	6	131	14	3	10	181	19	12	2
32	3	9	4	82	8	17	8	132	14	6	0	182	19	14	4
33	3	11	6	83	8	19	10	133	14	8	2	183	19	16	6
34	3	13	8	84	9	2	0	134	14	10	4	184	19	18	8
35	3	15	10	85	9	4	2	135	14	12	6	185	20	0	10
36	3	18	0	86	9	6	4	136	14	14	8	186	20	3	0
37	4	0	2	87	9	8	6	137	14	16	10	187	20	5	2
38	4	2	4	88	9	10	8	138	14	19	0	188	20	7	4
39	4	4	6	89	9	12	10	139	15	1	2	189	20	9	6
40	4	6	8	90	9	15	0	140	15	3	4	190	20	11	8
41	4	8	10	91	9	17	2	141	15	5	6	191	20	13	10
42	4	11	0	92	9	19	4	142	15	7	8	192	20	16	0
43	4	13	2	93	10	1	6	143	15	9	10	193	20	18	2
44	4	15	4	94	10	3	8	144	15	12	0	194	21	0	4
45	4	17	6	95	10	5	10	145	15	14	2	195	21	2	6
46	4	19	8	96	10	8	0	146	15	16	4	196	21	4	8
47	5	1	10	97	10	10	2	147	15	18	6	197	21	6	10
48	5	4	0	98	10	12	4	148	16	0	8	198	21	9	0
49	5	6	2	99	10	14	6	149	16	2	10	199	21	11	2
50	5	8	4	100	10	16	8	150	16	5	0	200	21	13	4

TAX AT 2s. 2d.

Income.	Tax.			Income.	Tax.			Income.	Tax.			Income.	Tax.		
£	£	s.	d.	£	£	s.	d.	£	£	s.	d.	£	£	s.	d.
201	21	15	6	251	27	3	10	310	33	11	8	810	87	15	0
202	21	17	8	252	27	6	0	320	34	13	4	820	88	16	8
203	21	19	10	253	27	8	2	330	35	15	0	830	89	18	4
204	22	2	0	254	27	10	4	340	36	16	8	840	91	0	0
205	22	4	2	255	27	12	6	350	37	18	4	850	92	1	8
206	22	6	4	256	27	14	8	360	39	0	0	860	93	3	4
207	22	8	6	257	27	16	10	370	40	1	8	870	94	5	0
208	22	10	8	258	27	19	0	380	41	3	4	880	95	6	8
209	22	12	10	259	28	1	2	390	42	5	0	890	96	8	4
210	22	15	0	260	28	3	4	400	43	6	8	900	97	10	0
211	22	17	2	261	28	5	6	410	44	8	4	910	98	11	8
212	22	19	4	262	28	7	8	420	45	10	0	920	99	13	4
213	23	1	6	263	28	9	10	430	46	11	8	930	100	15	0
214	23	3	8	264	28	12	0	440	47	13	4	940	101	16	8
215	23	5	10	265	28	14	2	450	48	15	0	950	102	18	4
216	23	8	0	266	28	16	4	460	49	16	8	960	104	0	0
217	23	10	2	267	28	18	6	470	50	18	4	970	105	1	8
218	23	12	4	268	29	0	8	480	52	0	0	980	106	3	4
219	23	14	6	269	29	2	10	490	53	1	8	990	107	5	0
220	23	16	8	270	29	5	0	500	54	3	4	1,000	108	6	8
221	23	18	10	271	29	7	2	510	55	5	0	1,100	119	3	4
222	24	1	0	272	29	9	4	520	56	6	8	1,200	130	0	0
223	24	3	2	273	29	11	6	530	57	8	4	1,300	140	16	8
224	24	5	4	274	29	13	8	540	58	10	0	1,400	151	13	4
225	24	7	6	275	29	15	10	550	59	11	8	1,500	162	10	0
226	24	9	8	276	29	18	0	560	60	13	4	1,600	173	6	8
227	24	11	10	277	30	0	2	570	61	15	0	1,700	184	3	4
228	24	14	0	278	30	2	4	580	62	16	8	1,800	195	0	0
229	24	16	2	279	30	4	6	590	63	18	4	1,900	205	16	8
230	24	18	4	280	30	6	8	600	65	0	0	2,000	216	13	4
231	25	0	6	281	30	8	10	610	66	1	8	3,000	325	0	0
232	25	2	8	282	30	11	0	620	67	3	4	4,000	433	6	8
233	25	4	10	283	30	13	2	630	68	5	0	5,000	541	13	4
234	25	7	0	284	30	15	4	640	69	6	8	6,000	650	0	0
235	25	9	2	285	30	17	6	650	70	8	4	7,000	758	6	8
236	25	11	4	286	30	19	8	660	71	10	0	8,000	866	13	4
237	25	13	6	287	31	1	10	670	72	11	8	9,000	975	0	0
238	25	15	8	288	31	4	0	680	73	13	4	10,000	1,083	6	8
239	25	17	10	289	31	6	2	690	74	15	0				
240	26	0	0	290	31	8	4	700	75	16	8				
241	26	2	2	291	31	10	6	710	76	18	4				
242	26	4	4	292	31	12	8	720	78	0	0				
243	26	6	6	293	31	14	10	730	79	1	8				
244	26	8	8	294	31	17	0	740	80	3	4				
245	26	10	10	295	31	19	2	750	81	5	0				
246	26	13	0	296	32	1	4	760	82	6	8				
247	26	15	2	297	32	3	6	770	83	8	4				
248	26	17	4	298	32	5	8	780	84	10	0				
249	26	19	6	299	32	7	10	790	85	11	8				
250	27	1	8	300	32	10	0	800	86	13	4				

PARTS OF A £.

s.	d.		s.	d.
	10	....		1
1	7	....		2
2	4	....		3
4	8	....		6
7	0	....		9
9	3	....	1	0
10	0	....	1	1
11	7	....	1	3
13	11	....	1	6
16	2	....	1	9
18	6	....	2	0

TAX AT 2s. 2⅔d.

Income.	Tax.			Income.	Tax.			Income.	Tax.			Income.	Tax.		
£	£	s.	d.	£	£	s.	d.	£	£	s.	d.	£	£	s.	d.
1		2	2	51	5	13	4	101	11	4	5	151	16	15	6
2		4	5	52	5	15	6	102	11	6	8	152	16	17	9
3		6	8	53	5	17	9	103	11	8	10	153	17	0	0
4		8	10	54	6	0	0	104	11	11	1	154	17	2	2
5		11	1	55	6	2	2	105	11	13	4	155	17	4	5
6		13	4	56	6	4	5	106	11	15	6	156	17	6	8
7		15	6	57	6	6	8	107	11	17	9	157	17	8	10
8		17	9	58	6	8	10	108	12	0	0	158	17	11	1
9	1	0	0	59	6	11	1	109	12	2	2	159	17	13	4
10	1	2	2	60	6	13	4	110	12	4	5	160	17	15	6
11	1	4	5	61	6	15	6	111	12	6	8	161	17	17	9
12	1	6	8	62	6	17	9	112	12	8	10	162	18	0	0
13	1	8	10	63	7	0	0	113	12	11	1	163	18	2	2
14	1	11	1	64	7	2	2	114	12	13	4	164	18	4	5
15	1	13	4	65	7	4	5	115	12	15	6	165	18	6	8
16	1	15	6	66	7	6	8	116	12	17	9	166	18	8	10
17	1	17	9	67	7	8	10	117	13	0	0	167	18	11	1
18	2	0	0	68	7	11	1	118	13	2	2	168	18	13	4
19	2	2	2	69	7	13	4	119	13	4	5	169	18	15	6
20	2	4	5	70	7	15	6	120	13	6	8	170	18	17	9
21	2	6	8	71	7	17	9	121	13	8	10	171	19	0	0
22	2	8	10	72	8	0	0	122	13	11	1	172	19	2	2
23	2	11	1	73	8	2	2	123	13	13	4	173	19	4	5
24	2	13	4	74	8	4	5	124	13	15	6	174	19	6	8
25	2	15	6	75	8	6	8	125	13	17	9	175	19	8	10
26	2	17	9	76	8	8	10	126	14	0	0	176	19	11	1
27	3	0	0	77	8	11	1	127	14	2	2	177	19	13	4
28	3	2	2	78	8	13	4	128	14	4	5	178	19	15	6
29	3	4	5	79	8	15	6	129	14	6	8	179	19	17	9
30	3	6	8	80	8	17	9	130	14	8	10	180	20	0	0
31	3	8	10	81	9	0	0	131	14	11	1	181	20	2	2
32	3	11	1	82	9	2	2	132	14	13	4	182	20	4	5
33	3	13	4	83	9	4	5	133	14	15	6	183	20	6	8
34	3	15	6	84	9	6	8	134	14	17	9	184	20	8	10
35	3	17	9	85	9	8	10	135	15	0	0	185	20	11	1
36	4	0	0	86	9	11	1	136	15	2	2	186	20	13	4
37	4	2	2	87	9	13	4	137	15	4	5	187	20	15	6
38	4	4	5	88	9	15	6	138	15	6	8	188	20	17	9
39	4	6	8	89	9	17	9	139	15	8	10	189	21	0	0
40	4	8	10	90	10	0	0	140	15	11	1	190	21	2	2
41	4	11	1	91	10	2	2	141	15	13	4	191	21	4	5
42	4	13	4	92	10	4	5	142	15	15	6	192	21	6	8
43	4	15	6	93	10	6	8	143	15	17	9	193	21	8	10
44	4	17	9	94	10	8	10	144	16	0	0	194	21	11	1
45	5	0	0	95	10	11	1	145	16	2	2	195	21	13	4
46	5	2	2	96	10	13	4	146	16	4	5	196	21	15	6
47	5	4	5	97	10	15	6	147	16	6	8	197	21	17	9
48	5	6	8	98	10	17	9	148	16	8	10	198	22	0	0
49	5	8	10	99	11	0	0	149	16	11	1	199	22	2	2
50	5	11	1	100	11	2	2	150	16	13	4	200	22	4	5

TAX AT 2s. $2\frac{2}{3}$d.

ncome.	Tax.			Income.	Tax.			Income.	Tax.			Income.	Tax.		
£	£	s.	d.	£	£	s.	d.	£	£	s.	d.	£	£	s.	d.
201	22	6	8	251	27	17	9	310	34	8	10	810	90	0	0
202	22	8	10	252	28	0	0	320	35	11	1	820	91	2	2
203	22	11	1	253	28	2	2	330	36	13	4	830	92	4	5
204	22	13	4	254	28	4	5	340	37	15	6	840	93	6	8
205	22	15	6	255	28	6	8	350	38	17	9	850	94	8	10
206	22	17	9	256	28	8	10	360	40	0	0	860	95	11	1
207	23	0	0	257	28	11	1	370	41	2	2	870	96	13	4
208	23	2	2	258	28	13	4	380	42	4	5	880	97	15	6
209	23	4	5	259	28	15	6	390	43	6	8	890	98	17	9
210	23	6	8	260	28	17	9	400	44	8	10	900	100	0	0
211	23	8	10	261	29	0	0	410	45	11	1	910	101	2	2
212	23	11	1	262	29	2	2	420	46	13	4	920	102	4	5
213	23	13	4	263	29	4	5	430	47	15	6	930	103	6	8
214	23	15	6	264	29	6	8	440	48	17	9	940	104	8	10
215	23	17	9	265	29	8	10	450	50	0	0	950	105	11	1
216	24	0	0	266	29	11	1	460	51	2	2	960	106	13	4
217	24	2	2	267	29	13	4	470	52	4	5	970	107	15	6
218	24	4	5	268	29	15	6	480	53	6	8	980	108	17	9
219	24	6	8	269	29	17	9	490	54	8	10	990	110	0	0
220	24	8	10	270	30	0	0	500	55	11	1	1,000	111	2	2
221	24	11	1	271	30	2	2	510	56	13	4	1,100	122	4	5
222	24	13	4	272	30	4	5	520	57	15	6	1,200	133	6	8
223	24	15	6	273	30	6	8	530	58	17	9	1,300	144	8	10
224	24	17	9	274	30	8	10	540	60	0	0	1,400	155	11	1
225	25	0	0	275	30	11	1	550	61	2	2	1,500	166	13	4
226	25	2	2	276	30	13	4	560	62	4	5	1,600	177	15	6
227	25	4	5	277	30	15	6	570	63	6	8	1,700	188	17	9
228	25	6	8	278	30	17	9	580	64	8	10	1,800	200	0	0
229	25	8	10	279	31	0	0	590	65	11	1	1,900	211	2	2
230	25	11	1	280	31	2	2	600	66	13	4	2,000	222	4	5
231	25	13	4	281	31	4	5	610	67	15	6	3,000	333	6	8
232	25	15	6	282	31	6	8	620	68	17	9	4,000	444	8	10
233	25	17	9	283	31	8	10	630	70	0	0	5,000	555	11	1
234	26	0	0	284	31	11	1	640	71	2	2	6,000	666	13	4
235	26	2	2	285	31	13	4	650	72	4	5	7,000	777	15	6
236	26	4	5	286	31	15	6	660	73	6	8	8,000	888	17	9
237	26	6	8	287	31	17	9	670	74	8	10	9,000	1,000	0	0
238	26	8	10	288	32	0	0	680	75	11	1	10,000	1,111	2	2
239	26	11	1	289	32	2	2	690	76	13	4				
240	26	13	4	290	32	4	5	700	77	15	6				
241	26	15	6	291	32	6	8	710	78	17	9				
242	26	17	9	292	32	8	10	720	80	0	0				
243	27	0	0	293	32	11	1	730	81	2	2				
244	27	2	2	294	32	13	4	740	82	4	5				
245	27	4	5	295	32	15	6	750	83	6	8				
246	27	6	8	296	32	17	9	760	84	8	10				
247	27	8	10	297	33	0	0	770	85	11	1				
248	27	11	1	298	33	2	2	780	86	13	4				
249	27	13	4	299	33	4	5	790	87	15	6				
250	27	15	6	300	33	6	8	800	88	17	9				

PARTS OF A £.

s.	d.		s.	d.
	9	....		1
1	6	....		2
2	3	....		3
4	6	....		6
6	9	....		9
9	0	....	1	0
11	3	....	1	3
13	6	....	1	6
15	9	....	1	9
18	0	....	2	0

TAX AT 2s. 3$\frac{1}{3}$d.

Income.	Tax.			Income.	Tax.			Income.	Tax.			Income.	Tax.		
£	£	s.	d.	£	£	s.	d.	£	£	s.	d.	£	£	s.	d.
1		2	3	51	5	16	2	101	11	10	0	151	17	3	11
2		4	6	52	5	18	5	102	11	12	4	152	17	6	2
3		6	10	53	6	0	8	103	11	14	7	153	17	8	6
4		9	1	54	6	3	0	104	11	16	10	154	17	10	9
5		11	4	55	6	5	3	105	11	19	2	155	17	13	0
6		13	8	56	6	7	6	106	12	1	5	156	17	15	4
7		15	11	57	6	9	10	107	12	3	8	157	17	17	7
8		18	2	58	6	12	1	108	12	6	0	158	17	19	10
9	1	0	6	59	6	14	4	109	12	8	3	159	18	2	2
10	1	2	9	60	6	16	8	110	12	10	6	160	18	4	5
11	1	5	0	61	6	18	11	111	12	12	10	161	18	6	8
12	1	7	4	62	7	1	2	112	12	15	1	162	18	9	0
13	1	9	7	63	7	3	6	113	12	17	4	163	18	11	3
14	1	11	10	64	7	5	9	114	12	19	8	164	18	13	6
15	1	14	2	65	7	8	0	115	13	1	11	165	18	15	10
16	1	16	5	66	7	10	4	116	13	4	2	166	18	18	1
17	1	18	8	67	7	12	7	117	13	6	6	167	19	0	4
18	2	1	0	68	7	14	10	118	13	8	9	168	19	2	8
19	2	3	3	69	7	17	2	119	13	11	0	169	19	4	11
20	2	5	6	70	7	19	5	120	13	13	4	170	19	7	2
21	2	7	10	71	8	1	8	121	13	15	7	171	19	9	6
22	2	10	1	72	8	4	0	122	13	17	10	172	19	11	9
23	2	12	4	73	8	6	3	123	14	0	2	173	19	14	0
24	2	14	8	74	8	8	6	124	14	2	5	174	19	16	4
25	2	16	11	75	8	10	10	125	14	4	8	175	19	18	7
26	2	19	2	76	8	13	1	126	14	7	0	176	20	0	10
27	3	1	6	77	8	15	4	127	14	9	3	177	20	3	2
28	3	3	9	78	8	17	8	128	14	11	6	178	20	5	5
29	3	6	0	79	8	19	11	129	14	13	10	179	20	7	8
30	3	8	4	80	9	2	2	130	14	16	1	180	20	10	0
31	3	10	7	81	9	4	6	131	14	18	4	181	20	12	3
32	3	12	10	82	9	6	9	132	15	0	8	182	20	14	6
33	3	15	2	83	9	9	0	133	15	2	11	183	20	16	10
34	3	17	5	84	9	11	4	134	15	5	2	184	20	19	1
35	3	19	8	85	9	13	7	135	15	7	6	185	21	1	4
36	4	2	0	86	9	15	10	136	15	9	9	186	21	3	8
37	4	4	3	87	9	18	2	137	15	12	0	187	21	5	11
38	4	6	6	88	10	0	5	138	15	14	4	188	21	8	2
39	4	8	10	89	10	2	8	139	15	16	7	189	21	10	6
40	4	11	1	90	10	5	0	140	15	18	10	190	21	12	9
41	4	13	4	91	10	7	3	141	16	1	2	191	21	15	0
42	4	15	8	92	10	9	6	142	16	3	5	192	21	17	4
43	4	17	11	93	10	11	10	143	16	5	8	193	21	19	7
44	5	0	2	94	10	14	1	144	16	8	0	194	22	1	10
45	5	2	6	95	10	16	4	145	16	10	3	195	22	4	2
46	5	4	9	96	10	18	8	146	16	12	6	196	22	6	5
47	5	7	0	97	11	0	11	147	16	14	10	197	22	8	8
48	5	9	4	98	11	3	2	148	16	17	1	198	22	11	0
49	5	11	7	99	11	5	6	149	16	19	4	199	22	13	3
50	5	13	10	100	11	7	9	150	17	1	8	200	22	15	6

TAX AT 2s. $3\frac{1}{3}$d.

Income.	Tax.			Income.	Tax.			Income.	Tax.			Income.	Tax.		
£	£	s.	d.	£	£	s.	d.	£	£	s.	d.	£	£	s.	d.
201	22	17	10	251	28	11	8	310	35	6	1	810	92	5	0
202	23	0	1	252	28	14	0	320	36	8	10	820	93	7	9
203	23	2	4	253	28	16	3	330	37	11	8	830	94	10	6
204	23	4	8	254	28	18	6	340	38	14	5	840	95	13	4
205	23	6	11	255	29	0	10	350	39	17	2	850	96	16	1
206	23	9	2	256	29	3	1	360	41	0	0	860	97	18	10
207	23	11	6	257	29	5	4	370	42	2	9	870	99	1	8
208	23	13	9	258	29	7	8	380	43	5	6	880	100	4	5
209	23	16	0	259	29	9	11	390	44	8	4	890	101	7	2
210	23	18	4	260	29	12	2	400	45	11	1	900	102	10	0
211	24	0	7	261	29	14	6	410	46	13	10	910	103	12	9
212	24	2	10	262	29	16	9	420	47	16	8	920	104	15	6
213	24	5	2	263	29	19	0	430	48	19	5	930	105	18	4
214	24	7	5	264	30	1	4	440	50	2	2	940	107	1	1
215	24	9	8	265	30	3	7	450	51	5	0	950	108	3	10
216	24	12	0	266	30	5	10	460	52	7	9	960	109	6	8
217	24	14	3	267	30	8	2	470	53	10	6	970	110	9	5
218	24	16	6	268	30	10	5	480	54	13	4	980	111	12	2
219	24	18	10	269	30	12	8	490	55	16	1	990	112	15	0
220	25	1	1	270	30	15	0	500	56	18	10	1,000	113	17	9
221	25	3	4	271	30	17	3	510	58	1	8	1,100	125	5	6
222	25	5	8	272	30	19	6	520	59	4	5	1,200	136	13	4
223	25	7	11	273	31	1	10	530	60	7	2	1,300	148	1	1
224	25	10	2	274	31	4	1	540	61	10	0	1,400	159	8	10
225	25	12	6	275	31	6	4	550	62	12	9	1,500	170	16	8
226	25	14	9	276	31	8	8	560	63	15	6	1,600	182	4	5
227	25	17	0	277	31	10	11	570	64	18	4	1,700	193	12	2
228	25	19	4	278	31	13	2	580	66	1	1	1,800	205	0	0
229	26	1	7	279	31	15	6	590	67	3	10	1,900	216	7	9
230	26	3	10	280	31	17	9	600	68	6	8	2,000	227	15	6
231	26	6	2	281	32	0	0	610	69	9	5	3,000	341	13	4
232	26	8	5	282	32	2	4	620	70	12	2	4,000	455	11	1
233	26	10	8	283	32	4	7	630	71	15	0	5,000	569	8	10
234	26	13	0	284	32	6	10	640	72	17	9	6,000	683	6	8
235	26	15	3	285	32	9	2	650	74	0	6	7,000	797	4	5
236	26	17	6	286	32	11	5	660	75	3	4	8,000	911	2	2
237	26	19	10	287	32	13	8	670	76	6	1	9,000	1,025	0	0
238	27	2	1	288	32	16	0	680	77	8	10	10,000	1,138	17	9
239	27	4	4	289	32	18	3	690	78	11	8				
240	27	6	8	290	33	0	6	700	79	14	5				
241	27	8	11	291	33	2	10	710	80	17	2				
242	27	11	2	292	33	5	1	720	82	0	0				
243	27	13	6	293	33	7	4	730	83	2	9				
244	27	15	9	294	33	9	8	740	84	5	6				
245	27	18	0	295	33	11	11	750	85	8	4				
246	28	0	4	296	33	14	2	760	86	11	1				
247	28	2	7	297	33	16	6	770	87	13	10				
248	28	4	10	298	33	18	9	780	88	16	8				
249	28	7	2	299	34	1	0	790	89	19	5				
250	28	9	5	300	34	3	4	800	91	2	2				

PARTS OF A £.

s.	d.		s.	d.
	9	......		1
1	6	......		2
2	3	......		3
4	5	......		6
6	8	......		9
8	10	......	1	0
11	0	......	1	3
13	3	......	1	6
15	5	......	1	9
17	8	......	2	0
19	10	......	2	3

TAX AT 2s. 4d.

Income.	Tax.			Income.	Tax.			Income.	Tax.			Income.	Tax.		
£	£	s.	d.	£	£	s.	d.	£	£	s.	d.	£	£	s.	d.
1		2	4	**51**	5	19	0	**101**	11	15	8	**151**	17	12	4
2		4	8	**52**	6	1	4	**102**	11	18	0	**152**	17	14	8
3		7	0	**53**	6	3	8	**103**	12	0	4	**153**	17	17	0
4		9	4	**54**	6	6	0	**104**	12	2	8	**154**	17	19	4
5		11	8	**55**	6	8	4	**105**	12	5	0	**155**	18	1	8
6		14	0	**56**	6	10	8	**106**	12	7	4	**156**	18	4	0
7		16	4	**57**	6	13	0	**107**	12	9	8	**157**	18	6	4
8		18	8	**58**	6	15	4	**108**	12	12	0	**158**	18	8	8
9	1	1	0	**59**	6	17	8	**109**	12	14	4	**159**	18	11	0
10	1	3	4	**60**	7	0	0	**110**	12	16	8	**160**	18	13	4
11	1	5	8	**61**	7	2	4	**111**	12	19	0	**161**	18	15	8
12	1	8	0	**62**	7	4	8	**112**	13	1	4	**162**	18	18	0
13	1	10	4	**63**	7	7	0	**113**	13	3	8	**163**	19	0	4
14	1	12	8	**64**	7	9	4	**114**	13	6	0	**164**	19	2	8
15	1	15	0	**65**	7	11	8	**115**	13	8	4	**165**	19	5	0
16	1	17	4	**66**	7	14	0	**116**	13	10	8	**166**	19	7	4
17	1	19	8	**67**	7	16	4	**117**	13	13	0	**167**	19	9	8
18	2	2	0	**68**	7	18	8	**118**	13	15	4	**168**	19	12	0
19	2	4	4	**69**	8	1	0	**119**	13	17	8	**169**	19	14	4
20	2	6	8	**70**	8	3	4	**120**	14	0	0	**170**	19	16	8
21	2	9	0	**71**	8	5	8	**121**	14	2	4	**171**	19	19	0
22	2	11	4	**72**	8	8	0	**122**	14	4	8	**172**	20	1	4
23	2	13	8	**73**	8	10	4	**123**	14	7	0	**173**	20	3	8
24	2	16	0	**74**	8	12	8	**124**	14	9	4	**174**	20	6	0
25	2	18	4	**75**	8	15	0	**125**	14	11	8	**175**	20	8	4
26	3	0	8	**76**	8	17	4	**126**	14	14	0	**176**	20	10	8
27	3	3	0	**77**	8	19	8	**127**	14	16	4	**177**	20	13	0
28	3	5	4	**78**	9	2	0	**128**	14	18	8	**178**	20	15	4
29	3	7	8	**79**	9	4	4	**129**	15	1	0	**179**	20	17	8
30	3	10	0	**80**	9	6	8	**130**	15	3	4	**180**	21	0	0
31	3	12	4	**81**	9	9	0	**131**	15	5	8	**181**	21	2	4
32	3	14	8	**82**	9	11	4	**132**	15	8	0	**182**	21	4	8
33	3	17	0	**83**	9	13	8	**133**	15	10	4	**183**	21	7	0
34	3	19	4	**84**	9	16	0	**134**	15	12	8	**184**	21	9	4
35	4	1	8	**85**	9	18	4	**135**	15	15	0	**185**	21	11	8
36	4	4	0	**86**	10	0	8	**136**	15	17	4	**186**	21	14	0
37	4	6	4	**87**	10	3	0	**137**	15	19	8	**187**	21	16	4
38	4	8	8	**88**	10	5	4	**138**	16	2	0	**188**	21	18	8
39	4	11	0	**89**	10	7	8	**139**	16	4	4	**189**	22	1	0
40	4	13	4	**90**	10	10	0	**140**	16	6	8	**190**	22	3	4
41	4	15	8	**91**	10	12	4	**141**	16	9	0	**191**	22	5	8
42	4	18	0	**92**	10	14	8	**142**	16	11	4	**192**	22	8	0
43	5	0	4	**93**	10	17	0	**143**	16	13	8	**193**	22	10	4
44	5	2	8	**94**	10	19	4	**144**	16	16	0	**194**	22	12	8
45	5	5	0	**95**	11	1	8	**145**	16	18	4	**195**	22	15	0
46	5	7	4	**96**	11	4	0	**146**	17	0	8	**196**	22	17	4
47	5	9	8	**97**	11	6	4	**147**	17	3	0	**197**	22	19	8
48	5	12	0	**98**	11	8	8	**148**	17	5	4	**198**	23	2	0
49	5	14	4	**99**	11	11	0	**149**	17	7	8	**199**	23	4	4
50	5	16	8	**100**	11	13	4	**150**	17	10	0	**200**	23	6	8

TAX AT 2s. 4d.

Income.	Tax.			Income.	Tax.			Income.	Tax.			Income.	Tax.		
£	£	s.	d.	£	£	s.	d.	£	£	s.	d.	£	£	s.	d.
201	23	9	0	251	29	5	8	310	36	3	4	810	94	10	0
202	23	11	4	252	29	8	0	320	37	6	8	820	95	13	4
203	23	13	8	253	29	10	4	330	38	10	0	830	96	16	8
204	23	16	0	254	29	12	8	340	39	13	4	840	98	0	0
205	23	18	4	255	29	15	0	350	40	16	8	850	99	3	4
206	24	0	8	256	29	17	4	360	42	0	0	860	100	6	8
207	24	3	0	257	29	19	8	370	43	3	4	870	101	10	0
208	24	5	4	258	30	2	0	380	44	6	8	880	102	13	4
209	24	7	8	259	30	4	4	390	45	10	0	890	103	16	8
210	24	10	0	260	30	6	8	400	46	13	4	900	105	0	0
211	24	12	4	261	30	9	0	410	47	16	8	910	106	3	4
212	24	14	8	262	30	11	4	420	49	0	0	920	107	6	8
213	24	17	0	263	30	13	8	430	50	3	4	930	108	10	0
214	24	19	4	264	30	16	0	440	51	6	8	940	109	13	4
215	25	1	8	265	30	18	4	450	52	10	0	950	110	16	8
216	25	4	0	266	31	0	8	460	53	13	4	960	112	0	0
217	25	6	4	267	31	3	0	470	54	16	8	970	113	3	4
218	25	8	8	268	31	5	4	480	56	0	0	980	114	6	8
219	25	11	0	269	31	7	8	490	57	3	4	990	115	10	0
220	25	13	4	270	31	10	0	500	58	6	8	1,000	116	13	4
221	25	15	8	271	31	12	4	510	59	10	0	1,100	128	6	8
222	25	18	0	272	31	14	8	520	60	13	4	1,200	140	0	0
223	26	0	4	273	31	17	0	530	61	16	8	1,300	151	13	4
224	26	2	8	274	31	19	4	540	63	0	0	1,400	163	6	8
225	26	5	0	275	32	1	8	550	64	3	4	1,500	175	0	0
226	26	7	4	276	32	4	0	560	65	6	8	1,600	186	13	4
227	26	9	8	277	32	6	4	570	66	10	0	1,700	198	6	8
228	26	12	0	278	32	8	8	580	67	13	4	1,800	210	0	0
229	26	14	4	279	32	11	0	590	68	16	8	1,900	221	13	4
230	26	16	8	280	32	13	4	600	70	0	0	2,000	233	6	8
231	26	19	0	281	32	15	8	610	71	3	4	3,000	350	0	0
232	27	1	4	282	32	18	0	620	72	6	8	4,000	466	13	4
233	27	3	8	283	33	0	4	630	73	10	0	5,000	583	6	8
234	27	6	0	284	33	2	8	640	74	13	4	6,000	700	0	0
235	27	8	4	285	33	5	0	650	75	16	8	7,000	816	13	4
236	27	10	8	286	33	7	4	660	77	0	0	8,000	933	6	8
237	27	13	0	287	33	9	8	670	78	3	4	9,000	1,050	0	0
238	27	15	4	288	33	12	0	680	79	6	8	10,000	1,166	13	4
239	27	17	8	289	33	14	4	690	80	10	0				
240	28	0	0	290	33	16	8	700	81	13	4				
241	28	2	4	291	33	19	0	710	82	16	8				
242	28	4	8	292	34	1	4	720	84	0	0				
243	28	7	0	293	34	3	8	730	85	3	4				
244	28	9	4	294	34	6	0	740	86	6	8				
245	28	11	8	295	34	8	4	750	87	10	0				
246	28	14	0	296	34	10	8	760	88	13	4				
247	28	16	4	297	34	13	0	770	89	16	8				
248	28	18	8	298	34	15	4	780	91	0	0				
249	29	1	0	299	34	17	8	790	92	3	4				
250	29	3	4	300	35	0	0	800	93	6	8				

PARTS OF A £.

s.	d.	s.	d.
	9		1
1	6		2
2	2		3
4	4		6
5	0		7
6	6		9
8	7	1	0
10	0	1	2
10	9	1	3
12	11	1	6
15	0	1	9
17	2	2	0

7—(1526)

TAX AT 2s. 4 d.

Income.	Tax.			Income.	Tax.			Income.	Tax.			Income.	Tax.		
£	£	s.	d.	£	£	s.	d.	£	£	s.	d.	£	£	s.	d.
1		2	4	51	6	1	10	101	12	1	3	151	18	0	8
2		4	9	52	6	4	2	102	12	3	8	152	18	3	1
3		7	2	53	6	6	7	103	12	6	0	153	18	5	6
4		9	6	54	6	9	0	104	12	8	5	154	18	7	10
5		11	11	55	6	11	4	105	12	10	10	155	18	10	3
6		14	4	56	6	13	9	106	12	13	2	156	18	12	8
7		16	8	57	6	16	2	107	12	15	7	157	18	15	0
8		19	1	58	6	18	6	108	12	18	0	158	18	17	5
9	1	1	6	59	7	0	11	109	13	0	4	159	18	19	10
10	1	3	10	60	7	3	4	110	13	2	9	160	19	2	2
11	1	6	3	61	7	5	8	111	13	5	2	161	19	4	7
12	1	8	8	62	7	8	1	112	13	7	6	162	19	7	0
13	1	11	0	63	7	10	6	113	13	9	11	163	19	9	4
14	1	13	5	64	7	12	10	114	13	12	4	164	19	11	9
15	1	15	10	65	7	15	3	115	13	14	8	165	19	14	2
16	1	18	2	66	7	17	8	116	13	17	1	166	19	16	6
17	2	0	7	67	8	0	0	117	13	19	6	167	19	18	11
18	2	3	0	68	8	2	5	118	14	1	10	168	20	1	4
19	2	5	4	69	8	4	10	119	14	4	3	169	20	3	8
20	2	7	9	70	8	7	2	120	14	6	8	170	20	6	1
21	2	10	2	71	8	9	7	121	14	9	0	171	20	8	6
22	2	12	6	72	8	12	0	122	14	11	5	172	20	10	10
23	2	14	11	73	8	14	4	123	14	13	10	173	20	13	3
24	2	17	4	74	8	16	9	124	14	16	2	174	20	15	8
25	2	19	8	75	8	19	2	125	14	18	7	175	20	18	0
26	3	2	1	76	9	1	6	126	15	1	0	176	21	0	5
27	3	4	6	77	9	3	11	127	15	3	4	177	21	2	10
28	3	6	10	78	9	6	4	128	15	5	9	178	21	5	2
29	3	9	3	79	9	8	8	129	15	8	2	179	21	7	7
30	3	11	8	80	9	11	1	130	15	10	6	180	21	10	0
31	3	14	0	81	9	13	6	131	15	12	11	181	21	12	4
32	3	16	5	82	9	15	10	132	15	15	4	182	21	14	9
33	3	18	10	83	9	18	3	133	15	17	8	183	21	17	2
34	4	1	2	84	10	0	8	134	16	0	1	184	21	19	6
35	4	3	7	85	10	3	0	135	16	2	6	185	22	1	11
36	4	6	0	86	10	5	5	136	16	4	10	186	22	4	4
37	4	8	4	87	10	7	10	137	16	7	3	187	22	6	8
38	4	10	9	88	10	10	2	138	16	9	8	188	22	9	1
39	4	13	2	89	10	12	7	139	16	12	0	189	22	11	6
40	4	15	6	90	10	15	0	140	16	14	5	190	22	13	10
41	4	17	11	91	10	17	4	141	16	16	10	191	22	16	3
42	5	0	4	92	10	19	9	142	16	19	2	192	22	18	8
43	5	2	8	93	11	2	2	143	17	1	7	193	23	1	0
44	5	5	1	94	11	4	6	144	17	4	0	194	23	3	5
45	5	7	6	95	11	6	11	145	17	6	4	195	23	5	10
46	5	9	10	96	11	9	4	146	17	8	9	196	23	8	2
47	5	12	3	97	11	11	8	147	17	11	2	197	23	10	7
48	5	14	8	98	11	14	1	148	17	13	6	198	23	13	0
49	5	17	0	99	11	16	6	149	17	15	11	199	23	15	4
50	5	19	5	100	11	18	10	150	17	18	4	200	23	17	9

TAX AT 2s. 4⅔d.

Income.	Tax.			Income.	Tax.			Income.	Tax.			Income.	Tax.		
£	£	s.	d.	£	£	s.	d.	£	£	s.	d.	£	£	s.	d.
201	24	0	2	251	29	19	7	310	37	0	6	810	96	15	0
202	24	2	6	252	30	2	0	320	38	4	5	820	97	18	10
203	24	4	11	253	30	4	4	330	39	8	4	830	99	2	9
204	24	7	4	254	30	6	9	340	40	12	2	840	100	6	8
205	24	9	8	255	30	9	2	350	41	16	1	850	101	10	6
206	24	12	1	256	30	11	6	360	43	0	0	860	102	14	5
207	24	14	6	257	30	13	11	370	44	3	10	870	103	18	4
208	24	16	10	258	30	16	4	380	45	7	9	880	105	2	2
209	24	19	3	259	30	18	8	390	46	11	8	890	106	6	1
210	25	1	8	260	31	1	1	400	47	15	6	900	107	10	0
211	25	4	0	261	31	3	6	410	48	19	5	910	108	13	10
212	25	6	5	262	31	5	10	420	50	3	4	920	109	17	9
213	25	8	10	263	31	8	3	430	51	7	2	930	111	1	8
214	25	11	2	264	31	10	8	440	52	11	1	940	112	5	6
215	25	13	7	265	31	13	0	450	53	15	0	950	113	9	5
216	25	16	0	266	31	15	5	460	54	18	10	960	114	13	4
217	25	18	4	267	31	17	10	470	56	2	9	970	115	17	2
218	26	0	9	268	32	0	2	480	57	6	8	980	117	1	1
219	26	3	2	269	32	2	7	490	58	10	6	990	118	5	0
220	26	5	6	270	32	5	0	500	59	14	5	1,000	119	8	10
221	26	7	11	271	32	7	4	510	60	18	4	1,100	131	7	9
222	26	10	4	272	32	9	9	520	62	2	2	1,200	143	6	8
223	26	12	8	273	32	12	2	530	63	6	1	1,300	155	5	6
224	26	15	1	274	32	14	6	540	64	10	0	1,400	167	4	5
225	26	17	6	275	32	16	11	550	65	13	10	1,500	179	3	4
226	26	19	10	276	32	19	4	560	66	17	9	1,600	191	2	2
227	27	2	3	277	33	1	8	570	68	1	8	1,700	203	1	1
228	27	4	8	278	33	4	1	580	69	5	6	1,800	215	0	0
229	27	7	0	279	33	6	6	590	70	9	5	1,900	226	18	10
230	27	9	5	280	33	8	10	600	71	13	4	2,000	238	17	9
231	27	11	10	281	33	11	3	610	72	17	2	3,000	358	6	8
232	27	14	2	282	33	13	8	620	74	1	1	4,000	477	15	6
233	27	16	7	283	33	16	0	630	75	5	0	5,000	597	4	5
234	27	19	0	284	33	18	5	640	76	8	10	6,000	716	13	4
235	28	1	4	285	34	0	10	650	77	12	9	7,000	836	2	2
236	28	3	9	286	34	3	2	660	78	16	8	8,000	955	11	1
237	28	6	2	287	34	5	7	670	80	0	6	9,000	1,075	0	0
238	28	8	6	288	34	8	0	680	81	4	5	10,000	1,194	8	10
239	28	10	11	289	34	10	4	690	82	8	4				
240	28	13	4	290	34	12	9	700	83	12	2				
241	28	15	8	291	34	15	2	710	84	16	1				
242	28	18	1	292	34	17	6	720	86	0	0				
243	29	0	6	293	34	19	11	730	87	3	10				
244	29	2	10	294	35	2	4	740	88	7	9				
245	29	5	3	295	35	4	8	750	89	11	8				
246	29	7	8	296	35	7	1	760	90	15	6				
247	29	10	0	297	35	9	6	770	91	19	5				
248	29	12	5	298	35	11	10	780	93	3	4				
249	29	14	10	299	35	14	3	790	94	7	2				
250	29	17	2	300	35	16	8	800	95	11	1				

PARTS OF A £.

s.	d.		s.	d.
	9	......		1
1	5	......		2
2	2	......		3
4	3	......		6
6	4	......		9
8	5	......	1	0
10	6	......	1	3
12	7	......	1	6
14	8	......	1	9
16	9	......	2	0
18	11	......	2	3

TAX AT 2s. $4\frac{4}{5}$d.

Income.	Tax.			Income.	Tax.			Income.	Tax.			Income.	Tax.		
£	£	s.	d.	£	£	s.	d.	£	£	s.	d.	£	£	s.	d.
1		2	4	51	6	2	4	101	12	2	4	151	18	2	4
2		4	9	52	6	4	9	102	12	4	9	152	18	4	9
3		7	2	53	6	7	2	103	12	7	2	153	18	7	2
4		9	7	54	6	9	7	104	12	9	7	154	18	9	7
5		12	0	55	6	12	0	105	12	12	0	155	18	12	0
6		14	4	56	6	14	4	106	12	14	4	156	18	14	4
7		16	9	57	6	16	9	107	12	16	9	157	18	16	9
8		19	2	58	6	19	2	108	12	19	2	158	18	19	2
9	1	1	7	59	7	1	7	109	13	1	7	159	19	1	7
10	1	4	0	60	7	4	0	110	13	4	0	160	19	4	0
11	1	6	4	61	7	6	4	111	13	6	4	161	19	6	4
12	1	8	9	62	7	8	9	112	13	8	9	162	19	8	9
13	1	11	2	63	7	11	2	113	13	11	2	163	19	11	2
14	1	13	7	64	7	13	7	114	13	13	7	164	19	13	7
15	1	16	0	65	7	16	0	115	13	16	0	165	19	16	0
16	1	18	4	66	7	18	4	116	13	18	4	166	19	18	4
17	2	0	9	67	8	0	9	117	14	0	9	167	20	0	9
18	2	3	2	68	8	3	2	118	14	3	2	168	20	3	2
19	2	5	7	69	8	5	7	119	14	5	7	169	20	5	7
20	2	8	0	70	8	8	0	120	14	8	0	170	20	8	0
21	2	10	4	71	8	10	4	121	14	10	4	171	20	10	4
22	2	12	9	72	8	12	9	122	14	12	9	172	20	12	9
23	2	15	2	73	8	15	2	123	14	15	2	173	20	15	2
24	2	17	7	74	8	17	7	124	14	17	7	174	20	17	7
25	3	0	0	75	9	0	0	125	15	0	0	175	21	0	0
26	3	2	4	76	9	2	4	126	15	2	4	176	21	2	4
27	3	4	9	77	9	4	9	127	15	4	9	177	21	4	9
28	3	7	2	78	9	7	2	128	15	7	2	178	21	7	2
29	3	9	7	79	9	9	7	129	15	9	7	179	21	9	7
30	3	12	0	80	9	12	0	130	15	12	0	180	21	12	0
31	3	14	4	81	9	14	4	131	15	14	4	181	21	14	4
32	3	16	9	82	9	16	9	132	15	16	9	182	21	16	9
33	3	19	2	83	9	19	2	133	15	19	2	183	21	19	2
34	4	1	7	84	10	1	7	134	16	1	7	184	22	1	7
35	4	4	0	85	10	4	0	135	16	4	0	185	22	4	0
36	4	6	4	86	10	6	4	136	16	6	4	186	22	6	4
37	4	8	9	87	10	8	9	137	16	8	9	187	22	8	9
38	4	11	2	88	10	11	2	138	16	11	2	188	22	11	2
39	4	13	7	89	10	13	7	139	16	13	7	189	22	13	7
40	4	16	0	90	10	16	0	140	16	16	0	190	22	16	0
41	4	18	4	91	10	18	4	141	16	18	4	191	22	18	4
42	5	0	9	92	11	0	9	142	17	0	9	192	23	0	9
43	5	3	2	93	11	3	2	143	17	3	2	193	23	3	2
44	5	5	7	94	11	5	7	144	17	5	7	194	23	5	7
45	5	8	0	95	11	8	0	145	17	8	0	195	23	8	0
46	5	10	4	96	11	10	4	146	17	10	4	196	23	10	4
47	5	12	9	97	11	12	9	147	17	12	9	197	23	12	9
48	5	15	2	98	11	15	2	148	17	15	2	198	23	15	2
49	5	17	7	99	11	17	7	149	17	17	7	199	23	17	7
50	6	0	0	100	12	0	0	150	18	0	0	200	24	0	0

TAX AT 2s. $4\frac{4}{5}$d.

Income.	Tax.			Income.	Tax.			Income.	Tax.			Income.	Tax.		
£	£	s.	d.	£	£	s.	d.	£	£	s.	d.	£	£	s.	d.
201	24	2	4	**251**	30	2	4	**310**	37	4	0	**810**	97	4	0
202	24	4	9	**252**	30	4	9	**320**	38	8	0	**820**	98	8	0
203	24	7	2	**253**	30	7	2	**330**	39	12	0	**830**	99	12	0
204	24	9	7	**254**	30	9	7	**340**	40	16	0	**840**	100	16	0
205	24	12	0	**255**	30	12	0	**350**	42	0	0	**850**	102	0	0
206	24	14	4	**256**	30	14	4	**360**	43	4	0	**860**	103	4	0
207	24	16	9	**257**	30	16	9	**370**	44	8	0	**870**	104	8	0
208	24	19	2	**258**	30	19	2	**380**	45	12	0	**880**	105	12	0
209	25	1	7	**259**	31	1	7	**390**	46	16	0	**890**	106	16	0
210	25	4	0	**260**	31	4	0	**400**	48	0	0	**900**	108	0	0
211	25	6	4	**261**	31	6	4	**410**	49	4	0	**910**	109	4	0
212	25	8	9	**262**	31	8	9	**420**	50	8	0	**920**	110	8	0
213	25	11	2	**263**	31	11	2	**430**	51	12	0	**930**	111	12	0
214	25	13	7	**264**	31	13	7	**440**	52	16	0	**940**	112	16	0
215	25	16	0	**265**	31	16	0	**450**	54	0	0	**950**	114	0	0
216	25	18	4	**266**	31	18	4	**460**	55	4	0	**960**	115	4	0
217	26	0	9	**267**	32	0	9	**470**	56	8	0	**970**	116	8	0
218	26	3	2	**268**	32	3	2	**480**	57	12	0	**980**	117	12	0
219	26	5	7	**269**	32	5	7	**490**	58	16	0	**990**	118	16	0
220	26	8	0	**270**	32	8	0	**500**	60	0	0	**1,000**	120	0	0
221	26	10	4	**271**	32	10	4	**510**	61	4	0	**1,100**	132	0	0
222	26	12	9	**272**	32	12	9	**520**	62	8	0	**1,200**	144	0	0
223	26	15	2	**273**	32	15	2	**530**	63	12	0	**1,300**	156	0	0
224	26	17	7	**274**	32	17	7	**540**	64	16	0	**1,400**	168	0	0
225	27	0	0	**275**	33	0	0	**550**	66	0	0	**1,500**	180	0	0
226	27	2	4	**276**	33	2	4	**560**	67	4	0	**1,600**	192	0	0
227	27	4	9	**277**	33	4	9	**570**	68	8	0	**1,700**	204	0	0
228	27	7	2	**278**	33	7	2	**580**	69	12	0	**1,800**	216	0	0
229	27	9	7	**279**	33	9	7	**590**	70	16	0	**1,900**	228	0	0
230	27	12	0	**280**	33	12	0	**600**	72	0	0	**2,000**	240	0	0
231	27	14	4	**281**	33	14	4	**610**	73	4	0	**3,000**	360	0	0
232	27	16	9	**282**	33	16	9	**620**	74	8	0	**4,000**	480	0	0
233	27	19	2	**283**	33	19	2	**630**	75	12	0	**5,000**	600	0	0
234	28	1	7	**284**	34	1	7	**640**	76	16	0	**6,000**	720	0	0
235	28	4	0	**285**	34	4	0	**650**	78	0	0	**7,000**	840	0	0
236	28	6	4	**286**	34	6	4	**660**	79	4	0	**8,000**	960	0	0
237	28	8	9	**287**	34	8	9	**670**	80	8	0	**9,000**	1,080	0	0
238	28	11	2	**288**	34	11	2	**680**	81	12	0	**10,000**	1,200	0	0
239	28	13	7	**289**	34	13	7	**690**	82	16	0				
240	28	16	0	**290**	34	16	0	**700**	84	0	0				
241	28	18	4	**291**	34	18	4	**710**	85	4	0				
242	29	0	9	**292**	35	0	9	**720**	86	8	0				
243	29	3	2	**293**	35	3	2	**730**	87	12	0				
244	29	5	7	**294**	35	5	7	**740**	88	16	0				
245	29	8	0	**295**	35	8	0	**750**	90	0	0				
246	29	10	4	**296**	35	10	4	**760**	91	4	0				
247	29	12	9	**297**	35	12	9	**770**	92	8	0				
248	29	15	2	**298**	35	15	2	**780**	93	12	0				
249	29	17	7	**299**	35	17	7	**790**	94	16	0				
250	30	0	0	**300**	36	0	0	**800**	96	0	0				

PARTS OF A £.

s.	d.		s.	d.
	9	....		1
1	**5**	....		2
2	**1**	....		3
4	**2**	....		6
6	**3**	....		9
8	**4**	....	1	0
10	**5**	....	1	3
12	**6**	....	1	6
14	**7**	....	1	9
16	**8**	....	2	0
18	**9**	....	2	3

TAX AT 2s. $5\frac{1}{3}$d.

Income.	Tax.			Income.	Tax.			Income.	Tax.			Income.	Tax.		
£	£	s.	d.	£	£	s.	d.	£	£	s.	d.	£	£	s.	d.
1		2	5	51	6	4	8	101	12	6	10	151	18	9	1
2		4	10	52	6	7	1	102	12	9	4	152	18	11	6
3		7	4	53	6	9	6	103	12	11	9	153	18	14	0
4		9	9	54	6	12	0	104	12	14	2	154	18	16	5
5		12	2	55	6	14	5	105	12	16	8	155	18	18	10
6		14	8	56	6	16	10	106	12	19	1	156	19	1	4
7		17	1	57	6	19	4	107	13	1	6	157	19	3	9
8		19	6	58	7	1	9	108	13	4	0	158	19	6	2
9	1	2	0	59	7	4	2	109	13	6	5	159	19	8	8
10	1	4	5	60	7	6	8	110	13	8	10	160	19	11	1
11	1	6	10	61	7	9	1	111	13	11	4	161	19	13	6
12	1	9	4	62	7	11	6	112	13	13	9	162	19	16	0
13	1	11	9	63	7	14	0	113	13	16	2	163	19	18	5
14	1	14	2	64	7	16	5	114	13	18	8	164	20	0	10
15	1	16	8	65	7	18	10	115	14	1	1	165	20	3	4
16	1	19	1	66	8	1	4	116	14	3	6	166	20	5	9
17	2	1	6	67	8	3	9	117	14	6	0	167	20	8	2
18	2	4	0	68	8	6	2	118	14	8	5	168	20	10	8
19	2	6	5	69	8	8	8	119	14	10	10	169	20	13	1
20	2	8	10	70	8	11	1	120	14	13	4	170	20	15	6
21	2	11	4	71	8	13	6	121	14	15	9	171	20	18	0
22	2	13	9	72	8	16	0	122	14	18	2	172	21	0	5
23	2	16	2	73	8	18	5	123	15	0	8	173	21	2	10
24	2	18	8	74	9	0	10	124	15	3	1	174	21	5	4
25	3	1	1	75	9	3	4	125	15	5	6	175	21	7	9
26	3	3	6	76	9	5	9	126	15	8	0	176	21	10	2
27	3	6	0	77	9	8	2	127	15	10	5	177	21	12	8
28	3	8	5	78	9	10	8	128	15	12	10	178	21	15	1
29	3	10	10	79	9	13	1	129	15	15	4	179	21	17	6
30	3	13	4	80	9	15	6	130	15	17	9	180	22	0	0
31	3	15	9	81	9	18	0	131	16	0	2	181	22	2	5
32	3	18	2	82	10	0	5	132	16	2	8	182	22	4	10
33	4	0	8	83	10	2	10	133	16	5	1	183	22	7	4
34	4	3	1	84	10	5	4	134	16	7	6	184	22	9	9
35	4	5	6	85	10	7	9	135	16	10	0	185	22	12	2
36	4	8	0	86	10	10	2	136	16	12	5	186	22	14	8
37	4	10	5	87	10	12	8	137	16	14	10	187	22	17	1
38	4	12	10	88	10	15	1	138	16	17	4	188	22	19	6
39	4	15	4	89	10	17	6	139	16	19	9	189	23	2	0
40	4	17	9	90	11	0	0	140	17	2	2	190	23	4	5
41	5	0	2	91	11	2	5	141	17	4	8	191	23	6	10
42	5	2	8	92	11	4	10	142	17	7	1	192	23	9	4
43	5	5	1	93	11	7	4	143	17	9	6	193	23	11	9
44	5	7	6	94	11	9	9	144	17	12	0	194	23	14	2
45	5	10	0	95	11	12	2	145	17	14	5	195	23	16	8
46	5	12	5	96	11	14	8	146	17	16	10	196	23	19	1
47	5	14	10	97	11	17	1	147	17	19	4	197	24	1	6
48	5	17	4	98	11	19	6	148	18	1	9	198	24	4	0
49	5	19	9	99	12	2	0	149	18	4	2	199	24	6	5
50	6	2	2	100	12	4	5	150	18	6	8	200	24	8	10

TAX AT 2s. $5\frac{1}{3}$d.

Income.	Tax.			Income.	Tax.			Income.	Tax.			Income.	Tax.		
£	£	s.	d.	£	£	s.	d.	£	£	s.	d.	£	£	s.	d.
201	24	11	4	**251**	30	13	6	**310**	37	17	9	**810**	99	0	0
202	24	13	9	**252**	30	16	0	**320**	39	2	2	**820**	100	4	5
203	24	16	2	**253**	30	18	5	**330**	40	6	8	**830**	101	8	10
204	24	18	8	**254**	31	0	10	**340**	41	11	1	**840**	102	13	4
205	25	1	1	**255**	31	3	4	**350**	42	15	6	**850**	103	17	9
206	25	3	6	**256**	31	5	9	**360**	44	0	0	**860**	105	2	2
207	25	6	0	**257**	31	8	2	**370**	45	4	5	**870**	106	6	8
208	25	8	5	**258**	31	10	8	**380**	46	8	10	**880**	107	11	1
209	25	10	10	**259**	31	13	1	**390**	47	13	4	**890**	108	15	6
210	25	13	4	**260**	31	15	6	**400**	48	17	9	**900**	110	0	0
211	25	15	9	**261**	31	18	0	**410**	50	2	2	**910**	111	4	5
212	25	18	2	**262**	32	0	5	**420**	51	6	8	**920**	112	8	10
213	26	0	8	**263**	32	2	10	**430**	52	11	1	**930**	113	13	4
214	26	3	1	**264**	32	5	4	**440**	53	15	6	**940**	114	17	9
215	26	5	6	**265**	32	7	9	**450**	55	0	0	**950**	116	2	2
216	26	8	0	**266**	32	10	2	**460**	56	4	5	**960**	117	6	8
217	26	10	5	**267**	32	12	8	**470**	57	8	10	**970**	118	11	1
218	26	12	10	**268**	32	15	1	**480**	58	13	4	**980**	119	15	6
219	26	15	4	**269**	32	17	6	**490**	59	17	9	**990**	121	0	0
220	26	17	9	**270**	33	0	0	**500**	61	2	2	**1,000**	122	4	5
221	27	0	2	**271**	33	2	5	**510**	62	6	8	**1,100**	134	8	10
222	27	2	8	**272**	33	4	10	**520**	63	11	1	**1,200**	146	13	4
223	27	5	1	**273**	33	7	4	**530**	64	15	6	**1,300**	158	17	9
224	27	7	6	**274**	33	9	9	**540**	66	0	0	**1,400**	171	2	2
225	27	10	0	**275**	33	12	2	**550**	67	4	5	**1,500**	183	6	8
226	27	12	5	**276**	33	14	8	**560**	68	8	10	**1,600**	195	11	1
227	27	14	10	**277**	33	17	1	**570**	69	13	4	**1,700**	207	15	6
228	27	17	4	**278**	33	19	6	**580**	70	17	9	**1,800**	220	0	0
229	27	19	9	**279**	34	2	0	**590**	72	2	2	**1,900**	232	4	5
230	28	2	2	**280**	34	4	5	**600**	73	6	8	**2,000**	244	8	10
231	28	4	8	**281**	34	6	10	**610**	74	11	1	**3,000**	366	13	4
232	28	7	1	**282**	34	9	4	**620**	75	15	6	**4,000**	488	17	9
233	28	9	6	**283**	34	11	9	**630**	77	0	0	**5,000**	611	2	2
234	28	12	0	**284**	34	14	2	**640**	78	4	5	**6,000**	733	6	8
235	28	14	5	**285**	34	16	8	**650**	79	8	10	**7,000**	855	11	1
236	28	16	10	**286**	34	19	1	**660**	80	13	4	**8,000**	977	15	6
237	28	19	4	**287**	35	1	6	**670**	81	17	9	**9,000**	1,100	0	0
238	29	1	9	**288**	35	4	0	**680**	83	2	2	**10,000**	1,222	4	5
239	29	4	2	**289**	35	6	5	**690**	84	6	8				
240	29	6	8	**290**	35	8	10	**700**	85	11	1				
241	29	9	1	**291**	35	11	4	**710**	86	15	6				
242	29	11	6	**292**	35	13	9	**720**	88	0	0				
243	29	14	0	**293**	35	16	2	**730**	89	4	5				
244	29	16	5	**294**	35	18	8	**740**	90	8	10				
245	29	18	10	**295**	36	1	1	**750**	91	13	4				
246	30	1	4	**296**	36	3	6	**760**	92	17	9				
247	30	3	9	**297**	36	6	0	**770**	94	2	2				
248	30	6	2	**298**	36	8	5	**780**	95	6	8				
249	30	8	8	**299**	36	10	10	**790**	96	11	1				
250	30	11	1	**300**	36	13	4	**800**	97	15	6				

PARTS OF A £.

s.	d.		s.	d.
	9	......		1
1	**5**	......		2
2	**1**	......		3
4	**2**	......		6
6	**2**	......		9
8	**3**	......	1	0
10	**3**	......	1	3
12	**4**	......	1	6
14	**4**	......	1	9
16	**5**	......	2	0
18	**5**	......	2	3

TAX AT 2s. $5\frac{2}{5}$d.

Income.	Tax.			Income.	Tax.			Income.	Tax.			Income.	Tax.		
£	£	s.	d.	£	£	s.	d.	£	£	s.	d.	£	£	s.	d.
1		2	5	51	6	4	11	101	12	7	5	151	18	9	11
2		4	10	52	6	7	4	102	12	9	10	152	18	12	4
3		7	4	53	6	9	10	103	12	12	4	153	18	14	10
4		9	9	54	6	12	3	104	12	14	9	154	18	17	3
5		12	3	55	6	14	9	105	12	17	3	155	18	19	9
6		14	8	56	6	17	2	106	12	19	8	156	19	2	2
7		17	1	57	6	19	7	107	13	2	1	157	19	4	7
8		19	7	58	7	2	1	108	13	4	7	158	19	7	1
9	1	2	0	59	7	4	6	109	13	7	0	159	19	9	6
10	1	4	6	60	7	7	0	110	13	9	6	160	19	12	0
11	1	6	11	61	7	9	5	111	13	11	11	161	19	14	5
12	1	9	4	62	7	11	10	112	13	14	4	162	19	16	10
13	1	11	10	63	7	14	4	113	13	16	10	163	19	19	4
14	1	14	3	64	7	16	9	114	13	19	3	164	20	1	9
15	1	16	9	65	7	19	3	115	14	1	9	165	20	4	3
16	1	19	2	66	8	1	8	116	14	4	2	166	20	6	8
17	2	1	7	67	8	4	1	117	14	6	7	167	20	9	1
18	2	4	1	68	8	6	7	118	14	9	1	168	20	11	7
19	2	6	6	69	8	9	0	119	14	11	6	169	20	14	0
20	2	9	0	70	8	11	6	120	14	14	0	170	20	16	6
21	2	11	5	71	8	13	11	121	14	16	5	171	20	18	11
22	2	13	10	72	8	16	4	122	14	18	10	172	21	1	4
23	2	16	4	73	8	18	10	123	15	1	4	173	21	3	10
24	2	18	9	74	9	1	3	124	15	3	9	174	21	6	3
25	3	1	3	75	9	3	9	125	15	6	3	175	21	8	9
26	3	3	8	76	9	6	2	126	15	8	8	176	21	11	2
27	3	6	1	77	9	8	7	127	15	11	1	177	21	13	7
28	3	8	7	78	9	11	1	128	15	13	7	178	21	16	1
29	3	11	0	79	9	13	6	129	15	16	0	179	21	18	6
30	3	13	6	80	9	16	0	130	15	18	6	180	22	1	0
31	3	15	11	81	9	18	5	131	16	0	11	181	22	3	5
32	3	18	4	82	10	0	10	132	16	3	4	182	22	5	10
33	4	0	10	83	10	3	4	133	16	5	10	183	22	8	4
34	4	3	3	84	10	5	9	134	16	8	3	184	22	10	9
35	4	5	9	85	10	8	3	135	16	10	9	185	22	13	3
36	4	8	2	86	10	10	8	136	16	13	2	186	22	15	8
37	4	10	7	87	10	13	1	137	16	15	7	187	22	18	1
38	4	13	1	88	10	15	7	138	16	18	1	188	23	0	7
39	4	15	6	89	10	18	0	139	17	0	6	189	23	3	0
40	4	18	0	90	11	0	6	140	17	3	0	190	23	5	6
41	5	0	5	91	11	2	11	141	17	5	5	191	23	7	11
42	5	2	10	92	11	5	4	142	17	7	10	192	23	10	4
43	5	5	4	93	11	7	10	143	17	10	4	193	23	12	10
44	5	7	9	94	11	10	3	144	17	12	9	194	23	15	3
45	5	10	3	95	11	12	9	145	17	15	3	195	23	17	9
46	5	12	8	96	11	15	2	146	17	17	8	196	24	0	2
47	5	15	1	97	11	17	7	147	18	0	1	197	24	2	7
48	5	17	7	98	12	0	1	148	18	2	7	198	24	5	1
49	6	0	0	99	12	2	6	149	18	5	0	199	24	7	6
50	6	2	6	100	12	5	0	150	18	7	6	200	24	10	0

TAX AT 2s. $5\frac{2}{5}$d.

Income.	Tax.			Income.	Tax.			Income.	Tax.			Income.	Tax.		
£	£	s.	d.	£	£	s.	d.	£	£	s.	d.	£	£	s.	d.
201	24	12	5	251	30	14	11	310	37	19	6	810	99	4	6
202	24	14	10	252	30	17	4	320	39	4	0	820	100	9	0
203	24	17	4	253	30	19	10	330	40	8	6	830	101	13	6
204	24	19	9	254	31	2	3	340	41	13	0	840	102	18	0
205	25	2	3	255	31	4	9	350	42	17	6	850	104	2	6
206	25	4	8	256	31	7	2	360	44	2	0	860	105	7	0
207	25	7	1	257	31	9	7	370	45	6	6	870	106	11	6
208	25	9	7	258	31	12	1	380	46	11	0	880	107	16	0
209	25	12	0	259	31	14	6	390	47	15	6	890	109	0	6
210	25	14	6	260	31	17	0	400	49	0	0	900	110	5	0
211	25	16	11	261	31	19	5	410	50	4	6	910	111	9	6
212	25	19	4	262	32	1	10	420	51	9	0	920	112	14	0
213	26	1	10	263	32	4	4	430	52	13	6	930	113	18	6
214	26	4	3	264	32	6	9	440	53	18	0	940	115	3	0
215	26	6	9	265	32	9	3	450	55	2	6	950	116	7	6
216	26	9	2	266	32	11	8	460	56	7	0	960	117	12	0
217	26	11	7	267	32	14	1	470	57	11	6	970	118	16	6
218	26	14	1	268	32	16	7	480	58	16	0	980	120	1	0
219	26	16	6	269	32	19	0	490	60	0	6	990	121	5	6
220	26	19	0	270	33	1	6	500	61	5	0	1,000	122	10	0
221	27	1	5	271	33	3	11	510	62	9	6	1,100	134	15	0
222	27	3	10	272	33	6	4	520	63	14	0	1,200	147	0	0
223	27	6	4	273	33	8	10	530	64	18	6	1,300	159	5	0
224	27	8	9	274	33	11	3	540	66	3	0	1,400	171	10	0
225	27	11	3	275	33	13	9	550	67	7	6	1,500	183	15	0
226	27	13	8	276	33	16	2	560	68	12	0	1,600	196	0	0
227	27	16	1	277	33	18	7	570	69	16	6	1,700	208	5	0
228	27	18	7	278	34	1	1	580	71	1	0	1,800	220	10	0
229	28	1	0	279	34	3	6	590	72	5	6	1,900	232	15	0
230	28	3	6	280	34	6	0	600	73	10	0	2,000	245	0	0
231	28	5	11	281	34	8	5	610	74	14	6	3,000	367	10	0
232	28	8	4	282	34	10	10	620	75	19	0	4,000	490	0	0
233	28	10	10	283	34	13	4	630	77	3	6	5,000	612	10	0
234	28	13	3	284	34	15	9	640	78	8	0	6,000	735	0	0
235	28	15	9	285	34	18	3	650	79	12	6	7,000	857	10	0
236	28	18	2	286	35	0	8	660	80	17	0	8,000	980	0	0
237	29	0	7	287	35	3	1	670	82	1	6	9,000	1,102	10	0
238	29	3	1	288	35	5	7	680	83	6	0	10,000	1,225	0	0
239	29	5	6	289	35	8	0	690	84	10	6				
240	29	8	0	290	35	10	6	700	85	15	0				
241	29	10	5	291	35	12	11	710	86	19	6				
242	29	12	10	292	35	15	4	720	88	4	0				
243	29	15	4	293	35	17	10	730	89	8	6				
244	29	17	9	294	36	0	3	740	90	13	0				
245	30	0	3	295	36	2	9	750	91	17	6				
246	30	2	8	296	36	5	2	760	93	2	0				
247	30	5	1	297	36	7	7	770	94	6	6				
248	30	7	7	298	36	10	1	780	95	11	0				
249	30	10	0	299	36	12	6	790	96	15	6				
250	30	12	6	300	36	15	0	800	98	0	0				

PARTS OF A £.

s.	d.	s.	d.
	9		1
2	1		3
4	1		6
6	2		9
8	2	1	0
10	3	1	3
12	3	1	6
14	4	1	9
16	4	2	0
18	5	2	3

TAX AT 2s. 6d.

Income.	Tax.			Income.	Tax.			Income.	Tax.			Income.	Tax.		
£	£	s.	d.	£	£	s.	d.	£	£	s.	d.	£	£	s.	d.
1		2	6	51	6	7	6	101	12	12	6	151	18	17	6
2		5	0	52	6	10	0	102	12	15	0	152	19	0	0
3		7	6	53	6	12	6	103	12	17	6	153	19	2	6
4		10	0	54	6	15	0	104	13	0	0	154	19	5	0
5		12	6	55	6	17	6	105	13	2	6	155	19	7	6
6		15	0	56	7	0	0	106	13	5	0	156	19	10	0
7		17	6	57	7	2	6	107	13	7	6	157	19	12	6
8	1	0	0	58	7	5	0	108	13	10	0	158	19	15	0
9	1	2	6	59	7	7	6	109	13	12	6	159	19	17	6
10	1	5	0	60	7	10	0	110	13	15	0	160	20	0	0
11	1	7	6	61	7	12	6	111	13	17	6	161	20	2	6
12	1	10	0	62	7	15	0	112	14	0	0	162	20	5	0
13	1	12	6	63	7	17	6	113	14	2	6	163	20	7	6
14	1	15	0	64	8	0	0	114	14	5	0	164	20	10	0
15	1	17	6	65	8	2	6	115	14	7	6	165	20	12	6
16	2	0	0	66	8	5	0	116	14	10	0	166	20	15	0
17	2	2	6	67	8	7	6	117	14	12	6	167	20	17	6
18	2	5	0	68	8	10	0	118	14	15	0	168	21	0	0
19	2	7	6	69	8	12	6	119	14	17	6	169	21	2	6
20	2	10	0	70	8	15	0	120	15	0	0	170	21	5	0
21	2	12	6	71	8	17	6	121	15	2	6	171	21	7	6
22	2	15	0	72	9	0	0	122	15	5	0	172	21	10	0
23	2	17	6	73	9	2	6	123	15	7	6	173	21	12	6
24	3	0	0	74	9	5	0	124	15	10	0	174	21	15	0
25	3	2	6	75	9	7	6	125	15	12	6	175	21	17	6
26	3	5	0	76	9	10	0	126	15	15	0	176	22	0	0
27	3	7	6	77	9	12	6	127	15	17	6	177	22	2	6
28	3	10	0	78	9	15	0	128	16	0	0	178	22	5	0
29	3	12	6	79	9	17	6	129	16	2	6	179	22	7	6
30	3	15	0	80	10	0	0	130	16	5	0	180	22	10	0
31	3	17	6	81	10	2	6	131	16	7	6	181	22	12	6
32	4	0	0	82	10	5	0	132	16	10	0	182	22	15	0
33	4	2	6	83	10	7	6	133	16	12	6	183	22	17	6
34	4	5	0	84	10	10	0	134	16	15	0	184	23	0	0
35	4	7	6	85	10	12	6	135	16	17	6	185	23	2	6
36	4	10	0	86	10	15	0	136	17	0	0	186	23	5	0
37	4	12	6	87	10	17	6	137	17	2	6	187	23	7	6
38	4	15	0	88	11	0	0	138	17	5	0	188	23	10	0
39	4	17	6	89	11	2	6	139	17	7	6	189	23	12	6
40	5	0	0	90	11	5	0	140	17	10	0	190	23	15	0
41	5	2	6	91	11	7	6	141	17	12	6	191	23	17	6
42	5	5	0	92	11	10	0	142	17	15	0	192	24	0	0
43	5	7	6	93	11	12	6	143	17	17	6	193	24	2	6
44	5	10	0	94	11	15	0	144	18	0	0	194	24	5	0
45	5	12	6	95	11	17	6	145	18	2	6	195	24	7	6
46	5	15	0	96	12	0	0	146	18	5	0	196	24	10	0
47	5	17	6	97	12	2	6	147	18	7	6	197	24	12	6
48	6	0	0	98	12	5	0	148	18	10	0	198	24	15	0
49	6	2	6	99	12	7	6	149	18	12	6	199	24	17	6
50	6	5	0	100	12	10	0	150	18	15	0	200	25	0	0

TAX AT 2s. 6d.

Income.	Tax.			Income.	Tax.			Income.	Tax.			Income.	Tax.		
£	£	s.	d.	£	£	s.	d.	£	£	s.	d.	£	£	s.	d.
201	25	2	6	251	31	7	6	310	38	15	0	810	101	5	0
202	25	5	0	252	31	10	0	320	40	0	0	820	102	10	0
203	25	7	6	253	31	12	6	330	41	5	0	830	103	15	0
204	25	10	0	254	31	15	0	340	42	10	0	840	105	0	0
205	25	12	6	255	31	17	6	350	43	15	0	850	106	5	0
206	25	15	0	256	32	0	0	360	45	0	0	860	107	10	0
207	25	17	6	257	32	2	6	370	46	5	0	870	108	15	0
208	26	0	0	258	32	5	0	380	47	10	0	880	110	0	0
209	26	2	6	259	32	7	6	390	48	15	0	890	111	5	0
210	26	5	0	260	32	10	0	400	50	0	0	900	112	10	0
211	26	7	6	261	32	12	6	410	51	5	0	910	113	15	0
212	26	10	0	262	32	15	0	420	52	10	0	920	115	0	0
213	26	12	6	263	32	17	6	430	53	15	0	930	116	5	0
214	26	15	0	264	33	0	0	440	55	0	0	940	117	10	0
215	26	17	6	265	33	2	6	450	56	5	0	950	118	15	0
216	27	0	0	266	33	5	0	460	57	10	0	960	120	0	0
217	27	2	6	267	33	7	6	470	58	15	0	970	121	5	0
218	27	5	0	268	33	10	0	480	60	0	0	980	122	10	0
219	27	7	6	269	33	12	6	490	61	5	0	990	123	15	0
220	27	10	0	270	33	15	0	500	62	10	0	1,000	125	0	0
221	27	12	6	271	33	17	6	510	63	15	0	1,100	137	10	0
222	27	15	0	272	34	0	0	520	65	0	0	1,200	150	0	0
223	27	17	6	273	34	2	6	530	66	5	0	1,300	162	10	0
224	28	0	0	274	34	5	0	540	67	10	0	1,400	175	0	0
225	28	2	6	275	34	7	6	550	68	15	0	1,500	187	10	0
226	28	5	0	276	34	10	0	560	70	0	0	1,600	200	0	0
227	28	7	6	277	34	12	6	570	71	5	0	1,700	212	10	0
228	28	10	0	278	34	15	0	580	72	10	0	1,800	225	0	0
229	28	12	6	279	34	17	6	590	73	15	0	1,900	237	10	0
230	28	15	0	280	35	0	0	600	75	0	0	2,000	250	0	0
231	28	17	6	281	35	2	6	610	76	5	0	3,000	375	0	0
232	29	0	0	282	35	5	0	620	77	10	0	4,000	500	0	0
233	29	2	6	283	35	7	6	630	78	15	0	5,000	625	0	0
234	29	5	0	284	35	10	0	640	80	0	0	6,000	750	0	0
235	29	7	6	285	35	12	6	650	81	5	0	7,000	875	0	0
236	29	10	0	286	35	15	0	660	82	10	0	8,000	1,000	0	0
237	29	12	6	287	35	17	6	670	83	15	0	9,000	1,125	0	0
238	29	15	0	288	36	0	0	680	85	0	0	10,000	1,250	0	0
239	29	17	6	289	36	2	6	690	86	5	0				
240	30	0	0	290	36	5	0	700	87	10	0				
241	30	2	6	291	36	7	6	710	88	15	0				
242	30	5	0	292	36	10	0	720	90	0	0				
243	30	7	6	293	36	12	6	730	91	5	0				
244	30	10	0	294	36	15	0	740	92	10	0				
245	30	12	6	295	36	17	6	750	93	15	0				
246	30	15	0	296	37	0	0	760	95	0	0				
247	30	17	6	297	37	2	6	770	96	5	0				
248	31	0	0	298	37	5	0	780	97	10	0				
249	31	2	6	299	37	7	6	790	98	15	0				
250	31	5	0	300	37	10	0	800	100	0	0				

PARTS OF A £.

s.	d.	s.	d.
	8		1
1	4		2
2	0		3
4	0		6
6	0		9
8	0	1	0
10	0	1	3
12	0	1	6
14	0	1	9
16	0	2	0
18	0	2	3

TAX AT 2s. $6\frac{2}{3}$d.

Income.	Tax.			Income.	Tax.			Income.	Tax.			Income.	Tax.		
£	£	s.	d.	£	£	s.	d.	£	£	s.	d.	£	£	s.	d.
1		2	6	51	6	10	4	101	12	18	1	151	19	5	10
2		5	1	52	6	12	10	102	13	0	8	152	19	8	5
3		7	8	53	6	15	5	103	13	3	2	153	19	11	0
4		10	2	54	6	18	0	104	13	5	9	154	19	13	6
5		12	9	55	7	0	6	105	13	8	4	155	19	16	1
6		15	4	56	7	3	1	106	13	10	10	156	19	18	8
7		17	10	57	7	5	8	107	13	13	5	157	20	1	2
8	1	0	5	58	7	8	2	108	13	16	0	158	20	3	9
9	1	3	0	59	7	10	9	109	13	18	6	159	20	6	4
10	1	5	6	60	7	13	4	110	14	1	1	160	20	8	10
11	1	8	1	61	7	15	10	111	14	3	8	161	20	11	5
12	1	10	8	62	7	18	5	112	14	6	2	162	20	14	0
13	1	13	2	63	8	1	0	113	14	8	9	163	20	16	6
14	1	15	9	64	8	3	6	114	14	11	4	164	20	19	1
15	1	18	4	65	8	6	1	115	14	13	10	165	21	1	8
16	2	0	10	66	8	8	8	116	14	16	5	166	21	4	2
17	2	3	5	67	8	11	2	117	14	19	0	167	21	6	9
18	2	6	0	68	8	13	9	118	15	1	6	168	21	9	4
19	2	8	6	69	8	16	4	119	15	4	1	169	21	11	10
20	2	11	1	70	8	18	10	120	15	6	8	170	21	14	5
21	2	13	8	71	9	1	5	121	15	9	2	171	21	17	0
22	2	16	2	72	9	4	0	122	15	11	9	172	21	19	6
23	2	18	9	73	9	6	6	123	15	14	4	173	22	2	1
24	3	1	4	74	9	9	1	124	15	16	10	174	22	4	8
25	3	3	10	75	9	11	8	125	15	19	5	175	22	7	2
26	3	6	5	76	9	14	2	126	16	2	0	176	22	9	9
27	3	9	0	77	9	16	9	127	16	4	6	177	22	12	4
28	3	11	6	78	9	19	4	128	16	7	1	178	22	14	10
29	3	14	1	79	10	1	10	129	16	9	8	179	22	17	5
30	3	16	8	80	10	4	5	130	16	12	2	180	23	0	0
31	3	19	2	81	10	7	0	131	16	14	9	181	23	2	6
32	4	1	9	82	10	9	6	132	16	17	4	182	23	5	1
33	4	4	4	83	10	12	1	133	16	19	10	183	23	7	8
34	4	6	10	84	10	14	8	134	17	2	5	184	23	10	2
35	4	9	5	85	10	17	2	135	17	5	0	185	23	12	9
36	4	12	0	86	10	19	9	136	17	7	6	186	23	15	4
37	4	14	6	87	11	2	4	137	17	10	1	187	23	17	10
38	4	17	1	88	11	4	10	138	17	12	8	188	24	0	5
39	4	19	8	89	11	7	5	139	17	15	2	189	24	3	0
40	5	2	2	90	11	10	0	140	17	17	9	190	24	5	6
41	5	4	9	91	11	12	6	141	18	0	4	191	24	8	1
42	5	7	4	92	11	15	1	142	18	2	10	192	24	10	8
43	5	9	10	93	11	17	8	143	18	5	5	193	24	13	2
44	5	12	5	94	12	0	2	144	18	8	0	194	24	15	9
45	5	15	0	95	12	2	9	145	18	10	6	195	24	18	4
46	5	17	6	96	12	5	4	146	18	13	1	196	25	0	10
47	6	0	1	97	12	7	10	147	18	15	8	197	25	3	5
48	6	2	8	98	12	10	5	148	18	18	2	198	25	6	0
49	6	5	2	99	12	13	0	149	19	0	9	199	25	8	6
50	6	7	9	100	12	15	6	150	19	3	4	200	25	11	1

TAX AT 2s. 6⅔d.

Income.	Tax.			Income.	Tax.			Income.	Tax.			Income.	Tax.		
£	£	s.	d.	£	£	s.	d.	£	£	s.	d.	£	£	s.	d.
201	25	13	8	251	32	1	5	310	39	12	2	810	103	10	0
202	25	16	2	252	32	4	0	320	40	17	9	820	104	15	6
203	25	18	9	253	32	6	6	330	42	3	4	830	106	1	1
204	26	1	4	254	32	9	1	340	43	8	10	840	107	6	8
205	26	3	10	255	32	11	8	350	44	14	5	850	108	12	2
206	26	6	5	256	32	14	2	360	46	0	0	860	109	17	9
207	26	9	0	257	32	16	9	370	47	5	6	870	111	3	4
208	26	11	6	258	32	19	4	380	48	11	1	880	112	8	10
209	26	14	1	259	33	1	10	390	49	16	8	890	113	14	5
210	26	16	8	260	33	4	5	400	51	2	2	900	115	0	0
211	26	19	2	261	33	7	0	410	52	7	9	910	116	5	6
212	27	1	9	262	33	9	6	420	53	13	4	920	117	11	1
213	27	4	4	263	33	12	1	430	54	18	10	930	118	16	8
214	27	6	10	264	33	14	8	440	56	4	5	940	120	2	2
215	27	9	5	265	33	17	2	450	57	10	0	950	121	7	9
216	27	12	0	266	33	19	9	460	58	15	6	960	122	13	4
217	27	14	6	267	34	2	4	470	60	1	1	970	123	18	10
218	27	17	1	268	34	4	10	480	61	6	8	980	125	4	5
219	27	19	8	269	34	7	5	490	62	12	2	990	126	10	0
220	28	2	2	270	34	10	0	500	63	17	9	1,000	127	15	6
221	28	4	9	271	34	12	6	510	65	3	4	1,100	140	11	1
222	28	7	4	272	34	15	1	520	66	8	10	1,200	153	6	8
223	28	9	10	273	34	17	8	530	67	14	5	1,300	166	2	2
224	28	12	5	274	35	0	2	540	69	0	0	1,400	178	17	9
225	28	15	0	275	35	2	9	550	70	5	6	1,500	191	13	4
226	28	17	6	276	35	5	4	560	71	11	1	1,600	204	8	10
227	29	0	1	277	35	7	10	570	72	16	8	1,700	217	4	5
228	29	2	8	278	35	10	5	580	74	2	2	1,800	230	0	0
229	29	5	2	279	35	13	0	590	75	7	9	1,900	242	15	6
230	29	7	9	280	35	15	6	600	76	13	4	2,000	255	11	1
231	29	10	4	281	35	18	1	610	77	18	10	3,000	383	6	8
232	29	12	10	282	36	0	8	620	79	4	5	4,000	511	2	2
233	29	15	5	283	36	3	2	630	80	10	0	5,000	638	17	9
234	29	18	0	284	36	5	9	640	81	15	6	6,000	766	13	4
235	30	0	6	285	36	8	4	650	83	1	1	7,000	894	8	10
236	30	3	1	286	36	10	10	660	84	6	8	8,000	1,022	4	5
237	30	5	8	287	36	13	5	670	85	12	2	9,000	1,150	0	0
238	30	8	2	288	36	16	0	680	86	17	9	10,000	1,277	15	6
239	30	10	9	289	36	18	6	690	88	3	4				
240	30	13	4	290	37	1	1	700	89	8	10				
241	30	15	10	291	37	3	8	710	90	14	5				
242	30	18	5	292	37	6	2	720	92	0	0				
243	31	1	0	293	37	8	9	730	93	5	6				
244	31	3	6	294	37	11	4	740	94	11	1				
245	31	6	1	295	37	13	10	750	95	16	8				
246	31	8	8	296	37	16	5	760	97	2	2				
247	31	11	2	297	37	19	0	770	98	7	9				
248	31	13	9	298	38	1	6	780	99	13	4				
249	31	16	4	299	38	4	1	790	100	18	10				
250	31	18	10	300	38	6	8	800	102	4	5				

PARTS OF A £.

s.	d.		s.	d.
	8	......		1
1	4	......		2
2	0	......		3
3	11	......		6
5	11	......		9
7	10	......	1	0
9	10	......	1	3
11	9	......	1	6
13	9	......	1	9
15	8	......	2	0
17	8	......	2	3

TAX AT 2s. 7⅓d.

Income.	Tax.			Income.	Tax.			Income.	Tax.			Income.	Tax.		
£	£	s.	d.	£	£	s.	d.	£	£	s.	d.	£	£	s.	d.
1		2	7	51	6	13	2	101	13	3	8	151	19	14	3
2		5	2	52	6	15	9	102	13	6	4	152	19	16	10
3		7	10	53	6	18	4	103	13	8	11	153	19	19	6
4		10	5	54	7	1	0	104	13	11	6	154	20	2	1
5		13	0	55	7	3	7	105	13	14	2	155	20	4	8
6		15	8	56	7	6	2	106	13	16	9	156	20	7	4
7		18	3	57	7	8	10	107	13	19	4	157	20	9	11
8	1	0	10	58	7	11	5	108	14	2	0	158	20	12	6
9	1	3	6	59	7	14	0	109	14	4	7	159	20	15	2
10	1	6	1	60	7	16	8	110	14	7	2	160	20	17	9
11	1	8	8	61	7	19	3	111	14	9	10	161	21	0	4
12	1	11	4	62	8	1	10	112	14	12	5	162	21	3	0
13	1	13	11	63	8	4	6	113	14	15	0	163	21	5	7
14	1	16	6	64	8	7	1	114	14	17	8	164	21	8	2
15	1	19	2	65	8	9	8	115	15	0	3	165	21	10	10
16	2	1	9	66	8	12	4	116	15	2	10	166	21	13	5
17	2	4	4	67	8	14	11	117	15	5	6	167	21	16	0
18	2	7	0	68	8	17	6	118	15	8	1	168	21	18	8
19	2	9	7	69	9	0	2	119	15	10	8	169	22	1	3
20	2	12	2	70	9	2	9	120	15	13	4	170	22	3	10
21	2	14	10	71	9	5	4	121	15	15	11	171	22	6	6
22	2	17	5	72	9	8	0	122	15	18	6	172	22	9	1
23	3	0	0	73	9	10	7	123	16	1	2	173	22	11	8
24	3	2	8	74	9	13	2	124	16	3	9	174	22	14	4
25	3	5	3	75	9	15	10	125	16	6	4	175	22	16	11
26	3	7	10	76	9	13	5	126	16	9	0	176	22	19	6
27	3	10	6	77	10	1	0	127	16	11	7	177	23	2	2
28	3	13	1	78	10	3	8	128	16	14	2	178	23	4	9
29	3	15	8	79	10	6	3	129	16	16	10	179	23	7	4
30	3	18	4	80	10	8	10	130	16	19	5	180	23	10	0
31	4	0	11	81	10	11	6	131	17	2	0	181	23	12	7
32	4	3	6	82	10	14	1	132	17	4	8	182	23	15	2
33	4	6	2	83	10	16	8	133	17	7	3	183	23	17	10
34	4	8	9	84	10	19	4	134	17	9	10	184	24	0	5
35	4	11	4	85	11	1	11	135	17	12	6	185	24	3	0
36	4	14	0	86	11	4	6	136	17	15	1	186	24	5	8
37	4	16	7	87	11	7	2	137	17	17	8	187	24	8	3
38	4	19	2	88	11	9	9	138	18	0	4	188	24	10	10
39	5	1	10	89	11	12	4	139	18	2	11	189	24	13	6
40	5	4	5	90	11	15	0	140	18	5	6	190	24	16	1
41	5	7	0	91	11	17	7	141	18	8	2	191	24	18	8
42	5	9	8	92	12	0	2	142	18	10	9	192	25	1	4
43	5	12	3	93	12	2	10	143	18	13	4	193	25	3	11
44	5	14	10	94	12	5	5	144	18	16	0	194	25	6	6
45	5	17	6	95	12	8	0	145	18	18	7	195	25	9	2
46	6	0	1	96	12	10	8	146	19	1	2	196	25	11	9
47	6	2	8	97	12	13	3	147	19	3	10	197	25	14	4
48	6	5	4	98	12	15	10	148	19	6	5	198	25	17	0
49	6	7	11	99	12	18	6	149	19	9	0	199	25	19	7
50	6	10	6	100	13	1	1	150	19	11	8	200	26	2	2

TAX AT 2s. 7⅓d.

Income.	Tax.			Income.	Tax.			Income.	Tax.			Income.	Tax.		
£	£	s.	d.	£	£	s.	d.	£	£	s.	d.	£	£	s.	d.
201	26	4	10	251	32	15	4	310	40	9	5	810	105	15	0
202	26	7	5	252	32	18	0	320	41	15	6	820	107	1	1
203	26	10	0	253	33	0	7	330	43	1	8	830	108	7	2
204	26	12	8	254	33	3	2	340	44	7	9	840	109	13	4
205	26	15	3	255	33	5	10	350	45	13	10	850	110	19	5
206	26	17	10	256	33	8	5	360	47	0	0	860	112	5	6
207	27	0	6	257	33	11	0	370	48	6	1	870	113	11	8
208	27	3	1	258	33	13	8	380	49	12	2	880	114	17	9
209	27	5	8	259	33	16	3	390	50	18	4	890	116	3	10
210	27	8	4	260	33	18	10	400	52	4	5	900	117	10	0
211	27	10	11	261	34	1	6	410	53	10	6	910	118	16	1
212	27	13	6	262	34	4	1	420	54	16	8	920	120	2	2
213	27	16	2	263	34	6	8	430	56	2	9	930	121	8	4
214	27	18	9	264	34	9	4	440	57	8	10	940	122	14	5
215	28	1	4	265	34	11	11	450	58	15	0	950	124	0	6
216	28	4	0	266	34	14	6	460	60	1	1	960	125	6	8
217	28	6	7	267	34	17	2	470	61	7	2	970	126	12	9
218	28	9	2	268	34	19	9	480	62	13	4	980	127	18	10
219	28	11	10	269	35	2	4	490	63	19	5	990	129	5	0
220	28	14	5	270	35	5	0	500	65	5	6	1,000	130	11	1
221	28	17	0	271	35	7	7	510	66	11	8	1,100	143	12	2
222	28	19	8	272	35	10	2	520	67	17	9	1,200	156	13	4
223	29	2	3	273	35	12	10	530	69	3	10	1,300	169	14	5
224	29	4	10	274	35	15	5	540	70	10	0	1,400	182	15	6
225	29	7	6	275	35	18	0	550	71	16	1	1,500	195	16	8
226	29	10	1	276	36	0	8	560	73	2	2	1,600	208	17	9
227	29	12	8	277	36	3	3	570	74	8	4	1,700	221	18	10
228	29	15	4	278	36	5	10	580	75	14	5	1,800	235	0	0
229	29	17	11	279	36	8	6	590	77	0	6	1,900	248	1	1
230	30	0	6	280	36	11	1	600	78	6	8	2,000	261	2	2
231	30	3	2	281	36	13	8	610	79	12	9	3,000	391	13	4
232	30	5	9	282	36	16	4	620	80	18	10	4,000	522	4	5
233	30	8	4	283	36	18	11	630	82	5	0	5,000	652	15	6
234	30	11	0	284	37	1	6	640	83	11	1	6,000	783	6	8
235	30	13	7	285	37	4	2	650	84	17	2	7,000	913	17	9
236	30	16	2	286	37	6	9	660	86	3	4	8,000	1,044	8	10
237	30	18	10	287	37	9	4	670	87	9	5	9,000	1,175	0	0
238	31	1	5	288	37	12	0	680	88	15	6	10,000	1,305	11	1
239	31	4	0	289	37	14	7	690	90	1	8				
240	31	6	8	290	37	17	2	700	91	7	9				
241	31	9	3	291	37	19	10	710	92	13	10				
242	31	11	10	292	38	2	5	720	94	0	0				
243	31	14	6	293	38	5	0	730	95	6	1				
244	31	17	1	294	38	7	8	740	96	12	2				
245	31	19	8	295	38	10	3	750	97	18	4				
246	32	2	4	296	38	12	10	760	99	4	5				
247	32	4	11	297	38	15	6	770	100	10	6				
248	32	7	6	298	38	18	1	780	101	16	8				
249	32	10	2	299	39	0	8	790	103	2	9				
250	32	12	9	300	39	3	4	800	104	8	10				

PARTS OF A £.

s.	d.	s.	d.
	8		1
1	3		2
1	11		3
3	10		6
5	9		9
7	8	1	0
9	7	1	3
11	6	1	6
13	5	1	9
15	4	2	0
17	3	2	3
19	2	2	6

TAX AT 2s. 8d.

Income.	Tax.			Income.	Tax.			Income.	Tax.			Income.	Tax.		
£	£	s.	d.	£	£	s.	d.	£	£	s.	d.	£	£	s.	d.
1		2	8	51	6	16	0	101	13	9	4	151	20	2	8
2		5	4	52	6	18	8	102	13	12	0	152	20	5	4
3		8	0	53	7	1	4	103	13	14	8	153	20	8	0
4		10	8	54	7	4	0	104	13	17	4	154	20	10	8
5		13	4	55	7	6	8	105	14	0	0	155	20	13	4
6		16	0	56	7	9	4	106	14	2	8	156	20	16	0
7		18	8	57	7	12	0	107	14	5	4	157	20	18	8
8	1	1	4	58	7	14	8	108	14	8	0	158	21	1	4
9	1	4	0	59	7	17	4	109	14	10	8	159	21	4	0
10	1	6	8	60	8	0	0	110	14	13	4	160	21	6	8
11	1	9	4	61	8	2	8	111	14	16	0	161	21	9	4
12	1	12	0	62	8	5	4	112	14	18	8	162	21	12	0
13	1	14	8	63	8	8	0	113	15	1	4	163	21	14	8
14	1	17	4	64	8	10	8	114	15	4	0	164	21	17	4
15	2	0	0	65	8	13	4	115	15	6	8	165	22	0	0
16	2	2	8	66	8	16	0	116	15	9	4	166	22	2	8
17	2	5	4	67	8	18	8	117	15	12	0	167	22	5	4
18	2	8	0	68	9	1	4	118	15	14	8	168	22	8	0
19	2	10	8	69	9	4	0	119	15	17	4	169	22	10	8
20	2	13	4	70	9	6	8	120	16	0	0	170	22	13	4
21	2	16	0	71	9	9	4	121	16	2	8	171	22	16	0
22	2	18	8	72	9	12	0	122	16	5	4	172	22	18	8
23	3	1	4	73	9	14	8	123	16	8	0	173	23	1	4
24	3	4	0	74	9	17	4	124	16	10	8	174	23	4	0
25	3	6	8	75	10	0	0	125	16	13	4	175	23	6	8
26	3	9	4	76	10	2	8	126	16	16	0	176	23	9	4
27	3	12	0	77	10	5	4	127	16	18	8	177	23	12	0
28	3	14	8	78	10	8	0	128	17	1	4	178	23	14	8
29	3	17	4	79	10	10	8	129	17	4	0	179	23	17	4
30	4	0	0	80	10	13	4	130	17	6	8	180	24	0	0
31	4	2	8	81	10	16	0	131	17	9	4	181	24	2	8
32	4	5	4	82	10	18	8	132	17	12	0	182	24	5	4
33	4	8	0	83	11	1	4	133	17	14	8	183	24	8	0
34	4	10	8	84	11	4	0	134	17	17	4	184	24	10	8
35	4	13	4	85	11	6	8	135	18	0	0	185	24	13	4
36	4	16	0	86	11	9	4	136	18	2	8	186	24	16	0
37	4	18	8	87	11	12	0	137	18	5	4	187	24	18	8
38	5	1	4	88	11	14	8	138	18	8	0	188	25	1	4
39	5	4	0	89	11	17	4	139	18	10	8	189	25	4	0
40	5	6	8	90	12	0	0	140	18	13	4	190	25	6	8
41	5	9	4	91	12	2	8	141	18	16	0	191	25	9	4
42	5	12	0	92	12	5	4	142	18	18	8	192	25	12	0
43	5	14	8	93	12	8	0	143	19	1	4	193	25	14	8
44	5	17	4	94	12	10	8	144	19	4	0	194	25	17	4
45	6	0	0	95	12	13	4	145	19	6	8	195	26	0	0
46	6	2	8	96	12	16	0	146	19	9	4	196	26	2	8
47	6	5	4	97	12	18	8	147	19	12	0	197	26	5	4
48	6	8	0	98	13	1	4	148	19	14	8	198	26	8	0
49	6	10	8	99	13	4	0	149	19	17	4	199	26	10	8
50	6	13	4	100	13	6	8	150	20	0	0	200	26	13	4

TAX AT 2s. 8d.

Income.	Tax.			Income.	Tax.			Income.	Tax.			Income.	Tax.		
£	£	s.	d.	£	£	s.	d.	£	£	s.	d.	£	£	s.	d.
201	26	16	0	251	33	9	4	310	41	6	8	810	108	0	0
202	26	18	8	252	33	12	0	320	42	13	4	820	109	6	8
203	27	1	4	253	33	14	8	330	44	0	0	830	110	13	4
204	27	4	0	254	33	17	4	340	45	6	8	840	112	0	0
205	27	6	8	255	34	0	0	350	46	13	4	850	113	6	8
206	27	9	4	256	34	2	8	360	48	0	0	860	114	13	4
207	27	12	0	257	34	5	4	370	49	6	8	870	116	0	0
208	27	14	8	258	34	8	0	380	50	13	4	880	117	6	8
209	27	17	4	259	34	10	8	390	52	0	0	890	118	13	4
210	28	0	0	260	34	13	4	400	53	6	8	900	120	0	0
211	28	2	8	261	34	16	0	410	54	13	4	910	121	6	8
212	28	5	4	262	34	18	8	420	56	0	0	920	122	13	4
213	28	8	0	263	35	1	4	430	57	6	8	930	124	0	0
214	28	10	8	264	35	4	0	440	58	13	4	940	125	6	8
215	28	13	4	265	35	6	8	450	60	0	0	950	126	13	4
216	28	16	0	266	35	9	4	460	61	6	8	960	128	0	0
217	28	18	8	267	35	12	0	470	62	13	4	970	129	6	8
218	29	1	4	268	35	14	8	480	64	0	0	980	130	13	4
219	29	4	0	269	35	17	4	490	65	6	8	990	132	0	0
220	29	6	8	270	36	0	0	500	66	13	4	1,000	133	6	8
221	29	9	4	271	36	2	8	510	68	0	0	1,100	146	13	4
222	29	12	0	272	36	5	4	520	69	6	8	1,200	160	0	0
223	29	14	8	273	36	8	0	530	70	13	4	1,300	173	6	8
224	29	17	4	274	36	10	8	540	72	0	0	1,400	186	13	4
225	30	0	0	275	36	13	4	550	73	6	8	1,500	200	0	0
226	30	2	8	276	36	16	0	560	74	13	4	1,600	213	6	8
227	30	5	4	277	36	18	8	570	76	0	0	1,700	226	13	4
228	30	8	0	278	37	1	4	580	77	6	8	1,800	240	0	0
229	30	10	8	279	37	4	0	590	78	13	4	1,900	253	6	8
230	30	13	4	280	37	6	8	600	80	0	0	2,000	266	13	4
231	30	16	0	281	37	9	4	610	81	6	8	3,000	400	0	0
232	30	18	8	282	37	12	0	620	82	13	4	4,000	533	6	8
233	31	1	4	283	37	14	8	630	84	0	0	5,000	666	13	4
234	31	4	0	284	37	17	4	640	85	6	8	6,000	800	0	0
235	31	6	8	285	38	0	0	650	86	13	4	7,000	933	6	8
236	31	9	4	286	38	2	8	660	88	0	0	8,000	1,066	13	4
237	31	12	0	287	38	5	4	670	89	6	8	9,000	1,200	0	0
238	31	14	8	288	38	8	0	680	90	13	4	10,000	1,333	6	8
239	31	17	4	289	38	10	8	690	92	0	0				
240	32	0	0	290	38	13	4	700	93	6	8				
241	32	2	8	291	38	16	0	710	94	13	4				
242	32	5	4	292	38	18	8	720	96	0	0				
243	32	8	0	293	39	1	4	730	97	6	8				
244	32	10	8	294	39	4	0	740	98	13	4				
245	32	13	4	295	39	6	8	750	100	0	0				
246	32	16	0	296	39	9	4	760	101	6	8				
247	32	18	8	297	39	12	0	770	102	13	4				
248	33	1	4	298	39	14	8	780	104	0	0				
249	33	4	0	299	39	17	4	790	105	6	8				
250	33	6	8	300	40	0	0	800	106	13	4				

PARTS OF A £.

s.	d.	s.	d.
	8		1
1	3		2
2	6		4
3	9		6
5	0		8
6	3		10
7	6	1	0
8	9	1	2
10	0	1	4
11	3	1	6
13	2	1	9
15	0	2	0
16	11	2	3
18	9	2	6

8—(1526)

TAX AT 2s. 8⅔d.

Income.	Tax.			Income.	Tax.			Income.	Tax.			Income.	Tax.		
£	£	s.	d.	£	£	s.	d.	£	£	s.	d.	£	£	s.	d.
1		2	8	51	6	18	10	101	13	14	11	151	20	11	0
2		5	5	52	7	1	6	102	13	17	8	152	20	13	9
3		8	2	53	7	4	3	103	14	0	4	153	20	16	6
4		10	10	54	7	7	0	104	14	3	1	154	20	19	2
5		13	7	55	7	9	8	105	14	5	10	155	21	1	11
6		16	4	56	7	12	5	106	14	8	6	156	21	4	8
7		19	0	57	7	15	2	107	14	11	3	157	21	7	4
8	1	1	9	58	7	17	10	108	14	14	0	158	21	10	1
9	1	4	6	59	8	0	7	109	14	16	8	159	21	12	10
10	1	7	2	60	8	3	4	110	14	19	5	160	21	15	6
11	1	9	11	61	8	6	0	111	15	2	2	161	21	18	3
12	1	12	8	62	8	8	9	112	15	4	10	162	22	1	0
13	1	15	4	63	8	11	6	113	15	7	7	163	22	3	8
14	1	18	1	64	8	14	2	114	15	10	4	164	22	6	5
15	2	0	10	65	8	16	11	115	15	13	0	165	22	9	2
16	2	3	6	66	8	19	8	116	15	15	9	166	22	11	10
17	2	6	3	67	9	2	4	117	15	18	6	167	22	14	7
18	2	9	0	68	9	5	1	118	16	1	2	168	22	17	4
19	2	11	8	69	9	7	10	119	16	3	11	169	23	0	0
20	2	14	5	70	9	10	6	120	16	6	8	170	23	2	9
21	2	17	2	71	9	13	3	121	16	9	4	171	23	5	6
22	2	19	10	72	9	16	0	122	16	12	1	172	23	8	2
23	3	2	7	73	9	18	8	123	16	14	10	173	23	10	11
24	3	5	4	74	10	1	5	124	16	17	6	174	23	13	8
25	3	8	0	75	10	4	2	125	17	0	3	175	23	16	4
26	3	10	9	76	10	6	10	126	17	3	0	176	23	19	1
27	3	13	6	77	10	9	7	127	17	5	8	177	24	1	10
28	3	16	2	78	10	12	4	128	17	8	5	178	24	4	6
29	3	18	11	79	10	15	0	129	17	11	2	179	24	7	3
30	4	1	8	80	10	17	9	130	17	13	10	180	24	10	0
31	4	4	4	81	11	0	6	131	17	16	7	181	24	12	8
32	4	7	1	82	11	3	2	132	17	19	4	182	24	15	5
33	4	9	10	83	11	5	11	133	18	2	0	183	24	18	2
34	4	12	6	84	11	8	8	134	18	4	9	184	25	0	10
35	4	15	3	85	11	11	4	135	18	7	6	185	25	3	7
36	4	18	0	86	11	14	1	136	18	10	2	186	25	6	4
37	5	0	8	87	11	16	10	137	18	12	11	187	25	9	0
38	5	3	5	88	11	19	6	138	18	15	8	188	25	11	9
39	5	6	2	89	12	2	3	139	18	18	4	189	25	14	6
40	5	8	10	90	12	5	0	140	19	1	1	190	25	17	2
41	5	11	7	91	12	7	8	141	19	3	10	191	25	19	11
42	5	14	4	92	12	10	5	142	19	6	6	192	26	2	8
43	5	17	0	93	12	13	2	143	19	9	3	193	26	5	4
44	5	19	9	94	12	15	10	144	19	12	0	194	26	8	1
45	6	2	6	95	12	18	7	145	19	14	8	195	26	10	10
46	6	5	2	96	13	1	4	146	19	17	5	196	26	13	6
47	6	7	11	97	13	4	0	147	20	0	2	197	26	16	3
48	6	10	8	98	13	6	9	148	20	2	10	198	26	19	0
49	6	13	4	99	13	9	6	149	20	5	7	199	27	1	8
50	6	16	1	100	13	12	2	150	20	8	4	200	27	4	5

TAX AT 2s. $8\frac{2}{3}$d.

Income.	Tax.			Income.	Tax.			Income.	Tax.			Income.	Tax.		
£	£	s.	d.	£	£	s.	d.	£	£	s.	d.	£	£	s.	d.
201	27	7	2	251	34	3	3	310	42	3	10	810	110	5	0
202	27	9	10	252	34	6	0	320	43	11	1	820	111	12	2
203	27	12	7	253	34	8	8	330	44	18	4	830	112	19	5
204	27	15	4	254	34	11	5	340	46	5	6	840	114	6	8
205	27	18	0	255	34	14	2	350	47	12	9	850	115	13	10
206	28	0	9	256	34	16	10	360	49	0	0	860	117	1	1
207	28	3	6	257	34	19	7	370	50	7	2	870	118	8	4
208	28	6	2	258	35	2	4	380	51	14	5	880	119	15	6
209	28	8	11	259	35	5	0	390	53	1	8	890	121	2	9
210	28	11	8	260	35	7	9	400	54	8	10	900	122	10	0
211	28	14	4	261	35	10	6	410	55	16	1	910	123	17	2
212	28	17	1	262	35	13	2	420	57	3	4	920	125	4	5
213	28	19	10	263	35	15	11	430	58	10	6	930	126	11	8
214	29	2	6	264	35	18	8	440	59	17	9	940	127	18	10
215	29	5	3	265	36	1	4	450	61	5	0	950	129	6	1
216	29	8	0	266	36	4	1	460	62	12	2	960	130	13	4
217	29	10	8	267	36	6	10	470	63	19	5	970	132	0	6
218	29	13	5	268	36	9	6	480	65	6	8	980	133	7	9
219	29	16	2	269	36	12	3	490	66	13	10	990	134	15	0
220	29	18	10	270	36	15	0	500	68	1	1	1,000	136	2	2
221	30	1	7	271	36	17	8	510	69	8	4	1,100	149	14	5
222	30	4	4	272	37	0	5	520	70	15	6	1,200	163	6	8
223	30	7	0	273	37	3	2	530	72	2	9	1,300	176	18	10
224	30	9	9	274	37	5	10	540	73	10	0	1,400	190	11	1
225	30	12	6	275	37	8	7	550	74	17	2	1,500	204	3	4
226	30	15	2	276	37	11	4	560	76	4	5	1,600	217	15	6
227	30	17	11	277	37	14	0	570	77	11	8	1,700	231	7	9
228	31	0	8	278	37	16	9	580	78	18	10	1,800	245	0	0
229	31	3	4	279	37	19	6	590	80	6	1	1,900	258	12	2
230	31	6	1	280	38	2	2	600	81	13	4	2,000	272	4	5
231	31	8	10	281	38	4	11	610	83	0	6	3,000	408	6	8
232	31	11	6	282	38	7	8	620	84	7	9	4,000	544	8	10
233	31	14	3	283	38	10	4	630	85	15	0	5,000	680	11	1
234	31	17	0	284	38	13	1	640	87	2	2	6,000	816	13	4
235	31	19	8	285	38	15	10	650	88	9	5	7,000	952	15	6
236	32	2	5	286	38	18	6	660	89	16	8	8,000	1,088	17	9
237	32	5	2	287	39	1	3	670	91	3	10	9,000	1,225	0	0
238	32	7	10	288	39	4	0	680	92	11	1	10,000	1,361	2	2
239	32	10	7	289	39	6	8	690	93	18	4				
240	32	13	4	290	39	9	5	700	95	5	6				
241	32	16	0	291	39	12	2	710	96	12	9				
242	32	18	9	292	39	14	10	720	98	0	0				
243	33	1	6	293	39	17	7	730	99	7	2				
244	33	4	2	294	40	0	4	740	100	14	5				
245	33	6	11	295	40	3	0	750	102	1	8				
246	33	9	8	296	40	5	9	760	103	8	10				
247	33	12	4	297	40	8	6	770	104	16	1				
248	33	15	1	298	40	11	2	780	106	3	4				
249	33	17	10	299	40	13	11	790	107	10	6				
250	34	0	6	300	40	16	8	800	108	17	9				

PARTS OF A £.

s.	d.	s.	d.
	8		1
1	3		2
1	10		3
3	8		6
5	6		9
7	4	1	0
9	2	1	3
11	0	1	6
12	10	1	9
14	8	2	0
16	6	2	3
18	4	2	6

TAX AT 2s. 9⅓d.

Income.	Tax.			Income.	Tax.			Income.	Tax.			Income.	Tax.		
£	£	s.	d.	£	£	s.	d.	£	£	s.	d.	£	£	s.	d.
1		2	9	**51**	7	1	8	**101**	14	0	6	**151**	20	19	5
2		5	6	**52**	7	4	5	**102**	14	3	4	**152**	21	2	2
3		8	4	**53**	7	7	2	**103**	14	6	1	**153**	21	5	0
4		11	1	**54**	7	10	0	**104**	14	8	10	**154**	21	7	9
5		13	10	**55**	7	12	9	**105**	14	11	8	**155**	21	10	6
6		16	8	**56**	7	15	6	**106**	14	14	5	**156**	21	13	4
7		19	5	**57**	7	18	4	**107**	14	17	2	**157**	21	16	1
8	1	2	2	**58**	8	1	1	**108**	15	0	0	**158**	21	18	10
9	1	5	0	**59**	8	3	10	**109**	15	2	9	**159**	22	1	8
10	1	7	9	**60**	8	6	8	**110**	15	5	6	**160**	22	4	5
11	1	10	6	**61**	8	9	5	**111**	15	8	4	**161**	22	7	2
12	1	13	4	**62**	8	12	2	**112**	15	11	1	**162**	22	10	0
13	1	16	1	**63**	8	15	0	**113**	15	13	10	**163**	22	12	9
14	1	18	10	**64**	8	17	9	**114**	15	16	8	**164**	22	15	6
15	2	1	8	**65**	9	0	6	**115**	15	19	5	**165**	22	18	4
16	2	4	5	**66**	9	3	4	**116**	16	2	2	**166**	23	1	1
17	2	7	2	**67**	9	6	1	**117**	16	5	0	**167**	23	3	10
18	2	10	0	**68**	9	8	10	**118**	16	7	9	**168**	23	6	8
19	2	12	9	**69**	9	11	8	**119**	16	10	6	**169**	23	9	5
20	2	15	6	**70**	9	14	5	**120**	16	13	4	**170**	23	12	2
21	2	18	4	**71**	9	17	2	**121**	16	16	1	**171**	23	15	0
22	3	1	1	**72**	10	0	0	**122**	16	18	10	**172**	23	17	9
23	3	3	10	**73**	10	2	9	**123**	17	1	8	**173**	24	0	6
24	3	6	8	**74**	10	5	6	**124**	17	4	5	**174**	24	3	4
25	3	9	5	**75**	10	8	4	**125**	17	7	2	**175**	24	6	1
26	3	12	2	**76**	10	11	1	**126**	17	10	0	**176**	24	8	10
27	3	15	0	**77**	10	13	10	**127**	17	12	9	**177**	24	11	8
28	3	17	9	**78**	10	16	8	**128**	17	15	6	**178**	24	14	5
29	4	0	6	**79**	10	19	5	**129**	17	18	4	**179**	24	17	2
30	4	3	4	**80**	11	2	2	**130**	18	1	1	**180**	25	0	0
31	4	6	1	**81**	11	5	0	**131**	18	3	10	**181**	25	2	9
32	4	8	10	**82**	11	7	9	**132**	18	6	8	**182**	25	5	6
33	4	11	8	**83**	11	10	6	**133**	18	9	5	**183**	25	8	4
34	4	14	5	**84**	11	13	4	**134**	18	12	2	**184**	25	11	1
35	4	17	2	**85**	11	16	1	**135**	18	15	0	**185**	25	13	10
36	5	0	0	**86**	11	18	10	**136**	18	17	9	**186**	25	16	8
37	5	2	9	**87**	12	1	8	**137**	19	0	6	**187**	25	19	5
38	5	5	6	**88**	12	4	5	**138**	19	3	4	**188**	26	2	2
39	5	8	4	**89**	12	7	2	**139**	19	6	1	**189**	26	5	0
40	5	11	1	**90**	12	10	0	**140**	19	8	10	**190**	26	7	9
41	5	13	10	**91**	12	12	9	**141**	19	11	8	**191**	26	10	6
42	5	16	8	**92**	12	15	6	**142**	19	14	5	**192**	26	13	4
43	5	19	5	**93**	12	18	4	**143**	19	17	2	**193**	26	16	1
44	6	2	2	**94**	13	1	1	**144**	20	0	0	**194**	26	18	10
45	6	5	0	**95**	13	3	10	**145**	20	2	9	**195**	27	1	8
46	6	7	9	**96**	13	6	8	**146**	20	5	6	**196**	27	4	5
47	6	10	6	**97**	13	9	5	**147**	20	8	4	**197**	27	7	2
48	6	13	4	**98**	13	12	2	**148**	20	11	1	**198**	27	10	0
49	6	16	1	**99**	13	15	0	**149**	20	13	10	**199**	27	12	9
50	6	18	10	**100**	13	17	9	**150**	20	16	8	**200**	27	15	6

TAX AT 2s. 9$\frac{1}{3}$d.

Income.	Tax.			Income.	Tax.			Income.	Tax.			Income.	Tax.		
£	£	s.	d.	£	£	s.	d.	£	£	s.	d.	£	£	s.	d.
201	27	18	4	251	34	17	2	310	43	1	1	810	112	10	0
202	28	1	1	252	35	0	0	320	44	8	10	820	113	17	9
203	28	3	10	253	35	2	9	330	45	16	8	830	115	5	6
204	28	6	8	254	35	5	6	340	47	4	5	840	116	13	4
205	28	9	5	255	35	8	4	350	48	12	2	850	118	1	1
206	28	12	2	256	35	11	1	360	50	0	0	860	119	8	10
207	28	15	0	257	35	13	10	370	51	7	9	870	120	16	8
208	28	17	9	258	35	16	8	380	52	15	6	880	122	4	5
209	29	0	6	259	35	19	5	390	54	3	4	890	123	12	2
210	29	3	4	260	36	2	2	400	55	11	1	900	125	0	0
211	29	6	1	261	36	5	0	410	56	18	10	910	126	7	9
212	29	8	10	262	36	7	9	420	58	6	8	920	127	15	6
213	29	11	8	263	36	10	6	430	59	14	5	930	129	3	4
214	29	14	5	264	36	13	4	440	61	2	2	940	130	11	1
215	29	17	2	265	36	16	1	450	62	10	0	950	131	18	10
216	30	0	0	266	36	18	10	460	63	17	9	960	133	6	8
217	30	2	9	267	37	1	8	470	65	5	6	970	134	14	5
218	30	5	6	268	37	4	5	480	66	13	4	980	136	2	2
219	30	8	4	269	37	7	2	490	68	1	1	990	137	10	0
220	30	11	1	270	37	10	0	500	69	8	10	1,000	138	17	9
221	30	13	10	271	37	12	9	510	70	16	8	1,100	152	15	6
222	30	16	8	272	37	15	6	520	72	4	5	1,200	166	13	4
223	30	19	5	273	37	18	4	530	73	12	2	1,300	180	11	1
224	31	2	2	274	38	1	1	540	75	0	0	1,400	194	8	10
225	31	5	0	275	38	3	10	550	76	7	9	1,500	208	6	8
226	31	7	9	276	38	6	8	560	77	15	6	1,600	222	4	5
227	31	10	6	277	38	9	5	570	79	3	4	1,700	236	2	2
228	31	13	4	278	38	12	2	580	80	11	1	1,800	250	0	0
229	31	16	1	279	38	15	0	590	81	18	10	1,900	263	17	9
230	31	18	10	280	38	17	9	600	83	6	8	2,000	277	15	6
231	32	1	8	281	39	0	6	610	84	14	5	3,000	416	13	4
232	32	4	5	282	39	3	4	620	86	2	2	4,000	555	11	1
233	32	7	2	283	39	6	1	630	87	10	0	5,000	694	8	10
234	32	10	0	284	39	8	10	640	88	17	9	6,000	833	6	8
235	32	12	9	285	39	11	8	650	90	5	6	7,000	972	4	5
236	32	15	6	286	39	14	5	660	91	13	4	8,000	1,111	2	2
237	32	18	4	287	39	17	2	670	93	1	1	9,000	1,250	0	0
238	33	1	1	288	40	0	0	680	94	8	10	10,000	1,388	17	9
239	33	3	10	289	40	2	9	690	95	16	8				
240	33	6	8	290	40	5	6	700	97	4	5				
241	33	9	5	291	40	8	4	710	98	12	2				
242	33	12	2	292	40	11	1	720	100	0	0				
243	33	15	0	293	40	13	10	730	101	7	9				
244	33	17	9	294	40	16	8	740	102	15	6				
245	34	0	6	295	40	19	5	750	104	3	4				
246	34	3	4	296	41	2	2	760	105	11	1				
247	34	6	1	297	41	5	0	770	106	18	10				
248	34	8	10	298	41	7	9	780	108	6	8				
249	34	11	8	299	41	10	6	790	109	14	5				
250	34	14	5	300	41	13	4	800	111	2	2				

PARTS OF A £.

s.	d.		s.	d.
	8	......		1
1	3	......		2
1	10	......		3
2	5	......		4
3	8	......		6
4	10	......		8
6	0	......		10
7	3	......	1	0
9	8	......	1	4
12	0	......	1	8
14	5	......	2	0
16	10	......	2	4
19	3	......	2	8

TAX AT 2s. 9⅗d.

Income.	Tax.			Income.	Tax.			Income.	Tax.			Income.	Tax.		
£	£	s.	d.	£	£	s.	d.	£	£	s.	d.	£	£	s.	d.
1		2	9	51	7	2	9	101	14	2	9	151	21	2	9
2		5	7	52	7	5	7	102	14	5	7	152	21	5	7
3		8	4	53	7	8	4	103	14	8	4	153	21	8	4
4		11	2	54	7	11	2	104	14	11	2	154	21	11	2
5		14	0	55	7	14	0	105	14	14	0	155	21	14	0
6		16	9	56	7	16	9	106	14	16	9	156	21	16	9
7		19	7	57	7	19	7	107	14	19	7	157	21	19	7
8	1	2	4	58	8	2	4	108	15	2	4	158	22	2	4
9	1	5	2	59	8	5	2	109	15	5	2	159	22	5	2
10	1	8	0	60	8	8	0	110	15	8	0	160	22	8	0
11	1	10	9	61	8	10	9	111	15	10	9	161	22	10	9
12	1	13	7	62	8	13	7	112	15	13	7	162	22	13	7
13	1	16	4	63	8	16	4	113	15	16	4	163	22	16	4
14	1	19	2	64	8	19	2	114	15	19	2	164	22	19	2
15	2	2	0	65	9	2	0	115	16	2	0	165	23	2	0
16	2	4	9	66	9	4	9	116	16	4	9	166	23	4	9
17	2	7	7	67	9	7	7	117	16	7	7	167	23	7	7
18	2	10	4	68	9	10	4	118	16	10	4	168	23	10	4
19	2	13	2	69	9	13	2	119	16	13	2	169	23	13	2
20	2	16	0	70	9	16	0	120	16	16	0	170	23	16	0
21	2	18	9	71	9	18	9	121	16	18	9	171	23	18	9
22	3	1	7	72	10	1	7	122	17	1	7	172	24	1	7
23	3	4	4	73	10	4	4	123	17	4	4	173	24	4	4
24	3	7	2	74	10	7	2	124	17	7	2	174	24	7	2
25	3	10	0	75	10	10	0	125	17	10	0	175	24	10	0
26	3	12	9	76	10	12	9	126	17	12	9	176	24	12	9
27	3	15	7	77	10	15	7	127	17	15	7	177	24	15	7
28	3	18	4	78	10	18	4	128	17	18	4	178	24	18	4
29	4	1	2	79	11	1	2	129	18	1	2	179	25	1	2
30	4	4	0	80	11	4	0	130	18	4	0	180	25	4	0
31	4	6	9	81	11	6	9	131	18	6	9	181	25	6	9
32	4	9	7	82	11	9	7	132	18	9	7	182	25	9	7
33	4	12	4	83	11	12	4	133	18	12	4	183	25	12	4
34	4	15	2	84	11	15	2	134	18	15	2	184	25	15	2
35	4	18	0	85	11	18	0	135	18	18	0	185	25	18	0
36	5	0	9	86	12	0	9	136	19	0	9	186	26	0	9
37	5	3	7	87	12	3	7	137	19	3	7	187	26	3	7
38	5	6	4	88	12	6	4	138	19	6	4	188	26	6	4
39	5	9	2	89	12	9	2	139	19	9	2	189	26	9	2
40	5	12	0	90	12	12	0	140	19	12	0	190	26	12	0
41	5	14	9	91	12	14	9	141	19	14	9	191	26	14	9
42	5	17	7	92	12	17	7	142	19	17	7	192	26	17	6
43	6	0	4	93	13	0	4	143	20	0	4	193	27	0	4
44	6	3	2	94	13	3	2	144	20	3	2	194	27	3	2
45	6	6	0	95	13	6	0	145	20	6	0	195	27	6	0
46	6	8	9	96	13	8	9	146	20	8	9	196	27	8	9
47	6	11	7	97	13	11	7	147	20	11	7	197	27	11	7
48	6	14	4	98	13	14	4	148	20	14	4	198	27	14	4
49	6	17	2	99	13	17	2	149	20	17	2	199	27	17	2
50	7	0	0	100	14	0	0	150	21	0	0	200	28	0	0

TAX AT 2s. $9\frac{3}{5}$d.

Income.	Tax.			Income.	Tax.			Income.	Tax.			Income.	Tax.		
£	£	s.	d.	£	£	s.	d.	£	£	s.	d.	£	£	s.	d.
201	28	2	9	251	35	2	9	310	43	8	0	810	113	8	0
202	28	5	7	252	35	5	7	320	44	16	0	820	114	16	0
203	28	8	4	253	35	8	4	330	46	4	0	830	116	4	0
204	28	11	2	254	35	11	2	340	47	12	0	840	117	12	0
205	28	14	0	255	35	14	0	350	49	0	0	850	119	0	0
206	28	16	9	256	35	16	9	360	50	8	0	860	120	8	0
207	28	19	7	257	35	19	7	370	51	16	0	870	121	16	0
208	29	2	4	258	36	2	4	380	53	4	0	880	123	4	0
209	29	5	2	259	36	5	2	390	54	12	0	890	124	12	0
210	29	8	0	260	36	8	0	400	56	0	0	900	126	0	0
211	29	10	9	261	36	10	9	410	57	8	0	910	127	8	0
212	29	13	7	262	36	13	7	420	58	16	0	920	128	16	0
213	29	16	4	263	36	16	4	430	60	4	0	930	130	4	0
214	29	19	2	264	36	19	2	440	61	12	0	940	131	12	0
215	30	2	0	265	37	2	0	450	63	0	0	950	133	0	0
216	30	4	9	266	37	4	9	460	64	8	0	960	134	8	0
217	30	7	7	267	37	7	7	470	65	16	0	970	135	16	0
218	30	10	4	268	37	10	4	480	67	4	0	980	137	4	0
219	30	13	2	269	37	13	2	490	68	12	0	990	138	12	0
220	30	16	0	270	37	16	0	500	70	0	0	1,000	140	0	0
221	30	18	9	271	37	18	9	510	71	8	0	1,100	154	0	0
222	31	1	7	272	38	1	7	520	72	16	0	1,200	168	0	0
223	31	4	4	273	38	4	4	530	74	4	0	1,300	182	0	0
224	31	7	2	274	38	7	2	540	75	12	0	1,400	196	0	0
225	31	10	0	275	38	10	0	550	77	0	0	1,500	210	0	0
226	31	12	9	276	38	12	9	560	78	8	0	1,600	224	0	0
227	31	15	7	277	38	15	7	570	79	16	0	1,700	238	0	0
228	31	18	4	278	38	18	4	580	81	4	0	1,800	252	0	0
229	32	1	2	279	39	1	2	590	82	12	0	1,900	266	0	0
230	32	4	0	280	39	4	0	600	84	0	0	2,000	280	0	0
231	32	6	9	281	39	6	9	610	85	8	0	3,000	420	0	0
232	32	9	7	282	39	9	7	620	86	16	0	4,000	560	0	0
233	32	12	4	283	39	12	4	630	88	4	0	5,000	700	0	0
234	32	15	2	284	39	15	2	640	89	12	0	6,000	840	0	0
235	32	18	0	285	39	18	0	650	91	0	0	7,000	980	0	0
236	33	0	9	286	40	0	9	660	92	8	0	8,000	1,120	0	0
237	33	3	7	287	40	3	7	670	93	16	0	9,000	1,260	0	0
238	33	6	4	288	40	6	4	680	95	4	0	10,000	1,400	0	0
239	33	9	2	289	40	9	2	690	96	12	0				
240	33	12	0	290	40	12	0	700	98	0	0				
241	33	14	9	291	40	14	9	710	99	8	0				
242	33	17	7	292	40	17	7	720	100	16	0				
243	34	0	4	293	41	0	4	730	102	4	0				
244	34	3	2	294	41	3	2	740	103	12	0				
245	34	6	0	295	41	6	0	750	105	0	0				
246	34	8	9	296	41	8	9	760	106	8	0				
247	34	11	7	297	41	11	7	770	107	16	0				
248	34	14	4	298	41	14	4	780	109	4	0				
249	34	17	2	299	41	17	2	790	110	12	0				
250	35	0	0	300	42	0	0	800	112	0	0				

PARTS OF A £.

s.	d.	s.	d.
	8		1
1	3		2
1	10		3
3	7		6
4	2		7
5	5		9
7	2	1	0
9	0	1	3
10	9	1	6
12	6	1	9
14	4	2	0
16	1	2	3
16	8	2	4
17	11	2	6

TAX AT 2s. 10d.

Income.	Tax.			Income.	Tax.			Income.	Tax.			Income.	Tax.		
£	£	s.	d.	£	£	s.	d.	£	£	s.	d.	£	£	s.	d.
1		2	10	51	7	4	6	101	14	6	2	151	21	7	10
2		5	8	52	7	7	4	102	14	9	0	152	21	10	8
3		8	6	53	7	10	2	103	14	11	10	153	21	13	6
4		11	4	54	7	13	0	104	14	14	8	154	21	16	4
5		14	2	55	7	15	10	105	14	17	6	155	21	19	2
6		17	0	56	7	18	8	106	15	0	4	156	22	2	0
7		19	10	57	8	1	6	107	15	3	2	157	22	4	10
8	1	2	8	58	8	4	4	108	15	6	0	158	22	7	8
9	1	5	6	59	8	7	2	109	15	8	10	159	22	10	6
10	1	8	4	60	8	10	0	110	15	11	8	160	22	13	4
11	1	11	2	61	8	12	10	111	15	14	6	161	22	16	2
12	1	14	0	62	8	15	8	112	15	17	4	162	22	19	0
13	1	16	10	63	8	18	6	113	16	0	2	163	23	1	10
14	1	19	8	64	9	1	4	114	16	3	0	164	23	4	8
15	2	2	6	65	9	4	2	115	16	5	10	165	23	7	6
16	2	5	4	66	9	7	0	116	16	8	8	166	23	10	4
17	2	8	2	67	9	9	10	117	16	11	6	167	23	13	2
18	2	11	0	68	9	12	8	118	16	14	4	168	23	16	0
19	2	13	10	69	9	15	6	119	16	17	2	169	23	18	10
20	2	16	8	70	9	18	4	120	17	0	0	170	24	1	8
21	2	19	6	71	10	1	2	121	17	2	10	171	24	4	6
22	3	2	4	72	10	4	0	122	17	5	8	172	24	7	4
23	3	5	2	73	10	6	10	123	17	8	6	173	24	10	2
24	3	8	0	74	10	9	8	124	17	11	4	174	24	13	0
25	3	10	10	75	10	12	6	125	17	14	2	175	24	15	10
26	3	13	8	76	10	15	4	126	17	17	0	176	24	18	8
27	3	16	6	77	10	18	2	127	17	19	10	177	25	1	6
28	3	19	4	78	11	1	0	128	18	2	8	178	25	4	4
29	4	2	2	79	11	3	10	129	18	5	6	179	25	7	2
30	4	5	0	80	11	6	8	130	18	8	4	180	25	10	0
31	4	7	10	81	11	9	6	131	18	11	2	181	25	12	10
32	4	10	8	82	11	12	4	132	18	14	0	182	25	15	8
33	4	13	6	83	11	15	2	133	18	16	10	183	25	18	6
34	4	16	4	84	11	18	0	134	18	19	8	184	26	1	4
35	4	19	2	85	12	0	10	135	19	2	6	185	26	4	2
36	5	2	0	86	12	3	8	136	19	5	4	186	26	7	0
37	5	4	10	87	12	6	6	137	19	8	2	187	26	9	10
38	5	7	8	88	12	9	4	138	19	11	0	188	26	12	8
39	5	10	6	89	12	12	2	139	19	13	10	189	26	15	6
40	5	13	4	90	12	15	0	140	19	16	8	190	26	18	4
41	5	16	2	91	12	17	10	141	19	19	6	191	27	1	2
42	5	19	0	92	13	0	8	142	20	2	4	192	27	4	0
43	6	1	10	93	13	3	6	143	20	5	2	193	27	6	10
44	6	4	8	94	13	6	4	144	20	8	0	194	27	9	8
45	6	7	6	95	13	9	2	145	20	10	10	195	27	12	6
46	6	10	4	96	13	12	0	146	20	13	8	196	27	15	4
47	6	13	2	97	13	14	10	147	20	16	6	197	27	18	2
48	6	16	0	98	13	17	8	148	20	19	4	198	28	1	0
49	6	18	10	99	14	0	6	149	21	2	2	199	28	3	10
50	7	1	8	100	14	3	4	150	21	5	0	200	28	6	8

TAX AT 2s. 10d.

Income.	Tax.		
£	£	s.	d.
201	28	9	6
202	28	12	4
203	28	15	2
204	28	18	0
205	29	0	10
206	29	3	8
207	29	6	6
208	29	9	4
209	29	12	2
210	29	15	0
211	29	17	10
212	30	0	8
213	30	3	6
214	30	6	4
215	30	9	2
216	30	12	0
217	30	14	10
218	30	17	8
219	31	0	6
220	31	3	4
221	31	6	2
222	31	9	0
223	31	11	10
224	31	14	8
225	31	17	6
226	32	0	4
227	32	3	2
228	32	6	0
229	32	8	10
230	32	11	8
231	32	14	6
232	32	17	4
233	33	0	2
234	33	3	0
235	33	5	10
236	33	8	8
237	33	11	6
238	33	14	4
239	33	17	2
240	34	0	0
241	34	2	10
242	34	5	8
243	34	8	6
244	34	11	4
245	34	14	2
246	34	17	0
247	34	19	10
248	35	2	8
249	35	5	6
250	35	8	4

Income.	Tax.		
£	£	s.	d.
251	35	11	2
252	35	14	0
253	35	16	10
254	35	19	8
255	36	2	6
256	36	5	4
257	36	8	2
258	36	11	0
259	36	13	10
260	36	16	8
261	36	19	6
262	37	2	4
263	37	5	2
264	37	8	0
265	37	10	10
266	37	13	8
267	37	16	6
268	37	19	4
269	38	2	2
270	38	5	0
271	38	7	10
272	38	10	8
273	38	13	6
274	38	16	4
275	38	19	2
276	39	2	0
277	39	4	10
278	39	7	8
279	39	10	6
280	39	13	4
281	39	16	2
282	39	19	0
283	40	1	10
284	40	4	8
285	40	7	6
286	40	10	4
287	40	13	2
288	40	16	0
289	40	18	10
290	41	1	8
291	41	4	6
292	41	7	4
293	41	10	2
294	41	13	0
295	41	15	10
296	41	18	8
297	42	1	6
298	42	4	4
299	42	7	2
300	42	10	0

Income.	Tax.		
£	£	s.	d.
310	43	18	4
320	45	6	8
330	46	15	0
340	48	3	4
350	49	11	8
360	51	0	0
370	52	8	4
380	53	16	8
390	55	5	0
400	56	13	4
410	58	1	8
420	59	10	0
430	60	18	4
440	62	6	8
450	63	15	0
460	65	3	4
470	66	11	8
480	68	0	0
490	69	8	4
500	70	16	8
510	72	5	0
520	73	13	4
530	75	1	8
540	76	10	0
550	77	18	4
560	79	6	8
570	80	15	0
580	82	3	4
590	83	11	8
600	85	0	0
610	86	8	4
620	87	16	8
630	89	5	0
640	90	13	4
650	92	1	8
660	93	10	0
670	94	18	4
680	96	6	8
690	97	15	0
700	99	3	4
710	100	11	8
720	102	0	0
730	103	8	4
740	104	16	8
750	106	5	0
760	107	13	4
770	109	1	8
780	110	10	0
790	111	18	4
800	113	6	8

Income.	Tax.		
£	£	s.	d.
810	114	15	0
820	116	3	4
830	117	11	8
840	119	0	0
850	120	8	4
860	121	16	8
870	123	5	0
880	124	13	4
890	126	1	8
900	127	10	0
910	128	18	4
920	130	6	8
930	131	15	0
940	133	3	4
950	134	11	8
960	136	0	0
970	137	8	4
980	138	16	8
990	140	5	0
1,000	141	13	4
1,100	155	16	8
1,200	170	0	0
1,300	184	3	4
1,400	198	6	8
1,500	212	10	0
1,600	226	13	4
1,700	240	16	8
1,800	255	0	0
1,900	269	3	4
2,000	283	6	8
3,000	425	0	0
4,000	566	13	4
5,000	708	6	8
6,000	850	0	0
7,000	991	13	4
8,000	1,133	6	8
9,000	1,275	0	0
10,000	1,416	13	4

PARTS OF A £.

s.	d.	s.	d.
	8		1
1	10		3
3	9		6
5	4		9
7	1	1	0
8	10	1	3
10	8	1	6
12	5	1	9
14	2	2	0
15	11	2	3
17	8	2	6
19	5	2	9

TAX AT 2s. 10$\frac{2}{3}$d.

Income.	Tax.			Income.	Tax.			Income.	Tax.			Income.	Tax.		
£	£	s.	d.	£	£	s.	d.	£	£	s.	d.	£	£	s.	d.
1		2	10	51	7	7	4	101	14	11	9	151	21	16	2
2		5	9	52	7	10	2	102	14	14	8	152	21	19	1
3		8	8	53	7	13	1	103	14	17	6	153	22	2	0
4		11	6	54	7	16	0	104	15	0	5	154	22	4	10
5		14	5	55	7	18	10	105	15	3	4	155	22	7	9
6		17	4	56	8	1	9	106	15	6	2	156	22	10	8
7	1	0	2	57	8	4	8	107	15	9	1	157	22	13	6
8	1	3	1	58	8	7	6	108	15	12	0	158	22	16	5
9	1	6	0	59	8	10	5	109	15	14	10	159	22	19	4
10	1	8	10	60	8	13	4	110	15	17	9	160	23	2	2
11	1	11	9	61	8	16	2	111	16	0	8	161	23	5	1
12	1	14	8	62	8	19	1	112	16	3	6	162	23	8	0
13	1	17	6	63	9	2	0	113	16	6	5	163	23	10	10
14	2	0	5	64	9	4	10	114	16	9	4	164	23	13	9
15	2	3	4	65	9	7	9	115	16	12	2	165	23	16	8
16	2	6	2	66	9	10	8	116	16	15	1	166	23	19	6
17	2	9	1	67	9	13	6	117	16	18	0	167	24	2	5
18	2	12	0	68	9	16	5	118	17	0	10	168	24	5	4
19	2	14	10	69	9	19	4	119	17	3	9	169	24	8	2
20	2	17	9	70	10	2	2	120	17	6	8	170	24	11	1
21	3	0	8	71	10	5	1	121	17	9	6	171	24	14	0
22	3	3	6	72	10	8	0	122	17	12	5	172	24	16	10
23	3	6	5	73	10	10	10	123	17	15	4	173	24	19	9
24	3	9	4	74	10	13	9	124	17	18	2	174	25	2	8
25	3	12	2	75	10	16	8	125	18	1	1	175	25	5	6
26	3	15	1	76	10	19	6	126	18	4	0	176	25	8	5
27	3	18	0	77	11	2	5	127	18	6	10	177	25	11	4
28	4	0	10	78	11	5	4	128	18	9	9	178	25	14	2
29	4	3	9	79	11	8	2	129	18	12	8	179	25	17	1
30	4	6	8	80	11	11	1	130	18	15	6	180	26	0	0
31	4	9	6	81	11	14	0	131	18	18	5	181	26	2	10
32	4	12	5	82	11	16	10	132	19	1	4	182	26	5	9
33	4	15	4	83	11	19	9	133	19	4	2	183	26	8	8
34	4	18	2	84	12	2	8	134	19	7	1	184	26	11	6
35	5	1	1	85	12	5	6	135	19	10	0	185	26	14	5
36	5	4	0	86	12	8	5	136	19	12	10	186	26	17	4
37	5	6	10	87	12	11	4	137	19	15	9	187	27	0	2
38	5	9	9	88	12	14	2	138	19	18	8	188	27	3	1
39	5	12	8	89	12	17	1	139	20	1	6	189	27	6	0
40	5	15	6	90	13	0	0	140	20	4	5	190	27	8	10
41	5	18	5	91	13	2	10	141	20	7	4	191	27	11	9
42	6	1	4	92	13	5	9	142	20	10	2	192	27	14	8
43	6	4	2	93	13	8	8	143	20	13	1	193	27	17	6
44	6	7	1	94	13	11	6	144	20	16	0	194	28	0	5
45	6	10	0	95	13	14	5	145	20	18	10	195	28	3	4
46	6	12	10	96	13	17	4	146	21	1	9	196	28	6	2
47	6	15	9	97	14	0	2	147	21	4	8	197	28	9	1
48	6	18	8	98	14	3	1	148	21	7	6	198	28	12	0
49	7	1	6	99	14	6	0	149	21	10	5	199	28	14	10
50	7	4	5	100	14	8	10	150	21	13	4	200	28	17	9

TAX AT 2s. 10⅔d.

Income.	Tax.			Income.	Tax.			Income.	Tax.			Income.	Tax.		
£	£	s.	d.	£	£	s.	d.	£	£	s.	d.	£	£	s.	d.
201	29	0	8	251	36	5	1	310	44	15	6	810	117	0	0
202	29	3	6	252	36	8	0	320	46	4	5	820	118	8	10
203	29	6	5	253	36	10	10	330	47	13	4	830	119	17	9
204	29	9	4	254	36	13	9	340	49	2	2	840	121	6	8
205	29	12	2	255	36	16	8	350	50	11	1	850	122	15	6
206	29	15	1	256	36	19	6	360	52	0	0	860	124	4	5
207	29	18	0	257	37	2	5	370	53	8	10	870	125	13	4
208	30	0	10	258	37	5	4	380	54	17	9	880	127	2	2
209	30	3	9	259	37	8	2	390	56	6	8	890	128	11	1
210	30	6	8	260	37	11	1	400	57	15	6	900	130	0	0
211	30	9	6	261	37	14	0	410	59	4	5	910	131	8	10
212	30	12	5	262	37	16	10	420	60	13	4	920	132	17	9
213	30	15	4	263	37	19	9	430	62	2	2	930	134	6	8
214	30	18	2	264	38	2	8	440	63	11	1	940	135	15	6
215	31	1	1	265	38	5	6	450	65	0	0	950	137	4	5
216	31	4	0	266	38	8	5	460	66	8	10	960	138	13	4
217	31	6	10	267	38	11	4	470	67	17	9	970	140	2	2
218	31	9	9	268	38	14	2	480	69	6	8	980	141	11	1
219	31	12	8	269	38	17	1	490	70	15	6	990	143	0	0
220	31	15	6	270	39	0	0	500	72	4	5	1,000	144	8	10
221	31	18	5	271	39	2	10	510	73	13	4	1,100	158	17	9
222	32	1	4	272	39	5	9	520	75	2	2	1,200	173	6	8
223	32	4	2	273	39	8	8	530	76	11	1	1,300	187	15	6
224	32	7	1	274	39	11	6	540	78	0	0	1,400	202	4	5
225	32	10	0	275	39	14	5	550	79	8	10	1,500	216	13	4
226	32	12	10	276	39	17	4	560	80	17	9	1,600	231	2	2
227	32	15	9	277	40	0	2	570	82	6	8	1,700	245	11	1
228	32	18	8	278	40	3	1	580	83	15	6	1,800	260	0	0
229	33	1	6	279	40	6	0	590	85	4	5	1,900	274	8	10
230	33	4	5	280	40	8	10	600	86	13	4	2,000	288	17	9
231	33	7	4	281	40	11	9	610	88	2	2	3,000	433	6	8
232	33	10	2	282	40	14	8	620	89	11	1	4,000	577	15	6
233	33	13	1	283	40	17	6	630	91	0	0	5,000	722	4	5
234	33	16	0	284	41	0	5	640	92	8	10	6,000	866	13	4
235	33	18	10	285	41	3	4	650	93	17	9	7,000	1,011	2	2
236	34	1	9	286	41	6	2	660	95	6	8	8,000	1,155	11	1
237	34	4	8	287	41	9	1	670	96	15	6	9,000	1,300	0	0
238	34	7	6	288	41	12	0	680	98	4	5	10,000	1,444	8	10
239	34	10	5	289	41	14	10	690	99	13	4				
240	34	13	4	290	41	17	9	700	101	2	2				
241	34	16	2	291	42	0	8	710	102	11	1				
242	34	19	1	292	42	3	6	720	104	0	0				
243	35	2	0	293	42	6	5	730	105	8	10				
244	35	4	10	294	42	9	4	740	106	17	9				
245	35	7	9	295	42	12	2	750	108	6	8				
246	35	10	8	296	42	15	1	760	109	15	6				
247	35	13	6	297	42	18	0	770	111	4	5				
248	35	16	5	298	43	0	10	780	112	13	4				
249	35	19	4	299	43	3	9	790	114	2	2				
250	36	2	2	300	43	6	8	800	115	11	1				

PARTS OF A £.

s.	d.	s.	d.
	7		1
1	2		2
1	9		3
3	6		6
5	3		9
7	0	1	0
8	8	1	3
10	5	1	6
12	2	1	9
13	11	2	0
15	7	2	3
17	4	2	6
19	1	2	9

TAX AT 2s. 11⅓d.

Income.	Tax.			Income.	Tax.			Income.	Tax.			Income.	Tax.		
£	£	s.	d.	£	£	s.	d.	£	£	s.	d.	£	£	s.	d.
1		2	11	51	7	10	2	101	14	17	4	151	22	4	7
2		5	10	52	7	13	1	102	15	0	4	152	22	7	6
3		8	10	53	7	16	0	103	15	3	3	153	22	10	6
4		11	9	54	7	19	0	104	15	6	2	154	22	13	5
5		14	8	55	8	1	11	105	15	9	2	155	22	16	4
6		17	8	56	8	4	10	106	15	12	1	156	22	19	4
7	1	0	7	57	8	7	10	107	15	15	0	157	23	2	3
8	1	3	6	58	8	10	9	108	15	18	0	158	23	5	2
9	1	6	6	59	8	13	8	109	16	0	11	159	23	8	2
10	1	9	5	60	8	16	8	110	16	3	10	160	23	11	1
11	1	12	4	61	8	19	7	111	16	6	10	161	23	14	0
12	1	15	4	62	9	2	6	112	16	9	9	162	23	17	0
13	1	18	3	63	9	5	6	113	16	12	8	163	23	19	11
14	2	1	2	64	9	8	5	114	16	15	8	164	24	2	10
15	2	4	2	65	9	11	4	115	16	18	7	165	24	5	10
16	2	7	1	66	9	14	4	116	17	1	6	166	24	8	9
17	2	10	0	67	9	17	3	117	17	4	6	167	24	11	8
18	2	13	0	68	10	0	2	118	17	7	5	168	24	14	8
19	2	15	11	69	10	3	2	119	17	10	4	169	24	17	7
20	2	18	10	70	10	6	1	120	17	13	4	170	25	0	6
21	3	1	10	71	10	9	0	121	17	16	3	171	25	3	6
22	3	4	9	72	10	12	0	122	17	19	2	172	25	6	5
23	3	7	8	73	10	14	11	123	18	2	2	173	25	9	4
24	3	10	8	74	10	17	10	124	18	5	1	174	25	12	4
25	3	13	7	75	11	0	10	125	18	8	0	175	25	15	3
26	3	16	6	76	11	3	9	126	18	11	0	176	25	18	2
27	3	19	6	77	11	6	8	127	18	13	11	177	26	1	2
28	4	2	5	78	11	9	8	128	18	16	10	178	26	4	1
29	4	5	4	79	11	12	7	129	18	19	10	179	26	7	0
30	4	8	4	80	11	15	6	130	19	2	9	180	26	10	0
31	4	11	3	81	11	18	6	131	19	5	8	181	26	12	11
32	4	14	2	82	12	1	5	132	19	8	8	182	26	15	10
33	4	17	2	83	12	4	4	133	19	11	7	183	26	18	10
34	5	0	1	84	12	7	4	134	19	14	6	184	27	1	9
35	5	3	0	85	12	10	3	135	19	17	6	185	27	4	8
36	5	6	0	86	12	13	2	136	20	0	5	186	27	7	8
37	5	8	11	87	12	16	2	137	20	3	4	187	27	10	7
38	5	11	10	88	12	19	1	138	20	6	4	188	27	13	6
39	5	14	10	89	13	2	0	139	20	9	3	189	27	16	6
40	5	17	9	90	13	5	0	140	20	12	2	190	27	19	5
41	6	0	8	91	13	7	11	141	20	15	2	191	28	2	4
42	6	3	8	92	13	10	10	142	20	18	1	192	28	5	4
43	6	6	7	93	13	13	10	143	21	1	0	193	28	8	3
44	6	9	6	94	13	16	9	144	21	4	0	194	28	11	2
45	6	12	6	95	13	19	8	145	21	6	11	195	28	14	2
46	6	15	5	96	14	2	8	146	21	9	10	196	28	17	1
47	6	18	4	97	14	5	7	147	21	12	10	197	29	0	0
48	7	1	4	98	14	8	6	148	21	15	9	198	29	3	0
49	7	4	3	99	14	11	6	149	21	18	8	199	29	5	11
50	7	7	2	100	14	14	5	150	22	1	8	200	29	8	10

TAX AT 2s. 11⅓d.

Income.	Tax.			Income.	Tax.			Income.	Tax.			Income.	Tax.		
£	£	s.	d.	£	£	s.	d.	£	£	s.	d.	£	£	s.	d.
201	29	11	10	251	36	19	0	310	45	12	9	810	119	5	0
202	29	14	9	252	37	2	0	320	47	2	2	820	120	14	5
203	29	17	8	253	37	4	11	330	48	11	8	830	122	3	10
204	30	0	8	254	37	7	10	340	50	1	1	840	123	13	4
205	30	3	7	255	37	10	10	350	51	10	6	850	125	2	9
206	30	6	6	256	37	13	9	360	53	0	0	860	126	12	2
207	30	9	6	257	37	16	8	370	54	9	5	870	128	1	8
208	30	12	5	258	37	19	8	380	55	18	10	880	129	11	1
209	30	15	4	259	38	2	7	390	57	8	4	890	131	0	6
210	30	18	4	260	38	5	6	400	58	17	9	900	132	10	0
211	31	1	3	261	38	8	6	410	60	7	2	910	133	19	5
212	31	4	2	262	38	11	5	420	61	16	8	920	135	8	10
213	31	7	2	263	38	14	4	430	63	6	1	930	136	18	4
214	31	10	1	264	38	17	4	440	64	15	6	940	138	7	9
215	31	13	0	265	39	0	3	450	66	5	0	950	139	17	2
216	31	16	0	266	39	3	2	460	67	14	5	960	141	6	8
217	31	18	11	267	39	6	2	470	69	3	10	970	142	16	1
218	32	1	10	268	39	9	1	480	70	13	4	980	144	5	6
219	32	4	10	269	39	12	0	490	72	2	9	990	145	15	0
220	32	7	9	270	39	15	0	500	73	12	2	1,000	147	4	5
221	32	10	8	271	39	17	11	510	75	1	8	1,100	161	18	10
222	32	13	8	272	40	0	10	520	76	11	1	1,200	176	13	4
223	32	16	7	273	40	3	10	530	78	0	6	1,300	191	7	9
224	32	19	6	274	40	6	9	540	79	10	0	1,400	206	2	2
225	33	2	6	275	40	9	8	550	80	19	5	1,500	220	16	8
226	33	5	5	276	40	12	8	560	82	8	10	1,600	235	11	1
227	33	8	4	277	40	15	7	570	83	18	4	1,700	250	5	6
228	33	11	4	278	40	18	6	580	85	7	9	1,800	265	0	0
229	33	14	3	279	41	1	6	590	86	17	2	1,900	279	14	5
230	33	17	2	280	41	4	5	600	88	6	8	2,000	294	8	10
231	34	0	2	281	41	7	4	610	89	16	1	3,000	441	13	4
232	34	3	1	282	41	10	4	620	91	5	6	4,000	588	17	9
233	34	6	0	283	41	13	3	630	92	15	0	5,000	736	2	2
234	34	9	0	284	41	16	2	640	94	4	5	6,000	883	6	8
235	34	11	11	285	41	19	2	650	95	13	10	7,000	1,030	11	1
236	34	14	10	286	42	2	1	660	97	3	4	8,000	1,177	15	6
237	34	17	10	287	42	5	0	670	98	12	9	9,000	1,325	0	0
238	35	0	9	288	42	8	0	680	100	2	2	10,000	1,472	4	5
239	35	3	8	289	42	10	11	690	101	11	8				
240	35	6	8	290	42	13	10	700	103	1	1				
241	35	9	7	291	42	16	10	710	104	10	6				
242	35	12	6	292	42	19	9	720	106	0	0				
243	35	15	6	293	43	2	8	730	107	9	5				
244	35	18	5	294	43	5	8	740	108	18	10				
245	36	1	4	295	43	8	7	750	110	8	4				
246	36	4	4	296	43	11	6	760	111	17	9				
247	36	7	3	297	43	14	6	770	113	7	2				
248	36	10	2	298	43	17	5	780	114	16	8				
249	36	13	2	299	44	0	4	790	116	6	1				
250	36	16	1	300	44	3	4	800	117	15	6				

PARTS OF A £.

s.	d.		s.	d.
	7	......		1
1	2	......		2
1	9	......		3
2	4	......		4
4	7	......		8
6	10	......	1	0
9	1	......	1	4
11	4	......	1	8
13	8	......	2	0
15	11	......	2	4
18	2	......	2	8

TAX AT 3s.

Income.	Tax.			Income.	Tax.			Income.	Tax.			Income.	Tax.		
£	£	s.	d.	£	£	s.	d.	£	£	s.	d.	£	£	s.	d.
1		3	0	51	7	13	0	101	15	3	0	151	22	13	0
2		6	0	52	7	16	0	102	15	6	0	152	22	16	0
3		9	0	53	7	19	0	103	15	9	0	153	22	19	0
4		12	0	54	8	2	0	104	15	12	0	154	23	2	0
5		15	0	55	8	5	0	105	15	15	0	155	23	5	0
6		18	0	56	8	8	0	106	15	18	0	156	23	8	0
7	1	1	0	57	8	11	0	107	16	1	0	157	23	11	0
8	1	4	0	58	8	14	0	108	16	4	0	158	23	14	0
9	1	7	0	59	8	17	0	109	16	7	0	159	23	17	0
10	1	10	0	60	9	0	0	110	16	10	0	160	24	0	0
11	1	13	0	61	9	3	0	111	16	13	0	161	24	3	0
12	1	16	0	62	9	6	0	112	16	16	0	162	24	6	0
13	1	19	0	63	9	9	0	113	16	19	0	163	24	9	0
14	2	2	0	64	9	12	0	114	17	2	0	164	24	12	0
15	2	5	0	65	9	15	0	115	17	5	0	165	24	15	0
16	2	8	0	66	9	18	0	116	17	8	0	166	24	18	0
17	2	11	0	67	10	1	0	117	17	11	0	167	25	1	0
18	2	14	0	68	10	4	0	118	17	14	0	168	25	4	0
19	2	17	0	69	10	7	0	119	17	17	0	169	25	7	0
20	3	0	0	70	10	10	0	120	18	0	0	170	25	10	0
21	3	3	0	71	10	13	0	121	18	3	0	171	25	13	0
22	3	6	0	72	10	16	0	122	18	6	0	172	25	16	0
23	3	9	0	73	10	19	0	123	18	9	0	173	25	19	0
24	3	12	0	74	11	2	0	124	18	12	0	174	26	2	0
25	3	15	0	75	11	5	0	125	18	15	0	175	26	5	0
26	3	18	0	76	11	8	0	126	18	18	0	176	26	8	0
27	4	1	0	77	11	11	0	127	19	1	0	177	26	11	0
28	4	4	0	78	11	14	0	128	19	4	0	178	26	14	0
29	4	7	0	79	11	17	0	129	19	7	0	179	26	17	0
30	4	10	0	80	12	0	0	130	19	10	0	180	27	0	0
31	4	13	0	81	12	3	0	131	19	13	0	181	27	3	0
32	4	16	0	82	12	6	0	132	19	16	0	182	27	6	0
33	4	19	0	83	12	9	0	133	19	19	0	183	27	9	0
34	5	2	0	84	12	12	0	134	20	2	0	184	27	12	0
35	5	5	0	85	12	15	0	135	20	5	0	185	27	15	0
36	5	8	0	86	12	18	0	136	20	8	0	186	27	18	0
37	5	11	0	87	13	1	0	137	20	11	0	187	28	1	0
38	5	14	0	88	13	4	0	138	20	14	0	188	28	4	0
39	5	17	0	89	13	7	0	139	20	17	0	189	28	7	0
40	6	0	0	90	13	10	0	140	21	0	0	190	28	10	0
41	6	3	0	91	13	13	0	141	21	3	0	191	28	13	0
42	6	6	0	92	13	16	0	142	21	6	0	192	28	16	0
43	6	9	0	93	13	19	0	143	21	9	0	193	28	19	0
44	6	12	0	94	14	2	0	144	21	12	0	194	29	2	0
45	6	15	0	95	14	5	0	145	21	15	0	195	29	5	0
46	6	18	0	96	14	8	0	146	21	18	0	196	29	8	0
47	7	1	0	97	14	11	0	147	22	1	0	197	29	11	0
48	7	4	0	98	14	14	0	148	22	4	0	198	29	14	0
49	7	7	0	99	14	17	0	149	22	7	0	199	29	17	0
50	7	10	0	100	15	0	0	150	22	10	0	200	30	0	0

TAX AT 3s.

Income.	Tax.			Income.	Tax.			Income.	Tax.			Income.	Tax.		
£	£	s.	d.	£	£	s.	d.	£	£	s.	d.	£	£	s.	d.
201	30	3	0	251	37	13	0	310	46	10	0	810	121	10	0
202	30	6	0	252	37	16	0	320	48	0	0	820	123	0	0
203	30	9	0	253	37	19	0	330	49	10	0	830	124	10	0
204	30	12	0	254	38	2	0	340	51	0	0	840	126	0	0
205	30	15	0	255	38	5	0	350	52	10	0	850	127	10	0
206	30	18	0	256	38	8	0	360	54	0	0	860	129	0	0
207	31	1	0	257	38	11	0	370	55	10	0	870	130	10	0
208	31	4	0	258	38	14	0	380	57	0	0	880	132	0	0
209	31	7	0	259	38	17	0	390	58	10	0	890	133	10	0
210	31	10	0	260	39	0	0	400	60	0	0	900	135	0	0
211	31	13	0	261	39	3	0	410	61	10	0	910	136	10	0
212	31	16	0	262	39	6	0	420	63	0	0	920	138	0	0
213	31	19	0	263	39	9	0	430	64	10	0	930	139	10	0
214	32	2	0	264	39	12	0	440	66	0	0	940	141	0	0
215	32	5	0	265	39	15	0	450	67	10	0	950	142	10	0
216	32	8	0	266	39	18	0	460	69	0	0	960	144	0	0
217	32	11	0	267	40	1	0	470	70	10	0	970	145	10	0
218	32	14	0	268	40	4	0	480	72	0	0	980	147	0	0
219	32	17	0	269	40	7	0	490	73	10	0	990	148	10	0
220	33	0	0	270	40	10	0	500	75	0	0	1,000	150	0	0
221	33	3	0	271	40	13	0	510	76	10	0	1,100	165	0	0
222	33	6	0	272	40	16	0	520	78	0	0	1,200	180	0	0
223	33	9	0	273	40	19	0	530	79	10	0	1,300	195	0	0
224	33	12	0	274	41	2	0	540	81	0	0	1,400	210	0	0
225	33	15	0	275	41	5	0	550	82	10	0	1,500	225	0	0
226	33	18	0	276	41	8	0	560	84	0	0	1,600	240	0	0
227	34	1	0	277	41	11	0	570	85	10	0	1,700	255	0	0
228	34	4	0	278	41	14	0	580	87	0	0	1,800	270	0	0
229	34	7	0	279	41	17	0	590	88	10	0	1,900	285	0	0
230	34	10	0	280	42	0	0	600	90	0	0	2,000	300	0	0
231	34	13	0	281	42	3	0	610	91	10	0	3,000	450	0	0
232	34	16	0	282	42	6	0	620	93	0	0	4,000	600	0	0
233	34	19	0	283	42	9	0	630	94	10	0	5,000	750	0	0
234	35	2	0	284	42	12	0	640	96	0	0	6,000	900	0	0
235	35	5	0	285	42	15	0	650	97	10	0	7,000	1,050	0	0
236	35	8	0	286	42	18	0	660	99	0	0	8,000	1,200	0	0
237	35	11	0	287	43	1	0	670	100	10	0	9,000	1,350	0	0
238	35	14	0	288	43	4	0	680	102	0	0	10,000	1,500	0	0
239	35	17	0	289	43	7	0	690	103	10	0				
240	36	0	0	290	43	10	0	700	105	0	0				
241	36	3	0	291	43	13	0	710	106	10	0				
242	36	6	0	292	43	16	0	720	108	0	0				
243	36	9	0	293	43	19	0	730	109	10	0				
244	36	12	0	294	44	2	0	740	111	0	0				
245	36	15	0	295	44	5	0	750	112	10	0				
246	36	18	0	296	44	8	0	760	114	0	0				
247	37	1	0	297	44	11	0	770	115	10	0				
248	37	4	0	298	44	14	0	780	117	0	0				
249	37	7	0	299	44	17	0	790	118	10	0				
250	37	10	0	300	45	0	0	800	120	0	0				

PARTS OF A £.

s.	d.	s.	d.
	7		1
1	8		3
3	4		6
5	0		9
6	8	1	0
8	4	1	3
10	0	1	6
11	8	1	9
13	4	2	0
15	0	2	3
16	8	2	6
18	4	2	9

TAX AT 3s. 0¼d.

Income.	Tax.			Income.	Tax.			Income.	Tax.			Income.	Tax.		
£	£	s.	d.	£	£	s.	d.	£	£	s.	d.	£	£	s.	d.
1		3	0	51	7	14	0	101	15	5	1	151	22	16	1
2		6	0	52	7	17	1	102	15	8	1	152	22	19	2
3		9	0	53	8	0	1	103	15	11	1	153	23	2	2
4		12	1	54	8	3	1	104	15	14	2	154	23	5	2
5		15	1	55	8	6	1	105	15	17	2	155	23	8	2
6		18	1	56	8	9	2	106	16	0	2	156	23	11	3
7	1	1	1	57	8	12	2	107	16	3	2	157	23	14	3
8	1	4	2	58	8	15	2	108	16	6	3	158	23	17	3
9	1	7	2	59	8	18	2	109	16	9	3	159	24	0	3
10	1	10	2	60	9	1	3	110	16	12	3	160	24	3	4
11	1	13	2	61	9	4	3	111	16	15	3	161	24	6	4
12	1	16	3	62	9	7	3	112	16	18	4	162	24	9	4
13	1	19	3	63	9	10	3	113	17	1	4	163	24	12	4
14	2	2	3	64	9	13	4	114	17	4	4	164	24	15	5
15	2	5	3	65	9	16	4	115	17	7	4	165	24	18	5
16	2	8	4	66	9	19	4	116	17	10	5	166	25	1	5
17	2	11	4	67	10	2	4	117	17	13	5	167	25	4	5
18	2	14	4	68	10	5	5	118	17	16	5	168	25	7	6
19	2	17	4	69	10	8	5	119	17	19	5	169	25	10	6
20	3	0	5	70	10	11	5	120	18	2	6	170	25	13	6
21	3	3	5	71	10	14	5	121	18	5	6	171	25	16	6
22	3	6	5	72	10	17	6	122	18	8	6	172	25	19	7
23	3	9	5	73	11	0	6	123	18	11	6	173	26	2	7
24	3	12	6	74	11	3	6	124	18	14	7	174	26	5	7
25	3	15	6	75	11	6	6	125	18	17	7	175	26	8	7
26	3	18	6	76	11	9	7	126	19	0	7	176	26	11	8
27	4	1	6	77	11	12	7	127	19	3	7	177	26	14	8
28	4	4	7	78	11	15	7	128	19	6	8	178	26	17	8
29	4	7	7	79	11	18	7	129	19	9	8	179	27	0	8
30	4	10	7	80	12	1	8	130	19	12	8	180	27	3	9
31	4	13	7	81	12	4	8	131	19	15	8	181	27	6	9
32	4	16	8	82	12	7	8	132	19	18	9	182	27	9	9
33	4	19	8	83	12	10	8	133	20	1	9	183	27	12	9
34	5	2	8	84	12	13	9	134	20	4	9	184	27	15	10
35	5	5	8	85	12	16	9	135	20	7	9	185	27	18	10
36	5	8	9	86	12	19	9	136	20	10	10	186	28	1	10
37	5	11	9	87	13	2	9	137	20	13	10	187	28	4	10
38	5	14	9	88	13	5	10	138	20	16	10	188	28	7	11
39	5	17	9	89	13	8	10	139	20	19	10	189	28	10	11
40	6	0	10	90	13	11	10	140	21	2	11	190	28	13	11
41	6	3	10	91	13	14	10	141	21	5	11	191	28	16	11
42	6	6	10	92	13	17	11	142	21	8	11	192	29	0	0
43	6	9	10	93	14	0	11	143	21	11	11	193	29	3	0
44	6	12	11	94	14	3	11	144	21	15	0	194	29	6	0
45	6	15	11	95	14	6	11	145	21	18	0	195	29	9	0
46	6	18	11	96	14	10	0	146	22	1	0	196	29	12	1
47	7	1	11	97	14	13	0	147	22	4	0	197	29	15	1
48	7	5	0	98	14	16	0	148	22	7	1	198	29	18	1
49	7	8	0	99	14	19	0	149	22	10	1	199	30	1	1
50	7	11	0	100	15	2	1	150	22	13	1	200	30	4	2

TAX AT 3s. 0¼d.

Income.	Tax.			Income.	Tax.			Income.	Tax.			Income.	Tax.		
£	£	s.	d.	£	£	s.	d.	£	£	s.	d.	£	£	s.	d.
201	30	7	2	**251**	37	18	2	**310**	46	16	5	**810**	122	6	10
202	30	10	2	**252**	38	1	3	**320**	48	6	8	**820**	123	17	1
203	30	13	2	**253**	38	4	3	**330**	49	16	10	**830**	125	7	3
204	30	16	3	**254**	38	7	3	**340**	51	7	1	**840**	126	17	6
205	30	19	3	**255**	38	10	3	**350**	52	17	3	**850**	128	7	8
206	31	2	3	**256**	38	13	4	**360**	54	7	6	**860**	129	17	11
207	31	5	3	**257**	38	16	4	**370**	55	17	8	**870**	131	8	1
208	31	8	4	**258**	38	19	4	**380**	57	7	11	**880**	132	18	4
209	31	11	4	**259**	39	2	4	**390**	58	18	1	**890**	134	8	6
210	31	14	4	**260**	39	5	5	**400**	60	8	4	**900**	135	18	9
211	31	17	4	**261**	39	8	5	**410**	61	18	6	**910**	137	8	11
212	32	0	5	**262**	39	11	5	**420**	63	8	9	**920**	138	19	2
213	32	3	5	**263**	39	14	5	**430**	64	18	11	**930**	140	9	4
214	32	6	5	**264**	39	17	6	**440**	66	9	2	**940**	141	19	7
215	32	9	5	**265**	40	0	6	**450**	67	19	4	**950**	143	9	9
216	32	12	6	**266**	40	3	6	**460**	69	9	7	**960**	145	0	0
217	32	15	6	**267**	40	6	6	**470**	70	19	9	**970**	146	10	2
218	32	18	6	**268**	40	9	7	**480**	72	10	0	**980**	148	0	5
219	33	1	6	**269**	40	12	7	**490**	74	0	2	**990**	149	10	7
220	33	4	7	**270**	40	15	7	**500**	75	10	5	**1,000**	151	0	10
221	33	7	7	**271**	40	18	7	**510**	77	0	7	**1,100**	166	2	11
222	33	10	7	**272**	41	1	8	**520**	78	10	10	**1,200**	181	5	0
223	33	13	7	**273**	41	4	8	**530**	80	1	0	**1,300**	196	7	1
224	33	16	8	**274**	41	7	8	**540**	81	11	3	**1,400**	211	9	2
225	33	19	8	**275**	41	10	8	**550**	83	1	5	**1,500**	226	11	3
226	34	2	8	**276**	41	13	9	**560**	84	11	8	**1,600**	241	13	4
227	34	5	8	**277**	41	16	9	**570**	86	1	10	**1,700**	256	15	5
228	34	8	9	**278**	41	19	9	**580**	87	12	1	**1,800**	271	17	6
229	34	11	9	**279**	42	2	9	**590**	89	2	3	**1,900**	286	19	7
230	34	14	9	**280**	42	5	10	**600**	90	12	6	**2,000**	302	1	8
231	34	17	9	**281**	42	8	10	**610**	92	2	8	**3,000**	453	2	6
232	35	0	10	**282**	42	11	10	**620**	93	12	11	**4,000**	604	3	4
233	35	3	10	**283**	42	14	10	**630**	95	3	1	**5,000**	755	4	2
234	35	6	10	**284**	42	17	11	**640**	96	13	4	**6,000**	906	5	0
235	35	9	10	**285**	43	0	11	**650**	98	3	6	**7,000**	1,057	5	10
236	35	12	11	**286**	43	3	11	**660**	99	13	9	**8,000**	1,208	6	8
237	35	15	11	**287**	43	6	11	**670**	101	3	11	**9,000**	1,359	7	6
238	35	18	11	**288**	43	10	0	**680**	102	14	2	**10,000**	1,510	8	4
239	36	1	11	**289**	43	13	0	**690**	104	4	4				
240	36	5	0	**290**	43	16	0	**700**	105	14	7				
241	36	8	0	**291**	43	19	0	**710**	107	4	9				
242	36	11	0	**292**	44	2	1	**720**	108	15	0				
243	36	14	0	**293**	44	5	1	**730**	110	5	2				
244	36	17	1	**294**	44	8	1	**740**	111	15	5				
245	37	0	1	**295**	44	11	1	**750**	113	5	7				
246	37	3	1	**296**	44	14	2	**760**	114	15	10				
247	31	6	1	**297**	44	17	2	**770**	116	6	0				
248	37	9	2	**298**	45	0	2	**780**	117	16	3				
249	37	12	2	**299**	45	3	2	**790**	119	6	5				
250	37	15	2	**300**	45	6	3	**800**	120	16	8				

PARTS OF A £.

s.	d.	s.	d.
	7		1
1	2		2
1	8		3
3	4		6
5	0		9
6	8	1	0
8	4	1	3
10	0	1	6
11	8	1	9
13	3	2	0
14	11	2	3
16	7	2	6
18	3	2	9

9—(1526)

TAX AT 3s. 0½d.

Income.	Tax.			Income.	Tax.			Income.	Tax.			Income.	Tax.		
£	£	s.	d.	£	£	s.	d.	£	£	s.	d.	£	£	s.	d.
1		3	0	51	7	15	1	101	15	7	2	151	22	19	3
2		6	1	52	7	18	2	102	15	10	3	152	23	2	4
3		9	1	53	8	1	2	103	15	13	3	153	23	5	4
4		12	2	54	8	4	3	104	15	16	4	154	23	8	5
5		15	2	55	8	7	3	105	15	19	4	155	23	11	5
6		18	3	56	8	10	4	106	16	2	5	156	23	14	6
7	1	1	3	57	8	13	4	107	16	5	5	157	23	17	6
8	1	4	4	58	8	16	5	108	16	8	6	158	24	0	7
9	1	7	4	59	8	19	5	109	16	11	6	159	24	3	7
10	1	10	5	60	9	2	6	110	16	14	7	160	24	6	8
11	1	13	5	61	9	5	6	111	16	17	7	161	24	9	8
12	1	16	6	62	9	8	7	112	17	0	8	162	24	12	9
13	1	19	6	63	9	11	7	113	17	3	8	163	24	15	9
14	2	2	7	64	9	14	8	114	17	6	9	164	24	18	10
15	2	5	7	65	9	17	8	115	17	9	9	165	25	1	10
16	2	8	8	66	10	0	9	116	17	12	10	166	25	4	11
17	2	11	8	67	10	3	9	117	17	15	10	167	25	7	11
18	2	14	9	68	10	6	10	118	17	18	11	168	25	11	0
19	2	17	9	69	10	9	10	119	18	1	11	169	25	14	0
20	3	0	10	70	10	12	11	120	18	5	0	170	25	17	1
21	3	3	10	71	10	15	11	121	18	8	0	171	26	0	1
22	3	6	11	72	10	19	0	122	18	11	1	172	26	3	2
23	3	9	11	73	11	2	0	123	18	14	1	173	26	6	2
24	3	13	0	74	11	5	1	124	18	17	2	174	26	9	3
25	3	16	0	75	11	8	1	125	19	0	2	175	26	12	3
26	3	19	1	76	11	11	2	126	19	3	3	176	26	15	4
27	4	2	1	77	11	14	2	127	19	6	3	177	26	18	4
28	4	5	2	78	11	17	3	128	19	9	4	178	27	1	5
29	4	8	2	79	12	0	3	129	19	12	4	179	27	4	5
30	4	11	3	80	12	3	4	130	19	15	5	180	27	7	6
31	4	14	3	81	12	6	4	131	19	18	5	181	27	10	6
32	4	17	4	82	12	9	5	132	20	1	6	182	27	13	7
33	5	0	4	83	12	12	5	133	20	4	6	183	27	16	7
34	5	3	5	84	12	15	6	134	20	7	7	184	27	19	8
35	5	6	5	85	12	18	6	135	20	10	7	185	28	2	8
36	5	9	6	86	13	1	7	136	20	13	8	186	28	5	9
37	5	12	6	87	13	4	7	137	20	16	8	187	28	8	9
38	5	15	7	88	13	7	8	138	20	19	9	188	28	11	10
39	5	18	7	89	13	10	8	139	21	2	9	189	28	14	10
40	6	1	8	90	13	13	9	140	21	5	10	190	28	17	11
41	6	4	8	91	13	16	9	141	21	8	10	191	29	0	11
42	6	7	9	92	13	19	10	142	21	11	11	192	29	4	0
43	6	10	9	93	14	2	10	143	21	14	11	193	29	7	0
44	6	13	10	94	14	5	11	144	21	18	0	194	29	10	1
45	6	16	10	95	14	8	11	145	22	1	0	195	29	13	1
46	6	19	11	96	14	12	0	146	22	4	1	196	29	16	2
47	7	2	11	97	14	15	0	147	22	7	1	197	29	19	2
48	7	6	0	98	14	18	1	148	22	10	2	198	30	2	3
49	7	9	0	99	15	1	1	149	22	13	2	199	30	5	3
50	7	12	1	100	15	4	2	150	22	16	3	200	30	8	4

TAX AT 3s. 0½d.

Income.	Tax.			Income.	Tax.			Income.	Tax.			Income.	Tax.		
£	£	s.	d.	£	£	s.	d.	£	£	s.	d.	£	£	s.	d.
201	30	11	4	**251**	38	3	5	**310**	47	2	11	**810**	123	3	9
202	30	14	5	**252**	38	6	6	**320**	48	13	4	**820**	124	14	2
203	30	17	5	**253**	38	9	6	**330**	50	3	9	**830**	126	4	7
204	31	0	6	**254**	38	12	7	**340**	51	14	2	**340**	127	15	0
205	31	3	6	**255**	38	15	7	**350**	53	4	7	**850**	129	5	5
206	31	6	7	**256**	38	18	8	**360**	54	15	0	**860**	130	15	10
207	31	9	7	**257**	39	1	8	**370**	56	5	5	**870**	132	6	3
208	31	12	8	**258**	39	4	9	**380**	57	15	10	**880**	133	16	8
209	31	15	8	**259**	39	7	9	**390**	59	6	3	**890**	135	7	1
210	31	18	9	**260**	39	10	10	**400**	60	16	8	**900**	136	17	6
211	32	1	9	**261**	39	13	10	**410**	62	7	1	**910**	138	7	11
212	32	4	10	**262**	39	16	11	**420**	63	17	6	**920**	139	18	4
213	32	7	10	**263**	39	19	11	**430**	65	7	11	**930**	141	8	9
214	32	10	11	**264**	40	3	0	**440**	66	18	4	**940**	142	19	2
215	32	13	11	**265**	40	6	0	**450**	68	8	9	**950**	144	9	7
216	32	17	0	**266**	40	9	1	**460**	69	19	2	**960**	146	0	0
217	33	0	0	**267**	40	12	1	**470**	71	9	7	**970**	147	10	5
218	33	3	1	**268**	40	15	2	**480**	73	0	0	**980**	149	0	10
219	33	6	1	**269**	40	18	2	**490**	74	10	5	**990**	150	11	3
220	33	9	2	**270**	41	1	3	**500**	76	0	10	**1,000**	152	1	8
221	33	12	2	**271**	41	4	3	**510**	77	11	3	**1,100**	167	5	10
222	33	15	3	**272**	41	7	4	**520**	79	1	8	**1,200**	182	10	0
223	33	18	3	**273**	41	10	4	**530**	80	12	1	**1,300**	197	14	2
224	34	1	4	**274**	41	13	5	**540**	82	2	6	**1,400**	212	18	4
225	34	4	4	**275**	41	16	5	**550**	83	12	11	**1,500**	228	2	6
226	34	7	5	**276**	41	19	6	**560**	85	3	4	**1,600**	243	6	8
227	34	10	5	**277**	42	2	6	**570**	86	13	9	**1,700**	258	10	10
228	34	13	6	**278**	42	5	7	**580**	88	4	2	**1,800**	273	15	0
229	34	16	6	**279**	42	8	7	**590**	89	14	7	**1,900**	288	19	2
230	34	19	7	**280**	42	11	8	**600**	91	5	0	**2,000**	304	3	4
231	35	2	7	**281**	42	14	8	**610**	92	15	5	**3,000**	456	5	0
232	35	5	8	**282**	42	17	9	**620**	94	5	10	**4,000**	608	6	8
233	35	8	8	**283**	43	0	9	**630**	95	16	3	**5,000**	760	8	4
234	35	11	9	**284**	43	3	10	**640**	97	6	8	**6,000**	912	10	0
235	35	14	9	**285**	43	6	10	**650**	98	17	1	**7,000**	1,064	11	8
236	35	17	10	**286**	43	9	11	**660**	100	7	6	**8,000**	1,216	13	4
237	36	0	10	**287**	43	12	11	**670**	101	17	11	**9,000**	1,368	15	0
238	36	3	11	**288**	43	16	0	**680**	103	8	4	**10,000**	1,520	16	8
239	36	6	11	**289**	43	19	0	**690**	104	18	9				
240	36	10	0	**290**	44	2	1	**700**	106	9	2				
241	36	13	0	**291**	44	5	1	**710**	107	19	7				
242	36	16	1	**292**	44	8	2	**720**	109	10	0				
243	36	19	1	**293**	44	11	2	**730**	111	0	5				
244	37	2	2	**294**	44	14	3	**740**	112	10	10				
245	37	5	2	**295**	44	17	3	**750**	114	1	3				
246	37	8	3	**296**	45	0	4	**760**	115	11	8				
247	37	11	3	**297**	45	3	4	**770**	117	2	1				
248	37	14	4	**298**	45	6	5	**780**	118	12	6				
249	37	17	4	**299**	45	9	5	**790**	120	2	11				
250	38	0	5	**300**	45	12	6	**800**	121	13	4				

PARTS OF A £.

s.	d.	s.	d.
	7		1
1	**2**		2
1	**8**		3
3	**4**		6
5	**0**		9
6	**7**	1	0
8	**3**	1	3
9	**11**	1	6
11	**7**	1	9
13	**2**	2	0
14	**10**	2	3
16	**6**	2	6
18	**1**	2	9

TAX AT 3s. $0\frac{3}{4}$d.

Income.	Tax.			Income.	Tax.			Income.	Tax.			Income.	Tax.		
£	£	s.	d.	£	£	s.	d.	£	£	s.	d.	£	£	s.	d.
1		3	0	51	7	16	2	101	15	9	3	151	23	2	5
2		6	1	52	7	19	3	102	15	12	4	152	23	5	6
3		9	2	53	8	2	3	103	15	15	5	153	23	8	6
4		12	3	54	8	5	4	104	15	18	6	154	23	11	7
5		15	3	55	8	8	5	105	16	1	6	155	23	14	8
6		18	4	56	8	11	6	106	16	4	7	156	23	17	9
7	1	1	5	57	8	14	6	107	16	7	8	157	24	0	9
8	1	4	6	58	8	17	7	108	16	10	9	158	24	3	10
9	1	7	6	59	9	0	8	109	16	13	9	159	24	6	11
10	1	10	7	60	9	3	9	110	16	16	10	160	24	10	0
11	1	13	8	61	9	6	9	111	16	19	11	161	24	13	0
12	1	16	9	62	9	9	10	112	17	3	0	162	24	16	1
13	1	19	9	63	9	12	11	113	17	6	0	163	24	19	2
14	2	2	10	64	9	16	0	114	17	9	1	164	25	2	3
15	2	5	11	65	9	19	0	115	17	12	2	165	25	5	3
16	2	9	0	66	10	2	1	116	17	15	3	166	25	8	4
17	2	12	0	67	10	5	2	117	17	18	3	167	25	11	5
18	2	15	1	68	10	8	3	118	18	1	4	168	25	14	6
19	2	18	2	69	10	11	3	119	18	4	5	169	25	17	6
20	3	1	3	70	10	14	4	120	18	7	6	170	26	0	7
21	3	4	3	71	10	17	5	121	18	10	6	171	26	3	8
22	3	7	4	72	11	0	6	122	18	13	7	172	26	6	9
23	3	10	5	73	11	3	6	123	18	16	8	173	26	9	9
24	3	13	6	74	11	6	7	124	18	19	9	174	26	12	10
25	3	16	6	75	11	9	8	125	19	2	9	175	26	15	11
26	3	19	7	76	11	12	9	126	19	5	10	176	26	19	0
27	4	2	8	77	11	15	9	127	19	8	11	177	27	2	0
28	4	5	9	78	11	18	10	128	19	12	0	178	27	5	1
29	4	8	9	79	12	1	11	129	19	15	0	179	27	8	2
30	4	11	10	80	12	5	0	130	19	18	1	180	27	11	3
31	4	14	11	81	12	8	0	131	20	1	2	181	27	14	3
32	4	18	0	82	12	11	1	132	20	4	3	182	27	17	4
33	5	1	0	83	12	14	2	133	20	7	3	183	28	0	5
34	5	4	1	84	12	17	3	134	20	10	4	184	28	3	6
35	5	7	2	85	13	0	3	135	20	13	5	185	28	6	6
36	5	10	3	86	13	3	4	136	20	16	6	186	28	9	7
37	5	13	3	87	13	6	5	137	20	19	6	187	28	12	8
38	5	16	4	88	13	9	6	138	21	2	7	188	28	15	9
39	5	19	5	89	13	12	6	139	21	5	8	189	28	18	9
40	6	2	6	90	13	15	7	140	21	8	9	190	29	1	10
41	6	5	6	91	13	18	8	141	21	11	9	191	29	4	11
42	6	8	7	92	14	1	9	142	21	14	10	192	29	8	0
43	6	11	8	93	14	4	9	143	21	17	11	193	29	11	0
44	6	14	9	94	14	7	10	144	22	1	0	194	29	14	1
45	6	17	9	95	14	10	11	145	22	4	0	195	29	17	2
46	7	0	10	96	14	14	0	146	22	7	1	196	30	0	3
47	7	3	11	97	14	17	0	147	22	10	2	197	30	3	3
48	7	7	0	98	15	0	1	148	22	13	3	198	30	6	4
49	7	10	0	99	15	3	2	149	22	16	3	199	30	9	5
50	7	13	1	100	15	6	3	150	22	19	4	200	30	12	6

TAX AT 3s. 0¾d.

Income.	Tax.			Income.	Tax.			Income.	Tax.			Income.	Tax.		
£	£	s.	d.	£	£	s.	d.	£	£	s.	d.	£	£	s.	d.
201	30	15	6	251	38	8	8	310	47	9	4	810	124	0	7
202	30	18	7	252	38	11	9	320	49	0	0	820	125	11	3
203	31	1	8	253	38	14	9	330	50	10	7	830	127	1	10
204	31	4	9	254	38	17	10	340	52	1	3	840	128	12	6
205	31	7	9	255	39	0	11	350	53	11	10	850	130	3	1
206	31	10	10	256	39	4	0	360	55	2	6	860	131	13	9
207	31	13	11	257	39	7	0	370	56	13	1	870	133	4	4
208	31	17	0	258	39	10	1	380	58	3	9	880	134	15	0
209	32	0	0	259	39	13	2	390	59	14	4	890	136	5	7
210	32	3	1	260	39	16	3	400	61	5	0	900	137	16	3
211	32	6	2	261	39	19	3	410	62	15	7	910	139	6	10
212	32	9	3	262	40	2	4	420	64	6	3	920	140	17	6
213	32	12	3	263	40	5	5	430	65	16	10	930	142	8	1
214	32	15	4	264	40	8	6	440	67	7	6	940	143	18	9
215	32	18	5	265	40	11	6	450	68	18	1	950	145	9	4
216	33	1	6	266	40	14	7	460	70	8	9	960	147	0	0
217	33	4	6	267	40	17	8	470	71	19	4	970	148	10	7
218	33	7	7	268	41	0	9	480	73	10	0	980	150	1	3
219	33	10	8	269	41	3	9	490	75	0	7	990	151	11	10
220	33	13	9	270	41	6	10	500	76	11	3	1,000	153	2	6
221	33	16	9	271	41	9	11	510	78	1	10	1,100	168	8	9
222	33	19	10	272	41	13	0	520	79	12	6	1,200	183	15	0
223	34	2	11	273	41	16	0	530	81	3	1	1,300	199	1	3
224	34	6	0	274	41	19	1	540	82	13	9	1,400	214	7	6
225	34	9	0	275	42	2	2	550	84	4	4	1,500	229	13	9
226	34	12	1	276	42	5	3	560	85	15	0	1,600	245	0	0
227	34	15	2	277	42	8	3	570	87	5	7	1,700	260	6	3
228	34	18	3	278	42	11	4	580	88	16	3	1,800	275	12	6
229	35	1	3	279	42	14	5	590	90	6	10	1,900	290	18	9
230	35	4	4	280	42	17	6	600	91	17	6	2,000	306	5	0
231	35	7	5	281	43	0	6	610	93	8	1	3,000	459	7	6
232	35	10	6	282	43	3	7	620	94	18	9	4,000	612	10	0
233	35	13	6	283	43	6	8	630	96	9	4	5,000	765	12	6
234	35	16	7	284	43	9	9	640	98	0	0	6,000	918	15	0
235	35	19	8	285	43	12	9	650	99	10	7	7,000	1,071	17	6
236	36	2	9	286	43	15	10	660	101	1	3	8,000	1,225	0	0
237	36	5	9	287	43	18	11	670	102	11	10	9,000	1,378	2	6
238	36	8	10	288	44	2	0	680	104	2	6	10,000	1,531	5	0
239	36	11	11	289	44	5	0	690	105	13	1				
240	36	15	0	290	44	8	1	700	107	3	9				
241	36	18	0	291	44	11	2	710	108	14	4				
242	37	1	1	292	44	14	3	720	110	5	0				
243	37	4	2	293	44	17	3	730	111	15	7				
244	37	7	3	294	45	0	4	740	113	6	3				
245	37	10	3	295	45	3	5	750	114	16	10				
246	37	13	4	296	45	6	6	760	116	7	6				
247	37	16	5	297	45	9	6	770	117	18	1				
248	37	19	6	298	45	12	7	780	119	8	9				
249	38	2	6	299	45	15	8	790	120	19	4				
250	38	5	7	300	45	18	9	800	122	10	0				

PARTS OF A £.

s.	d.	s.	d.
	7		1
1	8		3
3	4		6
4	11		9
6	7	1	0
8	2	1	3
9	10	1	6
11	6	1	9
13	1	2	0
14	9	2	3
16	4	2	6
18	0	2	9

TAX AT 3s. 1d.

Income.	Tax.			Income.	Tax.			Income.	Tax.			Income.	Tax.		
£	£	s.	d.	£	£	s.	d.	£	£	s.	d.	£	£	s.	d.
1		3	1	51	7	17	3	101	15	11	5	151	23	5	7
2		6	2	52	8	0	4	102	15	14	6	152	23	8	8
3		9	3	53	8	3	5	103	15	17	7	153	23	11	9
4		12	4	54	8	6	6	104	16	0	8	154	23	14	10
5		15	5	55	8	9	7	105	16	3	9	155	23	17	11
6		18	6	56	8	12	8	106	16	6	10	156	24	1	0
7	1	1	7	57	8	15	9	107	16	9	11	157	24	4	1
8	1	4	8	58	8	18	10	108	16	13	0	158	24	7	2
9	1	7	9	59	9	1	11	109	16	16	1	159	24	10	3
10	1	10	10	60	9	5	0	110	16	19	2	160	24	13	4
11	1	13	11	61	9	8	1	111	17	2	3	161	24	16	5
12	1	17	0	62	9	11	2	112	17	5	4	162	24	19	6
13	2	0	1	63	9	14	3	113	17	8	5	163	25	2	7
14	2	3	2	64	9	17	4	114	17	11	6	164	25	5	8
15	2	6	3	65	10	0	5	115	17	14	7	165	25	8	9
16	2	9	4	66	10	3	6	116	17	17	8	166	25	11	10
17	2	12	5	67	10	6	7	117	18	0	9	167	25	14	11
18	2	15	6	68	10	9	8	118	18	3	10	168	25	18	0
19	2	18	7	69	10	12	9	119	18	6	11	169	26	1	1
20	3	1	8	70	10	15	10	120	18	10	0	170	26	4	2
21	3	4	9	71	10	18	11	121	18	13	1	171	26	7	3
22	3	7	10	72	11	2	0	122	18	16	2	172	26	10	4
23	3	10	11	73	11	5	1	123	18	19	3	173	26	13	5
24	3	14	0	74	11	8	2	124	19	2	4	174	26	16	6
25	3	17	1	75	11	11	3	125	19	5	5	175	26	19	7
26	4	0	2	76	11	14	4	126	19	8	6	176	27	2	8
27	4	3	3	77	11	17	5	127	19	11	7	177	27	5	9
28	4	6	4	78	12	0	6	128	19	14	8	178	27	8	10
29	4	9	5	79	12	3	7	129	19	17	9	179	27	11	11
30	4	12	6	80	12	6	8	130	20	0	10	180	27	15	0
31	4	15	7	81	12	9	9	131	20	3	11	181	27	18	1
32	4	18	8	82	12	12	10	132	20	7	0	182	28	1	2
33	5	1	9	83	12	15	11	133	20	10	1	183	28	4	3
34	5	4	10	84	12	19	0	134	20	13	2	184	28	7	4
35	5	7	11	85	13	2	1	135	20	16	3	185	28	10	5
36	5	11	0	86	13	5	2	136	20	19	4	186	28	13	6
37	5	14	1	87	13	8	3	137	21	2	5	187	28	16	7
38	5	17	2	88	13	11	4	138	21	5	6	188	28	19	8
39	6	0	3	89	13	14	5	139	21	8	7	189	29	2	9
40	6	3	4	90	13	17	6	140	21	11	8	190	29	5	10
41	6	6	5	91	14	0	7	141	21	14	9	191	29	8	11
42	6	9	6	92	14	3	8	142	21	17	10	192	29	12	0
43	6	12	7	93	14	6	9	143	22	0	11	193	29	15	1
44	6	15	8	94	14	9	10	144	22	4	0	194	29	18	2
45	6	18	9	95	14	12	11	145	22	7	1	195	30	1	3
46	7	1	10	96	14	16	0	146	22	10	2	196	30	4	4
47	7	4	11	97	14	19	1	147	22	13	3	197	30	7	5
48	7	8	0	98	15	2	2	148	22	16	4	198	30	10	6
49	7	11	1	99	15	5	3	149	22	19	5	199	30	13	7
50	7	14	2	100	15	8	4	150	23	2	6	200	30	16	8

TAX AT 3s. 1d.

Income.	Tax.			Income.	Tax.			Income.	Tax.			Income.	Tax.		
£	£	s.	d.	£	£	s.	d.	£	£	s.	d.	£	£	s.	d.
201	30	19	9	251	38	13	11	310	47	15	10	810	124	17	6
202	31	2	10	252	38	17	0	320	49	6	8	820	126	8	4
203	31	5	11	253	39	0	1	330	50	17	6	830	127	19	2
204	31	9	0	254	39	3	2	340	52	8	4	840	129	10	0
205	31	12	1	255	39	6	3	350	53	19	2	850	131	0	10
206	31	15	2	256	39	9	4	360	55	10	0	860	132	11	8
207	31	18	3	257	39	12	5	370	57	0	10	870	134	2	6
208	32	1	4	258	39	15	6	380	58	11	8	880	135	13	4
209	32	4	5	259	39	18	7	390	60	2	6	890	137	4	2
210	32	7	6	260	40	1	8	400	61	13	4	900	138	15	0
211	32	10	7	261	40	4	9	410	63	4	2	910	140	5	10
212	32	13	8	262	40	7	10	420	64	15	0	920	141	16	8
213	32	16	9	263	40	10	11	430	66	5	10	930	143	7	6
214	32	19	10	264	40	14	0	440	67	16	8	940	144	18	4
215	33	2	11	265	40	17	1	450	69	7	6	950	146	9	2
216	33	6	0	266	41	0	2	460	70	18	4	960	148	0	0
217	33	9	1	267	41	3	3	470	72	9	2	970	149	10	10
218	33	12	2	268	41	6	4	480	74	0	0	980	151	1	8
219	33	15	3	269	41	9	5	490	75	10	10	990	152	12	6
220	33	18	4	270	41	12	6	500	77	1	8	1,000	154	3	4
221	34	1	5	271	41	15	7	510	78	12	6	1,100	169	11	8
222	34	4	6	272	41	18	8	520	80	3	4	1,200	185	0	0
223	34	7	7	273	42	1	9	530	81	14	2	1,300	200	8	4
224	34	10	8	274	42	4	10	540	83	5	0	1,400	215	16	8
225	34	13	9	275	42	7	11	550	84	15	10	1,500	231	5	0
226	34	16	10	276	42	11	0	560	86	6	8	1,600	246	13	4
227	34	19	11	277	42	14	1	570	87	17	6	1,700	262	1	8
228	35	3	0	278	42	17	2	580	89	8	4	1,800	277	10	0
229	35	6	1	279	43	0	3	590	90	19	2	1,900	292	18	4
230	35	9	2	280	43	3	4	600	92	10	0	2,000	308	6	8
231	35	12	3	281	43	6	5	610	94	0	10	3,000	462	10	0
232	35	15	4	282	43	9	6	620	95	11	8	4,000	616	13	4
233	35	18	5	283	43	12	7	630	97	2	6	5,000	770	16	8
234	36	1	6	284	43	15	8	640	98	13	4	6,000	925	0	0
235	36	4	7	285	43	18	9	650	100	4	2	7,000	1,079	3	4
236	36	7	8	286	44	1	10	660	101	15	0	8,000	1,233	6	8
237	36	10	9	287	44	4	11	670	103	5	10	9,000	1,387	10	0
238	36	13	10	288	44	8	0	680	104	16	8	10,000	1,541	13	4
239	36	16	11	289	44	11	1	690	106	7	6				
240	37	0	0	290	44	14	2	700	107	18	4				
241	37	3	1	291	44	17	3	710	109	9	2				
242	37	6	2	292	45	0	4	720	111	0	0				
243	37	9	3	293	45	3	5	730	112	10	10				
244	37	12	4	294	45	6	6	740	114	1	8				
245	37	15	5	295	45	9	7	750	115	12	6				
246	37	18	6	296	45	12	8	760	117	3	4				
247	38	1	7	297	45	15	9	770	118	14	2				
248	38	4	8	298	45	18	10	780	120	5	0				
249	38	7	9	299	46	1	11	790	121	15	10				
250	38	10	10	300	46	5	0	800	123	6	8				

PARTS OF A £.

s.	d.	s.	d.
1	8		3
3	3		6
4	11		9
6	6	1	0
8	2	1	3
9	9	1	6
11	5	1	9
13	0	2	0
14	8	2	3
16	3	2	6
17	11	2	9
19	6	3	0

TAX AT 3s. 1¼d.

Income.	Tax.			Income.	Tax.			Income.	Tax			Income.	Tax.		
£	£	s.	d.	£	£	s.	d.	£	£	s.	d.	£	£	s.	d.
1		3	1	51	7	18	3	101	15	13	6	151	23	8	8
2		6	2	52	8	1	5	102	15	16	7	152	23	11	10
3		9	3	53	8	4	6	103	15	19	8	153	23	14	11
4		12	5	54	8	7	7	104	16	2	10	154	23	18	0
5		15	6	55	8	10	8	105	16	5	11	155	24	1	1
6		18	7	56	8	13	10	106	16	9	0	156	24	4	3
7	1	1	8	57	8	16	11	107	16	12	1	157	24	7	4
8	1	4	10	58	9	0	0	108	16	15	3	158	24	10	5
9	1	7	11	59	9	3	1	109	16	18	4	159	24	13	6
10	1	11	0	60	9	6	3	110	17	1	5	160	24	16	8
11	1	14	1	61	9	9	4	111	17	4	6	161	24	19	9
12	1	17	3	62	9	12	5	112	17	7	8	162	25	2	10
13	2	0	4	63	9	15	6	113	17	10	9	163	25	5	11
14	2	3	5	64	9	18	8	114	17	13	10	164	25	9	1
15	2	6	6	65	10	1	9	115	17	16	11	165	25	12	2
16	2	9	8	66	10	4	10	116	18	0	1	166	25	15	3
17	2	12	9	67	10	7	11	117	18	3	2	167	25	18	4
18	2	15	10	68	10	11	1	118	18	6	3	168	26	1	6
19	2	18	11	69	10	14	2	119	18	9	4	169	26	4	7
20	3	2	1	70	10	17	3	120	18	12	6	170	26	7	8
21	3	5	2	71	11	0	4	121	18	15	7	171	26	10	9
22	3	8	3	72	11	3	6	122	18	18	8	172	26	13	11
23	3	11	4	73	11	6	7	123	19	1	9	173	26	17	0
24	3	14	6	74	11	9	8	124	19	4	11	174	27	0	1
25	3	17	7	75	11	12	9	125	19	8	0	175	27	3	2
26	4	0	8	76	11	15	11	126	19	11	1	176	27	6	4
27	4	3	9	77	11	19	0	127	19	14	2	177	27	9	5
28	4	6	11	78	12	2	1	128	19	17	4	178	27	12	6
29	4	10	0	79	12	5	2	129	20	0	5	179	27	15	7
30	4	13	1	80	12	8	4	130	20	3	6	180	27	18	9
31	4	16	2	81	12	11	5	131	20	6	7	181	28	1	10
32	4	19	4	82	12	14	6	132	20	9	9	182	28	4	11
33	5	2	5	83	12	17	7	133	20	12	10	183	28	8	0
34	5	5	6	84	13	0	9	134	20	15	11	184	28	11	2
35	5	8	7	85	13	3	10	135	20	19	0	185	28	14	3
36	5	11	9	86	13	6	11	136	21	2	2	186	28	17	4
37	5	14	10	87	13	10	0	137	21	5	3	187	29	0	5
38	5	17	11	88	13	13	2	138	21	8	4	188	29	3	7
39	6	1	0	89	13	16	3	139	21	11	5	189	29	6	8
40	6	4	2	90	13	19	4	140	21	14	7	190	29	9	9
41	6	7	3	91	14	2	5	141	21	17	8	191	29	12	10
42	6	10	4	92	14	5	7	142	22	0	9	192	29	16	0
43	6	13	5	93	14	8	8	143	22	3	10	193	29	19	1
44	6	16	7	94	14	11	9	144	22	7	0	194	30	2	2
45	6	19	8	95	14	14	10	145	22	10	1	195	30	5	3
46	7	2	9	96	14	18	0	146	22	13	2	196	30	8	5
47	7	5	10	97	15	1	1	147	22	16	3	197	30	11	6
48	7	9	0	98	15	4	2	148	22	19	5	198	30	14	7
49	7	12	1	99	15	7	3	149	23	2	6	199	30	17	8
50	7	15	2	100	15	10	5	150	23	5	7	200	31	0	10

TAX AT 3s. 1¼d.

Income.	Tax.			Income.	Tax.			Income.	Tax.			Income.	Tax.		
£	£	s.	d.	£	£	s.	d.	£	£	s.	d.	£	£	s.	d.
201	31	3	11	**251**	38	19	1	**310**	48	2	3	**810**	125	14	4
202	31	7	0	**252**	39	2	3	**320**	49	13	4	**820**	127	5	5
203	31	10	1	**253**	39	5	4	**330**	51	4	4	**830**	128	16	5
204	31	13	3	**254**	39	8	5	**340**	52	15	5	**840**	130	7	6
205	31	16	4	**255**	39	11	6	**350**	54	6	5	**850**	131	18	6
206	31	19	5	**256**	39	14	8	**360**	55	17	6	**860**	133	9	7
207	32	2	6	**257**	39	17	9	**370**	57	8	6	**870**	135	0	7
208	32	5	8	**258**	40	0	10	**380**	58	19	7	**880**	136	11	8
209	32	8	9	**259**	40	3	11	**390**	60	10	7	**890**	138	2	8
210	32	11	10	**260**	40	7	1	**400**	62	1	8	**900**	139	13	9
211	32	14	11	**261**	40	10	2	**410**	63	12	8	**910**	141	4	9
212	32	18	1	**262**	40	13	3	**420**	65	3	9	**920**	142	15	10
213	33	1	2	**263**	40	16	4	**430**	66	14	9	**930**	144	6	10
214	33	4	3	**264**	40	19	6	**440**	68	5	10	**940**	145	17	11
215	33	7	4	**265**	41	2	7	**450**	69	16	10	**950**	147	8	11
216	33	10	6	**266**	41	5	8	**460**	71	7	11	**960**	149	0	0
217	33	13	7	**267**	41	8	9	**470**	72	18	11	**970**	150	11	0
218	33	16	8	**268**	41	11	11	**480**	74	10	0	**980**	152	2	1
219	33	19	9	**269**	41	15	0	**490**	76	1	0	**990**	153	13	1
220	34	2	11	**270**	41	18	1	**500**	77	12	1	**1,000**	155	4	2
221	34	6	0	**271**	42	1	2	**510**	79	3	1	**1,100**	170	14	7
222	34	9	1	**272**	42	4	4	**520**	80	14	2	**1,200**	186	5	0
223	34	12	2	**273**	42	7	5	**530**	82	5	2	**1,300**	201	15	5
224	34	15	4	**274**	42	10	6	**540**	83	16	3	**1,400**	217	5	10
225	34	18	5	**275**	42	13	7	**550**	85	7	3	**1,500**	232	16	3
226	35	1	6	**276**	42	16	9	**560**	86	18	4	**1,600**	248	6	8
227	35	4	7	**277**	42	19	10	**570**	88	9	4	**1,700**	263	17	1
228	35	7	9	**278**	43	2	11	**580**	90	0	5	**1,800**	279	7	6
229	35	10	10	**279**	43	6	0	**590**	91	11	5	**1,900**	294	17	11
230	35	13	11	**280**	43	9	2	**600**	93	2	6	**2,000**	310	8	4
231	35	17	0	**281**	43	12	3	**610**	94	13	6	**3,000**	465	12	6
232	36	0	2	**282**	43	15	4	**620**	96	4	7	**4,000**	620	16	8
233	36	3	3	**283**	43	18	5	**630**	97	15	7	**5,000**	776	0	10
234	36	6	4	**284**	44	1	7	**640**	99	6	8	**6,000**	931	5	0
235	36	9	5	**285**	44	4	8	**650**	100	17	8	**7,000**	1,086	9	2
236	36	12	7	**286**	44	7	9	**660**	102	8	9	**8,000**	1,241	13	4
237	36	15	8	**287**	44	10	10	**670**	103	19	9	**9,000**	1,396	17	6
238	36	18	9	**288**	44	14	0	**680**	105	10	10	**10,000**	1,552	1	8
239	37	1	10	**289**	44	17	1	**690**	107	1	10				
240	37	5	0	**290**	45	0	2	**700**	108	12	11				
241	37	8	1	**291**	45	3	3	**710**	110	3	11				
242	37	11	2	**292**	45	6	5	**720**	111	15	0				
243	37	14	3	**293**	45	9	6	**730**	113	6	0				
244	37	17	5	**294**	45	12	7	**740**	114	17	1				
245	38	0	6	**295**	45	15	8	**750**	116	8	1				
246	38	3	7	**296**	45	18	10	**760**	117	19	2				
247	38	6	8	**297**	46	1	11	**770**	119	10	2				
248	38	9	10	**298**	46	5	0	**780**	121	1	3				
249	38	12	11	**299**	46	8	1	**790**	122	12	3				
250	38	16	0	**300**	46	11	3	**800**	124	3	4				

PARTS OF A £.

s.	d.	s	d.
	7		1
1	**8**		3
3	**3**		6
4	**10**		9
6	**6**	1	0
8	**1**	1	3
9	**8**	1	6
11	**4**	1	9
12	**11**	2	0
14	**6**	2	3
16	**2**	2	6
17	**9**	2	9
19	**4**	3	0

TAX AT 3s. 1½d.

Income.	Tax.			Income.	Tax.			Income.	Tax.			Income.	Tax.		
£	£	s.	d.	£	£	s.	d.	£	£	s.	d.	£	£	s.	d.
1		3	1	51	7	19	4	101	15	15	7	151	23	11	10
2		6	3	52	8	2	6	102	15	18	9	152	23	15	0
3		9	4	53	8	5	7	103	16	1	10	153	23	18	1
4		12	6	54	8	8	9	104	16	5	0	154	24	1	3
5		15	7	55	8	11	10	105	16	8	1	155	24	4	4
6		18	9	56	8	15	0	106	16	11	3	156	24	7	6
7	1	1	10	57	8	18	1	107	16	14	4	157	24	10	7
8	1	5	0	58	9	1	3	108	16	17	6	158	24	13	9
9	1	8	1	59	9	4	4	109	17	0	7	159	24	16	10
10	1	11	3	60	9	7	6	110	17	3	9	160	25	0	0
11	1	14	4	61	9	10	7	111	17	6	10	161	25	3	1
12	1	17	6	62	9	13	9	112	17	10	0	162	25	6	3
13	2	0	7	63	9	16	10	113	17	13	1	163	25	9	4
14	2	3	9	64	10	0	0	114	17	16	3	164	25	12	6
15	2	6	10	65	10	3	1	115	17	19	4	165	25	15	7
16	2	10	0	66	10	6	3	116	18	2	6	166	25	18	9
17	2	13	1	67	10	9	4	117	18	5	7	167	26	1	10
18	2	16	3	68	10	12	6	118	18	8	9	168	26	5	0
19	2	19	4	69	10	15	7	119	18	11	10	169	26	8	1
20	3	2	6	70	10	18	9	120	18	15	0	170	26	11	3
21	3	5	7	71	11	1	10	121	18	18	1	171	26	14	4
22	3	8	9	72	11	5	0	122	19	1	3	172	26	17	6
23	3	11	10	73	11	8	1	123	19	4	4	173	27	0	7
24	3	15	0	74	11	11	3	124	19	7	6	174	27	3	9
25	3	18	1	75	11	14	4	125	19	10	7	175	27	6	10
26	4	1	3	76	11	17	6	126	19	13	9	176	27	10	0
27	4	4	4	77	12	0	7	127	19	16	10	177	27	13	1
28	4	7	6	78	12	3	9	128	20	0	0	178	27	16	3
29	4	10	7	79	12	6	10	129	20	3	1	179	27	19	4
30	4	13	9	80	12	10	0	130	20	6	3	180	28	2	6
31	4	16	10	81	12	13	1	131	20	9	4	181	28	5	7
32	5	0	0	82	12	16	3	132	20	12	6	182	28	8	9
33	5	3	1	83	12	19	4	133	20	15	7	183	28	11	10
34	5	6	3	84	13	2	6	134	20	18	9	184	28	15	0
35	5	9	4	85	13	5	7	135	21	1	10	185	28	18	1
36	5	12	6	86	13	8	9	136	21	5	0	186	29	1	3
37	5	15	7	87	13	11	10	137	21	8	1	187	29	4	4
38	5	18	9	88	13	15	0	138	21	11	3	188	29	7	6
39	6	1	10	89	13	18	1	139	21	14	4	189	29	10	7
40	6	5	0	90	14	1	3	140	21	17	6	190	29	13	9
41	6	8	1	91	14	4	4	141	22	0	7	191	29	16	10
42	6	11	3	92	14	7	6	142	22	3	9	192	30	0	0
43	6	14	4	93	14	10	7	143	22	6	10	193	30	3	1
44	6	17	6	94	14	13	9	144	22	10	0	194	30	6	3
45	7	0	7	95	14	16	10	145	22	13	1	195	30	9	4
46	7	3	9	96	15	0	0	146	22	16	3	196	30	12	6
47	7	6	10	97	15	3	1	147	22	19	4	197	30	15	7
48	7	10	0	98	15	6	3	148	23	2	6	198	30	18	9
49	7	13	1	99	15	9	4	149	23	5	7	199	31	1	10
50	7	16	3	100	15	12	6	150	23	8	9	200	31	5	0

TAX AT 3s. 1½d.

Income.	Tax.			Income.	Tax.			Income.	Tax.			Income.	Tax.		
£	£	s.	d.	£	£	s.	d.	£	£	s.	d.	£	£	s.	d.
201	31	8	1	251	39	4	4	310	48	8	9	810	126	11	3
202	31	11	3	252	39	7	6	320	50	0	0	820	128	2	6
203	31	14	4	253	39	10	7	330	51	11	3	830	129	13	9
204	31	17	6	254	39	13	9	340	53	2	6	840	131	5	0
205	32	0	7	255	39	16	10	350	54	13	9	850	132	16	3
206	32	3	9	256	40	0	0	360	56	5	0	860	134	7	6
207	32	6	10	257	40	3	1	370	57	16	3	870	135	18	9
208	32	10	0	258	40	6	3	380	59	7	6	880	137	10	0
209	32	13	1	259	40	9	4	390	60	18	9	890	139	1	3
210	32	16	3	260	40	12	6	400	62	10	0	900	140	12	6
211	32	19	4	261	40	15	7	410	64	1	3	910	142	3	9
212	33	2	6	262	40	18	9	420	65	12	6	920	143	15	0
213	33	5	7	263	41	1	10	430	67	3	9	930	145	6	3
214	33	8	9	264	41	5	0	440	68	15	0	940	146	17	6
215	33	11	10	265	41	8	1	450	70	6	3	950	148	8	9
216	33	15	0	266	41	11	3	460	71	17	6	960	150	0	0
217	33	18	1	267	41	14	4	470	73	8	9	970	151	11	3
218	34	1	3	268	41	17	6	480	75	0	0	980	153	2	6
219	34	4	4	269	42	0	7	490	76	11	3	990	154	13	9
220	34	7	6	270	42	3	9	500	78	2	6	1,000	156	5	0
221	34	10	7	271	42	6	10	510	79	13	9	1,100	171	17	6
222	34	13	9	272	42	10	0	520	81	5	0	1,200	187	10	0
223	34	16	10	273	42	13	1	530	82	16	3	1,300	203	2	6
224	35	0	0	274	42	16	3	540	84	7	6	1,400	218	15	0
225	35	3	1	275	42	19	4	550	85	18	9	1,500	234	7	6
226	35	6	3	276	43	2	6	560	87	10	0	1,600	250	0	0
227	35	9	4	277	43	5	7	570	89	1	3	1,700	265	12	6
228	35	12	6	278	43	8	9	580	90	12	6	1,800	281	5	0
229	35	15	7	279	43	11	10	590	92	3	9	1,900	296	17	6
230	35	18	9	280	43	15	0	600	93	15	0	2,000	312	10	0
231	36	1	10	281	43	18	1	610	95	6	3	3,000	468	15	0
232	36	5	0	282	44	1	3	620	96	17	6	4,000	625	0	0
233	36	8	1	283	44	4	4	630	98	8	9	5,000	781	5	0
234	36	11	3	284	44	7	6	640	100	0	0	6,000	937	10	0
235	36	14	4	285	44	10	7	650	101	11	3	7,000	1,093	15	0
236	36	17	6	286	44	13	9	660	103	2	6	8,000	1,250	0	0
237	37	0	7	287	44	16	10	670	104	13	9	9,000	1,406	5	0
238	37	3	9	288	45	0	0	680	106	5	0	10,000	1,562	10	0
239	37	6	10	289	45	3	1	690	107	16	3				
240	37	10	0	290	45	6	3	700	109	7	6				
241	37	13	1	291	45	9	4	710	110	18	9				
242	37	16	3	292	45	12	6	720	112	10	0				
243	37	19	4	293	45	15	7	730	114	1	3				
244	38	2	6	294	45	18	9	740	115	12	6				
245	38	5	7	295	46	1	10	750	117	3	9				
246	38	8	9	296	46	5	0	760	118	15	0				
247	38	11	10	297	46	8	1	770	120	6	3				
248	38	15	0	298	46	11	3	780	121	17	6				
249	38	18	1	299	46	14	4	790	123	8	9				
250	39	1	3	300	46	17	6	800	125	0	0				

PARTS OF A £.

s.	d.	s.	d.
	7		1
1	1		2
1	8		3
2	8		5
5	4		10
6	5	1	0
8	0	1	3
9	8	1	6
10	8	1	8
12	10	2	0
13	4	2	1
16	0	2	6
17	8	2	9
18	8	2	11

TAX AT 3s. 1¾d.

Income.	Tax.			Income.	Tax.			Income.	Tax.			Income.	Tax.		
£	£	s.	d.	£	£	s.	d.	£	£	s.	d.	£	£	s.	d.
1		3	1	51	8	0	5	101	15	17	8	151	23	15	0
2		6	3	52	8	3	7	102	16	0	10	152	23	18	2
3		9	5	53	8	6	8	103	16	4	0	153	24	1	3
4		12	7	54	8	9	10	104	16	7	2	154	24	4	5
5		15	8	55	8	13	0	105	16	10	3	155	24	7	7
6		18	10	56	8	16	2	106	16	13	5	156	24	10	9
7	1	2	0	57	8	19	3	107	16	16	7	157	24	13	10
8	1	5	2	58	9	2	5	108	16	19	9	158	24	17	0
9	1	8	3	59	9	5	7	109	17	2	10	159	25	0	2
10	1	11	5	60	9	8	9	110	17	6	0	160	25	3	4
11	1	14	7	61	9	11	10	111	17	9	2	161	25	6	5
12	1	17	9	62	9	15	0	112	17	12	4	162	25	9	7
13	2	0	10	63	9	18	2	113	17	15	5	163	25	12	9
14	2	4	0	64	10	1	4	114	17	18	7	164	25	15	11
15	2	7	2	65	10	4	5	115	18	1	9	165	25	19	0
16	2	10	4	66	10	7	7	116	18	4	11	166	26	2	2
17	2	13	5	67	10	10	9	117	18	8	0	167	26	5	4
18	2	16	7	68	10	13	11	118	18	11	2	168	26	8	6
19	2	19	9	69	10	17	0	119	18	14	4	169	26	11	7
20	3	2	11	70	11	0	2	120	18	17	6	170	26	14	9
21	3	6	0	71	11	3	4	121	19	0	7	171	26	17	11
22	3	9	2	72	11	6	6	122	19	3	9	172	27	1	1
23	3	12	4	73	11	9	7	123	19	6	11	173	27	4	2
24	3	15	6	74	11	12	9	124	19	10	1	174	27	7	4
25	3	18	7	75	11	15	11	125	19	13	2	175	27	10	6
26	4	1	9	76	11	19	1	126	19	16	4	176	27	13	8
27	4	4	11	77	12	2	2	127	19	19	6	177	27	16	9
28	4	8	1	78	12	5	4	128	20	2	8	178	27	19	11
29	4	11	2	79	12	8	6	129	20	5	9	179	28	3	1
30	4	14	4	80	12	11	8	130	20	8	11	180	28	6	3
31	4	17	6	81	12	14	9	131	20	12	1	181	28	9	4
32	5	0	8	82	12	17	11	132	20	15	3	182	28	12	6
33	5	3	9	83	13	1	1	133	20	18	4	183	28	15	8
34	5	6	11	84	13	4	3	134	21	1	6	184	28	18	10
35	5	10	1	85	13	7	4	135	21	4	8	185	29	1	11
36	5	13	3	86	13	10	6	136	21	7	10	186	29	5	1
37	5	16	4	87	13	13	8	137	21	10	11	187	29	8	3
38	5	19	6	88	13	16	10	138	21	14	1	188	29	11	5
39	6	2	8	89	13	19	11	139	21	17	3	189	29	14	6
40	6	5	10	90	14	3	1	140	22	0	5	190	29	17	8
41	6	8	11	91	14	6	3	141	22	3	6	191	30	0	10
42	6	12	1	92	14	9	5	142	22	6	8	192	30	4	0
43	6	15	3	93	14	12	6	143	22	9	10	193	30	7	1
44	6	18	5	94	14	15	8	144	22	13	0	194	30	10	3
45	7	1	6	95	14	18	10	145	22	16	1	195	30	13	5
46	7	4	8	96	15	2	0	146	22	19	3	196	30	16	7
47	7	7	10	97	15	5	1	147	23	2	5	197	30	19	8
48	7	11	0	98	15	8	3	148	23	5	7	198	31	2	10
49	7	14	1	99	15	11	5	149	23	8	8	199	31	6	0
50	7	17	3	100	15	14	7	150	23	11	10	200	31	9	2

TAX AT 3s. 1¾d.

Income.	Tax.			Income.	Tax.			Income.	Tax.			Income.	Tax.		
£	£	s.	d.	£	£	s.	d.	£	£	s.	d.	£	£	s.	d.
201	31	12	3	251	39	9	7	310	48	15	2	810	127	8	1
202	31	15	5	252	39	12	9	320	50	6	8	820	128	19	7
203	31	18	7	253	39	15	10	330	51	18	1	830	130	11	0
204	32	1	9	254	39	19	0	340	53	9	7	840	132	2	6
205	32	4	10	255	40	2	2	350	55	1	0	850	133	13	11
206	32	8	0	256	40	5	4	360	56	12	6	860	135	5	5
207	32	11	2	257	40	8	5	370	58	3	11	870	136	16	10
208	32	14	4	258	40	11	7	380	59	15	5	880	138	8	4
209	32	17	5	259	40	14	9	390	61	6	10	890	139	19	9
210	33	0	7	260	40	17	11	400	62	18	4	900	141	11	3
211	33	3	9	261	41	1	0	410	64	9	9	910	143	2	8
212	33	6	11	262	41	4	2	420	66	1	3	920	144	14	2
213	33	10	0	263	41	7	4	430	67	12	8	930	146	5	7
214	33	13	2	264	41	10	6	440	69	4	2	940	147	17	1
215	33	16	4	265	41	13	7	450	70	15	7	950	149	8	6
216	33	19	6	266	41	16	9	460	72	7	1	960	151	0	0
217	34	2	7	267	41	19	11	470	73	18	6	970	152	11	5
218	34	5	9	268	42	3	1	480	75	10	0	980	154	2	11
219	34	8	11	269	42	6	2	490	77	1	5	990	155	14	4
220	34	12	1	270	42	9	4	500	78	12	11	1,000	157	5	10
221	34	15	2	271	42	12	6	510	80	4	4	1,100	173	0	5
222	34	18	4	272	42	15	8	520	81	15	10	1,200	188	15	0
223	35	1	6	273	42	18	9	530	83	7	3	1,300	204	9	7
224	35	4	8	274	43	1	11	540	84	18	9	1,400	220	4	2
225	35	7	9	275	43	5	1	550	86	10	2	1,500	235	18	9
226	35	10	11	276	43	8	3	560	88	1	8	1,600	251	13	4
227	35	14	1	277	43	11	4	570	89	13	1	1,700	267	7	11
228	35	17	3	278	43	14	6	580	91	4	7	1,800	283	2	6
229	36	0	4	279	43	17	8	590	92	16	0	1,900	298	17	1
230	36	3	6	280	44	0	10	600	94	7	6	2,000	314	11	8
231	36	6	8	281	44	3	11	610	95	18	11	3,000	471	17	6
232	36	9	10	282	44	7	1	620	97	10	5	4,000	629	3	4
233	36	12	11	283	44	10	3	630	99	1	10	5,000	786	9	2
234	36	16	1	284	44	13	5	640	100	13	4	6,000	943	15	0
235	36	19	3	285	44	16	6	650	102	4	9	7,000	1,101	0	10
236	37	2	5	286	44	19	8	660	103	16	3	8,000	1,258	6	8
237	37	5	6	287	45	2	10	670	105	7	8	9,000	1,415	12	6
238	37	8	8	288	45	6	0	680	106	19	2	10,000	1,572	18	4
239	37	11	10	289	45	9	1	690	108	10	7				
240	37	15	0	290	45	12	3	700	110	2	1				
241	37	18	1	291	45	15	5	710	111	13	6				
242	38	1	3	292	45	18	7	720	113	5	0				
243	38	4	5	293	46	1	8	730	114	16	5				
244	38	7	7	294	46	4	10	740	116	7	11				
245	38	10	8	295	46	8	0	750	117	19	4				
246	38	13	10	296	46	11	2	760	119	10	10				
247	38	17	0	297	46	14	3	770	121	2	3				
248	39	0	2	298	46	17	5	780	122	13	9				
249	39	3	3	299	47	0	7	790	124	5	2				
250	39	6	5	300	47	3	9	800	125	16	8				

PARTS OF A £.

s.	d.	s.	d.
	7		1
1	7		3
3	2		6
4	9		9
6	4	1	0
7	11	1	3
9	6	1	6
11	1	1	9
12	8	2	0
14	3	2	3
15	10	2	6
17	5	2	9
19	0	3	0

TAX AT 3s. 2d.

Income.	Tax.			Income.	Tax.			Income.	Tax.			Income.	Tax.		
£	£	s.	d.	£	£	s.	d.	£	£	s.	d.	£	£	s.	d.
1		3	2	51	8	1	6	101	15	19	10	151	23	18	2
2		6	4	52	8	4	8	102	16	3	0	152	24	1	4
3		9	6	53	8	7	10	103	16	6	2	153	24	4	6
4		12	8	54	8	11	0	104	16	9	4	154	24	7	8
5		15	10	55	8	14	2	105	16	12	6	155	24	10	10
6		19	0	56	8	17	4	106	16	15	8	156	24	14	0
7	1	2	2	57	9	0	6	107	16	18	10	157	24	17	2
8	1	5	4	58	9	3	8	108	17	2	0	158	25	0	4
9	1	8	6	59	9	6	10	109	17	5	2	159	25	3	6
10	1	11	8	60	9	10	0	110	17	8	4	160	25	6	8
11	1	14	10	61	9	13	2	111	17	11	6	161	25	9	10
12	1	18	0	62	9	16	4	112	17	14	8	162	25	13	0
13	2	1	2	63	9	19	6	113	17	17	10	163	25	16	2
14	2	4	4	64	10	2	8	114	18	1	0	164	25	19	4
15	2	7	6	65	10	5	10	115	18	4	2	165	26	2	6
16	2	10	8	66	10	9	0	116	18	7	4	166	26	5	8
17	2	13	10	67	10	12	2	117	18	10	6	167	26	8	10
18	2	17	0	68	10	15	4	118	18	13	8	168	26	12	0
19	3	0	2	69	10	18	6	119	18	16	10	169	26	15	2
20	3	3	4	70	11	1	8	120	19	0	0	170	26	18	4
21	3	6	6	71	11	4	10	121	19	3	2	171	27	1	6
22	3	9	8	72	11	8	0	122	19	6	4	172	27	4	8
23	3	12	10	73	11	11	2	123	19	9	6	173	27	7	10
24	3	16	0	74	11	14	4	124	19	12	8	174	27	11	0
25	3	19	2	75	11	17	6	125	19	15	10	175	27	14	2
26	4	2	4	76	12	0	8	126	19	19	0	176	27	17	4
27	4	5	6	77	12	3	10	127	20	2	2	177	28	0	6
28	4	8	8	78	12	7	0	128	20	5	4	178	28	3	8
29	4	11	10	79	12	10	2	129	20	8	6	179	28	6	10
30	4	15	0	80	12	13	4	130	20	11	8	180	28	10	0
31	4	18	2	81	12	16	6	131	20	14	10	181	28	13	2
32	5	1	4	82	12	19	8	132	20	18	0	182	28	16	4
33	5	4	6	83	13	2	10	133	21	1	2	183	28	19	6
34	5	7	8	84	13	6	0	134	21	4	4	184	29	2	8
35	5	10	10	85	13	9	2	135	21	7	6	185	29	5	10
36	5	14	0	86	13	12	4	136	21	10	8	186	29	9	0
37	5	17	2	87	13	15	6	137	21	13	10	187	29	12	2
38	6	0	4	88	13	18	8	138	21	17	0	188	29	15	4
39	6	3	6	89	14	1	10	139	22	0	2	189	29	18	6
40	6	6	8	90	14	5	0	140	22	3	4	190	30	1	8
41	6	9	10	91	14	8	2	141	22	6	6	191	30	4	10
42	6	13	0	92	14	11	4	142	22	9	8	192	30	8	0
43	6	16	2	93	14	14	6	143	22	12	10	193	30	11	2
44	6	19	4	94	14	17	8	144	22	16	0	194	30	14	4
45	7	2	6	95	15	0	10	145	22	19	2	195	30	17	6
46	7	5	8	96	15	4	0	146	23	2	4	196	31	0	8
47	7	8	10	97	15	7	2	147	23	5	6	197	31	3	10
48	7	12	0	98	15	10	4	148	23	8	8	198	31	7	0
49	7	15	2	99	15	13	6	149	23	11	10	199	31	10	2
50	7	18	4	100	15	16	8	150	23	15	0	200	31	13	4

TAX AT 3s. 2d.

Income.	Tax.			Income.	Tax.			Income.	Tax.			Income.	Tax.		
£	£	s.	d.	£	£	s.	d.	£	£	s.	d.	£	£	s.	d.
201	31	16	6	251	39	14	10	310	49	1	8	810	128	5	0
202	31	19	8	252	39	18	0	320	50	13	4	820	129	16	8
203	32	2	10	253	40	1	2	330	52	5	0	830	131	8	4
204	32	6	0	254	40	4	4	340	53	16	8	840	133	0	0
205	32	9	2	255	40	7	6	350	55	8	4	850	134	11	8
206	32	12	4	256	40	10	8	360	57	0	0	860	136	3	4
207	32	15	6	257	40	13	10	370	58	11	8	870	137	15	0
208	32	18	8	258	40	17	0	380	60	3	4	880	139	6	8
209	33	1	10	259	41	0	2	390	61	15	0	890	140	18	4
210	33	5	0	260	41	3	4	400	63	6	8	900	142	10	0
211	33	8	2	261	41	6	6	410	64	18	4	910	144	1	8
212	33	11	4	262	41	9	8	420	66	10	0	920	145	13	4
213	33	14	6	263	41	12	10	430	68	1	8	930	147	5	0
214	33	17	8	264	41	16	0	440	69	13	4	940	148	16	8
215	34	0	10	265	41	19	2	450	71	5	0	950	150	8	4
216	34	4	0	266	42	2	4	460	72	16	8	960	152	0	0
217	34	7	2	267	42	5	6	470	74	8	4	970	153	11	8
218	34	10	4	268	42	8	8	480	76	0	0	980	155	3	4
219	34	13	6	269	42	11	10	490	77	11	8	990	156	15	0
220	34	16	8	270	42	15	0	500	79	3	4	1,000	158	6	8
221	34	19	10	271	42	18	2	510	80	15	0	1,100	174	3	4
222	35	3	0	272	43	1	4	520	82	6	8	1,200	190	0	0
223	35	6	2	273	43	4	6	530	83	18	4	1,300	205	16	8
224	35	9	4	274	43	7	8	540	85	10	0	1,400	221	13	4
225	35	12	6	275	43	10	10	550	87	1	8	1,500	237	10	0
226	35	15	8	276	43	14	0	560	88	13	4	1,600	253	6	8
227	35	18	10	277	43	17	2	570	90	5	0	1,700	269	3	4
228	36	2	0	278	44	0	4	580	91	16	8	1,800	285	0	0
229	36	5	2	279	44	3	6	590	93	8	4	1,900	300	16	8
230	36	8	4	280	44	6	8	600	95	0	0	2,000	316	13	4
231	36	11	6	281	44	9	10	610	96	11	8	3,000	475	0	0
232	36	14	8	282	44	13	0	620	98	3	4	4,000	633	6	8
233	36	17	10	283	44	16	2	630	99	15	0	5,000	791	13	4
234	37	1	0	284	44	19	4	640	101	6	8	6,000	950	0	0
235	37	4	2	285	45	2	6	650	102	18	4	7,000	1,108	6	8
236	37	7	4	286	45	5	8	660	104	10	0	8,000	1,266	13	4
237	37	10	6	287	45	8	10	670	106	1	8	9,000	1,425	0	0
238	37	13	8	288	45	12	0	680	107	13	4	10,000	1,583	6	8
239	37	16	10	289	45	15	2	690	109	5	0				
240	38	0	0	290	45	18	4	700	110	16	8				
241	38	3	2	291	46	1	6	710	112	8	4				
242	38	6	4	292	46	4	8	720	114	0	0				
243	38	9	6	293	46	7	10	730	115	11	8				
244	38	12	8	294	46	11	0	740	117	3	4				
245	38	15	10	295	46	14	2	750	118	15	0				
246	38	19	0	296	46	17	4	760	120	6	8				
247	39	2	2	297	47	0	6	770	121	18	4				
248	39	5	4	298	47	3	8	780	123	10	0				
249	39	8	6	299	47	6	10	790	125	1	8				
250	39	11	8	300	47	10	0	800	126	13	4				

PARTS OF A £.

s.	d.	s.	d.
	7		1
1	7		3
3	2		6
4	9		9
6	4	1	0
7	11	1	3
9	6	1	6
11	1	1	9
12	8	2	0
14	3	2	3
15	10	2	6
17	5	2	9
19	0	3	0

TAX AT 3s. 2¼d.

Income.	Tax.			Income.	Tax.			Income.	Tax.			Income.	Tax.		
£	£	s.	d.	£	£	s.	d.	£	£	s.	d.	£	£	s.	d.
1		3	2	51	8	2	6	101	16	1	11	151	24	1	3
2		6	4	52	8	5	9	102	16	5	1	152	24	4	6
3		9	6	53	8	8	11	103	16	8	3	153	24	7	8
4		12	9	54	8	12	1	104	16	11	6	154	24	10	10
5		15	11	55	8	15	3	105	16	14	8	155	24	14	0
6		19	1	56	8	18	6	106	16	17	10	156	24	17	3
7	1	2	3	57	9	1	8	107	17	1	0	157	25	0	5
8	1	5	6	58	9	4	10	108	17	4	3	158	25	3	7
9	1	8	8	59	9	8	0	109	17	7	5	159	25	6	9
10	1	11	10	60	9	11	3	110	17	10	7	160	25	10	0
11	1	15	0	61	9	14	5	111	17	13	9	161	25	13	2
12	1	18	3	62	9	17	7	112	17	17	0	162	25	16	4
13	2	1	5	63	10	0	9	113	18	0	2	163	25	19	6
14	2	4	7	64	10	4	0	114	18	3	4	164	26	2	9
15	2	7	9	65	10	7	2	115	18	6	6	165	26	5	11
16	2	11	0	66	10	10	4	116	18	9	9	166	26	9	1
17	2	14	2	67	10	13	6	117	18	12	11	167	26	12	3
18	2	17	4	68	10	16	9	118	18	16	1	168	26	15	6
19	3	0	6	69	10	19	11	119	18	19	3	169	26	18	8
20	3	3	9	70	11	3	1	120	19	2	6	170	27	1	10
21	3	6	11	71	11	6	3	121	19	5	8	171	27	5	0
22	3	10	1	72	11	9	6	122	19	8	10	172	27	8	3
23	3	13	3	73	11	12	8	123	19	12	0	173	27	11	5
24	3	16	6	74	11	15	10	124	19	15	3	174	27	14	7
25	3	19	8	75	11	19	0	125	19	18	5	175	27	17	9
26	4	2	10	76	12	2	3	126	20	1	7	176	28	1	0
27	4	6	0	77	12	5	5	127	20	4	9	177	28	4	2
28	4	9	3	78	12	8	7	128	20	8	0	178	28	7	4
29	4	12	5	79	12	11	9	129	20	11	2	179	28	10	6
30	4	15	7	80	12	15	0	130	20	14	4	180	28	13	9
31	4	18	9	81	12	18	2	131	20	17	6	181	28	16	11
32	5	2	0	82	13	1	4	132	21	0	9	182	29	0	1
33	5	5	2	83	13	4	6	133	21	3	11	183	29	3	3
34	5	8	4	84	13	7	9	134	21	7	1	184	29	6	6
35	5	11	6	85	13	10	11	135	21	10	3	185	29	9	8
36	5	14	9	86	13	14	1	136	21	13	6	186	29	12	10
37	5	17	11	87	13	17	3	137	21	16	8	187	29	16	0
38	6	1	1	88	14	0	6	138	21	19	10	188	29	19	3
39	6	4	3	89	14	3	8	139	22	3	0	189	30	2	5
40	6	7	6	90	14	6	10	140	22	6	3	190	30	5	7
41	6	10	8	91	14	10	0	141	22	9	5	191	30	8	9
42	6	13	10	92	14	13	3	142	22	12	7	192	30	12	0
43	6	17	0	93	14	16	5	143	22	15	9	193	30	15	2
44	7	0	3	94	14	19	7	144	22	19	0	194	30	18	4
45	7	3	5	95	15	2	9	145	23	2	2	195	31	1	6
46	7	6	7	96	15	6	0	146	23	5	4	196	31	4	9
47	7	9	9	97	15	9	2	147	23	8	6	197	31	7	11
48	7	13	0	98	15	12	4	148	23	11	9	198	31	11	1
49	7	16	2	99	15	15	6	149	23	14	11	199	31	14	3
50	7	19	4	100	15	18	9	150	23	18	1	200	31	17	6

TAX AT 3s. 2¼d.

Income.	Tax.			Income.	Tax.			Income.	Tax.			Income.	Tax.		
£	£	s.	d.	£	£	s.	d.	£	£	s.	d.	£	£	s.	d.
201	32	0	8	251	40	0	0	310	49	8	1	810	129	1	10
202	32	3	10	252	40	3	3	320	51	0	0	820	130	13	9
203	32	7	0	253	40	6	5	330	52	11	10	830	132	5	7
204	32	10	3	254	40	9	7	340	54	3	9	840	133	17	6
205	32	13	5	255	40	12	9	350	55	15	7	850	135	9	4
206	32	16	7	256	40	16	0	360	57	7	6	860	137	1	3
207	32	19	9	257	40	19	2	370	58	19	4	870	138	13	1
208	33	3	0	258	41	2	4	380	60	11	3	880	140	5	0
209	33	6	2	259	41	5	6	390	62	3	1	890	141	16	10
210	33	9	4	260	41	8	9	400	63	15	0	900	143	8	9
211	33	12	6	261	41	11	11	410	65	6	10	910	145	0	7
212	33	15	9	262	41	15	1	420	66	18	9	920	146	12	6
213	33	18	11	263	41	18	3	430	68	10	7	930	148	4	4
214	34	2	1	264	42	1	6	440	70	2	6	940	149	16	3
215	34	5	3	265	42	4	8	450	71	14	4	950	151	8	1
216	34	8	6	266	42	7	10	460	73	6	3	960	153	0	0
217	34	11	8	267	42	11	0	470	74	18	1	970	154	11	10
218	34	14	10	268	42	14	3	480	76	10	0	980	156	3	9
219	34	18	0	269	42	17	5	490	78	1	10	990	157	15	7
220	35	1	3	270	43	0	7	500	79	13	9	1,000	159	7	6
221	35	4	5	271	43	3	9	510	81	5	7	1,100	175	6	6
222	35	7	7	272	43	7	0	520	82	17	6	1,200	191	5	3
223	35	10	9	273	43	10	2	530	84	9	4	1,300	207	3	0
224	35	14	0	274	43	13	4	540	86	1	3	1,400	223	2	9
225	35	17	2	275	43	16	6	550	87	13	1	1,500	239	1	6
226	36	0	4	276	43	19	9	560	89	5	0	1,600	255	0	3
227	36	3	6	277	44	2	11	570	90	16	10	1,700	270	18	0
228	36	6	9	278	44	6	1	580	92	8	9	1,800	286	17	6
229	36	9	11	279	44	9	3	590	94	0	7	1,900	302	16	3
230	36	13	1	280	44	12	6	600	95	12	6	2,000	318	15	0
231	36	16	3	281	44	15	8	610	97	4	4	3,000	478	2	6
232	36	19	6	282	44	18	10	620	98	16	3	4,000	637	10	0
233	37	2	8	283	45	2	0	630	100	8	1	5,000	796	17	6
234	37	5	10	284	45	5	3	640	102	0	0	6,000	956	5	0
235	37	9	0	285	45	8	5	650	103	11	10	7,000	1,115	12	6
236	37	12	3	286	45	11	7	660	105	3	9	8,000	1,275	0	0
237	37	15	5	287	45	14	9	670	106	15	7	9,000	1,434	7	6
238	37	18	7	288	45	18	0	680	108	7	6	10,000	1,593	15	0
239	38	1	9	289	46	1	2	690	109	19	4				
240	38	5	0	290	46	4	4	700	111	11	3				
241	38	8	2	291	46	7	6	710	113	3	1				
242	38	11	4	292	46	10	9	720	114	15	0				
243	38	14	6	293	46	13	11	730	116	6	10				
244	38	17	9	294	46	17	1	740	117	18	9				
245	39	0	11	295	47	0	3	750	119	10	7				
246	39	4	1	296	47	3	6	760	121	2	6				
247	39	7	3	297	47	6	8	770	122	14	4				
248	39	10	6	298	47	9	10	780	124	6	3				
249	39	13	8	299	47	13	0	790	125	18	1				
250	39	16	10	300	47	16	3	800	127	10	0				

PARTS OF A £.

s.	d.	s.	d.
	7		1
1	7		3
3	2		6
4	9		9
6	4	1	0
7	11	1	3
9	5	1	6
11	0	1	9
12	7	2	0
14	2	2	3
15	9	2	6
17	4	2	9
18	10	3	0

10—(1526)

TAX AT 3s. 2½d.

Income.	Tax.			Income.	Tax.			Income.	Tax.			Income.	Tax.		
£	£	s.	d.	£	£	s.	d.	£	£	s.	d.	£	£	s.	d.
1		3	2	51	8	3	7	101	16	4	0	151	24	4	5
2		6	5	52	8	6	10	102	16	7	3	152	24	7	8
3		9	7	53	8	10	0	103	16	10	5	153	24	10	10
4		12	10	54	8	13	3	104	16	13	8	154	24	14	1
5		16	0	55	8	16	5	105	16	16	10	155	24	17	3
6		19	3	56	8	19	8	106	17	0	1	156	25	0	6
7	1	2	5	57	9	2	10	107	17	3	3	157	25	3	8
8	1	5	8	58	9	6	1	108	17	6	6	158	25	6	11
9	1	8	10	59	9	9	3	109	17	9	8	159	25	10	1
10	1	12	1	60	9	12	6	110	17	12	11	160	25	13	4
11	1	15	3	61	9	15	8	111	17	16	1	161	25	16	6
12	1	18	6	62	9	18	11	112	17	19	4	162	25	19	9
13	2	1	8	63	10	2	1	113	18	2	6	163	26	2	11
14	2	4	11	64	10	5	4	114	18	5	9	164	26	6	2
15	2	8	1	65	10	8	6	115	18	8	11	165	26	9	4
16	2	11	4	66	10	11	9	116	18	12	2	166	26	12	7
17	2	14	6	67	10	14	11	117	18	15	4	167	26	15	9
18	2	17	9	68	10	18	2	118	18	18	7	168	26	19	0
19	3	0	11	69	11	1	4	119	19	1	9	169	27	2	2
20	3	4	2	70	11	4	7	120	19	5	0	170	27	5	5
21	3	7	4	71	11	7	9	121	19	8	2	171	27	8	7
22	3	10	7	72	11	11	0	122	19	11	5	172	27	11	10
23	3	13	9	73	11	14	2	123	19	14	7	173	27	15	0
24	3	17	0	74	11	17	5	124	19	17	10	174	27	18	3
25	4	0	2	75	12	0	7	125	20	1	0	175	28	1	5
26	4	3	5	76	12	3	10	126	20	4	3	176	28	4	8
27	4	6	7	77	12	7	0	127	20	7	5	177	28	7	10
28	4	9	10	78	12	10	3	128	20	10	8	178	28	11	1
29	4	13	0	79	12	13	5	129	20	13	10	179	28	14	3
30	4	16	3	80	12	16	8	130	20	17	1	180	28	17	6
31	4	19	5	81	12	19	10	131	21	0	3	181	29	0	8
32	5	2	8	82	13	3	1	132	21	3	6	182	29	3	11
33	5	5	10	83	13	6	3	133	21	6	8	183	29	7	1
34	5	9	1	84	13	9	6	134	21	9	11	184	29	10	4
35	5	12	3	85	13	12	8	135	21	13	1	185	29	13	6
36	5	15	6	86	13	15	11	136	21	16	4	186	29	16	9
37	5	18	8	87	13	19	1	137	21	19	6	187	29	19	11
38	6	1	11	88	14	2	4	138	22	2	9	188	30	3	2
39	6	5	1	89	14	5	6	139	22	5	11	189	30	6	4
40	6	8	4	90	14	8	9	140	22	9	2	190	30	9	7
41	6	11	6	91	14	11	11	141	22	12	4	191	30	12	9
42	6	14	9	92	14	15	2	142	22	15	7	192	30	16	0
43	6	17	11	93	14	18	4	143	22	18	9	193	30	19	2
44	7	1	2	94	15	1	7	144	23	2	0	194	31	2	5
45	7	4	4	95	15	4	9	145	23	5	2	195	31	5	7
46	7	7	7	96	15	8	0	146	23	8	5	196	31	8	10
47	7	10	9	97	15	11	2	147	23	11	7	197	31	12	0
48	7	14	0	98	15	14	5	148	23	14	10	198	31	15	3
49	7	17	2	99	15	17	7	149	23	18	0	199	31	18	5
50	8	0	5	100	16	0	10	150	24	1	3	200	32	1	8

TAX AT 3s. 2½d.

Income.	Tax.			Income.	Tax.			Income.	Tax.			Income.	Tax.		
£	£	s.	d.	£	£	s.	d.	£	£	s.	d.	£	£	s.	d.
201	32	4	10	251	40	5	3	310	49	14	7	810	129	18	9
202	32	8	1	252	40	8	6	320	51	6	8	820	131	10	10
203	32	11	3	253	40	11	8	330	52	18	9	830	133	2	11
204	32	14	6	254	40	14	11	340	54	10	10	840	134	15	0
205	32	17	8	255	40	18	1	350	56	2	11	850	136	7	1
206	33	0	11	256	41	1	4	360	57	15	0	860	137	19	2
207	33	4	1	257	41	4	6	370	59	7	1	870	139	11	3
208	33	7	4	258	41	7	9	380	60	19	2	880	141	3	4
209	33	10	6	259	41	10	11	390	62	11	3	890	142	15	5
210	33	13	9	260	41	14	2	400	64	3	4	900	144	7	6
211	33	16	11	261	41	17	4	410	65	15	5	910	145	19	7
212	34	0	2	262	42	0	7	420	67	7	6	920	147	11	8
213	34	3	4	263	42	3	9	430	68	19	7	930	149	3	9
214	34	6	7	264	42	7	0	440	70	11	8	940	150	15	10
215	34	9	9	265	42	10	2	450	72	3	9	950	152	7	11
216	34	13	0	266	42	13	5	460	73	15	10	960	154	0	0
217	34	16	2	267	42	16	7	470	75	7	11	970	155	12	1
218	34	19	5	268	42	19	10	480	77	0	0	980	157	4	2
219	35	2	7	269	43	3	0	490	78	12	1	990	158	16	3
220	35	5	10	270	43	6	3	500	80	4	2	1,000	160	8	4
221	35	9	0	271	43	9	5	510	81	16	3	1,100	176	9	2
222	35	12	3	272	43	12	8	520	83	8	4	1,200	192	10	0
223	35	15	5	273	43	15	10	530	85	0	5	1,300	208	10	10
224	35	18	8	274	43	19	1	540	86	12	6	1,400	224	11	8
225	36	1	10	275	44	2	3	550	88	4	7	1,500	240	12	6
226	36	5	1	276	44	5	6	560	89	16	8	1,600	256	13	4
227	36	8	3	277	44	8	8	570	91	8	9	1,700	272	14	2
228	36	11	6	278	44	11	11	580	93	0	10	1,800	288	15	0
229	36	14	8	279	44	15	1	590	94	12	11	1,900	304	15	10
230	36	17	11	280	44	18	4	600	96	5	0	2,000	320	16	8
231	37	1	1	281	45	1	6	610	97	17	1	3,000	481	5	0
232	37	4	4	282	45	4	9	620	99	9	2	4,000	641	13	4
233	37	7	6	283	45	7	11	630	101	1	3	5,000	802	1	8
234	37	10	9	284	45	11	2	640	102	13	4	6,000	962	10	0
235	37	13	11	285	45	14	4	650	104	5	5	7,000	1,122	18	4
236	37	17	2	286	45	17	7	660	105	17	6	8,000	1,283	6	8
237	38	0	4	287	46	0	9	670	107	9	7	9,000	1,443	15	0
238	38	3	7	288	46	4	0	680	109	1	8	10,000	1,604	3	4
239	38	6	9	289	46	7	2	690	110	13	9				
240	38	10	0	290	46	10	5	700	112	5	10				
241	38	13	2	291	46	13	7	710	113	17	11				
242	38	16	5	292	46	16	10	720	115	10	0				
243	38	19	7	293	47	0	0	730	117	2	1				
244	39	2	10	294	47	3	3	740	118	14	2				
245	39	6	0	295	47	6	5	750	120	6	3				
246	39	9	3	296	47	9	8	760	121	18	4				
247	39	12	5	297	47	12	10	770	123	10	5				
248	39	15	8	298	47	16	1	780	125	2	6				
249	39	18	10	299	47	19	3	790	126	14	7				
250	40	2	1	300	48	2	6	800	128	6	8				

PARTS OF A £.

s.	d.	s.	d.
	7		1
1	7		3
3	2		6
4	9		9
6	3	1	0
7	10	1	3
9	5	1	6
10	11	1	9
12	6	2	0
14	1	2	3
15	8	2	6
17	2	2	9
18	9	3	0

TAX AT 3s. 2¾d.

Income.	Tax.			Income.	Tax.			Income.	Tax.			Income.	Tax.		
£	£	s.	d.	£	£	s.	d.	£	£	s.	d.	£	£	s.	d.
1		3	2	51	8	4	8	101	16	6	1	151	24	7	7
2		6	5	52	8	7	11	102	16	9	4	152	24	10	10
3		9	8	53	8	11	1	103	16	12	7	153	24	14	0
4		12	11	54	8	14	4	104	16	15	10	154	24	17	3
5		16	1	55	8	17	7	105	16	19	0	155	25	0	6
6		19	4	56	9	0	10	106	17	2	3	156	25	3	9
7	1	2	7	57	9	4	0	107	17	5	6	157	25	6	11
8	1	5	10	58	9	7	3	108	17	8	9	158	25	10	2
9	1	9	0	59	9	10	6	109	17	11	11	159	25	13	5
10	1	12	3	60	9	13	9	110	17	15	2	160	25	16	8
11	1	15	6	61	9	16	11	111	17	18	5	161	25	19	10
12	1	18	9	62	10	0	2	112	18	1	8	162	26	3	1
13	2	1	11	63	10	3	5	113	18	4	10	163	26	6	4
14	2	5	2	64	10	6	8	114	18	8	1	164	26	9	7
15	2	8	5	65	10	9	10	115	18	11	4	165	26	12	9
16	2	11	8	66	10	13	1	116	18	14	7	166	26	16	0
17	2	14	10	67	10	16	4	117	18	17	9	167	26	19	3
18	2	18	1	68	10	19	7	118	19	1	0	168	27	2	6
19	3	1	4	69	11	2	9	119	19	4	3	169	27	5	8
20	3	4	7	70	11	6	0	120	19	7	6	170	27	8	11
21	3	7	9	71	11	9	3	121	19	10	8	171	27	12	2
22	3	11	0	72	11	12	6	122	19	13	11	172	27	15	5
23	3	14	3	73	11	15	8	123	19	17	2	173	27	18	7
24	3	17	6	74	11	18	11	124	20	0	5	174	28	1	10
25	4	0	8	75	12	2	2	125	20	3	7	175	28	5	1
26	4	3	11	76	12	5	5	126	20	6	10	176	28	8	4
27	4	7	2	77	12	8	7	127	20	10	1	177	28	11	6
28	4	10	5	78	12	11	10	128	20	13	4	178	28	14	9
29	4	13	7	79	12	15	1	129	20	16	6	179	28	18	0
30	4	16	10	80	12	18	4	130	20	19	9	180	29	1	3
31	5	0	1	81	13	1	6	131	21	3	0	181	29	4	5
32	5	3	4	82	13	4	9	132	21	6	3	182	29	7	8
33	5	6	6	83	13	8	0	133	21	9	5	183	29	10	11
34	5	9	9	84	13	11	3	134	21	12	8	184	29	14	2
35	5	13	0	85	13	14	5	135	21	15	11	185	29	17	4
36	5	16	3	86	13	17	8	136	21	19	2	186	30	0	7
37	5	19	5	87	14	0	11	137	22	2	4	187	30	3	10
38	6	2	8	88	14	4	2	138	22	5	7	188	30	7	1
39	6	5	11	89	14	7	4	139	22	8	10	189	30	10	3
40	6	9	2	90	14	10	7	140	22	12	1	190	30	13	6
41	6	12	4	91	14	13	10	141	22	15	3	191	30	16	9
42	6	15	7	92	14	17	1	142	22	18	6	192	31	0	0
43	6	18	10	93	15	0	3	143	23	1	9	193	31	3	2
44	7	2	1	94	15	3	6	144	23	5	0	194	31	6	5
45	7	5	3	95	15	6	9	145	23	8	2	195	31	9	8
46	7	8	6	96	15	10	0	146	23	11	5	196	31	12	11
47	7	11	9	97	15	13	2	147	23	14	8	197	31	16	1
48	7	15	0	98	15	16	5	148	23	17	11	198	31	19	4
49	7	18	2	99	15	19	8	149	24	1	1	199	32	2	7
50	8	1	5	100	16	2	11	150	24	4	4	200	32	5	10

TAX AT 3s. $2\frac{3}{4}$d.

Income.	Tax.			Income.	Tax.			Income.	Tax.			Income.	Tax.		
£	£	s.	d.	£	£	s.	d.	£	£	s.	d.	£	£	s.	d.
201	32	9	0	**251**	40	10	6	**310**	50	1	0	**810**	130	15	7
202	32	12	3	**252**	40	13	9	**320**	51	13	4	**820**	132	7	11
203	32	15	6	**253**	40	16	11	**330**	53	5	7	**830**	134	0	2
204	32	18	9	**254**	41	0	2	**340**	54	17	11	**840**	135	12	6
205	33	1	11	**255**	41	3	5	**350**	56	10	2	**850**	137	4	9
206	33	5	2	**256**	41	6	8	**360**	58	2	6	**860**	138	17	1
207	33	8	5	**257**	41	9	10	**370**	59	14	9	**870**	140	9	4
208	33	11	8	**258**	41	13	1	**380**	61	7	1	**880**	142	1	8
209	33	14	10	**259**	41	16	4	**390**	62	19	4	**890**	143	13	11
210	33	18	1	**260**	41	19	7	**400**	64	11	8	**900**	145	6	3
211	34	1	4	**261**	42	2	9	**410**	66	3	11	**910**	146	18	6
212	34	4	7	**262**	42	6	0	**420**	67	16	3	**920**	148	10	10
213	34	7	9	**263**	42	9	3	**430**	69	8	6	**930**	150	3	1
214	34	11	0	**264**	42	12	6	**440**	71	0	10	**940**	151	15	5
215	34	14	3	**265**	42	15	8	**450**	72	13	1	**950**	153	7	8
216	34	17	6	**266**	42	18	11	**460**	74	5	5	**960**	155	0	0
217	35	0	8	**267**	43	2	2	**470**	75	17	8	**970**	156	12	3
218	35	3	11	**268**	43	5	5	**480**	77	10	0	**980**	158	4	7
219	35	7	2	**269**	43	8	7	**490**	79	2	3	**990**	159	16	10
220	35	10	5	**270**	43	11	10	**500**	80	14	7	**1,000**	161	9	2
221	35	13	7	**271**	43	15	1	**510**	82	6	10	**1,100**	177	12	1
222	35	16	10	**272**	43	18	4	**520**	83	19	2	**1,200**	193	15	0
223	36	0	1	**273**	44	1	6	**530**	85	11	5	**1,300**	209	17	11
224	36	3	4	**274**	44	4	9	**540**	87	3	9	**1,400**	226	0	10
225	36	6	6	**275**	44	8	0	**550**	88	16	0	**1,500**	242	3	9
226	36	9	9	**276**	44	11	3	**560**	90	8	4	**1,600**	258	6	8
227	36	13	0	**277**	44	14	5	**570**	92	0	7	**1,700**	274	9	7
228	36	16	3	**278**	44	17	8	**580**	93	12	11	**1,800**	290	12	6
229	36	19	5	**279**	45	0	11	**590**	95	5	2	**1,900**	306	15	5
230	37	2	8	**280**	45	4	2	**600**	96	17	6	**2,000**	322	18	4
231	37	5	11	**281**	45	7	4	**610**	98	9	9	**3,000**	484	7	6
232	37	9	2	**282**	45	10	7	**620**	100	2	1	**4,000**	645	16	8
233	37	12	4	**283**	45	13	10	**630**	101	14	4	**5,000**	807	5	10
234	37	15	7	**284**	45	17	1	**640**	103	6	8	**6,000**	968	15	0
235	37	18	10	**285**	46	0	3	**650**	104	18	11	**7,000**	1,130	4	2
236	38	2	1	**286**	46	3	6	**660**	106	11	3	**8,000**	1,291	13	4
237	38	5	3	**287**	46	6	9	**670**	108	3	6	**9,000**	1,453	2	6
238	38	8	6	**288**	46	10	0	**680**	109	15	10	**10,000**	1,614	11	8
239	38	11	9	**289**	46	13	2	**690**	111	8	1				
240	38	15	0	**290**	46	16	5	**700**	113	0	5				
241	38	18	2	**291**	46	19	8	**710**	114	12	8				
242	39	1	5	**292**	47	2	11	**720**	116	5	0				
243	39	4	8	**293**	47	6	1	**730**	117	17	3				
244	39	7	11	**294**	47	9	4	**740**	119	9	7				
245	39	11	1	**295**	47	12	7	**750**	121	1	10				
246	39	14	4	**296**	47	15	10	**760**	122	14	2				
247	39	17	7	**297**	47	19	0	**770**	124	6	5				
248	40	0	10	**298**	48	2	3	**780**	125	18	9				
249	40	4	0	**299**	48	5	6	**790**	127	11	0				
250	40	7	3	**300**	48	8	9	**800**	129	3	4				

PARTS OF A £.

s.	d.	s.	d.
	7		1
1	7		3
3	1		6
4	7		9
6	2	1	0
7	8	1	3
9	3	1	6
10	10	1	9
12	4	2	0
13	11	2	3
15	5	2	6
17	0	2	9
18	6	3	0

TAX AT 3s. 3d.

Income.	Tax.			Income.	Tax.			Income.	Tax.			Income.	Tax.		
£	£	s.	d.	£	£	s.	d.	£	£	s.	d.	£	£	s.	d.
1		3	3	51	8	5	9	101	16	8	3	151	24	10	9
2		6	6	52	8	9	0	102	16	11	6	152	24	14	0
3		9	9	53	8	12	3	103	16	14	9	153	24	17	3
4		13	0	54	8	15	6	104	16	18	0	154	25	0	6
5		16	3	55	8	18	9	105	17	1	3	155	25	3	9
6		19	6	56	9	2	0	106	17	4	6	156	25	7	0
7	1	2	9	57	9	5	3	107	17	7	9	157	25	10	3
8	1	6	0	58	9	8	6	108	17	11	0	158	25	13	6
9	1	9	3	59	9	11	9	109	17	14	3	159	25	16	9
10	1	12	6	60	9	15	0	110	17	17	6	160	26	0	0
11	1	15	9	61	9	18	3	111	18	0	9	161	26	3	3
12	1	19	0	62	10	1	6	112	18	4	0	162	26	6	6
13	2	2	3	63	10	4	9	113	18	7	3	163	26	9	9
14	2	5	6	64	10	8	0	114	18	10	6	164	26	13	0
15	2	8	9	65	10	11	3	115	18	13	9	165	26	16	3
16	2	12	0	66	10	14	6	116	18	17	0	166	26	19	6
17	2	15	3	67	10	17	9	117	19	0	3	167	27	2	9
18	2	18	6	68	11	1	0	118	19	3	6	168	27	6	0
19	3	1	9	69	11	4	3	119	19	6	9	169	27	9	3
20	3	5	0	70	11	7	6	120	19	10	0	170	27	12	6
21	3	8	3	71	11	10	9	121	19	13	3	171	27	15	9
22	3	11	6	72	11	14	0	122	19	16	6	172	27	19	0
23	3	14	9	73	11	17	3	123	19	19	9	173	28	2	3
24	3	18	0	74	12	0	6	124	20	3	0	174	28	5	6
25	4	1	3	75	12	3	9	125	20	6	3	175	28	8	9
26	4	4	6	76	12	7	0	126	20	9	6	176	28	12	0
27	4	7	9	77	12	10	3	127	20	12	9	177	28	15	3
28	4	11	0	78	12	13	6	128	20	16	0	178	28	18	6
29	4	14	3	79	12	16	9	129	20	19	3	179	29	1	9
30	4	17	6	80	13	0	0	130	21	2	6	180	29	5	0
31	5	0	9	81	13	3	3	131	21	5	9	181	29	8	3
32	5	4	0	82	13	6	6	132	21	9	0	182	29	11	6
33	5	7	3	83	13	9	9	133	21	12	3	183	29	14	9
34	5	10	6	84	13	13	0	134	21	15	6	184	29	18	0
35	5	13	9	85	13	16	3	135	21	18	9	185	30	1	3
36	5	17	0	86	13	19	6	136	22	2	0	186	30	4	6
37	6	0	3	87	14	2	9	137	22	5	3	187	30	7	9
38	6	3	6	88	14	6	0	138	22	8	6	188	30	11	0
39	6	6	9	89	14	9	3	139	22	11	9	189	30	14	3
40	6	10	0	90	14	12	6	140	22	15	0	190	30	17	6
41	6	13	3	91	14	15	9	141	22	18	3	191	31	0	9
42	6	16	6	92	14	19	0	142	23	1	6	192	31	4	0
43	6	19	9	93	15	2	3	143	23	4	9	193	31	7	3
44	7	3	0	94	15	5	6	144	23	8	0	194	31	10	6
45	7	6	3	95	15	8	9	145	23	11	3	195	31	13	9
46	7	9	6	96	15	12	0	146	23	14	6	196	31	17	0
47	7	12	9	97	15	15	3	147	23	17	9	197	32	0	3
48	7	16	0	98	15	18	6	148	24	1	0	198	32	3	6
49	7	19	3	99	16	1	9	149	24	4	3	199	32	6	9
50	8	2	6	100	16	5	0	150	24	7	6	200	32	10	0

TAX AT 3s. 3d.

Income.	Tax.			Income.	Tax.			Income.	Tax.			Income.	Tax.		
£	£	s.	d.	£	£	s.	d.	£	£	s.	d.	£	£	s.	d.
201	32	13	3	251	40	15	9	310	50	7	6	810	131	12	6
202	32	16	6	252	40	19	0	320	52	0	0	820	133	5	0
203	32	19	9	253	41	2	3	330	53	12	6	830	134	17	6
204	33	3	0	254	41	5	6	340	55	5	0	840	136	10	0
205	33	6	3	255	41	8	9	350	56	17	6	850	138	2	6
206	33	9	6	256	41	12	0	360	58	10	0	860	139	15	0
207	33	12	9	257	41	15	3	370	60	2	6	870	141	7	6
208	33	16	0	258	41	18	6	380	61	15	0	880	143	0	0
209	33	19	3	259	42	1	9	390	63	7	6	890	144	12	6
210	34	2	6	260	42	5	0	400	65	0	0	900	146	5	0
211	34	5	9	261	42	8	3	410	66	12	6	910	147	17	6
212	34	9	0	262	42	11	6	420	68	5	0	920	149	10	0
213	34	12	3	263	42	14	9	430	69	17	6	930	151	2	6
214	34	15	6	264	42	18	0	440	71	10	0	940	152	15	0
215	34	18	9	265	43	1	3	450	73	2	6	950	154	7	6
216	35	2	0	266	43	4	6	460	74	15	0	960	156	0	0
217	35	5	3	267	43	7	9	470	76	7	6	970	157	12	6
218	35	8	6	268	43	11	0	480	78	0	0	980	159	5	0
219	35	11	9	269	43	14	3	490	79	12	6	990	160	17	6
220	35	15	0	270	43	17	6	500	81	5	0	1,000	162	10	0
221	35	18	3	271	44	0	9	510	82	17	6	1,100	178	15	0
222	36	1	6	272	44	4	0	520	84	10	0	1,200	195	0	0
223	36	4	9	273	44	7	3	530	86	2	6	1,300	211	5	0
224	36	8	0	274	44	10	6	540	87	15	0	1,400	227	10	0
225	36	11	3	275	44	13	9	550	89	7	6	1,500	243	15	0
226	36	14	6	276	44	17	0	560	91	0	0	1,600	260	0	0
227	36	17	9	277	45	0	3	570	92	12	6	1,700	276	5	0
228	37	1	0	278	45	3	6	580	94	5	0	1,800	292	10	0
229	37	4	3	279	45	6	9	590	95	17	6	1,900	308	15	0
230	37	7	6	280	45	10	0	600	97	10	0	2,000	325	0	0
231	37	10	9	281	45	13	3	610	99	2	6	3,000	487	10	0
232	37	14	0	282	45	16	6	620	100	15	0	4,000	650	0	0
233	37	17	3	283	45	19	9	630	102	7	6	5,000	812	10	0
234	38	0	6	284	46	3	0	640	104	0	0	6,000	975	0	0
235	38	3	9	285	46	6	3	650	105	12	6	7,000	1,137	10	0
236	38	7	0	286	46	9	6	660	107	5	0	8,000	1,300	0	0
237	38	10	3	287	46	12	9	670	108	17	6	9,000	1,462	10	0
238	38	13	6	288	46	16	0	680	110	10	0	10,000	1,625	0	0
239	38	16	9	289	46	19	3	690	112	2	6				
240	39	0	0	290	47	2	6	700	113	15	0				
241	39	3	3	291	47	5	9	710	115	7	6				
242	39	6	6	292	47	9	0	720	117	0	0				
243	39	9	9	293	47	12	3	730	118	12	6				
244	39	13	0	294	47	15	6	740	120	5	0				
245	39	16	3	295	47	18	9	750	121	17	6				
246	39	19	6	296	48	2	0	760	123	10	0				
247	40	2	9	297	48	5	3	770	125	2	6				
248	40	6	0	298	48	8	6	780	126	15	0				
249	40	9	3	299	48	11	9	790	128	7	6				
250	40	12	6	300	48	15	0	800	130	0	0				

PARTS OF A £.

s.	d.	s.	d.
	7		1
1	7		3
3	1		6
4	8		9
6	2	1	0
7	9	1	3
9	3	1	6
10	10	1	9
12	4	2	0
13	11	2	3
15	5	2	6
17	0	2	9
18	6	3	0

TAX AT 3s. $3\frac{1}{5}$d.

Income.	Tax.			Income.	Tax.			Income.	Tax.			Income.	Tax.		
£	£	s.	d.	£	£	s.	d.	£	£	s.	d.	£	£	s.	d.
1		3	3	51	8	6	7	101	16	9	11	151	24	13	3
2		6	6	52	8	9	10	102	16	13	2	152	24	16	6
3		9	9	53	8	13	1	103	16	16	5	153	24	19	9
4		13	0	54	8	16	4	104	16	19	8	154	25	3	0
5		16	4	55	8	19	8	105	17	3	0	155	25	6	4
6		19	7	56	9	2	11	106	17	6	3	156	25	9	7
7	1	2	10	57	9	6	2	107	17	9	6	157	25	12	10
8	1	6	1	58	9	9	5	108	17	12	9	158	25	16	1
9	1	9	4	59	9	12	8	109	17	16	0	159	25	19	4
10	1	12	8	60	9	16	0	110	17	19	4	160	26	2	8
11	1	15	11	61	9	19	3	111	18	2	7	161	26	5	11
12	1	19	2	62	10	2	6	112	18	5	10	162	26	9	2
13	2	2	5	63	10	5	9	113	18	9	1	163	26	12	5
14	2	5	8	64	10	9	0	114	18	12	4	164	26	15	8
15	2	9	0	65	10	12	4	115	18	15	8	165	26	19	0
16	2	12	3	66	10	15	7	116	18	18	11	166	27	2	3
17	2	15	6	67	10	18	10	117	19	2	2	167	27	5	6
18	2	18	9	68	11	2	1	118	19	5	5	168	27	8	9
19	3	2	0	69	11	5	4	119	19	8	8	169	27	12	0
20	3	5	4	70	11	8	8	120	19	12	0	170	27	15	4
21	3	8	7	71	11	11	11	121	19	15	3	171	27	18	7
22	3	11	10	72	11	15	2	122	19	18	6	172	28	1	10
23	3	15	1	73	11	18	5	123	20	1	9	173	28	5	1
24	3	18	4	74	12	1	8	124	20	5	0	174	28	8	4
25	4	1	8	75	12	5	0	125	20	8	4	175	28	11	8
26	4	4	11	76	12	8	3	126	20	11	7	176	28	14	11
27	4	8	2	77	12	11	6	127	20	14	10	177	28	18	2
28	4	11	5	78	12	14	9	128	20	18	1	178	29	1	5
29	4	14	8	79	12	18	0	129	21	1	4	179	29	4	8
30	4	18	0	80	13	1	4	130	21	4	8	180	29	8	0
31	5	1	3	81	13	4	7	131	21	7	11	181	29	11	3
32	5	4	6	82	13	7	10	132	21	11	2	182	29	14	6
33	5	7	9	83	13	11	1	133	21	14	5	183	29	17	9
34	5	11	0	84	13	14	4	134	21	17	8	184	30	1	0
35	5	14	4	85	13	17	8	135	22	1	0	185	30	4	4
36	5	17	7	86	14	0	11	136	22	4	3	186	30	7	7
37	6	0	10	87	14	4	2	137	22	7	6	187	30	10	10
38	6	4	1	88	14	7	5	138	22	10	9	188	30	14	1
39	6	7	4	89	14	10	8	139	22	14	0	189	30	17	4
40	6	10	8	90	14	14	0	140	22	17	4	190	31	0	8
41	6	13	11	91	14	17	3	141	23	0	7	191	31	3	11
42	6	17	2	92	15	0	6	142	23	3	10	192	31	7	2
43	7	0	5	93	15	3	9	143	23	7	1	193	31	10	5
44	7	3	8	94	15	7	0	144	23	10	4	194	31	13	8
45	7	7	0	95	15	10	4	145	23	13	8	195	31	17	0
46	7	10	3	96	15	13	7	146	23	16	11	196	32	0	3
47	7	13	6	97	15	16	10	147	24	0	2	197	32	3	6
48	7	16	9	98	16	0	1	148	24	3	5	198	32	6	9
49	8	0	0	99	16	3	4	149	24	6	8	199	32	10	0
50	8	3	4	100	16	6	8	150	24	10	0	200	32	13	4

TAX AT 3s. $3\frac{1}{5}$d.

Income.	Tax.			Income.	Tax.			Income.	Tax.			Income.	Tax.		
£	£	s.	d.	£	£	s.	d.	£	£	s.	d.	£	£	s.	d.
201	32	16	7	251	40	19	11	310	50	12	8	810	132	6	0
202	32	19	10	252	41	3	2	320	52	5	4	820	133	18	8
203	33	3	1	253	41	6	5	330	53	18	0	830	135	11	4
204	33	6	4	254	41	9	8	340	55	10	8	840	137	4	0
205	33	9	8	255	41	13	0	350	57	3	4	850	138	16	8
206	33	12	11	256	41	16	3	360	58	16	0	860	140	9	4
207	33	16	2	257	41	19	6	370	60	8	8	870	142	2	0
208	33	19	5	258	42	2	9	380	62	1	4	880	143	14	8
209	34	2	8	259	42	6	0	390	63	14	0	890	145	7	4
210	34	6	0	260	42	9	4	400	65	6	8	900	147	0	0
211	34	9	3	261	42	12	7	410	66	19	4	910	148	12	8
212	34	12	6	262	42	15	10	420	68	12	0	920	150	5	4
213	34	15	9	263	42	19	1	430	70	4	8	930	151	18	0
214	34	19	0	264	43	2	4	440	71	17	4	940	153	10	8
215	35	2	4	265	43	5	8	450	73	10	0	950	155	3	4
216	35	5	7	266	43	8	11	460	75	2	8	960	156	16	0
217	35	8	10	267	43	12	2	470	76	15	4	970	158	8	8
218	35	12	1	268	43	15	5	480	78	8	0	980	160	1	4
219	35	15	4	269	43	18	8	490	80	0	8	990	161	14	0
220	35	18	8	270	44	2	0	500	81	13	4	1,000	163	6	8
221	36	1	11	271	44	5	3	510	83	6	0	1,100	179	13	4
222	36	5	2	272	44	8	6	520	84	18	8	1,200	196	0	0
223	36	8	5	273	44	11	9	530	86	11	4	1,300	212	6	8
224	36	11	8	274	44	15	0	540	88	4	0	1,400	228	13	4
225	36	15	0	275	44	18	4	550	89	16	8	1,500	245	0	0
226	36	18	3	276	45	1	7	560	91	9	4	1,600	261	6	8
227	37	1	6	277	45	4	10	570	93	2	0	1,700	277	13	4
228	37	4	9	278	45	8	1	580	94	14	8	1,800	294	0	0
229	37	8	0	279	45	11	4	590	96	7	4	1,900	310	6	8
230	37	11	4	280	45	14	8	600	98	0	0	2,000	326	13	4
231	37	14	7	281	45	17	11	610	99	12	8	3,000	490	0	0
232	37	17	10	282	46	1	2	620	101	5	4	4,000	653	6	8
233	38	1	1	283	46	4	5	630	102	18	0	5,000	816	13	4
234	38	4	4	284	46	7	8	640	104	10	8	6,000	980	0	0
235	38	7	8	285	46	11	0	650	106	3	4	7,000	1,143	6	8
236	38	10	11	286	46	14	3	660	107	16	0	8,000	1,306	13	4
237	38	14	2	287	46	17	6	670	109	8	8	9,000	1,470	0	0
238	38	17	5	288	47	0	9	680	111	1	4	10,000	1,633	6	8
239	39	0	8	289	47	4	0	690	112	14	0				
240	39	4	0	290	47	7	4	700	114	6	8				
241	39	7	3	291	47	10	7	710	115	19	4				
242	39	10	6	292	47	13	10	720	117	12	0				
243	39	13	9	293	47	17	1	730	119	4	8				
244	39	17	0	294	48	0	4	740	120	17	4				
245	40	0	4	295	48	3	8	750	122	10	0				
246	40	3	7	296	48	6	11	760	124	2	8				
247	40	6	10	297	48	10	2	770	125	15	4				
248	40	10	1	298	48	13	5	780	127	8	0				
249	40	13	4	299	48	16	8	790	129	0	8				
250	40	16	8	300	49	0	0	800	130	13	4				

PARTS OF A £.

s.	d.		s.	d.
	7	....		1
1	7	....		3
3	1	....		6
4	7	....		9
6	2	....	1	0
9	2	....	1	6
10	9	....	1	9
12	3	....	2	0
13	9	....	2	3
15	4	....	2	6
16	11	....	2	9
18	5	....	3	0

TAX AT 3s. 3¼d.

Income.	Tax.			Income.	Tax.			Income.	Tax.			Income.	Tax.		
£	£	s.	d.	£	£	s.	d.	£	£	s.	d.	£	£	s.	d.
1		3	3	51	8	6	9	101	16	10	4	151	24	13	10
2		6	6	52	8	10	1	102	16	13	7	152	24	17	2
3		9	9	53	8	13	4	103	16	16	10	153	25	0	5
4		13	1	54	8	16	7	104	17	0	2	154	25	3	8
5		16	4	55	8	19	10	105	17	3	5	155	25	6	11
6		19	7	56	9	3	2	106	17	6	8	156	25	10	3
7	1	2	10	57	9	6	5	107	17	9	11	157	25	13	6
8	1	6	2	58	9	9	8	108	17	13	3	158	25	16	9
9	1	9	5	59	9	12	11	109	17	16	6	159	26	0	0
10	1	12	8	60	9	16	3	110	17	19	9	160	26	3	4
11	1	15	11	61	9	19	6	111	18	3	0	161	26	6	7
12	1	19	3	62	10	2	9	112	18	6	4	162	26	9	10
13	2	2	6	63	10	6	0	113	18	9	7	163	26	13	1
14	2	5	9	64	10	9	4	114	18	12	10	164	26	16	5
15	2	9	0	65	10	12	7	115	18	16	1	165	26	19	8
16	2	12	4	66	10	15	10	116	18	19	5	166	27	2	11
17	2	15	7	67	10	19	1	117	19	2	8	167	27	6	2
18	2	18	10	68	11	2	5	118	19	5	11	168	27	9	6
19	3	2	1	69	11	5	8	119	19	9	2	169	27	12	9
20	3	5	5	70	11	8	11	120	19	12	6	170	27	16	0
21	3	8	8	71	11	12	2	121	19	15	9	171	27	19	3
22	3	11	11	72	11	15	6	122	19	19	0	172	28	2	7
23	3	15	2	73	11	18	9	123	20	2	3	173	28	5	10
24	3	18	6	74	12	2	0	124	20	5	7	174	28	9	1
25	4	1	9	75	12	5	3	125	20	8	10	175	28	12	4
26	4	5	0	76	12	8	7	126	20	12	1	176	28	15	8
27	4	8	3	77	12	11	10	127	20	15	4	177	28	18	11
28	4	11	7	78	12	15	1	128	20	18	8	178	29	2	2
29	4	14	10	79	12	18	4	129	21	1	11	179	29	5	5
30	4	18	1	80	13	1	8	130	21	5	2	180	29	8	9
31	5	1	4	81	13	4	11	131	21	8	5	181	29	12	0
32	5	4	8	82	13	8	2	132	21	11	9	182	29	15	3
33	5	7	11	83	13	11	5	133	21	15	0	183	29	18	6
34	5	11	2	84	13	14	9	134	21	18	3	184	30	1	10
35	5	14	5	85	13	18	0	135	22	1	6	185	30	5	1
36	5	17	9	86	14	1	3	136	22	4	10	186	30	8	4
37	6	1	0	87	14	4	6	137	22	8	1	187	30	11	7
38	6	4	3	88	14	7	10	138	22	11	4	188	30	14	11
39	6	7	6	89	14	11	1	139	22	14	7	189	30	18	2
40	6	10	10	90	14	14	4	140	22	17	11	190	31	1	5
41	6	14	1	91	14	17	7	141	23	1	2	191	31	4	8
42	6	17	4	92	15	0	11	142	23	4	5	192	31	8	0
43	7	0	7	93	15	4	2	143	23	7	8	193	31	11	3
44	7	3	11	94	15	7	5	144	23	11	0	194	31	14	6
45	7	7	2	95	15	10	8	145	23	14	3	195	31	17	9
46	7	10	5	96	15	14	0	146	23	17	6	196	32	1	1
47	7	13	8	97	15	17	3	147	24	0	9	197	32	4	4
48	7	17	0	98	16	0	6	148	24	4	1	198	32	7	7
49	8	0	3	99	16	3	9	149	24	7	4	199	32	10	10
50	8	3	6	100	16	7	1	150	24	10	7	200	32	14	2

TAX AT 3s. 3¼d.

Income.	Tax.			Income.	Tax.			Income.	Tax.			Income.	Tax.		
£	£	s.	d.	£	£	s.	d.	£	£	s.	d.	£	£	s.	d.
201	32	17	5	251	41	0	11	310	50	13	11	810	132	9	4
202	33	0	8	252	41	4	3	320	52	6	8	820	134	2	1
203	33	3	11	253	41	7	6	330	53	19	4	830	135	14	9
204	33	7	3	254	41	10	9	340	55	12	1	840	137	7	6
205	33	10	6	255	41	14	0	350	57	4	9	850	139	0	2
206	33	13	9	256	41	17	4	360	58	17	6	860	140	12	11
207	33	17	0	257	42	0	7	370	60	10	2	870	142	5	7
208	34	0	4	258	42	3	10	380	62	2	11	880	143	18	4
209	34	3	7	259	42	7	1	390	63	15	7	890	145	11	0
210	34	6	10	260	42	10	5	400	65	8	4	900	147	3	9
211	34	10	1	261	42	13	8	410	67	1	0	910	148	16	5
212	34	13	5	262	42	16	11	420	68	13	9	920	150	9	2
213	34	16	8	263	43	0	2	430	70	6	5	930	152	1	10
214	34	19	11	264	43	3	6	440	71	19	2	940	153	14	7
215	35	3	2	265	43	6	9	450	73	11	10	950	155	7	3
216	35	6	6	266	43	10	0	460	75	4	7	960	157	0	0
217	35	9	9	267	43	13	3	470	76	17	3	970	158	12	8
218	35	13	0	268	43	16	7	480	78	10	0	980	160	5	5
219	35	16	3	269	43	19	10	490	80	2	8	990	161	18	1
220	35	19	7	270	44	3	1	500	81	15	5	1,000	163	10	10
221	36	2	10	271	44	6	4	510	83	8	1	1,100	179	17	11
222	36	6	1	272	44	9	8	520	85	0	10	1,200	196	5	0
223	36	9	4	273	44	12	11	530	86	13	6	1,300	212	12	1
224	36	12	8	274	44	16	2	540	88	6	3	1,400	228	19	2
225	36	15	11	275	44	19	5	550	89	18	11	1,500	245	6	3
226	36	19	2	276	45	2	9	560	91	11	8	1,600	261	13	4
227	37	2	5	277	45	6	0	570	93	4	4	1,700	278	0	5
228	37	5	9	278	45	9	3	580	94	17	1	1,800	294	7	6
229	37	9	0	279	45	12	6	590	96	9	9	1,900	310	14	7
230	37	12	3	280	45	15	10	600	98	2	6	2,000	327	1	8
231	37	15	6	281	45	19	1	610	99	15	2	3,000	490	12	6
232	37	18	10	282	46	2	4	620	101	7	11	4,000	654	3	4
233	38	2	1	283	46	5	7	630	103	0	7	5,000	817	14	2
234	38	5	4	284	46	8	11	640	104	13	4	6,000	981	5	0
235	38	8	7	285	46	12	2	650	106	6	0	7,000	1,144	15	10
236	38	11	11	286	46	15	5	660	107	18	9	8,000	1,308	6	8
237	38	15	2	287	46	18	8	670	109	11	5	9,000	1,471	17	6
238	38	18	5	288	47	2	0	680	111	4	2	10,000	1,635	8	4
239	39	1	8	289	47	5	3	690	112	16	10				
240	39	5	0	290	47	8	6	700	114	9	7				
241	39	8	3	291	47	11	9	710	116	2	3				
242	39	11	6	292	47	15	1	720	117	15	0				
243	39	14	9	293	47	18	4	730	119	7	8				
244	39	18	1	294	48	1	7	740	121	0	5				
245	40	1	4	295	48	4	10	750	122	13	1				
246	40	4	7	296	48	8	2	760	124	5	10				
247	40	7	10	297	48	11	5	770	125	18	6				
248	40	11	2	298	48	14	8	780	127	11	3				
249	40	14	5	299	48	17	11	790	129	3	11				
250	40	17	8	300	49	1	3	800	130	16	8				

PARTS OF A £.

s.	d.	s.	d.
	7		1
1	7		3
3	1		6
4	7		9
6	2	1	0
7	8	1	3
9	2	1	6
10	9	1	9
12	3	2	0
13	9	2	3
15	4	2	6
16	10	2	9
18	4	3	0

TAX AT 3s. 3½d.

Income.	Tax.			Income.	Tax.			Income.	Tax.			Income.	Tax.		
£	£	s.	d.	£	£	s.	d.	£	£	s.	d.	£	£	s.	d.
1		3	3	51	8	7	10	101	16	12	5	151	24	17	0
2		6	7	52	8	11	2	102	16	15	9	152	25	0	4
3		9	10	53	8	14	5	103	16	19	0	153	25	3	7
4		13	2	54	8	17	9	104	17	2	4	154	25	6	11
5		16	5	55	9	1	0	105	17	5	7	155	25	10	2
6		19	9	56	9	4	4	106	17	8	11	156	25	13	6
7	1	3	0	57	9	7	7	107	17	12	2	157	25	16	9
8	1	6	4	58	9	10	11	108	17	15	6	158	26	0	1
9	1	9	7	59	9	14	2	109	17	18	9	159	26	3	4
10	1	12	11	60	9	17	6	110	18	2	1	160	26	6	8
11	1	16	2	61	10	0	9	111	18	5	4	161	26	9	11
12	1	19	6	62	10	4	1	112	18	8	8	162	26	13	3
13	2	2	9	63	10	7	4	113	18	11	11	163	26	16	6
14	2	6	1	64	10	10	8	114	18	15	3	164	26	19	10
15	2	9	4	65	10	13	11	115	18	18	6	165	27	3	1
16	2	12	8	66	10	17	3	116	19	1	10	166	27	6	5
17	2	15	11	67	11	0	6	117	19	5	1	167	27	9	8
18	2	19	3	68	11	3	10	118	19	8	5	168	27	13	0
19	3	2	6	69	11	7	1	119	19	11	8	169	27	16	3
20	3	5	10	70	11	10	5	120	19	15	0	170	27	19	7
21	3	9	1	71	11	13	8	121	19	18	3	171	28	2	10
22	3	12	5	72	11	17	0	122	20	1	7	172	28	6	2
23	3	15	8	73	12	0	3	123	20	4	10	173	28	9	5
24	3	19	0	74	12	3	7	124	20	8	2	174	28	12	9
25	4	2	3	75	12	6	10	125	20	11	5	175	28	16	0
26	4	5	7	76	12	10	2	126	20	14	9	176	28	19	4
27	4	8	10	77	12	13	5	127	20	18	0	177	29	2	7
28	4	12	2	78	12	16	9	128	21	1	4	178	29	5	11
29	4	15	5	79	13	0	0	129	21	4	7	179	29	9	2
30	4	18	9	80	13	3	4	130	21	7	11	180	29	12	6
31	5	2	0	81	13	6	7	131	21	11	2	181	29	15	9
32	5	5	4	82	13	9	11	132	21	14	6	182	29	19	1
33	5	8	7	83	13	13	2	133	21	17	9	183	30	2	4
34	5	11	11	84	13	16	6	134	22	1	1	184	30	5	8
35	5	15	2	85	13	19	9	135	22	4	4	185	30	8	11
36	5	18	6	86	14	3	1	136	22	7	8	186	30	12	3
37	6	1	9	87	14	6	4	137	22	10	11	187	30	15	6
38	6	5	1	88	14	9	8	138	22	14	3	188	30	18	10
39	6	8	4	89	14	12	11	139	22	17	6	189	31	2	1
40	6	11	8	90	14	16	3	140	23	0	10	190	31	5	5
41	6	14	11	91	14	19	6	141	23	4	1	191	31	8	8
42	6	18	3	92	15	2	10	142	23	7	5	192	31	12	0
43	7	1	6	93	15	6	1	143	23	10	8	193	31	15	3
44	7	4	10	94	15	9	5	144	23	14	0	194	31	18	7
45	7	8	1	95	15	12	8	145	23	17	3	195	32	1	10
46	7	11	5	96	15	16	0	146	24	0	7	196	32	5	2
47	7	14	8	97	15	19	3	147	24	3	10	197	32	8	5
48	7	18	0	98	16	2	7	148	24	7	2	198	32	11	9
49	8	1	3	99	16	5	10	149	24	10	5	199	32	15	0
50	8	4	7	100	16	9	2	150	24	13	9	200	32	18	4

TAX AT 3s. 3½d.

Income.	Tax.			Income.	Tax.			Income.	Tax.			Income.	Tax.		
£	£	s.	d.	£	£	s.	d.	£	£	s.	d.	£	£	s.	d.
201	33	1	7	251	41	6	2	310	51	0	5	810	133	6	3
202	33	4	11	252	41	9	6	320	52	13	4	820	134	19	2
203	33	8	2	253	41	12	9	330	54	6	3	830	136	12	1
204	33	11	6	254	41	16	1	340	55	19	2	840	138	5	0
205	33	14	9	255	41	19	4	350	57	12	1	850	139	17	11
206	33	18	1	256	42	2	8	360	59	5	0	860	141	10	10
207	34	1	4	257	42	5	11	370	60	17	11	870	143	3	9
208	34	4	8	258	42	9	3	380	62	10	10	880	144	16	8
209	34	7	11	259	42	12	6	390	64	3	9	890	146	9	7
210	34	11	3	260	42	15	10	400	65	16	8	900	148	2	6
211	34	14	6	261	42	19	1	410	67	9	7	910	149	15	5
212	34	17	10	262	43	2	5	420	69	2	6	920	151	8	4
213	35	1	1	263	43	5	8	430	70	15	5	930	153	1	3
214	35	4	5	264	43	9	0	440	72	8	4	940	154	14	2
215	35	7	8	265	43	12	3	450	74	1	3	950	156	7	1
216	35	11	0	266	43	15	7	460	75	14	2	960	158	0	0
217	35	14	3	267	43	18	10	470	77	7	1	970	159	12	11
218	35	17	7	268	44	2	2	480	79	0	0	980	161	5	10
219	36	0	10	269	44	5	5	490	80	12	11	990	162	18	9
220	36	4	2	270	44	8	9	500	82	5	10	1,000	164	11	8
221	36	7	5	271	44	12	0	510	83	18	9	1,100	181	0	10
222	36	10	9	272	44	15	4	520	85	11	8	1,200	197	10	0
223	36	14	0	273	44	18	7	530	87	4	7	1,300	213	19	2
224	36	17	4	274	45	1	11	540	88	17	6	1,400	230	8	4
225	37	0	7	275	45	5	2	550	90	10	5	1,500	246	17	6
226	37	3	11	276	45	8	6	560	92	3	4	1,600	263	6	8
227	37	7	2	277	45	11	9	570	93	16	3	1,700	279	15	10
228	37	10	6	278	45	15	1	580	95	9	2	1,800	296	5	0
229	37	13	9	279	45	18	4	590	97	2	1	1,900	312	14	2
230	37	17	1	280	46	1	8	600	98	15	0	2,000	329	3	4
231	38	0	4	281	46	4	11	610	100	7	11	3,000	493	15	0
232	38	3	8	282	46	8	3	620	102	0	10	4,000	658	6	8
233	38	6	11	283	46	11	6	630	103	13	9	5,000	822	18	4
234	38	10	3	284	46	14	10	640	105	6	8	6,000	987	10	0
235	38	13	6	285	46	18	1	650	106	19	7	7,000	1,152	1	8
236	38	16	10	286	47	1	5	660	108	12	6	8,000	1,316	13	4
237	39	0	1	287	47	4	8	670	110	5	5	9,000	1,481	5	0
238	39	3	5	288	47	8	0	680	111	18	4	10,000	1,645	16	8
239	39	6	8	289	47	11	3	690	113	11	3				
240	39	10	0	290	47	14	7	700	115	4	2				
241	39	13	3	291	47	17	10	710	116	17	1				
242	39	16	7	292	48	1	2	720	118	10	0				
243	39	19	10	293	48	4	5	730	120	2	11				
244	40	3	2	294	48	7	9	740	121	15	10				
245	40	6	5	295	48	11	0	750	123	8	9				
246	40	9	9	296	48	14	4	760	125	1	8				
247	40	13	0	297	48	17	7	770	126	14	7				
248	40	16	4	298	49	0	11	780	128	7	6				
249	40	19	7	299	49	4	2	790	130	0	5				
250	41	2	11	300	49	7	6	800	131	13	4				

PARTS OF A £.

s.	d.	s.	d.
	7		1
1	7		3
3	1		6
4	7		9
6	1	1	0
7	7	1	3
9	1	1	6
10	7	1	9
12	1	2	0
13	8	2	3
15	2	2	6
16	8	2	9
18	2	3	0

TAX AT 3s. 3¾d.

Income.	Tax.			Income.	Tax.			Income.	Tax.			Income.	Tax.		
£	£	s.	d.	£	£	s.	d.	£	£	s.	d.	£	£	s.	d.
1		3	3	51	8	8	11	101	16	14	6	151	25	0	2
2		6	7	52	8	12	3	102	16	17	10	152	25	3	6
3		9	11	53	8	15	6	103	17	1	2	153	25	6	9
4		13	3	54	8	18	10	104	17	4	6	154	25	10	1
5		16	6	55	9	2	2	105	17	7	9	155	25	13	5
6		19	10	56	9	5	6	106	17	11	1	156	25	16	9
7	1	3	2	57	9	8	9	107	17	14	5	157	26	0	0
8	1	6	6	58	9	12	1	108	17	17	9	158	26	3	4
9	1	9	9	59	9	15	5	109	18	1	0	159	26	6	8
10	1	13	1	60	9	18	9	110	18	4	4	160	26	10	0
11	1	16	5	61	10	2	0	111	18	7	8	161	26	13	3
12	1	19	9	62	10	5	4	112	18	11	0	162	26	16	7
13	2	3	0	63	10	8	8	113	18	14	3	163	26	19	11
14	2	6	4	64	10	12	0	114	18	17	7	164	27	3	3
15	2	9	8	65	10	15	3	115	19	0	11	165	27	6	6
16	2	13	0	66	10	18	7	116	19	4	3	166	27	9	10
17	2	16	3	67	11	1	11	117	19	7	6	167	27	13	2
18	2	19	7	68	11	5	3	118	19	10	10	168	27	16	6
19	3	2	11	69	11	8	6	119	19	14	2	169	27	19	9
20	3	6	3	70	11	11	10	120	19	17	6	170	28	3	1
21	3	9	6	71	11	15	2	121	20	0	9	171	28	6	5
22	3	12	10	72	11	18	6	122	20	4	1	172	28	9	9
23	3	16	2	73	12	1	9	123	20	7	5	173	28	13	0
24	3	19	6	74	12	5	1	124	20	10	9	174	28	16	4
25	4	2	9	75	12	8	5	125	20	14	0	175	28	19	8
26	4	6	1	76	12	11	9	126	20	17	4	176	29	3	0
27	4	9	5	77	12	15	0	127	21	0	8	177	29	6	3
28	4	12	9	78	12	18	4	128	21	4	0	178	29	9	7
29	4	16	0	79	13	1	8	129	21	7	3	179	29	12	11
30	4	19	4	80	13	5	0	130	21	10	7	180	29	16	3
31	5	2	8	81	13	8	3	131	21	13	11	181	29	19	6
32	5	6	0	82	13	11	7	132	21	17	3	182	30	2	10
33	5	9	3	83	13	14	11	133	22	0	6	183	30	6	2
34	5	12	7	84	13	18	3	134	22	3	10	184	30	9	6
35	5	15	11	85	14	1	6	135	22	7	2	185	30	12	9
36	5	19	3	86	14	4	10	136	22	10	6	186	30	16	1
37	6	2	6	87	14	8	2	137	22	13	9	187	30	19	5
38	6	5	10	88	14	11	6	138	22	17	1	188	31	2	9
39	6	9	2	89	14	14	9	139	23	0	5	189	31	6	0
40	6	12	6	90	14	18	1	140	23	3	9	190	31	9	4
41	6	15	9	91	15	1	5	141	23	7	0	191	31	12	8
42	6	19	1	92	15	4	9	142	23	10	4	192	31	16	0
43	7	2	5	93	15	8	0	143	23	13	8	193	31	19	3
44	7	5	9	94	15	11	4	144	23	17	0	194	32	2	7
45	7	9	0	95	15	14	8	145	24	0	3	195	32	5	11
46	7	12	4	96	15	18	0	146	24	3	7	196	32	9	3
47	7	15	8	97	16	1	3	147	24	6	11	197	32	12	6
48	7	19	0	98	16	4	7	148	24	10	3	198	32	15	10
49	8	2	3	99	16	7	11	149	24	13	6	199	32	19	2
50	8	5	7	100	16	11	3	150	24	16	10	200	33	2	6

TAX AT 3s. 3¾d.

Income.	Tax.			Income.	Tax.			Income.	Tax.			Income.	Tax.		
£	£	s.	d.	£	£	s.	d.	£	£	s.	d.	£	£	s.	d.
201	33	5	9	251	41	11	5	310	51	6	10	810	134	3	1
202	33	9	1	252	41	14	9	320	53	0	0	820	135	16	3
203	33	12	5	253	41	18	0	330	54	13	1	830	137	9	4
204	33	15	9	254	42	1	4	340	56	6	3	840	139	2	6
205	33	19	0	255	42	4	8	350	57	19	4	850	140	15	7
206	34	2	4	256	42	8	0	360	59	12	6	860	142	8	9
207	34	5	8	257	42	11	3	370	61	5	7	870	144	1	10
208	34	9	0	258	42	14	7	380	62	18	9	880	145	15	0
209	34	12	3	259	42	17	11	390	64	11	10	890	147	8	1
210	34	15	7	260	43	1	3	400	66	5	0	900	149	1	3
211	34	18	11	261	43	4	6	410	67	18	1	910	150	14	4
212	35	2	3	262	43	7	10	420	69	11	3	920	152	7	6
213	35	5	6	263	43	11	2	430	71	4	4	930	154	0	7
214	35	8	10	264	43	14	6	440	72	17	6	940	155	13	9
215	35	12	2	265	43	17	9	450	74	10	7	950	157	6	10
216	35	15	6	266	44	1	1	460	76	3	9	960	159	0	0
217	35	18	9	267	44	4	5	470	77	16	10	970	160	13	1
218	36	2	1	268	44	7	9	480	79	10	0	980	162	6	3
219	36	5	5	269	44	11	0	490	81	3	1	990	163	19	4
220	36	8	9	270	44	14	4	500	82	16	3	1,000	165	12	6
221	36	12	0	271	44	17	8	510	84	9	4	1,100	182	3	9
222	36	15	4	272	45	1	0	520	86	2	6	1,200	198	15	0
223	36	18	8	273	45	4	3	530	87	15	7	1,300	215	6	3
224	37	2	0	274	45	7	7	540	89	8	9	1,400	231	17	6
225	37	5	3	275	45	10	11	550	91	1	10	1,500	248	8	9
226	37	8	7	276	45	14	3	560	92	15	0	1,600	265	0	0
227	37	11	11	277	45	17	6	570	94	8	1	1,700	281	11	3
228	37	15	3	278	46	0	10	580	96	1	3	1,800	298	2	6
229	37	18	6	279	46	4	2	590	97	14	4	1,900	314	13	9
230	38	1	10	280	46	7	6	600	99	7	6	2,000	331	5	0
231	38	5	2	281	46	10	9	610	101	0	7	3,000	496	17	6
232	38	8	6	282	46	14	1	620	102	13	9	4,000	662	10	0
233	38	11	9	283	46	17	5	630	104	6	10	5,000	828	2	6
234	38	15	1	284	47	0	9	640	106	0	0	6,000	993	15	0
235	38	18	5	285	47	4	0	650	107	13	1	7,000	1,159	7	6
236	39	1	9	286	47	7	4	660	109	6	3	8,000	1,325	0	0
237	39	5	0	287	47	10	8	670	110	19	4	9,000	1,490	12	6
238	39	8	4	288	47	14	0	680	112	12	6	10,000	1,656	5	0
239	39	11	8	289	47	17	3	690	114	5	7				
240	39	15	0	290	48	0	7	700	115	18	9				
241	39	18	3	291	48	3	11	710	117	11	10				
242	40	1	7	292	48	7	3	720	119	5	0				
243	40	4	11	293	48	10	6	730	120	18	1				
244	40	8	3	294	48	13	10	740	122	11	3				
245	40	11	6	295	48	17	2	750	124	4	4				
246	40	14	10	296	49	0	6	760	125	17	6				
247	40	18	2	297	49	3	9	770	127	10	7				
248	41	1	6	298	49	7	1	780	129	3	9				
249	41	4	9	299	49	10	5	790	130	16	10				
250	41	8	1	300	49	13	9	800	132	10	0				

PARTS OF A £.

s.	d.	s.	d.
	6		1
1	6		3
3	0		6
4	6		9
6	0	1	0
7	6	1	3
9	0	1	6
10	6	1	9
12	0	2	0
13	7	2	3
15	1	2	6
16	7	2	9
18	1	3	0
19	7	3	3

TAX AT 3s. 4d.

Income.	Tax.			Income.	Tax.			Income.	Tax.			Income.	Tax.		
£	£	s.	d.	£	£	s.	d.	£	£	s.	d.	£	£	s.	d.
1		3	4	51	8	10	0	101	16	16	8	151	25	3	4
2		6	8	52	8	13	4	102	17	0	0	152	25	6	8
3		10	0	53	8	16	8	103	17	3	4	153	25	10	0
4		13	4	54	9	0	0	104	17	6	8	154	25	13	4
5		16	8	55	9	3	4	105	17	10	0	155	25	16	8
6	1	0	0	56	9	6	8	106	17	13	4	156	26	0	0
7	1	3	4	57	9	10	0	107	17	16	8	157	26	3	4
8	1	6	8	58	9	13	4	108	18	0	0	158	26	6	8
9	1	10	0	59	9	16	8	109	18	3	4	159	26	10	0
10	1	13	4	60	10	0	0	110	18	6	8	160	26	13	4
11	1	16	8	61	10	3	4	111	18	10	0	161	26	16	8
12	2	0	0	62	10	6	8	112	18	13	4	162	27	0	0
13	2	3	4	63	10	10	0	113	18	16	8	163	27	3	4
14	2	6	8	64	10	13	4	114	19	0	0	164	27	6	8
15	2	10	0	65	10	16	8	115	19	3	4	165	27	10	0
16	2	13	4	66	11	0	0	116	19	6	8	166	27	13	4
17	2	16	8	67	11	3	4	117	19	10	0	167	27	16	8
18	3	0	0	68	11	6	8	118	19	13	4	168	28	0	0
19	3	3	4	69	11	10	0	119	19	16	8	169	28	3	4
20	3	6	8	70	11	13	4	120	20	0	0	170	28	6	8
21	3	10	0	71	11	16	8	121	20	3	4	171	28	10	0
22	3	13	4	72	12	0	0	122	20	6	8	172	28	13	4
23	3	16	8	73	12	3	4	123	20	10	0	173	28	16	8
24	4	0	0	74	12	6	8	124	20	13	4	174	29	0	0
25	4	3	4	75	12	10	0	125	20	16	8	175	29	3	4
26	4	6	8	76	12	13	4	126	21	0	0	176	29	6	8
27	4	10	0	77	12	16	8	127	21	3	4	177	29	10	0
28	4	13	4	78	13	0	0	128	21	6	8	178	29	13	4
29	4	16	8	79	13	3	4	129	21	10	0	179	29	16	8
30	5	0	0	80	13	6	8	130	21	13	4	180	30	0	0
31	5	3	4	81	13	10	0	131	21	16	8	181	30	3	4
32	5	6	8	82	13	13	4	132	22	0	0	182	30	6	8
33	5	10	0	83	13	16	8	133	22	3	4	183	30	10	0
34	5	13	4	84	14	0	0	134	22	6	8	184	30	13	4
35	5	16	8	85	14	3	4	135	22	10	0	185	30	16	8
36	6	0	0	86	14	6	8	136	22	13	4	186	31	0	0
37	6	3	4	87	14	10	0	137	22	16	8	187	31	3	4
38	6	6	8	88	14	13	4	138	23	0	0	188	31	6	8
39	6	10	0	89	14	16	8	139	23	3	4	189	31	10	0
40	6	13	4	90	15	0	0	140	23	6	8	190	31	13	4
41	6	16	8	91	15	3	4	141	23	10	0	191	31	16	8
42	7	0	0	92	15	6	8	142	23	13	4	192	32	0	0
43	7	3	4	93	15	10	0	143	23	16	8	193	32	3	4
44	7	6	8	94	15	13	4	144	24	0	0	194	32	6	8
45	7	10	0	95	15	16	8	145	24	3	4	195	32	10	0
46	7	13	4	96	16	0	0	146	24	6	8	196	32	13	4
47	7	16	8	97	16	3	4	147	24	10	0	197	32	16	8
48	8	0	0	98	16	6	8	148	24	13	4	198	33	0	0
49	8	3	4	99	16	10	0	149	24	16	8	199	33	3	4
50	8	6	8	100	16	13	4	150	25	0	0	200	33	6	8

TAX AT 3s. 4d.

Income.	Tax.			Income.	Tax.			Income.	Tax.			Income.	Tax.		
£	£	s.	d.	£	£	s.	d.	£	£	s.	d.	£	£	s.	d.
201	33	10	0	251	41	16	8	310	51	13	4	810	135	0	0
202	33	13	4	252	42	0	0	320	53	6	8	820	136	13	4
203	33	16	8	253	42	3	4	330	55	0	0	830	138	6	8
204	34	0	0	254	42	6	8	340	56	13	4	840	140	0	0
205	34	3	4	255	42	10	0	350	58	6	8	850	141	13	4
206	34	6	8	256	42	13	4	360	60	0	0	860	143	6	8
207	34	10	0	257	42	16	8	370	61	13	4	870	145	0	0
208	34	13	4	258	43	0	0	380	63	6	8	880	146	13	4
209	34	16	8	259	43	3	4	390	65	0	0	890	148	6	8
210	35	0	0	260	43	6	8	400	66	13	4	900	150	0	0
211	35	3	4	261	43	10	0	410	68	6	8	910	151	13	4
212	35	6	8	262	43	13	4	420	70	0	0	920	153	6	8
213	35	10	0	263	43	16	8	430	71	13	4	930	155	0	0
214	35	13	4	264	44	0	0	440	73	6	8	940	156	13	4
215	35	16	8	265	44	3	4	450	75	0	0	950	158	6	8
216	36	0	0	266	44	6	8	460	76	13	4	960	160	0	0
217	36	3	4	267	44	10	0	470	78	6	8	970	161	13	4
218	36	6	8	268	44	13	4	480	80	0	0	980	163	6	8
219	36	10	0	269	44	16	8	490	81	13	4	990	165	0	0
220	36	13	4	270	45	0	0	500	83	6	8	1,000	166	13	4
221	36	16	8	271	45	3	4	510	85	0	0	1,100	183	6	8
222	37	0	0	272	45	6	8	520	86	13	4	1,200	200	0	0
223	37	3	4	273	45	10	0	530	88	6	8	1,300	216	13	4
224	37	6	8	274	45	13	4	540	90	0	0	1,400	233	6	8
225	37	10	0	275	45	16	8	550	91	13	4	1,500	250	0	0
226	37	13	4	276	46	0	0	560	93	6	8	1,600	266	13	4
227	37	16	8	277	46	3	4	570	95	0	0	1,700	283	6	8
228	38	0	0	278	46	6	8	580	96	13	4	1,800	300	0	0
229	38	3	4	279	46	10	0	590	98	6	8	1,900	316	13	4
230	38	6	8	280	46	13	4	600	100	0	0	2,000	333	6	8
231	38	10	0	281	46	16	8	610	101	13	4	3,000	500	0	0
232	38	13	4	282	47	0	0	620	103	6	8	4,000	666	13	4
233	38	16	8	283	47	3	4	630	105	0	0	5,000	833	6	8
234	39	0	0	284	47	6	8	640	106	13	4	6,000	1,000	0	0
235	39	3	4	285	47	10	0	650	108	6	8	7,000	1,166	13	4
236	39	6	8	286	47	13	4	660	110	0	0	8,000	1,333	6	8
237	39	10	0	287	47	16	8	670	111	13	4	9,000	1,500	0	0
238	39	13	4	288	48	0	0	680	113	6	8	10,000	1,666	13	4
239	39	16	8	289	48	3	4	690	115	0	0				
240	40	0	0	290	48	6	8	700	116	13	4				
241	40	3	4	291	48	10	0	710	118	6	8				
242	40	6	8	292	48	13	4	720	120	0	0				
243	40	10	0	293	48	16	8	730	121	13	4				
244	40	13	4	294	49	0	0	740	123	6	8				
245	40	16	8	295	49	3	4	750	125	0	0				
246	41	0	0	296	49	6	8	760	126	13	4				
247	41	3	4	297	49	10	0	770	128	6	8				
248	41	6	8	298	49	13	4	780	130	0	0				
249	41	10	0	299	49	16	8	790	131	13	4				
250	41	13	4	300	50	0	0	800	133	6	8				

PARTS OF A £.

s.	d.		s.	d.
	6	....		1
1	0	....		2
2	0	....		4
4	0	....		8
6	0	....	1	0
8	0	....	1	4
10	0	....	1	8
12	0	....	2	0
14	0	....	2	4
16	0	....	2	8
18	0	....	3	0

11—(1526)

TAX AT 3s. 4¼d.

Income.	Tax.			Income.	Tax.			Income.	Tax.			Income.	Tax.		
£	£	s.	d.	£	£	s.	d.	£	£	s.	d.	£	£	s.	d.
1		3	4	51	8	11	0	101	16	18	9	151	25	6	5
2		6	8	52	8	14	5	102	17	2	1	152	25	9	10
3		10	0	53	8	17	9	103	17	5	5	153	25	13	2
4		13	5	54	9	1	1	104	17	8	10	154	25	16	6
5		16	9	55	9	4	5	105	17	12	2	155	25	19	10
6	1	0	1	56	9	7	10	106	17	15	6	156	26	3	3
7	1	3	5	57	9	11	2	107	17	18	10	157	26	6	7
8	1	6	10	58	9	14	6	108	18	2	3	158	26	9	11
9	1	10	2	59	9	17	10	109	18	5	7	159	26	13	3
10	1	13	6	60	10	1	3	110	18	8	11	160	26	16	8
11	1	16	10	61	10	4	7	111	18	12	3	161	27	0	0
12	2	0	3	62	10	7	11	112	18	15	8	162	27	3	4
13	2	3	7	63	10	11	3	113	18	19	0	163	27	6	8
14	2	6	11	64	10	14	8	114	19	2	4	164	27	10	1
15	2	10	3	65	10	18	0	115	19	5	8	165	27	13	5
16	2	13	8	66	11	1	4	116	19	9	1	166	27	16	9
17	2	17	0	67	11	4	8	117	19	12	5	167	28	0	1
18	3	0	4	68	11	8	1	118	19	15	9	168	28	3	6
19	3	3	8	69	11	11	5	119	19	19	1	169	28	6	10
20	3	7	1	70	11	14	9	120	20	2	6	170	28	10	2
21	3	10	5	71	11	18	1	121	20	5	10	171	28	13	6
22	3	13	9	72	12	1	6	122	20	9	2	172	28	16	11
23	3	17	1	73	12	4	10	123	20	12	6	173	29	0	3
24	4	0	6	74	12	8	2	124	20	15	11	174	29	3	7
25	4	3	10	75	12	11	6	125	20	19	3	175	29	6	11
26	4	7	2	76	12	14	11	126	21	2	7	176	29	10	4
27	4	10	6	77	12	18	3	127	21	5	11	177	29	13	8
28	4	13	11	78	13	1	7	128	21	9	4	178	29	17	0
29	4	17	3	79	13	4	11	129	21	12	8	179	30	0	4
30	5	0	7	80	13	8	4	130	21	16	0	180	30	3	9
31	5	3	11	81	13	11	8	131	21	19	4	181	30	7	1
32	5	7	4	82	13	15	0	132	22	2	9	182	30	10	5
33	5	10	8	83	13	18	4	133	22	6	1	183	30	13	9
34	5	14	0	84	14	1	9	134	22	9	5	184	30	17	2
35	5	17	4	85	14	5	1	135	22	12	9	185	31	0	6
36	6	0	9	86	14	8	5	136	22	16	2	186	31	3	10
37	6	4	1	87	14	11	9	137	22	19	6	187	31	7	2
38	6	7	5	88	14	15	2	138	23	2	10	188	31	10	7
39	6	10	9	89	14	18	6	139	23	6	2	189	31	13	11
40	6	14	2	90	15	1	10	140	23	9	7	190	31	17	3
41	6	17	6	91	15	5	2	141	23	12	11	191	32	0	7
42	7	0	10	92	15	8	7	142	23	16	3	192	32	4	0
43	7	4	2	93	15	11	11	143	23	19	7	193	32	7	4
44	7	7	7	94	15	15	3	144	24	3	0	194	32	10	8
45	7	10	11	95	15	18	7	145	24	6	4	195	32	14	0
46	7	14	3	96	16	2	0	146	24	9	8	196	32	17	5
47	7	17	7	97	16	5	4	147	24	13	0	197	33	0	9
48	8	1	0	98	16	8	8	148	24	16	5	198	33	4	1
49	8	4	4	99	16	12	0	149	24	19	9	199	33	7	5
50	8	7	8	100	16	15	5	150	25	3	1	200	33	10	10

TAX AT 3s. 4¼d.

Income.	Tax.			Income.	Tax.			Income.	Tax.			Income.	Tax.		
£	£	s.	d.	£	£	s.	d.	£	£	s.	d.	£	£	s.	d.
201	33	14	2	251	42	1	10	310	51	19	9	810	135	16	10
202	33	17	6	252	42	5	3	320	53	13	4	820	137	10	5
203	34	0	10	253	42	8	7	330	55	6	10	830	139	3	11
204	34	4	3	254	42	11	11	340	57	0	5	840	140	17	6
205	34	7	7	255	42	15	3	350	58	13	11	850	142	11	0
206	34	10	11	256	42	18	8	360	60	7	6	860	144	4	7
207	34	14	3	257	43	2	0	370	62	1	0	870	145	18	1
208	34	17	8	258	43	5	4	380	63	14	7	880	147	11	8
209	35	1	0	259	43	8	8	390	65	8	1	890	149	5	2
210	35	4	4	260	43	12	1	400	67	1	8	900	150	18	9
211	35	7	8	261	43	15	5	410	68	15	2	910	152	12	3
212	35	11	1	262	43	18	9	420	70	8	9	920	154	5	10
213	35	14	5	263	44	2	1	430	72	2	3	930	155	19	4
214	35	17	9	264	44	5	6	440	73	15	10	940	157	12	11
215	36	1	1	265	44	8	10	450	75	9	4	950	159	6	5
216	36	4	6	266	44	12	2	460	77	2	11	960	161	0	0
217	36	7	10	267	44	15	6	470	78	16	5	970	162	13	6
218	36	11	2	268	44	18	11	480	80	10	0	980	164	7	1
219	36	14	6	269	45	2	3	490	82	3	6	990	166	0	7
220	36	17	11	270	45	5	7	500	83	17	1	1,000	167	14	2
221	37	1	3	271	45	8	11	510	85	10	7	1,100	184	9	7
222	37	4	7	272	45	12	4	520	87	4	2	1,200	201	5	0
223	37	7	11	273	45	15	8	530	88	17	8	1,300	218	0	5
224	37	11	4	274	45	19	0	540	90	11	3	1,400	234	15	10
225	37	14	8	275	46	2	4	550	92	4	9	1,500	251	11	3
226	37	18	0	276	46	5	9	560	93	18	4	1,600	268	6	8
227	38	1	4	277	46	9	1	570	95	11	10	1,700	285	2	1
228	38	4	9	278	46	12	5	580	97	5	5	1,800	301	17	6
229	38	8	1	279	46	15	9	590	98	18	11	1,900	318	12	11
230	38	11	5	280	46	19	2	600	100	12	6	2,000	335	8	4
231	38	14	9	281	47	2	6	610	102	6	0	3,000	503	2	6
232	38	18	2	282	47	5	10	620	103	19	7	4,000	670	16	8
233	39	1	6	283	47	9	2	630	105	13	1	5,000	838	10	10
234	39	4	10	284	47	12	7	640	107	6	8	6,000	1,006	5	0
235	39	8	2	285	47	15	11	650	109	0	2	7,000	1,173	19	2
236	39	11	7	286	47	19	3	660	110	13	9	8,000	1,341	13	4
237	39	14	11	287	48	2	7	670	112	7	3	9,000	1,509	7	6
238	39	18	3	288	48	6	0	680	114	0	10	10,000	1,677	1	8
239	40	1	7	289	48	9	4	690	115	14	4				
240	40	5	0	290	48	12	8	700	117	7	11				
241	40	8	4	291	48	16	0	710	119	1	5				
242	40	11	8	292	48	19	5	720	120	15	0				
243	40	15	0	293	49	2	9	730	122	8	6				
244	40	18	5	294	49	6	1	740	124	2	1				
245	41	1	9	295	49	9	5	750	125	15	7				
246	41	5	1	296	49	12	10	760	127	9	2				
247	41	8	5	297	49	16	2	770	129	2	8				
248	41	11	10	298	49	19	6	780	130	16	3				
249	41	15	2	299	50	2	10	790	132	9	9				
250	41	18	6	300	50	6	3	800	134	3	4				

PARTS OF A £.

s.	d.	s.	d.
	6		1
1	6		3
3	0		6
4	6		9
6	0	1	0
7	6	1	3
9	0	1	6
10	6	1	9
12	0	2	0
13	5	2	3
14	11	2	6
16	5	2	9
17	11	3	0
19	5	3	3

TAX AT 3s. 4½d.

Income.	Tax.			Income.	Tax.			Income.	Tax.			Income.	Tax.		
£	£	s.	d.	£	£	s.	d.	£	£	s.	d.	£	£	s.	d.
1		3	4	51	8	12	1	101	17	0	10	151	25	9	7
2		6	9	52	8	15	6	102	17	4	3	152	25	13	0
3		10	1	53	8	18	10	103	17	7	7	153	25	16	4
4		13	6	54	9	2	3	104	17	11	0	154	25	19	9
5		16	10	55	9	5	7	105	17	14	4	155	26	3	1
6	1	0	3	56	9	9	0	106	17	17	9	156	26	6	6
7	1	3	7	57	9	12	4	107	18	1	1	157	26	9	10
8	1	7	0	58	9	15	9	108	18	4	6	158	26	13	3
9	1	10	4	59	9	19	1	109	18	7	10	159	26	16	7
10	1	13	9	60	10	2	6	110	18	11	3	160	27	0	0
11	1	17	1	61	10	5	10	111	18	14	7	161	27	3	4
12	2	0	6	62	10	9	3	112	18	18	0	162	27	6	9
13	2	3	10	63	10	12	7	113	19	1	4	163	27	10	1
14	2	7	3	64	10	16	0	114	19	4	9	164	27	13	6
15	2	10	7	65	10	19	4	115	19	8	1	165	27	16	10
16	2	14	0	66	11	2	9	116	19	11	6	166	28	0	3
17	2	17	4	67	11	6	1	117	19	14	10	167	28	3	7
18	3	0	9	68	11	9	6	118	19	18	3	168	28	7	0
19	3	4	1	69	11	12	10	119	20	1	7	169	28	10	4
20	3	7	6	70	11	16	3	120	20	5	0	170	28	13	9
21	3	10	10	71	11	19	7	121	20	8	4	171	28	17	1
22	3	14	3	72	12	3	0	122	20	11	9	172	29	0	6
23	3	17	7	73	12	6	4	123	20	15	1	173	29	3	10
24	4	1	0	74	12	9	9	124	20	18	6	174	29	7	3
25	4	4	4	75	12	13	1	125	21	1	10	175	29	10	7
26	4	7	9	76	12	16	6	126	21	5	3	176	29	14	0
27	4	11	1	77	12	19	10	127	21	8	7	177	29	17	4
28	4	14	6	78	13	3	3	128	21	12	0	178	30	0	9
29	4	17	10	79	13	6	7	129	21	15	4	179	30	4	1
30	5	1	3	80	13	10	0	130	21	18	9	180	30	7	6
31	5	4	7	81	13	13	4	131	22	2	1	181	30	10	10
32	5	8	0	82	13	16	9	132	22	5	6	182	30	14	3
33	5	11	4	83	14	0	1	133	22	8	10	183	30	17	7
34	5	14	9	84	14	3	6	134	22	12	3	184	31	1	0
35	5	18	1	85	14	6	10	135	22	15	7	185	31	4	4
36	6	1	6	86	14	10	3	136	22	19	0	186	31	7	9
37	6	4	10	87	14	13	7	137	23	2	4	187	31	11	1
38	6	8	3	88	14	17	0	138	23	5	9	188	31	14	6
39	6	11	7	89	15	0	4	139	23	9	1	189	31	17	10
40	6	15	0	90	15	3	9	140	23	12	6	190	32	1	3
41	6	18	4	91	15	7	1	141	23	15	10	191	32	4	7
42	7	1	9	92	15	10	6	142	23	19	3	192	32	8	0
43	7	5	1	93	15	13	10	143	24	2	7	193	32	11	4
44	7	8	6	94	15	17	3	144	24	6	0	194	32	14	9
45	7	11	10	95	16	0	7	145	24	9	4	195	32	18	1
46	7	15	3	96	16	4	0	146	24	12	9	196	33	1	6
47	7	18	7	97	16	7	4	147	24	16	1	197	33	4	10
48	8	2	0	98	16	10	9	148	24	19	6	198	33	8	3
49	8	5	4	99	16	14	1	149	25	2	10	199	33	11	7
50	8	8	9	100	16	17	6	150	25	6	3	200	33	15	0

TAX AT 3s. 4½d.

Income.	Tax.			Income.	Tax.			Income.	Tax.			Income.	Tax.		
£	£	s.	d.	£	£	s.	d.	£	£	s.	d.	£	£	s.	d.
201	33	18	4	251	42	7	1	310	52	6	3	810	136	13	9
202	34	1	9	252	42	10	6	320	54	0	0	820	138	7	6
203	34	5	1	253	42	13	10	330	55	13	9	830	140	1	3
204	34	8	6	254	42	17	3	340	57	7	6	840	141	15	0
205	34	11	10	255	43	0	7	350	59	1	3	850	143	8	9
206	34	15	3	256	43	4	0	360	60	15	0	860	145	2	6
207	34	18	7	257	43	7	4	370	62	8	9	870	146	16	3
208	35	2	0	258	43	10	9	380	64	2	6	880	148	10	0
209	35	5	4	259	43	14	1	390	65	16	3	890	150	3	9
210	35	8	9	260	43	17	6	400	67	10	0	900	151	17	6
211	35	12	1	261	44	0	10	410	69	3	9	910	153	11	3
212	35	15	6	262	44	4	3	420	70	17	6	920	155	5	0
213	35	18	10	263	44	7	7	430	72	11	3	930	156	18	9
214	36	2	3	264	44	11	0	440	74	5	0	940	158	12	6
215	36	5	7	265	44	14	4	450	75	18	9	950	160	6	3
216	36	9	0	266	44	17	9	460	77	12	6	960	162	0	0
217	36	12	4	267	45	1	1	470	79	6	3	970	163	13	9
218	36	15	9	268	45	4	6	480	81	0	0	980	165	7	6
219	36	19	1	269	45	7	10	490	82	13	9	990	167	1	3
220	37	2	6	270	45	11	3	500	84	7	6	1,000	168	15	0
221	37	5	10	271	45	14	7	510	86	1	3	1,100	185	12	6
222	37	9	3	272	45	18	0	520	87	15	0	1,200	202	10	0
223	37	12	7	273	46	1	4	530	89	8	9	1,300	219	7	6
224	37	16	0	274	46	4	9	540	91	2	6	1,400	236	5	0
225	37	19	4	275	46	8	1	550	92	16	3	1,500	253	2	6
226	38	2	9	276	46	11	6	560	94	10	0	1,600	270	0	0
227	38	6	1	277	46	14	10	570	96	3	9	1,700	286	17	6
228	38	9	6	278	46	18	3	580	97	17	6	1,800	303	15	0
229	38	12	10	279	47	1	7	590	99	11	3	1,900	320	12	6
230	38	16	3	280	47	5	0	600	101	5	0	2,000	337	10	0
231	38	19	7	281	47	8	4	610	102	18	9	3,000	506	5	0
232	39	3	0	282	47	11	9	620	104	12	6	4,000	675	0	0
233	39	6	4	283	47	15	1	630	106	6	3	5,000	843	15	0
234	39	9	9	284	47	18	6	640	108	0	0	6,000	1,012	10	0
235	39	13	1	285	48	1	10	650	109	13	9	7,000	1,181	5	0
236	39	16	6	286	48	5	3	660	111	7	6	8,000	1,350	0	0
237	39	19	10	287	48	8	7	670	113	1	3	9,000	1,518	15	0
238	40	3	3	288	48	12	0	680	114	15	0	10,000	1,687	10	0
239	40	6	7	289	48	15	4	690	116	8	9				
240	40	10	0	290	48	18	9	700	118	2	6				
241	40	13	4	291	49	2	1	710	119	16	3				
242	40	16	9	292	49	5	6	720	121	10	0				
243	41	0	1	293	49	8	10	730	123	3	9				
244	41	3	6	294	49	12	3	740	124	17	6				
245	41	6	10	295	49	15	7	750	126	11	3				
246	41	10	3	296	49	19	0	760	128	5	0				
247	41	13	7	297	50	2	4	770	129	18	9				
248	41	17	0	298	50	5	9	780	131	12	6				
249	42	0	4	299	50	9	1	790	133	6	3				
250	42	3	9	300	50	12	6	800	135	0	0				

PARTS OF A £.

s.	d.	s.	d.
	6		1
1	6		3
3	0		6
4	5		9
5	11	1	0
7	4	1	3
8	10	1	6
10	4	1	9
11	10	2	0
13	4	2	3
14	9	2	6
16	3	2	9
17	9	3	0
19	3	3	3

TAX AT 3s. 4¾d.

Income.	Tax.			Income.	Tax.			Income.	Tax.			Income.	Tax.		
£	£	s.	d.	£	£	s.	d.	£	£	s.	d.	£	£	s.	d.
1		3	4	51	8	13	2	101	17	2	11	151	25	12	9
2		6	9	52	8	16	7	102	17	6	4	152	25	16	2
3		10	2	53	8	19	11	103	17	9	9	153	25	19	6
4		13	7	54	9	3	4	104	17	13	2	154	26	2	11
5		16	11	55	9	6	9	105	17	16	6	155	26	6	4
6	1	0	4	56	9	10	2	106	17	19	11	156	26	9	9
7	1	3	9	57	9	13	6	107	18	3	4	157	26	13	1
8	1	7	2	58	9	16	11	108	18	6	9	158	26	16	6
9	1	10	6	59	10	0	4	109	18	10	1	159	26	19	11
10	1	13	11	60	10	3	9	110	18	13	6	160	27	3	4
11	1	17	4	61	10	7	1	111	18	16	11	161	27	6	8
12	2	0	9	62	10	10	6	112	19	0	4	162	27	10	1
13	2	4	1	63	10	13	11	113	19	3	8	163	27	13	6
14	2	7	6	64	10	17	4	114	19	7	1	164	27	16	11
15	2	10	11	65	11	0	8	115	19	10	6	165	28	0	3
16	2	14	4	66	11	4	1	116	19	13	11	166	28	3	8
17	2	17	8	67	11	7	6	117	19	17	3	167	28	7	1
18	3	1	1	68	11	10	11	118	20	0	8	168	28	10	6
19	3	4	6	69	11	14	3	119	20	4	1	169	28	13	10
20	3	7	11	70	11	17	8	120	20	7	6	170	28	17	3
21	3	11	3	71	12	1	1	121	20	10	10	171	29	0	8
22	3	14	8	72	12	4	6	122	20	14	3	172	29	4	1
23	3	18	1	73	12	7	10	123	20	17	8	173	29	7	5
24	4	1	6	74	12	11	3	124	21	1	1	174	29	10	10
25	4	4	10	75	12	14	8	125	21	4	5	175	29	14	3
26	4	8	3	76	12	18	1	126	21	7	10	176	29	17	8
27	4	11	8	77	13	1	5	127	21	11	3	177	30	1	0
28	4	15	1	78	13	4	10	128	21	14	8	178	30	4	5
29	4	18	5	79	13	8	3	129	21	18	0	179	30	7	10
30	5	1	10	80	13	11	8	130	22	1	5	180	30	11	3
31	5	5	3	81	13	15	0	131	22	4	10	181	30	14	7
32	5	8	8	82	13	18	5	132	22	8	3	182	30	18	0
33	5	12	0	83	14	1	10	133	22	11	7	183	31	1	5
34	5	15	5	84	14	5	3	134	22	15	0	184	31	4	10
35	5	18	10	85	14	8	7	135	22	18	5	185	31	8	2
36	6	2	3	86	14	12	0	136	23	1	10	186	31	11	7
37	6	5	7	87	14	15	5	137	23	5	2	187	31	15	0
38	6	9	0	88	14	18	10	138	23	8	7	188	31	18	5
39	6	12	5	89	15	2	2	139	23	12	0	189	32	1	9
40	6	15	10	90	15	5	7	140	23	15	5	190	32	5	2
41	6	19	2	91	15	9	0	141	23	18	9	191	32	8	7
42	7	2	7	92	15	12	5	142	24	2	2	192	32	12	0
43	7	6	0	93	15	15	9	143	24	5	7	193	32	15	4
44	7	9	5	94	15	19	2	144	24	9	0	194	32	18	9
45	7	12	9	95	16	2	7	145	24	12	4	195	33	2	2
46	7	16	2	96	16	6	0	146	24	15	9	196	33	5	7
47	7	19	7	97	16	9	4	147	24	19	2	197	33	8	11
48	8	3	0	98	16	12	9	148	25	2	7	198	33	12	4
49	8	6	4	99	16	16	2	149	25	5	11	199	33	15	9
50	8	9	9	100	16	19	7	150	25	9	4	200	33	19	2

TAX AT 3s. 4¾d.

Income.	Tax.			Income.	Tax.			Income.	Tax.			Income.	Tax.		
£	£	s.	d.	£	£	s.	d.	£	£	s.	d.	£	£	s.	d.
201	34	2	6	251	42	12	4	310	52	12	8	810	137	10	7
202	34	5	11	252	42	15	9	320	54	6	8	820	139	4	7
203	34	9	4	253	42	19	1	330	56	0	7	830	140	18	6
204	34	12	9	254	43	2	6	340	57	14	7	840	142	12	6
205	34	16	1	255	43	5	11	350	59	8	6	850	144	6	5
206	34	19	6	256	43	9	4	360	61	2	6	860	146	0	5
207	35	2	11	257	43	12	8	370	62	16	5	870	147	14	4
208	35	6	4	258	43	16	1	380	64	10	5	880	149	8	4
209	35	9	8	259	43	19	6	390	66	4	4	890	151	2	3
210	35	13	1	260	44	2	11	400	67	18	4	900	152	16	3
211	35	16	6	261	44	6	3	410	69	12	3	910	154	10	2
212	35	19	11	262	44	9	8	420	71	6	3	920	156	4	2
213	36	3	3	263	44	13	1	430	73	0	2	930	157	18	1
214	36	6	8	264	44	16	6	440	74	14	2	940	159	12	1
215	36	10	1	265	44	19	10	450	76	8	1	950	161	6	0
216	36	13	6	266	45	3	3	460	78	2	1	960	163	0	0
217	36	16	10	267	45	6	8	470	79	16	0	970	164	13	11
218	37	0	3	268	45	10	1	480	81	10	0	980	166	7	11
219	37	3	8	269	45	13	5	490	83	3	11	990	168	1	10
220	37	7	1	270	45	16	10	500	84	17	11	1,000	169	15	10
221	37	10	5	271	46	0	3	510	86	11	10	1,100	186	15	5
222	37	13	10	272	46	3	8	520	88	5	10	1,200	203	15	0
223	37	17	3	273	46	7	0	530	89	19	9	1,300	220	14	7
224	38	0	8	274	46	10	5	540	91	13	9	1,400	237	14	2
225	38	4	0	275	46	13	10	550	93	7	8	1,500	254	13	9
226	38	7	5	276	46	17	3	560	95	1	8	1,600	271	13	4
227	38	10	10	277	47	0	7	570	96	15	7	1,700	288	12	11
228	38	14	3	278	47	4	0	580	98	9	7	1,800	305	12	6
229	38	17	7	279	47	7	5	590	100	3	6	1,900	322	12	1
230	39	1	0	280	47	10	10	600	101	17	6	2,000	339	11	8
231	39	4	5	281	47	14	2	610	103	11	5	3,000	509	7	6
232	39	7	10	282	47	17	7	620	105	5	5	4,000	679	3	4
233	39	11	2	283	48	1	0	630	106	19	4	5,000	848	19	2
234	39	14	7	284	48	4	5	640	108	13	4	6,000	1,018	15	0
235	39	18	0	285	48	7	9	650	110	7	3	7,000	1,188	10	10
236	40	1	5	286	48	11	2	660	112	1	3	8,000	1,358	6	8
237	40	4	9	287	48	14	7	670	113	15	2	9,000	1,528	2	6
238	40	8	2	288	48	18	0	680	115	9	2	10,000	1,697	18	4
239	40	11	7	289	49	1	4	690	117	3	1				
240	40	15	0	290	49	4	9	700	118	17	1				
241	40	18	4	291	49	8	2	710	120	11	0				
242	41	1	9	292	49	11	7	720	122	5	0				
243	41	5	2	293	49	14	11	730	123	18	11				
244	41	8	7	294	49	18	4	740	125	12	11				
245	41	11	11	295	50	1	9	750	127	6	10				
246	41	15	4	296	50	5	2	760	129	0	10				
247	41	18	9	297	50	8	6	770	130	14	9				
248	42	2	2	298	50	11	11	780	132	8	9				
249	42	5	6	299	50	15	4	790	134	2	8				
250	42	8	11	300	50	18	9	800	135	16	8				

PARTS OF A £.

s.	d.	s.	d.
	6		1
1	6		3
3	0		6
4	5		9
5	10	1	0
7	4	1	3
8	10	1	6
10	4	1	9
11	10	2	0
13	3	2	3
14	9	2	6
16	3	2	9
17	8	3	0
19	2	3	3

TAX AT 3s. 5d.

Income.	Tax.			Income.	Tax.			Income.	Tax.			Income.	Tax.		
£	£	s.	d.	£	£	s.	d.	£	£	s.	d.	£	£	s.	d.
1		3	5	51	8	14	3	101	17	5	1	151	25	15	11
2		6	10	52	8	17	8	102	17	8	6	152	25	19	4
3		10	3	53	9	1	1	103	17	11	11	153	26	2	9
4		13	8	54	9	4	6	104	17	15	4	154	26	6	2
5		17	1	55	9	7	11	105	17	18	9	155	26	9	7
6	1	0	6	56	9	11	4	106	18	2	2	156	26	13	0
7	1	3	11	57	9	14	9	107	18	5	7	157	26	16	5
8	1	7	4	58	9	18	2	108	18	9	0	158	26	19	10
9	1	10	9	59	10	1	7	109	18	12	5	159	27	3	3
10	1	14	2	60	10	5	0	110	18	15	10	160	27	6	8
11	1	17	7	61	10	8	5	111	18	19	3	161	27	10	1
12	2	1	0	62	10	11	10	112	19	2	8	162	27	13	6
13	2	4	5	63	10	15	3	113	19	6	1	163	27	16	11
14	2	7	10	64	10	18	8	114	19	9	6	164	28	0	4
15	2	11	3	65	11	2	1	115	19	12	11	165	28	3	9
16	2	14	8	66	11	5	6	116	19	16	4	166	28	7	2
17	2	18	1	67	11	8	11	117	19	19	9	167	28	10	7
18	3	1	6	68	11	12	4	118	20	3	2	168	28	14	0
19	3	4	11	69	11	15	9	119	20	6	7	169	28	17	5
20	3	8	4	70	11	19	2	120	20	10	0	170	29	0	10
21	3	11	9	71	12	2	7	121	20	13	5	171	29	4	3
22	3	15	2	72	12	6	0	122	20	16	10	172	29	7	8
23	3	18	7	73	12	9	5	123	21	0	3	173	29	11	1
24	4	2	0	74	12	12	10	124	21	3	8	174	29	14	6
25	4	5	5	75	12	16	3	125	21	7	1	175	29	17	11
26	4	8	10	76	12	19	8	126	21	10	6	176	30	1	4
27	4	12	3	77	13	3	1	127	21	13	11	177	30	4	9
28	4	15	8	78	13	6	6	128	21	17	4	178	30	8	2
29	4	19	1	79	13	9	11	129	22	0	9	179	30	11	7
30	5	2	6	80	13	13	4	130	22	4	2	180	30	15	0
31	5	5	11	81	13	16	9	131	22	7	7	181	30	18	5
32	5	9	4	82	14	0	2	132	22	11	0	182	31	1	10
33	5	12	9	83	14	3	7	133	22	14	5	183	31	5	3
34	5	16	2	84	14	7	0	134	22	17	10	184	31	8	8
35	5	19	7	85	14	10	5	135	23	1	3	185	31	12	1
36	6	3	0	86	14	13	10	136	23	4	8	186	31	15	6
37	6	6	5	87	14	17	3	137	23	8	1	187	31	18	11
38	6	9	10	88	15	0	8	138	23	11	6	188	32	2	4
39	6	13	3	89	15	4	1	139	23	14	11	189	32	5	9
40	6	16	8	90	15	7	6	140	23	18	4	190	32	9	2
41	7	0	1	91	15	10	11	141	24	1	9	191	32	12	7
42	7	3	6	92	15	14	4	142	24	5	2	192	32	16	0
43	7	6	11	93	15	17	9	143	24	8	7	193	32	19	5
44	7	10	4	94	16	1	2	144	24	12	0	194	33	2	10
45	7	13	9	95	16	4	7	145	24	15	5	195	33	6	3
46	7	17	2	96	16	8	0	146	24	18	10	196	33	9	8
47	8	0	7	97	16	11	5	147	25	2	3	197	33	13	1
48	8	4	0	98	16	14	10	148	25	5	8	198	33	16	6
49	8	7	5	99	16	18	3	149	25	9	1	199	33	19	11
50	8	10	10	100	17	1	8	150	25	12	6	200	34	3	4

TAX AT 3s. 5d.

Income.	Tax.			Income.	Tax.			Income.	Tax.		
£	£	s.	d.	£	£	s.	d.	£	£	s.	d.
201	34	6	9	251	42	17	7	310	52	19	2
202	34	10	2	252	43	1	0	320	54	13	4
203	34	13	7	253	43	4	5	330	56	7	6
204	34	17	0	254	43	7	10	340	58	1	8
205	35	0	5	255	43	11	3	350	59	15	10
206	35	3	10	256	43	14	8	360	61	10	0
207	35	7	3	257	43	18	1	370	63	4	2
208	35	10	8	258	44	1	6	380	64	18	4
209	35	14	1	259	44	4	11	390	66	12	6
210	35	17	6	260	44	8	4	400	68	6	8
211	36	0	11	261	44	11	9	410	70	0	10
212	36	4	4	262	44	15	2	420	71	15	0
213	36	7	9	263	44	18	7	430	73	9	2
214	36	11	2	264	45	2	0	440	75	3	4
215	36	14	7	265	45	5	5	450	76	17	6
216	36	18	0	266	45	8	10	460	78	11	8
217	37	1	5	267	45	12	3	470	80	5	10
218	37	4	10	268	45	15	8	480	82	0	0
219	37	8	3	269	45	19	1	490	83	14	2
220	37	11	8	270	46	2	6	500	85	8	4
221	37	15	1	271	46	5	11	510	87	2	6
222	37	18	6	272	46	9	4	520	88	16	8
223	38	1	11	273	46	12	9	530	90	10	10
224	38	5	4	274	46	16	2	540	92	5	0
225	38	8	9	275	46	19	7	550	93	19	2
226	38	12	2	276	47	3	0	560	95	13	4
227	38	15	7	277	47	6	5	570	97	7	6
228	38	19	0	278	47	9	10	580	99	1	8
229	39	2	5	279	47	13	3	590	100	15	10
230	39	5	10	280	47	16	8	600	102	10	0
231	39	9	3	281	48	0	1	610	104	4	2
232	39	12	8	282	48	3	6	620	105	18	4
233	39	16	1	283	48	6	11	630	107	12	6
234	39	19	6	284	48	10	4	640	109	6	8
235	40	2	11	285	48	13	9	650	111	0	10
236	40	6	4	286	48	17	2	660	112	15	0
237	40	9	9	287	49	0	7	670	114	9	2
238	40	13	2	288	49	4	0	680	116	3	4
239	40	16	7	289	49	7	5	690	117	17	6
240	41	0	0	290	49	10	10	700	119	11	8
241	41	3	5	291	49	14	3	710	121	5	10
242	41	6	10	292	49	17	8	720	123	0	0
243	41	10	3	293	50	1	1	730	124	14	2
244	41	13	8	294	50	4	6	740	126	8	4
245	41	17	1	295	50	7	11	750	128	2	6
246	42	0	6	296	50	11	4	760	129	16	8
247	42	3	11	297	50	14	9	770	131	10	10
248	42	7	4	298	50	18	2	780	133	5	0
249	42	10	9	299	51	1	7	790	134	19	2
250	42	14	2	300	51	5	0	800	136	13	4

Income.	Tax.		
£	£	s.	d.
810	138	7	6
820	140	1	8
830	141	15	10
840	143	10	0
850	145	4	2
860	146	18	4
870	148	12	6
880	150	6	8
890	152	0	10
900	153	15	0
910	155	9	2
920	157	3	4
930	158	17	6
940	160	11	8
950	162	5	10
960	164	0	0
970	165	14	2
980	167	8	4
990	169	2	6
1,000	170	16	8
1,100	187	18	4
1,200	205	0	0
1,300	222	1	8
1,400	239	3	4
1,500	256	5	0
1,600	273	6	8
1,700	290	8	4
1,800	307	10	0
1,900	324	11	8
2,000	341	13	4
3,000	512	10	0
4,000	683	6	8
5,000	854	3	4
6,000	1,025	0	0
7,000	1,195	16	8
8,000	1,366	13	4
9,000	1,537	10	0
10,000	1,708	6	8

PARTS OF A £.

s.	d.	s.	d.
	6		1
1	0		2
1	6		3
2	0		4
3	11		8
5	11	1	0
7	10	1	4
9	10	1	8
11	9	2	0
13	8	2	4
15	8	2	8
17	7	3	0
19	7	3	4

11A—(1526)

TAX AT 3s. 5¼d.

Income.	Tax.			Income.	Tax.			Income.	Tax.			Income.	Tax.		
£	£	s.	d.	£	£	s.	d.	£	£	s.	d.	£	£	s.	d.
1		3	5	51	8	15	3	101	17	7	2	151	25	19	0
2		6	10	52	8	18	9	102	17	10	7	152	26	2	6
3		10	3	53	9	2	2	103	17	14	0	153	26	5	11
4		13	9	54	9	5	7	104	17	17	6	154	26	9	4
5		17	2	55	9	9	0	105	18	0	11	155	26	12	9
6	1	0	7	56	9	12	6	106	18	4	4	156	26	16	3
7	1	4	0	57	9	15	11	107	18	7	9	157	26	19	8
8	1	7	6	58	9	19	4	108	18	11	3	158	27	3	1
9	1	10	11	59	10	2	9	109	18	14	8	159	27	6	6
10	1	14	4	60	10	6	3	110	18	18	1	160	27	10	0
11	1	17	9	61	10	9	8	111	19	1	6	161	27	13	5
12	2	1	3	62	10	13	1	112	19	5	0	162	27	16	10
13	2	4	8	63	10	16	6	113	19	8	5	163	28	0	3
14	2	8	1	64	11	0	0	114	19	11	10	164	28	3	9
15	2	11	6	65	11	3	5	115	19	15	3	165	28	7	2
16	2	15	0	66	11	6	10	116	19	18	9	166	28	10	7
17	2	18	5	67	11	10	3	117	20	2	2	167	28	14	0
18	3	1	10	68	11	13	9	118	20	5	7	168	28	17	6
19	3	5	3	69	11	17	2	119	20	9	0	169	29	0	11
20	3	8	9	70	12	0	7	120	20	12	6	170	29	4	4
21	3	12	2	71	12	4	0	121	20	15	11	171	29	7	9
22	3	15	7	72	12	7	6	122	20	19	4	172	29	11	3
23	3	19	0	73	12	10	11	123	21	2	9	173	29	14	8
24	4	2	6	74	12	14	4	124	21	6	3	174	29	18	1
25	4	5	11	75	12	17	9	125	21	9	8	175	30	1	6
26	4	9	4	76	13	1	3	126	21	13	1	176	30	5	0
27	4	12	9	77	13	4	8	127	21	16	6	177	30	8	5
28	4	16	3	78	13	8	1	128	22	0	0	178	30	11	10
29	4	19	8	79	13	11	6	129	22	3	5	179	30	15	3
30	5	3	1	80	13	15	0	130	22	6	10	180	30	18	9
31	5	6	6	81	13	18	5	131	22	10	3	181	31	2	2
32	5	10	0	82	14	1	10	132	22	13	9	182	31	5	7
33	5	13	5	83	14	5	3	133	22	17	2	183	31	9	0
34	5	16	10	84	14	8	9	134	23	0	7	184	31	12	6
35	6	0	3	85	14	12	2	135	23	4	0	185	31	15	11
36	6	3	9	86	14	15	7	136	23	7	6	186	31	19	4
37	6	7	2	87	14	19	0	137	23	10	11	187	32	2	9
38	6	10	7	88	15	2	6	138	23	14	4	188	32	6	3
39	6	14	0	89	15	5	11	139	23	17	9	189	32	9	8
40	6	17	6	90	15	9	4	140	24	1	3	190	32	13	1
41	7	0	11	91	15	12	9	141	24	4	8	191	32	16	6
42	7	4	4	92	15	16	3	142	24	8	1	192	33	0	0
43	7	7	9	93	15	19	8	143	24	11	6	193	33	3	5
44	7	11	3	94	16	3	1	144	24	15	0	194	33	6	10
45	7	14	8	95	16	6	6	145	24	18	5	195	33	10	3
46	7	18	1	96	16	10	0	146	25	1	10	196	33	13	9
47	8	1	6	97	16	13	5	147	25	5	3	197	33	17	2
48	8	5	0	98	16	16	10	148	25	8	9	198	34	0	7
49	8	8	5	99	17	0	3	149	25	12	2	199	34	4	0
50	8	11	10	100	17	3	9	150	25	15	7	200	34	7	6

TAX AT 3s. 5¼d.

Income.	Tax.			Income.	Tax.			Income.	Tax.			Income.	Tax.		
£	£	s.	d.	£	£	s.	d.	£	£	s.	d.	£	£	s.	d.
201	34	10	11	251	43	2	9	310	53	5	7	810	139	4	4
202	34	14	4	252	43	6	3	320	55	0	0	820	140	18	9
203	34	17	9	253	43	9	8	330	56	14	4	830	142	13	1
204	35	1	3	254	43	13	1	340	58	8	9	840	144	7	6
205	35	4	8	255	43	16	6	350	60	3	1	850	146	1	10
206	35	8	1	256	44	0	0	360	61	17	6	860	147	16	3
207	35	11	6	257	44	3	5	370	63	11	10	870	149	10	7
208	35	15	0	258	44	6	10	380	65	6	3	880	151	5	0
209	35	18	5	259	44	10	3	390	67	0	7	890	152	19	4
210	36	1	10	260	44	13	9	400	68	15	0	900	154	13	9
211	36	5	3	261	44	17	2	410	70	9	4	910	156	8	1
212	36	8	9	262	45	0	7	420	72	3	9	920	158	2	6
213	36	12	2	263	45	4	0	430	73	18	1	930	159	16	10
214	36	15	7	264	45	7	6	440	75	12	6	940	161	11	3
215	36	19	0	265	45	10	11	450	77	6	10	950	163	5	7
216	37	2	6	266	45	14	4	460	79	1	3	960	165	0	0
217	37	5	11	267	45	17	9	470	80	15	7	970	166	14	4
218	37	9	4	268	46	1	3	480	82	10	0	980	168	8	9
219	37	12	9	269	46	4	8	490	84	4	4	990	170	3	1
220	37	16	3	270	46	8	1	500	85	18	9	1,000	171	17	6
221	37	19	8	271	46	11	6	510	87	13	1	1,100	189	1	3
222	38	3	1	272	46	15	0	520	89	7	6	1,200	206	5	0
223	38	6	6	273	46	18	5	530	91	1	10	1,300	223	8	9
224	38	10	0	274	47	1	10	540	92	16	3	1,400	240	12	6
225	38	13	5	275	47	5	3	550	94	10	7	1,500	257	16	3
226	38	16	10	276	47	8	9	560	96	5	0	1,600	275	0	0
227	39	0	3	277	47	12	2	570	97	19	4	1,700	292	3	9
228	39	3	9	278	47	15	7	580	99	13	9	1,800	309	7	6
229	39	7	2	279	47	19	0	590	101	8	1	1,900	326	11	3
230	39	10	7	280	48	2	6	600	103	2	6	2,000	343	15	0
231	39	14	0	281	48	5	11	610	104	16	10	3,000	515	12	6
232	39	17	6	282	48	9	4	620	106	11	3	4,000	687	10	0
233	40	0	11	283	48	12	9	630	108	5	7	5,000	859	7	6
234	40	4	4	284	48	16	3	640	110	0	0	6,000	1,031	5	0
235	40	7	9	285	48	19	8	650	111	14	4	7,000	1,203	2	6
236	40	11	3	286	49	3	1	660	113	8	9	8,000	1,375	0	0
237	40	14	8	287	49	6	6	670	115	3	1	9,000	1,546	17	6
238	40	18	1	288	49	10	0	680	116	17	6	10,000	1,718	15	0
239	41	1	6	289	49	13	5	690	118	11	10				
240	41	5	0	290	49	16	10	700	120	6	3				
241	41	8	5	291	50	0	3	710	122	0	7				
242	41	11	10	292	50	3	9	720	123	15	0				
243	41	15	3	293	50	7	2	730	125	9	4				
244	41	18	9	294	50	10	7	740	127	3	9				
245	42	2	2	295	50	14	0	750	128	18	1				
246	42	5	7	296	50	17	6	760	130	12	6				
247	42	9	0	297	51	0	11	770	132	6	10				
248	42	12	6	298	51	4	4	780	134	1	3				
249	42	15	11	299	51	7	9	790	135	15	7				
250	42	19	4	300	51	11	3	800	137	10	0				

PARTS OF A £.

s.	d.		s.	d.
	6	....		1
1	0	....		2
1	6	....		3
2	11	....		6
4	5	....		9
5	11	....	1	0
7	5	....	1	3
8	10	....	1	6
10	4	....	1	9
11	9	....	2	0
13	2	....	2	3
14	7	....	2	6
16	1	....	2	9
17	6	....	3	0
18	11	....	3	3

TAX AT 3s. 5½d.

Income.	Tax.			Income.	Tax.			Income.	Tax.			Income.	Tax.		
£	£	s.	d.	£	£	s.	d.	£	£	s.	d.	£	£	s.	d.
1		3	5	51	8	16	4	101	17	9	3	151	26	2	2
2		6	11	52	8	19	10	102	17	12	9	152	26	5	8
3		10	4	53	9	3	3	103	17	16	2	153	26	9	1
4		13	10	54	9	6	9	104	17	19	8	154	26	12	7
5		17	3	55	9	10	2	105	18	3	1	155	26	16	0
6	1	0	9	56	9	13	8	106	18	6	7	156	26	19	6
7	1	4	2	57	9	17	1	107	18	10	0	157	27	2	11
8	1	7	8	58	10	0	7	108	18	13	6	158	27	6	5
9	1	11	1	59	10	4	0	109	18	16	11	159	27	9	10
10	1	14	7	60	10	7	6	110	19	0	5	160	27	13	4
11	1	18	0	61	10	10	11	111	19	3	10	161	27	16	9
12	2	1	6	62	10	14	5	112	19	7	4	162	28	0	3
13	2	4	11	63	10	17	10	113	19	10	9	163	28	3	8
14	2	8	5	64	11	1	4	114	19	14	3	164	28	7	2
15	2	11	10	65	11	4	9	115	19	17	8	165	28	10	7
16	2	15	4	66	11	8	3	116	20	1	2	166	28	14	1
17	2	18	9	67	11	11	8	117	20	4	7	167	28	17	6
18	3	2	3	68	11	15	2	118	20	8	1	168	29	1	0
19	3	5	8	69	11	18	7	119	20	11	6	169	29	4	5
20	3	9	2	70	12	2	1	120	20	15	0	170	29	7	11
21	3	12	7	71	12	5	6	121	20	18	5	171	29	11	4
22	3	16	1	72	12	9	0	122	21	1	11	172	29	14	10
23	3	19	6	73	12	12	5	123	21	5	4	173	29	18	3
24	4	3	0	74	12	15	11	124	21	8	10	174	30	1	9
25	4	6	5	75	12	19	4	125	21	12	3	175	30	5	2
26	4	9	11	76	13	2	10	126	21	15	9	176	30	8	8
27	4	13	4	77	13	6	3	127	21	19	2	177	30	12	1
28	4	16	10	78	13	9	9	128	22	2	8	178	30	15	7
29	5	0	3	79	13	13	2	129	22	6	1	179	30	19	0
30	5	3	9	80	13	16	8	130	22	9	7	180	31	2	6
31	5	7	2	81	14	0	1	131	22	13	0	181	31	5	11
32	5	10	8	82	14	3	7	132	22	16	6	182	31	9	5
33	5	14	1	83	14	7	0	133	22	19	11	183	31	12	10
34	5	17	7	84	14	10	6	134	23	3	5	184	31	16	4
35	6	1	0	85	14	13	11	135	23	6	10	185	31	19	9
36	6	4	6	86	14	17	5	136	23	10	4	186	32	3	3
37	6	7	11	87	15	0	10	137	23	13	9	187	32	6	8
38	6	11	5	88	15	4	4	138	23	17	3	188	32	10	2
39	6	14	10	89	15	7	9	139	24	0	8	189	32	13	7
40	6	18	4	90	15	11	3	140	24	4	2	190	32	17	1
41	7	1	9	91	15	14	8	141	24	7	7	191	33	0	6
42	7	5	3	92	15	18	2	142	24	11	1	192	33	4	0
43	7	8	8	93	16	1	7	143	24	14	6	193	33	7	5
44	7	12	2	94	16	5	1	144	24	18	0	194	33	10	11
45	7	15	7	95	16	8	6	145	25	1	5	195	33	14	4
46	7	19	1	96	16	12	0	146	25	4	11	196	33	17	10
47	8	2	6	97	16	15	5	147	25	8	4	197	34	1	3
48	8	6	0	98	16	18	11	148	25	11	10	198	34	4	9
49	8	9	5	99	17	2	4	149	25	15	3	199	34	8	2
50	8	12	11	100	17	5	10	150	25	18	9	200	34	11	8

TAX AT 3s. 5½d.

Income.	Tax.			Income.	Tax.			Income.	Tax.			Income.	Tax.		
£	£	s.	d.	£	£	s.	d.	£	£	s.	d.	£	£	s.	d.
201	34	15	1	251	43	8	0	310	53	12	1	810	140	1	3
202	34	18	7	252	43	11	6	320	55	6	8	820	141	15	10
203	35	2	0	253	43	14	11	330	57	1	3	830	143	10	5
204	35	5	6	254	43	18	5	340	58	15	10	840	145	5	0
205	35	8	11	255	44	1	10	350	60	10	5	850	146	19	7
206	35	12	5	256	44	5	4	360	62	5	0	860	148	14	2
207	35	15	10	257	44	8	9	370	63	19	7	870	150	8	9
208	35	19	4	258	44	12	3	380	65	14	2	880	152	3	4
209	36	2	9	259	44	15	8	390	67	8	9	890	153	17	11
210	36	6	3	260	44	19	2	400	69	3	4	900	155	12	6
211	36	9	8	261	45	2	7	410	70	17	11	910	157	7	1
212	36	13	2	262	45	6	1	420	72	12	6	920	159	1	8
213	36	16	7	263	45	9	6	430	74	7	1	930	160	16	3
214	37	0	1	264	45	13	0	440	76	1	8	940	162	10	10
215	37	3	6	265	45	16	5	450	77	16	3	950	164	5	5
216	37	7	0	266	45	19	11	460	79	10	10	960	166	0	0
217	37	10	5	267	46	3	4	470	81	5	5	970	167	14	7
218	37	13	11	268	46	6	10	480	83	0	0	980	169	9	2
219	37	17	4	269	46	10	3	490	84	14	7	990	171	3	9
220	38	0	10	270	46	13	9	500	86	9	2	1,000	172	18	4
221	38	4	3	271	46	17	2	510	88	3	9	1,100	190	4	2
222	38	7	9	272	47	0	8	520	89	18	4	1,200	207	10	0
223	38	11	2	273	47	4	1	530	91	12	11	1,300	224	15	10
224	38	14	8	274	47	7	7	540	93	7	6	1,400	242	1	8
225	38	18	1	275	47	11	0	550	95	2	1	1,500	259	7	6
226	39	1	7	276	47	14	6	560	96	16	8	1,600	276	13	4
227	39	5	0	277	47	17	11	570	98	11	3	1,700	293	19	2
228	39	8	6	278	48	1	5	580	100	5	10	1,800	311	5	0
229	39	11	11	279	48	4	10	590	102	0	5	1,900	328	10	10
230	39	15	5	280	48	8	4	600	103	15	0	2,000	345	16	8
231	39	18	10	281	48	11	9	610	105	9	7	3,000	518	15	0
232	40	2	4	282	48	15	3	620	107	4	2	4,000	691	13	4
233	40	5	9	283	48	18	8	630	108	18	9	5,000	864	11	8
234	40	9	3	284	49	2	2	640	110	13	4	6,000	1,037	10	0
235	40	12	8	285	49	5	7	650	112	7	11	7,000	1,210	8	4
236	40	16	2	286	49	9	1	660	114	2	6	8,000	1,383	6	8
237	40	19	7	287	49	12	6	670	115	17	1	9,000	1,556	5	0
238	41	3	1	288	49	16	0	680	117	11	8	10,000	1,729	3	4
239	41	6	6	289	49	19	5	690	119	6	3				
240	41	10	0	290	50	2	11	700	121	0	10				
241	41	13	5	291	50	6	4	710	122	15	5				
242	41	16	11	292	50	9	10	720	124	10	0				
243	42	0	4	293	50	13	3	730	126	4	7				
244	42	3	10	294	50	16	9	740	127	19	2				
245	42	7	3	295	51	0	2	750	129	13	9				
246	42	10	9	296	51	3	8	760	131	8	4				
247	42	14	2	297	51	7	1	770	133	2	11				
248	42	17	8	298	51	10	7	780	134	17	6				
249	43	1	1	299	51	14	0	790	136	12	1				
250	43	4	7	300	51	17	6	800	138	6	8				

PARTS OF A £.

s.	d.		s.	d.
	6	....		1
1	0	....		2
1	6	....		3
2	0	....		4
3	11	....		8
5	10	....	1	0
7	9	....	1	4
9	8	....	1	8
11	7	....	2	0
13	6	....	2	4
15	6	....	2	8
17	5	....	3	0
19	4	....	3	4

TAX AT 3s. $5\frac{3}{4}$d.

Income.	Tax.			Income.	Tax.			Income.	Tax.			Income.	Tax.		
£	£	s.	d.	£	£	s.	d.	£	£	s.	d.	£	£	s.	d.
1		3	5	51	8	17	5	101	17	11	4	151	26	5	4
2		6	11	52	9	0	11	102	17	14	10	152	26	8	10
3		10	5	53	9	4	4	103	17	18	4	153	26	12	3
4		13	11	54	9	7	10	104	18	1	10	154	26	15	9
5		17	4	55	9	11	4	105	18	5	3	155	26	19	3
6	1	0	10	56	9	14	10	106	18	8	9	156	27	2	9
7	1	4	4	57	9	18	3	107	18	12	3	157	27	6	2
8	1	7	10	58	10	1	9	108	18	15	9	158	27	9	8
9	1	11	3	59	10	5	3	109	18	19	2	159	27	13	2
10	1	14	9	60	10	8	9	110	19	2	8	160	27	16	8
11	1	18	3	61	10	12	2	111	19	6	2	161	28	0	1
12	2	1	9	62	10	15	8	112	19	9	8	162	28	3	7
13	2	5	2	63	10	19	2	113	19	13	1	163	28	7	1
14	2	8	8	64	11	2	8	114	19	16	7	164	28	10	7
15	2	12	2	65	11	6	1	115	20	0	1	165	28	14	0
16	2	15	8	66	11	9	7	116	20	3	7	166	28	17	6
17	2	19	1	67	11	13	1	117	20	7	0	167	29	1	0
18	3	2	7	68	11	16	7	118	20	10	6	168	29	4	6
19	3	6	1	69	12	0	0	119	20	14	0	169	29	7	11
20	3	9	7	70	12	3	6	120	20	17	6	170	29	11	5
21	3	13	0	71	12	7	0	121	21	0	11	171	29	14	11
22	3	16	6	72	12	10	6	122	21	4	5	172	29	18	5
23	4	0	0	73	12	13	11	123	21	7	11	173	30	1	10
24	4	3	6	74	12	17	5	124	21	11	5	174	30	5	4
25	4	6	11	75	13	0	11	125	21	14	10	175	30	8	10
26	4	10	5	76	13	4	5	126	21	18	4	176	30	12	4
27	4	13	11	77	13	7	10	127	22	1	10	177	30	15	9
28	4	17	5	78	13	11	4	128	22	5	4	178	30	19	3
29	5	0	10	79	13	14	10	129	22	8	9	179	31	2	9
30	5	4	4	80	13	18	4	130	22	12	3	180	31	6	3
31	5	7	10	81	14	1	9	131	22	15	9	181	31	9	8
32	5	11	4	82	14	5	3	132	22	19	3	182	31	13	2
33	5	14	9	83	14	8	9	133	23	2	8	183	31	16	8
34	5	18	3	84	14	12	3	134	23	6	2	184	32	0	2
35	6	1	9	85	14	15	8	135	23	9	8	185	32	3	7
36	6	5	3	86	14	19	2	136	23	13	2	186	32	7	1
37	6	8	8	87	15	2	8	137	23	16	7	187	32	10	7
38	6	12	2	88	15	6	2	138	24	0	1	188	32	14	1
39	6	15	8	89	15	9	7	139	24	3	7	189	32	17	6
40	6	19	2	90	15	13	1	140	24	7	1	190	33	1	0
41	7	2	7	91	15	16	7	141	24	10	6	191	33	4	6
42	7	6	1	92	16	0	1	142	24	14	0	192	33	8	0
43	7	9	7	93	16	3	6	143	24	17	6	193	33	11	5
44	7	13	1	94	16	7	0	144	25	1	0	194	33	14	11
45	7	16	6	95	16	10	6	145	25	4	5	195	33	18	5
46	8	0	0	96	16	14	0	146	25	7	11	196	34	1	11
47	8	3	6	97	16	17	5	147	25	11	5	197	34	5	4
48	8	7	0	98	17	0	11	148	25	14	11	198	34	8	10
49	8	10	5	99	17	4	5	149	25	18	4	199	34	12	4
50	8	13	11	100	17	7	11	150	26	1	10	200	34	15	10

TAX AT 3s. 5¾d.

Income.	Tax.			Income.	Tax.			Income.	Tax.			Income.	Tax.		
£	£	s.	d.	£	£	s.	d.	£	£	s.	d.	£	£	s.	d.
201	34	19	3	251	43	13	3	310	53	18	6	810	140	18	1
202	35	2	9	252	43	16	9	320	55	13	4	820	142	12	11
203	35	6	3	253	44	0	2	330	57	8	1	830	144	7	8
204	35	9	9	254	44	3	8	340	59	2	11	840	146	2	6
205	35	13	2	255	44	7	2	350	60	17	8	850	147	17	3
206	35	16	8	256	44	10	8	360	62	12	6	860	149	12	1
207	36	0	2	257	44	14	1	370	64	7	3	870	151	6	10
208	36	3	8	258	44	17	7	380	66	2	1	880	153	1	8
209	36	7	1	259	45	1	1	390	67	16	10	890	154	16	5
210	36	10	7	260	45	4	7	400	69	11	8	900	156	11	3
211	36	14	1	261	45	8	0	410	71	6	5	910	158	6	0
212	36	17	7	262	45	11	6	420	73	1	3	920	160	0	10
213	37	1	0	263	45	15	0	430	74	16	0	930	161	15	7
214	37	4	6	264	45	18	6	440	76	10	10	940	163	10	5
215	37	8	0	265	46	1	11	450	78	5	7	950	165	5	2
216	37	11	6	266	46	5	5	460	80	0	5	960	167	0	0
217	37	14	11	267	46	8	11	470	81	15	2	970	168	14	9
218	37	18	5	268	46	12	5	480	83	10	0	980	170	9	7
219	38	1	11	269	46	15	10	490	85	4	9	990	172	4	4
220	38	5	5	270	46	19	4	500	86	19	7	1,000	173	19	2
221	38	8	10	271	47	2	10	510	88	14	4	1,100	191	7	1
222	38	12	4	272	47	6	4	520	90	9	2	1,200	208	15	0
223	38	15	10	273	47	9	9	530	92	3	11	1,300	226	2	11
224	38	19	4	274	47	13	3	540	93	18	9	1,400	243	10	10
225	39	2	9	275	47	16	9	550	95	13	6	1,500	260	18	9
226	39	6	3	276	48	0	3	560	97	8	4	1,600	278	6	8
227	39	9	9	277	48	3	8	570	99	3	1	1,700	295	14	7
228	39	13	3	278	48	7	2	580	100	17	11	1,800	313	2	6
229	39	16	8	279	48	10	8	590	102	12	8	1,900	330	10	5
230	40	0	2	280	48	14	2	600	104	7	6	2,000	347	18	4
231	40	3	8	281	48	17	7	610	106	2	3	3,000	521	17	6
232	40	7	2	282	49	1	1	620	107	17	1	4,000	695	16	8
233	40	10	7	283	49	4	7	630	109	11	10	5,000	869	15	10
234	40	14	1	284	49	8	1	640	111	6	8	6,000	1,043	15	0
235	40	17	7	285	49	11	6	650	113	1	5	7,000	1,217	14	2
236	41	1	1	286	49	15	0	660	114	16	3	8,000	1,391	13	4
237	41	4	6	287	49	18	6	670	116	11	0	9,000	1,565	12	6
238	41	8	0	288	50	2	0	680	118	5	10	10,000	1,739	11	8
239	41	11	6	289	50	5	5	690	120	0	7				
240	41	15	0	290	50	8	11	700	121	15	5				
241	41	18	5	291	50	12	5	710	123	10	2				
242	42	1	11	292	50	15	11	720	125	5	0				
243	42	5	5	293	50	19	4	730	126	19	9				
244	42	8	11	294	51	2	10	740	128	14	7				
245	42	12	4	295	51	6	4	750	130	9	4				
246	42	15	10	296	51	9	10	760	132	4	2				
247	42	19	4	297	51	13	3	770	133	18	11				
248	43	2	10	298	51	16	9	780	135	13	9				
249	43	6	3	299	52	0	3	790	137	8	6				
250	43	9	9	300	52	3	9	800	139	3	4				

PARTS OF A £.

s.	d.	s.	d.
	6		1
1	6		3
2	11		6
4	4		9
5	9	1	0
7	2	1	3
8	7	1	6
10	0	1	9
11	5	2	0
12	11	2	3
14	4	2	6
15	9	2	9
17	2	3	0
18	8	3	3

TAX AT 3s. 6d.

Income.	Tax.			Income.	Tax.			Income.	Tax.			Income.	Tax.		
£	£	s.	d.	£	£	s.	d.	£	£	s.	d.	£	£	s.	d.
1		3	6	51	8	18	6	101	17	13	6	151	26	8	6
2		7	0	52	9	2	0	102	17	17	0	152	26	12	0
3		10	6	53	9	5	6	103	18	0	6	153	26	15	6
4		14	0	54	9	9	0	104	18	4	0	154	26	19	0
5		17	6	55	9	12	6	105	18	7	6	155	27	2	6
6	1	1	0	56	9	16	0	106	18	11	0	156	27	6	0
7	1	4	6	57	9	19	6	107	18	14	6	157	27	9	6
8	1	8	0	58	10	3	0	108	18	18	0	158	27	13	0
9	1	11	6	59	10	6	6	109	19	1	6	159	27	16	6
10	1	15	0	60	10	10	0	110	19	5	0	160	28	0	0
11	1	18	6	61	10	13	6	111	19	8	6	161	28	3	6
12	2	2	0	62	10	17	0	112	19	12	0	162	28	7	0
13	2	5	6	63	11	0	6	113	19	15	6	163	28	10	6
14	2	9	0	64	11	4	0	114	19	19	0	164	28	14	0
15	2	12	6	65	11	7	6	115	20	2	6	165	28	17	6
16	2	16	0	66	11	11	0	116	20	6	0	166	29	1	0
17	2	19	6	67	11	14	6	117	20	9	6	167	29	4	6
18	3	3	0	68	11	18	0	118	20	13	0	168	29	8	0
19	3	6	6	69	12	1	6	119	20	16	6	169	29	11	6
20	3	10	0	70	12	5	0	120	21	0	0	170	29	15	0
21	3	13	6	71	12	8	6	121	21	3	6	171	29	18	6
22	3	17	0	72	12	12	0	122	21	7	0	172	30	2	0
23	4	0	6	73	12	15	6	123	21	10	6	173	30	5	6
24	4	4	0	74	12	19	0	124	21	14	0	174	30	9	0
25	4	7	6	75	13	2	6	125	21	17	6	175	30	12	6
26	4	11	0	76	13	6	0	126	22	1	0	176	30	16	0
27	4	14	6	77	13	9	6	127	22	4	6	177	30	19	6
28	4	18	0	78	13	13	0	128	22	8	0	178	31	3	0
29	5	1	6	79	13	16	6	129	22	11	6	179	31	6	6
30	5	5	0	80	14	0	0	130	22	15	0	180	31	10	0
31	5	8	6	81	14	3	6	131	22	18	6	181	31	13	6
32	5	12	0	82	14	7	0	132	23	2	0	182	31	17	0
33	5	15	6	83	14	10	6	133	23	5	6	183	32	0	6
34	5	19	0	84	14	14	0	134	23	9	0	184	32	4	0
35	6	2	6	85	14	17	6	135	23	12	6	185	32	7	6
36	6	6	0	86	15	1	0	136	23	16	0	186	32	11	0
37	6	9	6	87	15	4	6	137	23	19	6	187	32	14	6
38	6	13	0	88	15	8	0	138	24	3	0	188	32	18	0
39	6	16	6	89	15	11	6	139	24	6	6	189	33	1	6
40	7	0	0	90	15	15	0	140	24	10	0	190	33	5	0
41	7	3	6	91	15	18	6	141	24	13	6	191	33	8	6
42	7	7	0	92	16	2	0	142	24	17	0	192	33	12	0
43	7	10	6	93	16	5	6	143	25	0	6	193	33	15	6
44	7	14	0	94	16	9	0	144	25	4	0	194	33	19	0
45	7	17	6	95	16	12	6	145	25	7	6	195	34	2	6
46	8	1	0	96	16	16	0	146	25	11	0	196	34	6	0
47	8	4	6	97	16	19	6	147	25	14	6	197	34	9	6
48	8	8	0	98	17	3	0	148	25	18	0	198	34	13	0
49	8	11	6	99	17	6	6	149	26	1	6	199	34	16	6
50	8	15	0	100	17	10	0	150	26	5	0	200	35	0	0

TAX AT 3s. 6d.

Income.	Tax.			Income.	Tax.			Income.	Tax.			Income.	Tax.		
£	£	s.	d.	£	£	s.	d.	£	£	s.	d.	£	£	s.	d.
201	35	3	6	251	43	18	6	310	54	5	0	810	141	15	0
202	35	7	0	252	44	2	0	320	56	0	0	820	143	10	0
203	35	10	6	253	44	5	6	330	57	15	0	830	145	5	0
204	35	14	0	254	44	9	0	340	59	10	0	840	147	0	0
205	35	17	6	255	44	12	6	350	61	5	0	850	148	15	0
206	36	1	0	256	44	16	0	360	63	0	0	860	150	10	0
207	36	4	6	257	44	19	6	370	64	15	0	870	152	5	0
208	36	8	0	258	45	3	0	380	66	10	0	880	154	0	0
209	36	11	6	259	45	6	6	390	68	5	0	890	155	15	0
210	36	15	0	260	45	10	0	400	70	0	0	900	157	10	0
211	36	18	6	261	45	13	6	410	71	15	0	910	159	5	0
212	37	2	0	262	45	17	0	420	73	10	0	920	161	0	0
213	37	5	6	263	46	0	6	430	75	5	0	930	162	15	0
214	37	9	0	264	46	4	0	440	77	0	0	940	164	10	0
215	37	12	6	265	46	7	6	450	78	15	0	950	166	5	0
216	37	16	0	266	46	11	0	460	80	10	0	960	168	0	0
217	37	19	6	267	46	14	6	470	82	5	0	970	169	15	0
218	38	3	0	268	46	18	0	480	84	0	0	980	171	10	0
219	38	6	6	269	47	1	6	490	85	15	0	990	173	5	0
220	38	10	0	270	47	5	0	500	87	10	0	1,000	175	0	0
221	38	13	6	271	47	8	6	510	89	5	0	1,100	192	10	0
222	38	17	0	272	47	12	0	520	91	0	0	1,200	210	0	0
223	39	0	6	273	47	15	6	530	92	15	0	1,300	227	10	0
224	39	4	0	274	47	19	0	540	94	10	0	1,400	245	0	0
225	39	7	6	275	48	2	6	550	96	5	0	1,500	262	10	0
226	39	11	0	276	48	6	0	560	98	0	0	1,600	280	0	0
227	39	14	6	277	48	9	6	570	99	15	0	1,700	297	10	0
228	39	18	0	278	48	13	0	580	101	10	0	1,800	315	0	0
229	40	1	6	279	48	16	6	590	103	5	0	1,900	332	10	0
230	40	5	0	280	49	0	0	600	105	0	0	2,000	350	0	0
231	40	8	6	281	49	3	6	610	106	15	0	3,000	525	0	0
232	40	12	0	282	49	7	0	620	108	10	0	4,000	700	0	0
233	40	15	6	283	49	10	6	630	110	5	0	5,000	875	0	0
234	40	19	0	284	49	14	0	640	112	0	0	6,000	1,050	0	0
235	41	2	6	285	49	17	6	650	113	15	0	7,000	1,225	0	0
236	41	6	0	286	50	1	0	660	115	10	0	8,000	1,400	0	0
237	41	9	6	287	50	4	6	670	117	5	0	9,000	1,575	0	0
238	41	13	0	288	50	8	0	680	119	0	0	10,000	1,750	0	0
239	41	16	6	289	50	11	6	690	120	15	0				
240	42	0	0	290	50	15	0	700	122	10	0				
241	42	3	6	291	50	18	6	710	124	5	0				
242	42	7	0	292	51	2	0	720	126	0	0				
243	42	10	6	293	51	5	6	730	127	15	0				
244	42	14	0	294	51	9	0	740	129	10	0				
245	42	17	6	295	51	12	6	750	131	5	0				
246	43	1	0	296	51	16	0	760	133	0	0				
247	43	4	6	297	51	19	6	770	134	15	0				
248	43	8	0	298	52	3	0	780	136	10	0				
249	43	11	6	299	52	6	6	790	138	5	0				
250	43	15	0	300	52	10	0	800	140	0	0				

PARTS OF A £.

s.	d.	s.	d.
1	6		3
2	11		6
4	4		9
5	9	1	0
7	2	1	3
8	7	1	6
10	1	1	9
11	6	2	0
12	11	2	3
14	4	2	6
15	9	2	9
17	2	3	0
18	7	3	3

TAX AT 3s. 7d.

Income.	Tax.			Income.	Tax.			Income.	Tax.			Income.	Tax.		
£	£	s.	d.	£	£	s.	d.	£	£	s.	d.	£	£	s.	d.
1		3	7	51	9	2	9	101	18	1	11	151	27	1	1
2		7	2	52	9	6	4	102	18	5	6	152	27	4	8
3		10	9	53	9	9	11	103	18	9	1	153	27	8	3
4		14	4	54	9	13	6	104	18	12	8	154	27	11	10
5		17	11	55	9	17	1	105	18	16	3	155	27	15	5
6	1	1	6	56	10	0	8	106	18	19	10	156	27	19	0
7	1	5	1	57	10	4	3	107	19	3	5	157	28	2	7
8	1	8	8	58	10	7	10	108	19	7	0	158	28	6	2
9	1	12	3	59	10	11	5	109	19	10	7	159	28	9	9
10	1	15	10	60	10	15	0	110	19	14	2	160	28	13	4
11	1	19	5	61	10	18	7	111	19	17	9	161	28	16	11
12	2	3	0	62	11	2	2	112	20	1	4	162	29	0	6
13	2	6	7	63	11	5	9	113	20	4	11	163	29	4	1
14	2	10	2	64	11	9	4	114	20	8	6	164	29	7	8
15	2	13	9	65	11	12	11	115	20	12	1	165	29	11	3
16	2	17	4	66	11	16	6	116	20	15	8	166	29	14	10
17	3	0	11	67	12	0	1	117	20	19	3	167	29	18	5
18	3	4	6	68	12	3	8	118	21	2	10	168	30	2	0
19	3	8	1	69	12	7	3	119	21	6	5	169	30	5	7
20	3	11	8	70	12	10	10	120	21	10	0	170	30	9	2
21	3	15	3	71	12	14	5	121	21	13	7	171	30	12	9
22	3	18	10	72	12	18	0	122	21	17	2	172	30	16	4
23	4	2	5	73	13	1	7	123	22	0	9	173	30	19	11
24	4	6	0	74	13	5	2	124	22	4	4	174	31	3	6
25	4	9	7	75	13	8	9	125	22	7	11	175	31	7	1
26	4	13	2	76	13	12	4	126	22	11	6	176	31	10	8
27	4	16	9	77	13	15	11	127	22	15	1	177	31	14	3
28	5	0	4	78	13	19	6	128	22	18	8	178	31	17	10
29	5	3	11	79	14	3	1	129	23	2	3	179	32	1	5
30	5	7	6	80	14	6	8	130	23	5	10	180	32	5	0
31	5	11	1	81	14	10	3	131	23	9	5	181	32	8	7
32	5	14	8	82	14	13	10	132	23	13	0	182	32	12	2
33	5	18	3	83	14	17	5	133	23	16	7	183	32	15	9
34	6	1	10	84	15	1	0	134	24	0	2	184	32	19	4
35	6	5	5	85	15	4	7	135	24	3	9	185	33	2	11
36	6	9	0	86	15	8	2	136	24	7	4	186	33	6	6
37	6	12	7	87	15	11	9	137	24	10	11	187	33	10	1
38	6	16	2	88	15	15	4	138	24	14	6	188	33	13	8
39	6	19	9	89	15	18	11	139	24	18	1	189	33	17	3
40	7	3	4	90	16	2	6	140	25	1	8	190	34	0	10
41	7	6	11	91	16	6	1	141	25	5	3	191	34	4	5
42	7	10	6	92	16	9	8	142	25	8	10	192	34	8	0
43	7	14	1	93	16	13	3	143	25	12	5	193	34	11	7
44	7	17	8	94	16	16	10	144	25	16	0	194	34	15	2
45	8	1	3	95	17	0	5	145	25	19	7	195	34	18	9
46	8	4	10	96	17	4	0	146	26	3	2	196	35	2	4
47	8	8	5	97	17	7	7	147	26	6	9	197	35	5	11
48	8	12	0	98	17	11	2	148	26	10	4	198	35	9	6
49	8	15	7	99	17	14	9	149	26	13	11	199	35	13	1
50	8	19	2	100	17	18	4	150	26	17	6	200	35	16	8

TAX AT 3s. 7d.

Income.	Tax.			Income.	Tax.			Income.	Tax.			Income.	Tax.		
£	£	s.	d.	£	£	s.	d.	£	£	s.	d.	£	£	s.	d.
201	36	0	3	251	44	19	5	310	55	10	10	810	145	2	6
202	36	3	10	252	45	3	0	320	57	6	8	820	146	18	4
203	36	7	5	253	45	6	7	330	59	2	6	830	148	14	2
204	36	11	0	254	45	10	2	340	60	18	4	840	150	10	0
205	36	14	7	255	45	13	9	350	62	14	2	850	152	5	10
206	36	18	2	256	45	17	4	360	64	10	0	860	154	1	8
207	37	1	9	257	46	0	11	370	66	5	10	870	155	17	6
208	37	5	4	258	46	4	6	380	68	1	8	880	157	13	4
209	37	8	11	259	46	8	1	390	69	17	6	890	159	9	2
210	37	12	6	260	46	11	8	400	71	13	4	900	161	5	0
211	37	16	1	261	46	15	3	410	73	9	2	910	163	0	10
212	37	19	8	262	46	18	10	420	75	5	0	920	164	16	8
213	38	3	3	263	47	2	5	430	77	0	10	930	166	12	6
214	38	6	10	264	47	6	0	440	78	16	8	940	168	8	4
215	38	10	5	265	47	9	7	450	80	12	6	950	170	4	2
216	38	14	0	266	47	13	2	460	82	8	4	960	172	0	0
217	38	17	7	267	47	16	9	470	84	4	2	970	173	15	10
218	39	1	2	268	48	0	4	480	86	0	0	980	175	11	8
219	39	4	9	269	48	3	11	490	87	15	10	990	177	7	6
220	39	8	4	270	48	7	6	500	89	11	8	1,000	179	3	4
221	39	11	11	271	48	11	1	510	91	7	6	1,100	197	1	8
222	39	15	6	272	48	14	8	520	93	3	4	1,200	215	0	0
223	39	19	1	273	48	18	3	530	94	19	2	1,300	232	18	4
224	40	2	8	274	49	1	10	540	96	15	0	1,400	250	16	8
225	40	6	3	275	49	5	5	550	98	10	10	1,500	268	15	0
226	40	9	10	276	49	9	0	560	100	6	8	1,600	286	13	4
227	40	13	5	277	49	12	7	570	102	2	6	1,700	304	11	8
228	40	17	0	278	49	16	2	580	103	18	4	1,800	322	10	0
229	41	0	7	279	49	19	9	590	105	14	2	1,900	340	8	4
230	41	4	2	280	50	3	4	600	107	10	0	2,000	358	6	8
231	41	7	9	281	50	6	11	610	109	5	10	3,000	537	10	0
232	41	11	4	282	50	10	6	620	111	1	8	4,000	716	13	4
233	41	14	11	283	50	14	1	630	112	17	6	5,000	895	16	8
234	41	18	6	284	50	17	8	640	114	13	4	6,000	1,075	0	0
235	42	2	1	285	51	1	3	650	116	9	2	7,000	1,254	3	4
236	42	5	8	286	51	4	10	660	118	5	0	8,000	1,433	6	8
237	42	9	3	287	51	8	5	670	120	0	10	9,000	1,612	10	0
238	42	12	10	288	51	12	0	680	121	16	8	10,000	1,791	13	4
239	42	16	5	289	51	15	7	690	123	12	6				
240	43	0	0	290	51	19	2	700	125	8	4				
241	43	3	7	291	52	2	9	710	127	4	2				
242	43	7	2	292	52	6	4	720	129	0	0				
243	43	10	9	293	52	9	11	730	130	15	10				
244	43	14	4	294	52	13	6	740	132	11	8				
245	43	17	11	295	52	17	1	750	134	7	6				
246	44	1	6	296	53	0	8	760	136	3	4				
247	44	5	1	297	53	4	3	770	137	19	2				
248	44	8	8	298	53	7	10	780	139	15	0				
249	44	12	3	299	53	11	5	790	141	10	10				
250	44	15	10	300	53	15	0	800	143	6	8				

PARTS OF A £.

s.	d.	s.	d.
	6		1
	11		2
1	5		3
1	11		4
3	9		8
5	7	1	0
7	6	1	4
9	4	1	8
11	2	2	0
13	0	2	4
14	11	2	8
16	9	3	0
18	8	3	4

12—(1526) 36 pp.

TAX AT 3s. 8d.

Income.	Tax.			Income.	Tax.			Income.	Tax.			Income.	Tax.		
£	£	s.	d.	£	£	s.	d.	£	£	s.	d.	£	£	s.	d.
1		3	8	51	9	7	0	101	18	10	4	151	27	13	8
2		7	4	52	9	10	8	102	18	14	0	152	27	17	4
3		11	0	53	9	14	4	103	18	17	8	153	28	1	0
4		14	8	54	9	18	0	104	19	1	4	154	28	4	8
5		18	4	55	10	1	8	105	19	5	0	155	28	8	4
6	1	2	0	56	10	5	4	106	19	8	8	156	28	12	0
7	1	5	8	57	10	9	0	107	19	12	4	157	28	15	8
8	1	9	4	58	10	12	8	108	19	16	0	158	28	19	4
9	1	13	0	59	10	16	4	109	19	19	8	159	29	3	0
10	1	16	8	60	11	0	0	110	20	3	4	160	29	6	8
11	2	0	4	61	11	3	8	111	20	7	0	161	29	10	4
12	2	4	0	62	11	7	4	112	20	10	8	162	29	14	0
13	2	7	8	63	11	11	0	113	20	14	4	163	29	17	8
14	2	11	4	64	11	14	8	114	20	18	0	164	30	1	4
15	2	15	0	65	11	18	4	115	21	1	8	165	30	5	0
16	2	18	8	66	12	2	0	116	21	5	4	166	30	8	8
17	3	2	4	67	12	5	8	117	21	9	0	167	30	12	4
18	3	6	0	68	12	9	4	118	21	12	8	168	30	16	0
19	3	9	8	69	12	13	0	119	21	16	4	169	30	19	8
20	3	13	4	70	12	16	8	120	22	0	0	170	31	3	4
21	3	17	0	71	13	0	4	121	22	3	8	171	31	7	0
22	4	0	8	72	13	4	0	122	22	7	4	172	31	10	8
23	4	4	4	73	13	7	8	123	22	11	0	173	31	14	4
24	4	8	0	74	13	11	4	124	22	14	8	174	31	18	0
25	4	11	8	75	13	15	0	125	22	18	4	175	32	1	8
26	4	15	4	76	13	18	8	126	23	2	0	176	32	5	4
27	4	19	0	77	14	2	4	127	23	5	8	177	32	9	0
28	5	2	8	78	14	6	0	128	23	9	4	178	32	12	8
29	5	6	4	79	14	9	8	129	23	13	0	179	32	16	4
30	5	10	0	80	14	13	4	130	23	16	8	180	33	0	0
31	5	13	8	81	14	17	0	131	24	0	4	181	33	3	8
32	5	17	4	82	15	0	8	132	24	4	0	182	33	7	4
33	6	1	0	83	15	4	4	133	24	7	8	183	33	11	0
34	6	4	8	84	15	8	0	134	24	11	4	184	33	14	8
35	6	8	4	85	15	11	8	135	24	15	0	185	33	18	4
36	6	12	0	86	15	15	4	136	24	18	8	186	34	2	0
37	6	15	8	87	15	19	0	137	25	2	4	187	34	5	8
38	6	19	4	88	16	2	8	138	25	6	0	188	34	9	4
39	7	3	0	89	16	6	4	139	25	9	8	189	34	13	0
40	7	6	8	90	16	10	0	140	25	13	4	190	34	16	8
41	7	10	4	91	16	13	8	141	25	17	0	191	35	0	4
42	7	14	0	92	16	17	4	142	26	0	8	192	35	4	0
43	7	17	8	93	17	1	0	143	26	4	4	193	35	7	8
44	8	1	4	94	17	4	8	144	26	8	0	194	35	11	4
45	8	5	0	95	17	8	4	145	26	11	8	195	35	15	0
46	8	8	8	96	17	12	0	146	26	15	4	196	35	18	8
47	8	12	4	97	17	15	8	147	26	19	0	197	36	2	4
48	8	16	0	98	17	19	4	148	27	2	8	198	36	6	0
49	8	19	8	99	18	3	0	149	27	6	4	199	36	9	8
50	9	3	4	100	18	6	8	150	27	10	0	200	36	13	4

TAX AT 3s. 8d.

Income. £	Tax. £	s.	d.
201	36	17	0
202	37	0	8
203	37	4	4
204	37	8	0
205	37	11	8
206	37	15	4
207	37	19	0
208	38	2	8
209	38	6	4
210	38	10	0
211	38	13	8
212	38	17	4
213	39	1	0
214	39	4	8
215	39	8	4
216	39	12	0
217	39	15	8
218	39	19	4
219	40	3	0
220	40	6	8
221	40	10	4
222	40	14	0
223	40	17	8
224	41	1	4
225	41	5	0
226	41	8	8
227	41	12	4
228	41	16	0
229	41	19	8
230	42	3	4
231	42	7	0
232	42	10	8
233	42	14	4
234	42	18	0
235	43	1	8
236	43	5	4
237	43	9	0
238	43	12	8
239	43	16	4
240	44	0	0
241	44	3	8
242	44	7	4
243	44	11	0
244	44	14	8
245	44	18	4
246	45	2	0
247	45	5	8
248	45	9	4
249	45	13	0
250	45	16	8

Income. £	Tax. £	s.	d.
251	46	0	4
252	46	4	0
253	46	7	8
254	46	11	4
255	46	15	0
256	46	18	8
257	47	2	4
258	47	6	0
259	47	9	8
260	47	13	4
261	47	17	0
262	48	0	8
263	48	4	4
264	48	8	0
265	48	11	8
266	48	15	4
267	48	19	0
268	49	2	8
269	49	6	4
270	49	10	0
271	49	13	8
272	49	17	4
273	50	1	0
274	50	4	8
275	50	8	4
276	50	12	0
277	50	15	8
278	50	19	4
279	51	3	0
280	51	6	8
281	51	10	4
282	51	14	0
283	51	17	8
284	52	1	4
285	52	5	0
286	52	8	8
287	52	12	4
288	52	16	0
289	52	19	8
290	53	3	4
291	53	7	0
292	53	10	8
293	53	14	4
294	53	18	0
295	54	1	8
296	54	5	4
297	54	9	0
298	54	12	8
299	54	16	4
300	55	0	0

Income. £	Tax. £	s.	d.
310	56	16	8
320	58	13	4
330	60	10	0
340	62	6	8
350	64	3	4
360	66	0	0
370	67	16	8
380	69	13	4
390	71	10	0
400	73	6	8
410	75	3	4
420	77	0	0
430	78	16	8
440	80	13	4
450	82	10	0
460	84	6	8
470	86	3	4
480	88	0	0
490	89	16	8
500	91	13	4
510	93	10	0
520	95	6	8
530	97	3	4
540	99	0	0
550	100	16	8
560	102	13	4
570	104	10	0
580	106	6	8
590	108	3	4
600	110	0	0
610	111	16	8
620	113	13	4
630	115	10	0
640	117	6	8
650	119	3	4
660	121	0	0
670	122	16	8
680	124	13	4
690	126	10	0
700	128	6	8
710	130	3	4
720	132	0	0
730	133	16	8
740	135	13	4
750	137	10	0
760	139	6	8
770	141	3	4
780	143	0	0
790	144	16	8
800	146	13	4

Income. £	Tax. £	s.	d.
810	148	10	0
820	150	6	8
830	152	3	4
840	154	0	0
850	155	16	8
860	157	13	4
870	159	10	0
880	161	6	8
890	163	3	4
900	165	0	0
910	166	16	8
920	168	13	4
930	170	10	0
940	172	6	8
950	174	3	4
960	176	0	0
970	177	16	8
980	179	13	4
990	181	10	0
1,000	183	6	8
1,100	201	13	4
1,200	220	0	0
1,300	238	6	8
1,400	256	13	4
1,500	275	0	0
1,600	293	6	8
1,700	311	13	4
1,800	330	0	0
1,900	348	6	8
2,000	366	13	4
3,000	550	0	0
4,000	733	6	8
5,000	916	13	4
6,000	1,100	0	0
7,000	1,283	6	8
8,000	1,466	13	4
9,000	1,650	0	0
10,000	1,833	6	8

PARTS OF A £.

s.	d.	s.	d.
	6		1
	11		2
1	5		3
1	10		4
3	8		8
5	6	1	0
7	4	1	4
9	2	1	8
10	11	2	0
12	9	2	4
14	7	2	8
16	5	3	0
18	3	3	4

TAX AT 3s. 9d.

Income.	Tax.			Income.	Tax.			Income.	Tax.			Income.	Tax.		
£	£	s.	d.	£	£	s.	d.	£	£	s.	d.	£	£	s.	d.
1		3	9	**51**	9	11	3	**101**	18	18	9	**151**	28	6	3
2		7	6	**52**	9	15	0	**102**	19	2	6	**152**	28	10	0
3		11	3	**53**	9	18	9	**103**	19	6	3	**153**	28	13	9
4		15	0	**54**	10	2	6	**104**	19	10	0	**154**	28	17	6
5		18	9	**55**	10	6	3	**105**	19	13	9	**155**	29	1	3
6	1	2	6	**56**	10	10	0	**106**	19	17	6	**156**	29	5	0
7	1	6	3	**57**	10	13	9	**107**	20	1	3	**157**	29	8	9
8	1	10	0	**58**	10	17	6	**108**	20	5	0	**158**	29	12	6
9	1	13	9	**59**	11	1	3	**109**	20	8	9	**159**	29	16	3
10	1	17	6	**60**	11	5	0	**110**	20	12	6	**160**	30	0	0
11	2	1	3	**61**	11	8	9	**111**	20	16	3	**161**	30	3	9
12	2	5	0	**62**	11	12	6	**112**	21	0	0	**162**	30	7	6
13	2	8	9	**63**	11	16	3	**113**	21	3	9	**163**	30	11	3
14	2	12	6	**64**	12	0	0	**114**	21	7	6	**164**	30	15	0
15	2	16	3	**65**	12	3	9	**115**	21	11	3	**165**	30	18	9
16	3	0	0	**66**	12	7	6	**116**	21	15	0	**166**	31	2	6
17	3	3	9	**67**	12	11	3	**117**	21	18	9	**167**	31	6	3
18	3	7	6	**68**	12	15	0	**118**	22	2	6	**168**	31	10	0
19	3	11	3	**69**	12	18	9	**119**	22	6	3	**169**	31	13	9
20	3	15	0	**70**	13	2	6	**120**	22	10	0	**170**	31	17	6
21	3	18	9	**71**	13	6	3	**121**	22	13	9	**171**	32	1	3
22	4	2	6	**72**	13	10	0	**122**	22	17	6	**172**	32	5	0
23	4	6	3	**73**	13	13	9	**123**	23	1	3	**173**	32	8	9
24	4	10	0	**74**	13	17	6	**124**	23	5	0	**174**	32	12	6
25	4	13	9	**75**	14	1	3	**125**	23	8	9	**175**	32	16	3
26	4	17	6	**76**	14	5	0	**126**	23	12	6	**176**	33	0	0
27	5	1	3	**77**	14	8	9	**127**	23	16	3	**177**	33	3	9
28	5	5	0	**78**	14	12	6	**128**	24	0	0	**178**	33	7	6
29	5	8	9	**79**	14	16	3	**129**	24	3	9	**179**	33	11	3
30	5	12	6	**80**	15	0	0	**130**	24	7	6	**180**	33	15	0
31	5	16	3	**81**	15	3	9	**131**	24	11	3	**181**	33	18	9
32	6	0	0	**82**	15	7	6	**132**	24	15	0	**182**	34	2	6
33	6	3	9	**83**	15	11	3	**133**	24	18	9	**183**	34	6	3
34	6	7	6	**84**	15	15	0	**134**	25	2	6	**184**	34	10	0
35	6	11	3	**85**	15	18	9	**135**	25	6	3	**185**	34	13	9
36	6	15	0	**86**	16	2	6	**136**	25	10	0	**186**	34	17	6
37	6	18	9	**87**	16	6	3	**137**	25	13	9	**187**	35	1	3
38	7	2	6	**88**	16	10	0	**138**	25	17	6	**188**	35	5	0
39	7	6	3	**89**	16	13	9	**139**	26	1	3	**189**	35	8	9
40	7	10	0	**90**	16	17	6	**140**	26	5	0	**190**	35	12	6
41	7	13	9	**91**	17	1	3	**141**	26	8	9	**191**	35	16	3
42	7	17	6	**92**	17	5	0	**142**	26	12	6	**192**	36	0	0
43	8	1	3	**93**	17	8	9	**143**	26	16	3	**193**	36	3	9
44	8	5	0	**94**	17	12	6	**144**	27	0	0	**194**	36	7	6
45	8	8	9	**95**	17	16	3	**145**	27	3	9	**195**	36	11	3
46	8	12	6	**96**	18	0	0	**146**	27	7	6	**196**	36	15	0
47	8	16	3	**97**	18	3	9	**147**	27	11	3	**197**	36	18	9
48	9	0	0	**98**	18	7	6	**148**	27	15	0	**198**	37	2	6
49	9	3	9	**99**	18	11	3	**149**	27	18	9	**199**	37	6	3
50	9	7	6	**100**	18	15	0	**150**	28	2	6	**200**	37	10	0

TAX AT 3s. 9d.

Income.	Tax.			Income.	Tax.			Income.	Tax.			Income.	Tax.		
£	£	s.	d.	£	£	s.	d.	£	£	s.	d.	£	£	s.	d.
201	37	13	9	251	47	1	3	310	58	2	6	810	151	17	6
202	37	17	6	252	47	5	0	320	60	0	0	820	153	15	0
203	38	1	3	253	47	8	9	330	61	17	6	830	155	12	6
204	38	5	0	254	47	12	6	340	63	15	0	840	157	10	0
205	38	8	9	255	47	16	3	350	65	12	6	850	159	7	6
206	38	12	6	256	48	0	0	360	67	10	0	860	161	5	0
207	38	16	3	257	48	3	9	370	69	7	6	870	163	2	6
208	39	0	0	258	48	7	6	380	71	5	0	880	165	0	0
209	39	3	9	259	48	11	3	390	73	2	6	890	166	17	6
210	39	7	6	260	48	15	0	400	75	0	0	900	168	15	0
211	39	11	3	261	48	18	9	410	76	17	6	910	170	12	6
212	39	15	0	262	49	2	6	420	78	15	0	920	172	10	0
213	39	18	9	263	49	6	3	430	80	12	6	930	174	7	6
214	40	2	6	264	49	10	0	440	82	10	0	940	176	5	0
215	40	6	3	265	49	13	9	450	84	7	6	950	178	2	6
216	40	10	0	266	49	17	6	460	86	5	0	960	180	0	0
217	40	13	9	267	50	1	3	470	88	2	6	970	181	17	6
218	40	17	6	268	50	5	0	480	90	0	0	980	183	15	0
219	41	1	3	269	50	8	9	490	91	17	6	990	185	12	6
220	41	5	0	270	50	12	6	500	93	15	0	1,000	187	10	0
221	41	8	9	271	50	16	3	510	95	12	6	1,100	206	5	0
222	41	12	6	272	51	0	0	520	97	10	0	1,200	225	0	0
223	41	16	3	273	51	3	9	530	99	7	6	1,300	243	15	0
224	42	0	0	274	51	7	6	540	101	5	0	1,400	262	10	0
225	42	3	9	275	51	11	3	550	103	2	6	1,500	281	5	0
226	42	7	6	276	51	15	0	560	105	0	0	1,600	300	0	0
227	42	11	3	277	51	18	9	570	106	17	6	1,700	318	15	0
228	42	15	0	278	52	2	6	580	108	15	0	1,800	337	10	0
229	42	18	9	279	52	6	3	590	110	12	6	1,900	356	5	0
230	43	2	6	280	52	10	0	600	112	10	0	2,000	375	0	0
231	43	6	3	281	52	13	9	610	114	7	6	3,000	562	10	0
232	43	10	0	282	52	17	6	620	116	5	0	4,000	750	0	0
233	43	13	9	283	53	1	3	630	118	2	6	5,000	937	10	0
234	43	17	6	284	53	5	0	640	120	0	0	6,000	1,125	0	0
235	44	1	3	285	53	8	9	650	121	17	6	7,000	1,312	10	0
236	44	5	0	286	53	12	6	660	123	15	0	8,000	1,500	0	0
237	44	8	9	287	53	16	3	670	125	12	6	9,000	1,687	10	0
238	44	12	6	288	54	0	0	680	127	10	0	10,000	1,875	0	0
239	44	16	3	289	54	3	9	690	129	7	6				
240	45	0	0	290	54	7	6	700	131	5	0				
241	45	3	9	291	54	11	3	710	133	2	6				
242	45	7	6	292	54	15	0	720	135	0	0				
243	45	11	3	293	54	18	9	730	136	17	6				
244	45	15	0	294	55	2	6	740	138	15	0				
245	45	18	9	295	55	6	3	750	140	12	6				
246	46	2	6	296	55	10	0	760	142	10	0				
247	46	6	3	297	55	13	9	770	144	7	6				
248	46	10	0	298	55	17	6	780	146	5	0				
249	46	13	9	299	56	1	3	790	148	2	6				
250	46	17	6	300	56	5	0	800	150	0	0				

PARTS OF A £.

s.	d.	s.	d.
	6		1
	11		2
1	4		3
1	10		4
3	7		8
5	4	1	0
7	2	1	4
8	11	1	8
10	8	2	0
12	6	2	4
14	3	2	8
16	0	3	0
17	10	3	4

TAX AT 3s. 10d.

Income.	Tax.			Income.	Tax.			Income.	Tax.			Income.	Tax.		
£	£	s.	d.	£	£	s.	d.	£	£	s.	d.	£	£	s.	d.
1		3	10	51	9	15	6	101	19	7	2	151	28	18	10
2		7	8	52	9	19	4	102	19	11	0	152	29	2	8
3		11	6	53	10	3	2	103	19	14	10	153	29	6	6
4		15	4	54	10	7	0	104	19	18	8	154	29	10	4
5		19	2	55	10	10	10	105	20	2	6	155	29	14	2
6	1	3	0	56	10	14	8	106	20	6	4	156	29	18	0
7	1	6	10	57	10	18	6	107	20	10	2	157	30	1	10
8	1	10	8	58	11	2	4	108	20	14	0	158	30	5	8
9	1	14	6	59	11	6	2	109	20	17	10	159	30	9	6
10	1	18	4	60	11	10	0	110	21	1	8	160	30	13	4
11	2	2	2	61	11	13	10	111	21	5	6	161	30	17	2
12	2	6	0	62	11	17	8	112	21	9	4	162	31	1	0
13	2	9	10	63	12	1	6	113	21	13	2	163	31	4	10
14	2	13	8	64	12	5	4	114	21	17	0	164	31	8	8
15	2	17	6	65	12	9	2	115	22	0	10	165	31	12	6
16	3	1	4	66	12	13	0	116	22	4	8	166	31	16	4
17	3	5	2	67	12	16	10	117	22	8	6	167	32	0	2
18	3	9	0	68	13	0	8	118	22	12	4	168	32	4	0
19	3	12	10	69	13	4	6	119	22	16	2	169	32	7	10
20	3	16	8	70	13	8	4	120	23	0	0	170	32	11	8
21	4	0	6	71	13	12	2	121	23	3	10	171	32	15	6
22	4	4	4	72	13	16	0	122	23	7	8	172	32	19	4
23	4	8	2	73	13	19	10	123	23	11	6	173	33	3	2
24	4	12	0	74	14	3	8	124	23	15	4	174	33	7	0
25	4	15	10	75	14	7	6	125	23	19	2	175	33	10	10
26	4	19	8	76	14	11	4	126	24	3	0	176	33	14	8
27	5	3	6	77	14	15	2	127	24	6	10	177	33	18	6
28	5	7	4	78	14	19	0	128	24	10	8	178	34	2	4
29	5	11	2	79	15	2	10	129	24	14	6	179	34	6	2
30	5	15	0	80	15	6	8	130	24	18	4	180	34	10	0
31	5	18	10	81	15	10	6	131	25	2	2	181	34	13	10
32	6	2	8	82	15	14	4	132	25	6	0	182	34	17	8
33	6	6	6	83	15	18	2	133	25	9	10	183	35	1	6
34	6	10	4	84	16	2	0	134	25	13	8	184	35	5	4
35	6	14	2	85	16	5	10	135	25	17	6	185	35	9	2
36	6	18	0	86	16	9	8	136	26	1	4	186	35	13	0
37	7	1	10	87	16	13	6	137	26	5	2	187	35	16	10
38	7	5	8	88	16	17	4	138	26	9	0	188	36	0	8
39	7	9	6	89	17	1	2	139	26	12	10	189	36	4	6
40	7	13	4	90	17	5	0	140	26	16	8	190	36	8	4
41	7	17	2	91	17	8	10	141	27	0	6	191	36	12	2
42	8	1	0	92	17	12	8	142	27	4	4	192	36	16	0
43	8	4	10	93	17	16	6	143	27	8	2	193	36	19	10
44	8	8	8	94	18	0	4	144	27	12	0	194	37	3	8
45	8	12	6	95	18	4	2	145	27	15	10	195	37	7	6
46	8	16	4	96	18	8	0	146	27	19	8	196	37	11	4
47	9	0	2	97	18	11	10	147	28	3	6	197	37	15	2
48	9	4	0	98	18	15	8	148	28	7	4	198	37	19	0
48	9	7	10	99	18	19	6	149	28	11	2	199	38	2	10
50	9	11	8	100	19	3	4	150	28	15	0	200	38	6	8

TAX AT 3s. 10d.

Income.	Tax.			Income.	Tax.			Income.	Tax.			Income.	Tax.		
£	£	s.	d.	£	£	s.	d.	£	£	s.	d.	£	£	s.	d.
201	38	10	6	251	48	2	2	310	59	8	4	810	155	5	0
202	38	14	4	252	48	6	0	320	61	6	8	820	157	3	4
203	38	18	2	253	48	9	10	330	63	5	0	830	159	1	8
204	39	2	0	254	48	13	8	340	65	3	4	840	161	0	0
205	39	5	10	255	48	17	6	350	67	1	8	850	162	18	4
206	39	9	8	256	49	1	4	360	69	0	0	860	164	16	8
207	39	13	6	257	49	5	2	370	70	18	4	870	166	15	0
208	39	17	4	258	49	9	0	380	72	16	8	880	168	13	4
209	40	1	2	259	49	12	10	390	74	15	0	890	170	11	8
210	40	5	0	260	49	16	8	400	76	13	4	900	172	10	0
211	40	8	10	261	50	0	6	410	78	11	8	910	174	8	4
212	40	12	8	262	50	4	4	420	80	10	0	920	176	6	8
213	40	16	6	263	50	8	2	430	82	8	4	930	178	5	0
214	41	0	4	264	50	12	0	440	84	6	8	940	180	3	4
215	41	4	2	265	50	15	10	450	86	5	0	950	182	1	8
216	41	8	0	266	50	19	8	460	88	3	4	960	184	0	0
217	41	11	10	267	51	3	6	470	90	1	8	970	185	18	4
218	41	15	8	268	51	7	4	480	92	0	0	980	187	16	8
219	41	19	6	269	51	11	2	490	93	18	4	990	189	15	0
220	42	3	4	270	51	15	0	500	95	16	8	1,000	191	13	4
221	42	7	2	271	51	18	10	510	97	15	0	1,100	210	16	8
222	42	11	0	272	52	2	8	520	99	13	4	1,200	230	0	0
223	42	14	10	273	52	6	6	530	101	11	8	1,300	249	3	4
224	42	18	8	274	52	10	4	540	103	10	0	1,400	268	6	8
225	43	2	6	275	52	14	2	550	105	8	4	1,500	287	10	0
226	43	6	4	276	52	18	0	560	107	6	8	1,600	306	13	4
227	43	10	2	277	53	1	10	570	109	5	0	1,700	325	16	8
228	43	14	0	278	53	5	8	580	111	3	4	1,800	345	0	0
229	43	17	10	279	53	9	6	590	113	1	8	1,900	364	3	4
230	44	1	8	280	53	13	4	600	115	0	0	2,000	383	6	8
231	44	5	6	281	53	17	2	610	116	18	4	3,000	575	0	0
232	44	9	4	282	54	1	0	620	118	16	8	4,000	766	13	4
233	44	13	2	283	54	4	10	630	120	15	0	5,000	958	6	8
234	44	17	0	284	54	8	8	640	122	13	4	6,000	1,150	0	0
235	45	0	10	285	54	12	6	650	124	11	8	7,000	1,341	13	4
236	45	4	8	286	54	16	4	660	126	10	0	8,000	1,533	6	8
237	45	8	6	287	55	0	2	670	128	8	4	9,000	1,725	0	0
238	45	12	4	288	55	4	0	680	130	6	8	10,000	1,916	13	4
239	45	16	2	289	55	7	10	690	132	5	0				
240	46	0	0	290	55	11	8	700	134	3	4				
241	46	3	10	291	55	15	6	710	136	1	8				
242	46	7	8	292	55	19	4	720	138	0	0				
243	46	11	6	293	56	3	2	730	139	18	4				
244	46	15	4	294	56	7	0	740	141	16	8				
245	46	19	2	295	56	10	10	750	143	15	0				
246	47	3	0	296	56	14	8	760	145	13	4				
247	47	6	10	297	56	18	6	770	147	11	8				
248	47	10	8	298	57	2	4	780	149	10	0				
249	47	14	6	299	57	6	2	790	151	8	4				
250	47	18	4	300	57	10	0	800	153	6	8				

PARTS OF A £.

s.	d.	s.	d.
	6		1
	11		2
1	9		4
3	6		8
5	3	1	0
7	0	1	4
8	9	1	8
10	6	2	0
12	3	2	4
13	11	2	8
15	8	3	0
17	5	3	4
19	2	3	8

TAX AT 3s. 11d.

Income.	Tax.			Income.	Tax.			Income.	Tax.			Income.	Tax.		
£	£	s.	d.	£	£	s.	d.	£	£	s.	d.	£	£	s.	d.
1		3	11	51	9	19	9	101	19	15	7	151	29	11	5
2		7	10	52	10	3	8	102	19	19	6	152	29	15	4
3		11	9	53	10	7	7	103	20	3	5	153	29	19	3
4		15	8	54	10	11	6	104	20	7	4	154	30	3	2
5		19	7	55	10	15	5	105	20	11	3	155	30	7	1
6	1	3	6	56	10	19	4	106	20	15	2	156	30	11	0
7	1	7	5	57	11	3	3	107	20	19	1	157	30	14	11
8	1	11	4	58	11	7	2	108	21	3	0	158	30	18	10
9	1	15	3	59	11	11	1	109	21	6	11	159	31	2	9
10	1	19	2	60	11	15	0	110	21	10	10	160	31	6	8
11	2	3	1	61	11	18	11	111	21	14	9	161	31	10	7
12	2	7	0	62	12	2	10	112	21	18	8	162	31	14	6
13	2	10	11	63	12	6	9	113	22	2	7	163	31	18	5
14	2	14	10	64	12	10	8	114	22	6	6	164	32	2	4
15	2	18	9	65	12	14	7	115	22	10	5	165	32	6	3
16	3	2	8	66	12	18	6	116	22	14	4	166	32	10	2
17	3	6	7	67	13	2	5	117	22	18	3	167	32	14	1
18	3	10	6	68	13	6	4	118	23	2	2	168	32	18	0
19	3	14	5	69	13	10	3	119	23	6	1	169	33	1	11
20	3	18	4	70	13	14	2	120	23	10	0	170	33	5	10
21	4	2	3	71	13	18	1	121	23	13	11	171	33	9	9
22	4	6	2	72	14	2	0	122	23	17	10	172	33	13	8
23	4	10	1	73	14	5	11	123	24	1	9	173	33	17	7
24	4	14	0	74	14	9	10	124	24	5	8	174	34	1	6
25	4	17	11	75	14	13	9	125	24	9	7	175	34	5	5
26	5	1	10	76	14	17	8	126	24	13	6	176	34	9	4
27	5	5	9	77	15	1	7	127	24	17	5	177	34	13	3
28	5	9	8	78	15	5	6	128	25	1	4	178	34	17	2
29	5	13	7	79	15	9	5	129	25	5	3	179	35	1	1
30	5	17	6	80	15	13	4	130	25	9	2	180	35	5	0
31	6	1	5	81	15	17	3	131	25	13	1	181	35	8	11
32	6	5	4	82	16	1	2	132	25	17	0	182	35	12	10
33	6	9	3	83	16	5	1	133	26	0	11	183	35	16	9
34	6	13	2	84	16	9	0	134	26	4	10	184	36	0	8
35	6	17	1	85	16	12	11	135	26	8	9	185	36	4	7
36	7	1	0	86	16	16	10	136	26	12	8	186	36	8	6
37	7	4	11	87	17	0	9	137	26	16	7	187	36	12	5
38	7	8	10	88	17	4	8	138	27	0	6	188	36	16	4
39	7	12	9	89	17	8	7	139	27	4	5	189	37	0	3
40	7	16	8	90	17	12	6	140	27	8	4	190	37	4	2
41	8	0	7	91	17	16	5	141	27	12	3	191	37	8	1
42	8	4	6	92	18	0	4	142	27	16	2	192	37	12	0
43	8	8	5	93	18	4	3	143	28	0	1	193	37	15	11
44	8	12	4	94	18	8	2	144	28	4	0	194	37	19	10
45	8	16	3	95	18	12	1	145	28	7	11	195	38	3	9
46	9	0	2	96	18	16	0	146	28	11	10	196	38	7	8
47	9	4	1	97	18	19	11	147	28	15	9	197	38	11	7
48	9	8	0	98	19	3	10	148	28	19	8	198	38	15	6
49	9	11	11	99	19	7	9	149	29	3	7	199	38	19	5
50	9	15	10	100	19	11	8	150	29	7	6	200	39	3	4

TAX AT 3s. 11d.

Income.	Tax.			Income.	Tax.			Income.	Tax.			Income.	Tax.		
£	£	s.	d.	£	£	s.	d.	£	£	s.	d.	£	£	s.	d.
201	39	7	3	251	49	3	1	310	60	14	2	810	158	12	6
202	39	11	2	252	49	7	0	320	62	13	4	820	160	11	8
203	39	15	1	253	49	10	11	330	64	12	6	830	162	10	10
204	39	19	0	254	49	14	10	340	66	11	8	840	164	10	0
205	40	2	11	255	49	18	9	350	68	10	10	850	166	9	2
206	40	6	10	256	50	2	8	360	70	10	0	860	168	8	4
207	40	10	9	257	50	6	7	370	72	9	2	870	170	7	6
208	40	14	8	258	50	10	6	380	74	8	4	880	172	6	8
209	40	18	7	259	50	14	5	390	76	7	6	890	174	5	10
210	41	2	6	260	50	18	4	400	78	6	8	900	176	5	0
211	41	6	5	261	51	2	3	410	80	5	10	910	178	4	2
212	41	10	4	262	51	6	2	420	82	5	0	920	180	3	4
213	41	14	3	263	51	10	1	430	84	4	2	930	182	2	6
214	41	18	2	264	51	14	0	440	86	3	4	940	184	1	8
215	42	2	1	265	51	17	11	450	88	2	6	950	186	0	10
216	42	6	0	266	52	1	10	460	90	1	8	960	188	0	0
217	42	9	11	267	52	5	9	470	92	0	10	970	189	19	2
218	42	13	10	268	52	9	8	480	94	0	0	980	191	18	4
219	42	17	9	269	52	13	7	490	95	19	2	990	193	17	6
220	43	1	8	270	52	17	6	500	97	18	4	1,000	195	16	8
221	43	5	7	271	53	1	5	510	99	17	6	1,100	215	8	4
222	43	9	6	272	53	5	4	520	101	16	8	1,200	235	0	0
223	43	13	5	273	53	9	3	530	103	15	10	1,300	254	11	8
224	43	17	4	274	53	13	2	540	105	15	0	1,400	274	3	4
225	44	1	3	275	53	17	1	550	107	14	2	1,500	293	15	0
226	44	5	2	276	54	1	0	560	109	13	4	1,600	313	6	8
227	44	9	1	277	54	4	11	570	111	12	6	1,700	332	18	4
228	44	13	0	278	54	8	10	580	113	11	8	1,800	352	10	0
229	44	16	11	279	54	12	9	590	115	10	10	1,900	372	1	8
230	45	0	10	280	54	16	8	600	117	10	0	2,000	391	13	4
231	45	4	9	281	55	0	7	610	119	9	2	3,000	587	10	0
232	45	8	8	282	55	4	6	620	121	8	4	4,000	783	6	8
233	45	12	7	283	55	8	5	630	123	7	6	5,000	979	3	4
234	45	16	6	284	55	12	4	640	125	6	8	6,000	1,175	0	0
235	46	0	5	285	55	16	3	650	127	5	10	7,000	1,370	16	8
236	46	4	4	286	56	0	2	660	129	5	0	8,000	1,566	13	4
237	46	8	3	287	56	4	1	670	131	4	2	9,000	1,762	10	0
238	46	12	2	288	56	8	0	680	133	3	4	10,000	1,958	6	8
239	46	16	1	289	56	11	11	690	135	2	6				
240	47	0	0	290	56	15	10	700	137	1	8				
241	47	3	11	291	56	19	9	710	139	0	10				
242	47	7	10	292	57	3	8	720	141	0	0				
243	47	11	9	293	57	7	7	730	142	19	2				
244	47	15	8	294	57	11	6	740	144	18	4				
245	47	19	7	295	57	15	5	750	146	17	6				
246	48	3	6	296	57	19	4	760	148	16	8				
247	48	7	5	297	58	3	3	770	150	15	10				
248	48	11	4	298	58	7	2	780	152	15	0				
249	48	15	3	299	58	11	1	790	154	14	2				
250	48	19	2	300	58	15	0	800	156	13	4				

PARTS OF A £.

s.	d.	s.	d.
	6		1
	11		2
1	9		4
3	5		8
5	2	1	0
6	10	1	4
8	7	1	8
10	3	2	0
11	11	2	4
13	8	2	8
15	4	3	0
17	1	3	4
18	9	3	8

TAX AT 4s.

Income.	Tax.			Income.	Tax.			Income.	Tax.			Income.	Tax.		
£	£	s.	d.	£	£	s.	d.	£	£	s.	d.	£	£	s.	d.
1		4	0	51	10	4	0	101	20	4	0	151	30	4	0
2		8	0	52	10	8	0	102	20	8	0	152	30	8	0
3		12	0	53	10	12	0	103	20	12	0	153	30	12	0
4		16	0	54	10	16	0	104	20	16	0	154	30	16	0
5	1	0	0	55	11	0	0	105	21	0	0	155	31	0	0
6	1	4	0	56	11	4	0	106	21	4	0	156	31	4	0
7	1	8	0	57	11	8	0	107	21	8	0	157	31	8	0
8	1	12	0	58	11	12	0	108	21	12	0	158	31	12	0
9	1	16	0	59	11	16	0	109	21	16	0	159	31	16	0
10	2	0	0	60	12	0	0	110	22	0	0	160	32	0	0
11	2	4	0	61	12	4	0	111	22	4	0	161	32	4	0
12	2	8	0	62	12	8	0	112	22	8	0	162	32	8	0
13	2	12	0	63	12	12	0	113	22	12	0	163	32	12	0
14	2	16	0	64	12	16	0	114	22	16	0	164	32	16	0
15	3	0	0	65	13	0	0	115	23	0	0	165	33	0	0
16	3	4	0	66	13	4	0	116	23	4	0	166	33	4	0
17	3	8	0	67	13	8	0	117	23	8	0	167	33	8	0
18	3	12	0	68	13	12	0	118	23	12	0	168	33	12	0
19	3	16	0	69	13	16	0	119	23	16	0	169	33	16	0
20	4	0	0	70	14	0	0	120	24	0	0	170	34	0	0
21	4	4	0	71	14	4	0	121	24	4	0	171	34	4	0
22	4	8	0	72	14	8	0	122	24	8	0	172	34	8	0
23	4	12	0	73	14	12	0	123	24	12	0	173	34	12	0
24	4	16	0	74	14	16	0	124	24	16	0	174	34	16	0
25	5	0	0	75	15	0	0	125	25	0	0	175	35	0	0
26	5	4	0	76	15	4	0	126	25	4	0	176	35	4	0
27	5	8	0	77	15	8	0	127	25	8	0	177	35	8	0
28	5	12	0	78	15	12	0	128	25	12	0	178	35	12	0
29	5	16	0	79	15	16	0	129	25	16	0	179	35	16	0
30	6	0	0	80	16	0	0	130	26	0	0	180	36	0	0
31	6	4	0	81	16	4	0	131	26	4	0	181	36	4	0
32	6	8	0	82	16	8	0	132	26	8	0	182	36	8	0
33	6	12	0	83	16	12	0	133	26	12	0	183	36	12	0
34	6	16	0	84	16	16	0	134	26	16	0	184	36	16	0
35	7	0	0	85	17	0	0	135	27	0	0	185	37	0	0
36	7	4	0	86	17	4	0	136	27	4	0	186	37	4	0
37	7	8	0	87	17	8	0	137	27	8	0	187	37	8	0
38	7	12	0	88	17	12	0	138	27	12	0	188	37	12	0
39	7	16	0	89	17	16	0	139	27	16	0	189	37	16	0
40	8	0	0	90	18	0	0	140	28	0	0	190	38	0	0
41	8	4	0	91	18	4	0	141	28	4	0	191	38	4	0
42	8	8	0	92	18	8	0	142	28	8	0	192	38	8	0
43	8	12	0	93	18	12	0	143	28	12	0	193	38	12	0
44	8	16	0	94	18	16	0	144	28	16	0	194	38	16	0
45	9	0	0	95	19	0	0	145	29	0	0	195	39	0	0
46	9	4	0	96	19	4	0	146	29	4	0	196	39	4	0
47	9	8	0	97	19	8	0	147	29	8	0	197	39	8	0
48	9	12	0	98	19	12	0	148	29	12	0	198	39	12	0
49	9	16	0	99	19	16	0	149	29	16	0	199	39	16	0
50	10	0	0	100	20	0	0	150	30	0	0	200	40	0	0

TAX AT 4s.

Income.	Tax.			Income.	Tax.			Income.	Tax.			Income.	Tax.		
£	£	s.	d.	£	£	s.	d.	£	£	s.	d.	£	£	s.	d.
201	40	4	0	251	50	4	0	310	62	0	0	810	162	0	0
202	40	8	0	252	50	8	0	320	64	0	0	820	164	0	0
203	40	12	0	253	50	12	0	330	66	0	0	830	166	0	0
204	40	16	0	254	50	16	0	340	68	0	0	840	168	0	0
205	41	0	0	255	51	0	0	350	70	0	0	850	170	0	0
206	41	4	0	256	51	4	0	360	72	0	0	860	172	0	0
207	41	8	0	257	51	8	0	370	74	0	0	870	174	0	0
208	41	12	0	258	51	12	0	380	76	0	0	880	176	0	0
209	41	16	0	259	51	16	0	390	78	0	0	890	178	0	0
210	42	0	0	260	52	0	0	400	80	0	0	900	180	0	0
211	42	4	0	261	52	4	0	410	82	0	0	910	182	0	0
212	42	8	0	262	52	8	0	420	84	0	0	920	184	0	0
213	42	12	0	263	52	12	0	430	86	0	0	930	186	0	0
214	42	16	0	264	52	16	0	440	88	0	0	940	188	0	0
215	43	0	0	265	53	0	0	450	90	0	0	950	190	0	0
216	43	4	0	266	53	4	0	460	92	0	0	960	192	0	0
217	43	8	0	267	53	8	0	470	94	0	0	970	194	0	0
218	43	12	0	268	53	12	0	480	96	0	0	980	196	0	0
219	43	16	0	269	53	16	0	490	98	0	0	990	198	0	0
220	44	0	0	270	54	0	0	500	100	0	0	1,000	200	0	0
221	44	4	0	271	54	4	0	510	102	0	0	1,100	220	0	0
222	44	8	0	272	54	8	0	520	104	0	0	1,200	240	0	0
223	44	12	0	273	54	12	0	530	106	0	0	1,300	260	0	0
224	44	16	0	274	54	16	0	540	108	0	0	1,400	280	0	0
225	45	0	0	275	55	0	0	550	110	0	0	1,500	300	0	0
226	45	4	0	276	55	4	0	560	112	0	0	1,600	320	0	0
227	45	8	0	277	55	8	0	570	114	0	0	1,700	340	0	0
228	45	12	0	278	55	12	0	580	116	0	0	1,800	360	0	0
229	45	16	0	279	55	16	0	590	118	0	0	1,900	380	0	0
230	46	0	0	280	56	0	0	600	120	0	0	2,000	400	0	0
231	46	4	0	281	56	4	0	610	122	0	0	3,000	600	0	0
232	46	8	0	282	56	8	0	620	124	0	0	4,000	800	0	0
233	46	12	0	283	56	12	0	630	126	0	0	5,000	1,000	0	0
234	46	16	0	284	56	16	0	640	128	0	0	6,000	1,200	0	0
235	47	0	0	285	57	0	0	650	130	0	0	7,000	1,400	0	0
236	47	4	0	286	57	4	0	660	132	0	0	8,000	1,600	0	0
237	47	8	0	287	57	8	0	670	134	0	0	9,000	1,800	0	0
238	47	12	0	288	57	12	0	680	136	0	0	10,000	2,000	0	0
239	47	16	0	289	57	16	0	690	138	0	0				
240	48	0	0	290	58	0	0	700	140	0	0				
241	48	4	0	291	58	4	0	710	142	0	0				
242	48	8	0	292	58	8	0	720	144	0	0				
243	48	12	0	293	58	12	0	730	146	0	0				
244	48	16	0	294	58	16	0	740	148	0	0				
245	49	0	0	295	59	0	0	750	150	0	0				
246	49	4	0	296	59	4	0	760	152	0	0				
247	49	8	0	297	59	8	0	770	154	0	0				
248	49	12	0	298	59	12	0	780	156	0	0				
249	49	16	0	299	59	16	0	790	158	0	0				
250	50	0	0	300	60	0	0	800	160	0	0				

PARTS OF A £.

s.	d.	s.	d.
	5		1
	10		2
1	8		4
3	4		8
5	0	1	0
6	8	1	4
8	4	1	8
10	0	2	0
11	8	2	4
13	4	2	8
15	0	3	0
16	8	3	4
18	4	3	8

TAX AT 4s. 1d.

Income.	Tax.			Income.	Tax.			Income.	Tax.			Income.	Tax.		
£	£	s.	d.	£	£	s.	d.	£	£	s.	d.	£	£	s.	d.
1		4	1	51	10	8	3	101	20	12	5	151	30	16	7
2		8	2	52	10	12	4	102	20	16	6	152	31	0	8
3		12	3	53	10	16	5	103	21	0	7	153	31	4	9
4		16	4	54	11	0	6	104	21	4	8	154	31	8	10
5	1	0	5	55	11	4	7	105	21	8	9	155	31	12	11
6	1	4	6	56	11	8	8	106	21	12	10	156	31	17	0
7	1	8	7	57	11	12	9	107	21	16	11	157	32	1	1
8	1	12	8	58	11	16	10	108	22	1	0	158	32	5	2
9	1	16	9	59	12	0	11	109	22	5	1	159	32	9	3
10	2	0	10	60	12	5	0	110	22	9	2	160	32	13	4
11	2	4	11	61	12	9	1	111	22	13	3	161	32	17	5
12	2	9	0	62	12	13	2	112	22	17	4	162	33	1	6
13	2	13	1	63	12	17	3	113	23	1	5	163	33	5	7
14	2	17	2	64	13	1	4	114	23	5	6	164	33	9	8
15	3	1	3	65	13	5	5	115	23	9	7	165	33	13	9
16	3	5	4	66	13	9	6	116	23	13	8	166	33	17	10
17	3	9	5	67	13	13	7	117	23	17	9	167	34	1	11
18	3	13	6	68	13	17	8	118	24	1	10	168	34	6	0
19	3	17	7	69	14	1	9	119	24	5	11	169	34	10	1
20	4	1	8	70	14	5	10	120	24	10	0	170	34	14	2
21	4	5	9	71	14	9	11	121	24	14	1	171	34	18	3
22	4	9	10	72	14	14	0	122	24	18	2	172	35	2	4
23	4	13	11	73	14	18	1	123	25	2	3	173	35	6	5
24	4	18	0	74	15	2	2	124	25	6	4	174	35	10	6
25	5	2	1	75	15	6	3	125	25	10	5	175	35	14	7
26	5	6	2	76	15	10	4	126	25	14	6	176	35	18	8
27	5	10	3	77	15	14	5	127	25	18	7	177	36	2	9
28	5	14	4	78	15	18	6	128	26	2	8	178	36	6	10
29	5	18	5	79	16	2	7	129	26	6	9	179	36	10	11
30	6	2	6	80	16	6	8	130	26	10	10	180	36	15	0
31	6	6	7	81	16	10	9	131	26	14	11	181	36	19	1
32	6	10	8	82	16	14	10	132	26	19	0	182	37	3	2
33	6	14	9	83	16	18	11	133	27	3	1	183	37	7	3
34	6	18	10	84	17	3	0	134	27	7	2	184	37	11	4
35	7	2	11	85	17	7	1	135	27	11	3	185	37	15	5
36	7	7	0	86	17	11	2	136	27	15	4	186	37	19	6
37	7	11	1	87	17	15	3	137	27	19	5	187	38	3	7
38	7	15	2	88	17	19	4	138	28	3	6	188	38	7	8
39	7	19	3	89	18	3	5	139	28	7	7	189	38	11	9
40	8	3	4	90	18	7	6	140	28	11	8	190	38	15	10
41	8	7	5	91	18	11	7	141	28	15	9	191	38	19	11
42	8	11	6	92	18	15	8	142	28	19	10	192	39	4	0
43	8	15	7	93	18	19	9	143	29	3	11	193	39	8	1
44	8	19	8	94	19	3	10	144	29	8	0	194	39	12	2
45	9	3	9	95	19	7	11	145	29	12	1	195	39	16	3
46	9	7	10	96	19	12	0	146	29	16	2	196	40	0	4
47	9	11	11	97	19	16	1	147	30	0	3	197	40	4	5
48	9	16	0	98	20	0	2	148	30	4	4	198	40	8	6
49	10	0	1	99	20	4	3	149	30	8	5	199	40	12	7
50	10	4	2	100	20	8	4	150	30	12	6	200	40	16	8

TAX AT 4s. 1d.

Income.	Tax.			Income.	Tax.			Income.	Tax.			Income.	Tax.		
£	£	s.	d.	£	£	s.	d.	£	£	s.	d.	£	£	s.	d.
201	41	0	9	251	51	4	11	310	63	5	10	810	165	7	6
202	41	4	10	252	51	9	0	320	65	6	8	820	167	8	4
203	41	8	11	253	51	13	1	330	67	7	6	830	169	9	2
204	41	13	0	254	51	17	2	340	69	8	4	840	171	10	0
205	41	17	1	255	52	1	3	350	71	9	2	850	173	10	10
206	42	1	2	256	52	5	4	360	73	10	0	860	175	11	8
207	42	5	3	257	52	9	5	370	75	10	10	870	177	12	6
208	42	9	4	258	52	13	6	380	77	11	8	880	179	13	4
209	42	13	5	259	52	17	7	390	79	12	6	890	181	14	2
210	42	17	6	260	53	1	8	400	81	13	4	900	183	15	0
211	43	1	7	261	53	5	9	410	83	14	2	910	185	15	10
212	43	5	8	262	53	9	10	420	85	15	0	920	187	16	8
213	43	9	9	263	53	13	11	430	87	15	10	930	189	17	6
214	43	13	10	264	53	18	0	440	89	16	8	940	191	18	4
215	43	17	11	265	54	2	1	450	91	17	6	950	193	19	2
216	44	2	0	266	54	6	2	460	93	18	4	960	196	0	0
217	44	6	1	267	54	10	3	470	95	19	2	970	198	0	10
218	44	10	2	268	54	14	4	480	98	0	0	980	200	1	8
219	44	14	3	269	54	18	5	490	100	0	10	990	202	2	6
220	44	18	4	270	55	2	6	500	102	1	8	1,000	204	3	4
221	45	2	5	271	55	6	7	510	104	2	6	1,100	224	11	8
222	45	6	6	272	55	10	8	520	106	3	4	1,200	245	0	0
223	45	10	7	273	55	14	9	530	108	4	2	1,300	265	8	4
224	45	14	8	274	55	18	10	540	110	5	0	1,400	285	16	8
225	45	18	9	275	56	2	11	550	112	5	10	1,500	306	5	0
226	46	2	10	276	56	7	0	560	114	6	8	1,600	326	13	4
227	46	6	11	277	56	11	1	570	116	7	6	1,700	347	1	8
228	46	11	0	278	56	15	2	580	118	8	4	1,800	367	10	0
229	46	15	1	279	56	19	3	590	120	9	2	1,900	387	18	4
230	46	19	2	280	57	3	4	600	122	10	0	2,000	408	6	8
231	47	3	3	281	57	7	5	610	124	10	10	3,000	612	10	0
232	47	7	4	282	57	11	6	620	126	11	8	4,000	816	13	4
233	47	11	5	283	57	15	7	630	128	12	6	5,000	1,020	16	8
234	47	15	6	284	57	19	8	640	130	13	4	6,000	1,225	0	0
235	47	19	7	285	58	3	9	650	132	14	2	7,000	1,429	3	4
236	48	3	8	286	58	7	10	660	134	15	0	8,000	1,633	6	8
237	48	7	9	287	58	11	11	670	136	15	10	9,000	1,837	10	0
238	48	11	10	288	58	16	0	680	138	16	8	10,000	2,041	13	4
239	48	15	11	289	59	0	1	690	140	17	6				
240	49	0	0	290	59	4	2	700	142	18	4				
241	49	4	1	291	59	8	3	710	144	19	2				
242	49	8	2	292	59	12	4	720	147	0	0				
243	49	12	3	293	59	16	5	730	149	0	10				
244	49	16	4	294	60	0	6	740	151	1	8				
245	50	0	5	295	60	4	7	750	153	2	6				
246	50	4	6	296	60	8	8	760	155	3	4				
247	50	8	7	297	60	12	9	770	157	4	2				
248	50	12	8	298	60	16	10	780	159	5	0				
249	50	16	9	299	61	0	11	790	161	5	10				
250	51	0	10	300	61	5	0	800	163	6	8				

PARTS OF A £.

s.	d.	s.	d.
	5		1
	10		2
1	8		4
3	4		8
4	11	1	0
6	7	1	4
8	2	1	8
9	10	2	0
11	6	2	4
13	1	2	8
14	9	3	0
16	4	3	4
18	0	3	8

TAX AT 4s. 2d.

Income.	Tax.			Income.	Tax.			Income.	Tax.			Income.	Tax.		
£	£	s.	d.	£	£	s.	d.	£	£	s.	d.	£	£	s.	d.
1		4	2	51	10	12	6	101	21	0	10	151	31	9	2
2		8	4	52	10	16	8	102	21	5	0	152	31	13	4
3		12	6	53	11	0	10	103	21	9	2	153	31	17	6
4		16	8	54	11	5	0	104	21	13	4	154	32	1	8
5	1	0	10	55	11	9	2	105	21	17	6	155	32	5	10
6	1	5	0	56	11	13	4	106	22	1	8	156	32	10	0
7	1	9	2	57	11	17	6	107	22	5	10	157	32	14	2
8	1	13	4	58	12	1	8	108	22	10	0	158	32	18	4
9	1	17	6	59	12	5	10	109	22	14	2	159	33	2	6
10	2	1	8	60	12	10	0	110	22	18	4	160	33	6	8
11	2	5	10	61	12	14	2	111	23	2	6	161	33	10	10
12	2	10	0	62	12	18	4	112	23	6	8	162	33	15	0
13	2	14	2	63	13	2	6	113	23	10	10	163	33	19	2
14	2	18	4	64	13	6	8	114	23	15	0	164	34	3	4
15	3	2	6	65	13	10	10	115	23	19	2	165	34	7	6
16	3	6	8	66	13	15	0	116	24	3	4	166	34	11	8
17	3	10	10	67	13	19	2	117	24	7	6	167	34	15	10
18	3	15	0	68	14	3	4	118	24	11	8	168	35	0	0
19	3	19	2	69	14	7	6	119	24	15	10	169	35	4	2
20	4	3	4	70	14	11	8	120	25	0	0	170	35	8	4
21	4	7	6	71	14	15	10	121	25	4	2	171	35	12	6
22	4	11	8	72	15	0	0	122	25	8	4	172	35	16	8
23	4	15	10	73	15	4	2	123	25	12	6	173	36	0	10
24	5	0	0	74	15	8	4	124	25	16	8	174	36	5	0
25	5	4	2	75	15	12	6	125	26	0	10	175	36	9	2
26	5	8	4	76	15	16	8	126	26	5	0	176	36	13	4
27	5	12	6	77	16	0	10	127	26	9	2	177	36	17	6
28	5	16	8	78	16	5	0	128	26	13	4	178	37	1	8
29	6	0	10	79	16	9	2	129	26	17	6	179	37	5	10
30	6	5	0	80	16	13	4	130	27	1	8	180	37	10	0
31	6	9	2	81	16	17	6	131	27	5	10	181	37	14	2
32	6	13	4	82	17	1	8	132	27	10	0	182	37	18	4
33	6	17	6	83	17	5	10	133	27	14	2	183	38	2	6
34	7	1	8	84	17	10	0	134	27	18	4	184	38	6	8
35	7	5	10	85	17	14	2	135	28	2	6	185	38	10	10
36	7	10	0	86	17	18	4	136	28	6	8	186	38	15	0
37	7	14	2	87	18	2	6	137	28	10	10	187	38	19	2
38	7	18	4	88	18	6	8	138	28	15	0	188	39	3	4
39	8	2	6	89	18	10	10	139	28	19	2	189	39	7	6
40	8	6	8	90	18	15	0	140	29	3	4	190	39	11	8
41	8	10	10	91	18	19	2	141	29	7	6	191	39	15	10
42	8	15	0	92	19	3	4	142	29	11	8	192	40	0	0
43	8	19	2	93	19	7	6	143	29	15	10	193	40	4	2
44	9	3	4	94	19	11	8	144	30	0	0	194	40	8	4
45	9	7	6	95	19	15	10	145	30	4	2	195	40	12	6
46	9	11	8	96	20	0	0	146	30	8	4	196	40	16	8
47	9	15	10	97	20	4	2	147	30	12	6	197	41	0	10
48	10	0	0	98	20	8	4	148	30	16	8	198	41	5	0
49	10	4	2	99	20	12	6	149	31	0	10	199	41	9	2
50	10	8	4	100	20	16	8	150	31	5	0	200	41	13	4

TAX AT 4s. 2d.

Income.	Tax.			Income.	Tax.			Income.	Tax.			Income.	Tax.		
£	£	s.	d.	£	£	s.	d.	£	£	s.	d.	£	£	s.	d.
201	41	17	6	251	52	5	10	310	64	11	8	810	168	15	0
202	42	1	8	252	52	10	0	320	66	13	4	820	170	16	8
203	42	5	10	253	52	14	2	330	68	15	0	830	172	18	4
204	42	10	0	254	52	18	4	340	70	16	8	840	175	0	0
205	42	14	2	255	53	2	6	350	72	18	4	850	177	1	8
206	42	18	4	256	53	6	8	360	75	0	0	860	179	3	4
207	43	2	6	257	53	10	10	370	77	1	8	870	181	5	0
208	43	6	8	258	53	15	0	380	79	3	4	880	183	6	8
209	43	10	10	259	53	19	2	390	81	5	0	890	185	8	4
210	43	15	0	260	54	3	4	400	83	6	8	900	187	10	0
211	43	19	2	261	54	7	6	410	85	8	4	910	189	11	8
212	44	3	4	262	54	11	8	420	87	10	0	920	191	13	4
213	44	7	6	263	54	15	10	430	89	11	8	930	193	15	0
214	44	11	8	264	55	0	0	440	91	13	4	940	195	16	8
215	44	15	10	265	55	4	2	450	93	15	0	950	197	18	4
216	45	0	0	266	55	8	4	460	95	16	8	960	200	0	0
217	45	4	2	267	55	12	6	470	97	18	4	970	202	1	8
218	45	8	4	268	55	16	8	480	100	0	0	980	204	3	4
219	45	12	6	269	56	0	10	490	102	1	8	990	206	5	0
220	45	16	8	270	56	5	0	500	104	3	4	1,000	208	6	8
221	46	0	10	271	56	9	2	510	106	5	0	1,100	229	3	4
222	46	5	0	272	56	13	4	520	108	6	8	1,200	250	0	0
223	46	9	2	273	56	17	6	530	110	8	4	1,300	270	16	8
224	46	13	4	274	57	1	8	540	112	10	0	1,400	291	13	4
225	46	17	6	275	57	5	10	550	114	11	8	1,500	312	10	0
226	47	1	8	276	57	10	0	560	116	13	4	1,600	333	6	8
227	47	5	10	277	57	14	2	570	118	15	0	1,700	354	3	4
228	47	10	0	278	57	18	4	580	120	16	8	1,800	375	0	0
229	47	14	2	279	58	2	6	590	122	18	4	1,900	395	16	8
230	47	18	4	280	58	6	8	600	125	0	0	2,000	416	13	4
231	48	2	6	281	58	10	10	610	127	1	8	3,000	625	0	0
232	48	6	8	282	58	15	0	620	129	3	4	4,000	833	6	8
233	48	10	10	283	58	19	2	630	131	5	0	5,000	1,041	13	4
234	48	15	0	284	59	3	4	640	133	6	8	6,000	1,250	0	0
235	48	19	2	285	59	7	6	650	135	8	4	7,000	1,458	6	8
236	49	3	4	286	59	11	8	660	137	10	0	8,000	1,666	13	4
237	49	7	6	287	59	15	10	670	139	11	8	9,000	1,875	0	0
238	49	11	8	288	60	0	0	680	141	13	4	10,000	2,083	6	8
239	49	15	10	289	60	4	2	690	143	15	0				
240	50	0	0	290	60	8	4	700	145	16	8				
241	50	4	2	291	60	12	6	710	147	18	4				
242	50	8	4	292	60	16	8	720	150	0	0				
243	50	12	6	293	61	0	10	730	152	1	8				
244	50	16	8	294	61	5	0	740	154	3	4				
245	51	0	10	295	61	9	2	750	156	5	0				
246	51	5	0	296	61	13	4	760	158	6	8				
247	51	9	2	297	61	17	6	770	160	8	4				
248	51	13	4	298	62	1	8	780	162	10	0				
249	51	17	6	299	62	5	10	790	164	11	8				
250	52	1	8	300	62	10	0	800	166	13	4				

PARTS OF A £.

s.	d.	s.	d.
	5		1
1	8		4
3	3		8
4	10	1	0
6	5	1	4
8	0	1	8
9	8	2	0
11	3	2	4
12	10	2	8
14	5	3	0
16	0	3	4
17	8	3	8
19	3	4	0

TAX AT 4s. 3d.

Income.	Tax.			Income.	Tax.			Income.	Tax.			Income.	Tax.		
£	£	s.	d.	£	£	s.	d.	£	£	s.	d.	£	£	s.	d.
1		4	3	51	10	16	9	101	21	9	3	151	32	1	9
2		8	6	52	11	1	0	102	21	13	6	152	32	6	0
3		12	9	53	11	5	3	103	21	17	9	153	32	10	3
4		17	0	54	11	9	6	104	22	2	0	154	32	14	6
5	1	1	3	55	11	13	9	105	22	6	3	155	32	18	9
6	1	5	6	56	11	18	0	106	22	10	6	156	33	3	0
7	1	9	9	57	12	2	3	107	22	14	9	157	33	7	3
8	1	14	0	58	12	6	6	108	22	19	0	158	33	11	6
9	1	18	3	59	12	10	9	109	23	3	3	159	33	15	9
10	2	2	6	60	12	15	0	110	23	7	6	160	34	0	0
11	2	6	9	61	12	19	3	111	23	11	9	161	34	4	3
12	2	11	0	62	13	3	6	112	23	16	0	162	34	8	6
13	2	15	3	63	13	7	9	113	24	0	3	163	34	12	9
14	2	19	6	64	13	12	0	114	24	4	6	164	34	17	0
15	3	3	9	65	13	16	3	115	24	8	9	165	35	1	3
16	3	8	0	66	14	0	6	116	24	13	0	166	35	5	6
17	3	12	3	67	14	4	9	117	24	17	3	167	35	9	9
18	3	16	6	68	14	9	0	118	25	1	6	168	35	14	0
19	4	0	9	69	14	13	3	119	25	5	9	169	35	18	3
20	4	5	0	70	14	17	6	120	25	10	0	170	36	2	6
21	4	9	3	71	15	1	9	121	25	14	3	171	36	6	9
22	4	13	6	72	15	6	0	122	25	18	6	172	36	11	0
23	4	17	9	73	15	10	3	123	26	2	9	173	36	15	3
24	5	2	0	74	15	14	6	124	26	7	0	174	36	19	6
25	5	6	3	75	15	18	9	125	26	11	3	175	37	3	9
26	5	10	6	76	16	3	0	126	26	15	6	176	37	8	0
27	5	14	9	77	16	7	3	127	26	19	9	177	37	12	3
28	5	19	0	78	16	11	6	128	27	4	0	178	37	16	6
29	6	3	3	79	16	15	9	129	27	8	3	179	38	0	9
30	6	7	6	80	17	0	0	130	27	12	6	180	38	5	0
31	6	11	9	81	17	4	3	131	27	16	9	181	38	9	3
32	6	16	0	82	17	8	6	132	28	1	0	182	38	13	6
33	7	0	3	83	17	12	9	133	28	5	3	183	38	17	9
34	7	4	6	84	17	17	0	134	28	9	6	184	39	2	0
35	7	8	9	85	18	1	3	135	28	13	9	185	39	6	3
36	7	13	0	86	18	5	6	136	28	18	0	186	39	10	6
37	7	17	3	87	18	9	9	137	29	2	3	187	39	14	9
38	8	1	6	88	18	14	0	138	29	6	6	188	39	19	0
39	8	5	9	89	18	18	3	139	29	10	9	189	40	3	3
40	8	10	0	90	19	2	6	140	29	15	0	190	40	7	6
41	8	14	3	91	19	6	9	141	29	19	3	191	40	11	9
42	8	18	6	92	19	11	0	142	30	3	6	192	40	16	0
43	9	2	9	93	19	15	3	143	30	7	9	193	41	0	3
44	9	7	0	94	19	19	6	144	30	12	0	194	41	4	6
45	9	11	3	95	20	3	9	145	30	16	3	195	41	8	9
46	9	15	6	96	20	8	0	146	31	0	6	196	41	13	0
47	9	19	9	97	20	12	3	147	31	4	9	197	41	17	3
48	10	4	0	98	20	16	6	148	31	9	0	198	42	1	6
49	10	8	3	99	21	0	9	149	31	13	3	199	42	5	9
50	10	12	6	100	21	5	0	150	31	17	6	200	42	10	0

TAX AT 4s. 3d.

Income.	Tax.			Income	Tax.			Income.	Tax.			Income.	Tax.		
£	£	s.	d.	£	£	s.	d.	£	£	s.	d.	£	£	s.	d.
201	42	14	3	251	53	6	9	310	65	17	6	810	172	2	6
202	42	18	6	252	53	11	0	320	68	0	0	820	174	5	0
203	43	2	9	253	53	15	3	330	70	2	6	830	176	7	6
204	43	7	0	254	53	19	6	340	72	5	0	840	178	10	0
205	43	11	3	255	54	3	9	350	74	7	6	850	180	12	6
206	43	15	6	256	54	8	0	360	76	10	0	860	182	15	0
207	43	19	9	257	54	12	3	370	78	12	6	870	184	17	6
208	44	4	0	258	54	16	6	380	80	15	0	880	187	0	0
209	44	8	3	259	55	0	9	390	82	17	6	890	189	2	6
210	44	12	6	260	55	5	0	400	85	0	0	900	191	5	0
211	44	16	9	261	55	9	3	410	87	2	6	910	193	7	6
212	45	1	0	262	55	13	6	420	89	5	0	920	195	10	0
213	45	5	3	263	55	17	9	430	91	7	6	930	197	12	6
214	45	9	6	264	56	2	0	440	93	10	0	940	199	15	0
215	45	13	9	265	56	6	3	450	95	12	6	950	201	17	6
216	45	18	0	266	56	10	6	460	97	15	0	960	204	0	0
217	46	2	3	267	56	14	9	470	99	17	6	970	206	2	6
218	46	6	6	268	56	19	0	480	102	0	0	980	208	5	0
219	46	10	9	269	57	3	3	490	104	2	6	990	210	7	6
220	46	15	0	270	57	7	6	500	106	5	0	1,000	212	10	0
221	46	19	3	271	57	11	9	510	108	7	6	1,100	233	15	0
222	47	3	6	272	57	16	0	520	110	10	0	1,200	255	0	0
223	47	7	9	273	58	0	3	530	112	12	6	1,300	276	5	0
224	47	12	0	274	58	4	6	540	114	15	0	1,400	297	10	0
225	47	16	3	275	58	8	9	550	116	17	6	1,500	318	15	0
226	48	0	6	276	58	13	0	560	119	0	0	1,600	340	0	0
227	48	4	9	277	58	17	3	570	121	2	6	1,700	361	5	0
228	48	9	0	278	59	1	6	580	123	5	0	1,800	382	10	0
229	48	13	3	279	59	5	9	590	125	7	6	1,900	403	15	0
230	48	17	6	280	59	10	0	600	127	10	0	2,000	425	0	0
231	49	1	9	281	59	14	3	610	129	12	6	3,000	637	10	0
232	49	6	0	282	59	18	6	620	131	15	0	4,000	850	0	0
233	49	10	3	283	60	2	9	630	133	17	6	5,000	1,062	10	0
234	49	14	6	284	60	7	0	640	136	0	0	6,000	1,275	0	0
235	49	18	9	285	60	11	3	650	138	2	6	7,000	1,487	10	0
236	50	3	0	286	60	15	6	660	140	5	0	8,000	1,700	0	0
237	50	7	3	287	60	19	9	670	142	7	6	9,000	1,912	10	0
238	50	11	6	288	61	4	0	680	144	10	0	10,000	2,125	0	0
239	50	15	9	289	61	8	3	690	146	12	6				
240	51	0	0	290	61	12	6	700	148	15	0				
241	51	4	3	291	61	16	9	710	150	17	6				
242	51	8	6	292	62	1	0	720	153	0	0				
243	51	12	9	293	62	5	3	730	155	2	6				
244	51	17	0	294	62	9	6	740	157	5	0				
245	52	1	3	295	62	13	9	750	159	7	6				
246	52	5	6	296	62	18	0	760	161	10	0				
247	52	9	9	297	63	2	3	770	163	12	6				
248	52	14	0	298	63	6	6	780	165	15	0				
249	52	18	3	299	63	10	9	790	167	17	6				
250	53	2	6	300	63	15	0	800	170	0	0				

PARTS OF A £.

s.	d.	s.	d.
	5		1
1	7		4
3	2		8
4	9	1	0
6	4	1	4
7	11	1	8
9	5	2	0
11	0	2	4
12	7	2	8
14	2	3	0
15	9	3	4
17	4	3	8
18	10	4	0

TAX AT 4s. 4d.

Income.	Tax.			Income.	Tax.			Income.	Tax.			Income.	Tax.		
£	£	s.	d.	£	£	s.	d.	£	£	s.	d.	£	£	s.	d.
1		4	4	51	11	1	0	101	21	17	8	151	32	14	4
2		8	8	52	11	5	4	102	22	2	0	152	32	18	8
3		13	0	53	11	9	8	103	22	6	4	153	33	3	0
4		17	4	54	11	14	0	104	22	10	8	154	33	7	4
5	1	1	8	55	11	18	4	105	22	15	0	155	33	11	8
6	1	6	0	56	12	2	8	106	22	19	4	156	33	16	0
7	1	10	4	57	12	7	0	107	23	3	8	157	34	0	4
8	1	14	8	58	12	11	4	108	23	8	0	158	34	4	8
9	1	19	0	59	12	15	8	109	23	12	4	159	34	9	0
10	2	3	4	60	13	0	0	110	23	16	8	160	34	13	4
11	2	7	8	61	13	4	4	111	24	1	0	161	34	17	8
12	2	12	0	62	13	8	8	112	24	5	4	162	35	2	0
13	2	16	4	63	13	13	0	113	24	9	8	163	35	6	4
14	3	0	8	64	13	17	4	114	24	14	0	164	35	10	8
15	3	5	0	65	14	1	8	115	24	18	4	165	35	15	0
16	3	9	4	66	14	6	0	116	25	2	8	166	35	19	4
17	3	13	8	67	14	10	4	117	25	7	0	167	36	3	8
18	3	18	0	68	14	14	8	118	25	11	4	168	36	8	0
19	4	2	4	69	14	19	0	119	25	15	8	169	36	12	4
20	4	6	8	70	15	3	4	120	26	0	0	170	36	16	8
21	4	11	0	71	15	7	8	121	26	4	4	171	37	1	0
22	4	15	4	72	15	12	0	122	26	8	8	172	37	5	4
23	4	19	8	73	15	16	4	123	26	13	0	173	37	9	8
24	5	4	0	74	16	0	8	124	26	17	4	174	37	14	0
25	5	8	4	75	16	5	0	125	27	1	8	175	37	18	4
26	5	12	8	76	16	9	4	126	27	6	0	176	38	2	8
27	5	17	0	77	16	13	8	127	27	10	4	177	38	7	0
28	6	1	4	78	16	18	0	128	27	14	8	178	38	11	4
29	6	5	8	79	17	2	4	129	27	19	0	179	38	15	8
30	6	10	0	80	17	6	8	130	28	3	4	180	39	0	0
31	6	14	4	81	17	11	0	131	28	7	8	181	39	4	4
32	6	18	8	82	17	15	4	132	28	12	0	182	39	8	8
33	7	3	0	83	17	19	8	133	28	16	4	183	39	13	0
34	7	7	4	84	18	4	0	134	29	0	8	184	39	17	4
35	7	11	8	85	18	8	4	135	29	5	0	185	40	1	8
36	7	16	0	86	18	12	8	136	29	9	4	186	40	6	0
37	8	0	4	87	18	17	0	137	29	13	8	187	40	10	4
38	8	4	8	88	19	1	4	138	29	18	0	188	40	14	8
39	8	9	0	89	19	5	8	139	30	2	4	189	40	19	0
40	8	13	4	90	19	10	0	140	30	6	8	190	41	3	4
41	8	17	8	91	19	14	4	141	30	11	0	191	41	7	8
42	9	2	0	92	19	18	8	142	30	15	4	192	41	12	0
43	9	6	4	93	20	3	0	143	30	19	8	193	41	16	4
44	9	10	8	94	20	7	4	144	31	4	0	194	42	0	8
45	9	15	0	95	20	11	8	145	31	8	4	195	42	5	0
46	9	19	4	96	20	16	0	146	31	12	8	196	42	9	4
47	10	3	8	97	21	0	4	147	31	17	0	197	42	13	8
48	10	8	0	98	21	4	8	148	32	1	4	198	42	18	0
49	10	12	4	99	21	9	0	149	32	5	8	199	43	2	4
50	10	16	8	100	21	13	4	150	32	10	0	200	43	6	8

TAX AT 4s. 4d.

Income.	Tax.			Income.	Tax.			Income.	Tax.			Income.	Tax.		
£	£	s.	d.	£	£	s.	d.	£	£	s.	d.	£	£	s.	d.
201	43	11	0	251	54	7	8	310	67	3	4	810	175	10	0
202	43	15	4	252	54	12	0	320	69	6	8	820	177	13	4
203	43	19	8	253	54	16	4	330	71	10	0	830	179	16	8
204	44	4	0	254	55	0	8	340	73	13	4	840	182	0	0
205	44	8	4	255	55	5	0	350	75	16	8	850	184	3	4
206	44	12	8	256	55	9	4	360	78	0	0	860	186	6	8
207	44	17	0	257	55	13	8	370	80	3	4	870	188	10	0
208	45	1	4	258	55	18	0	380	82	6	8	880	190	13	4
209	45	5	8	259	56	2	4	390	84	10	0	890	192	16	8
210	45	10	0	260	56	6	8	400	86	13	4	900	195	0	0
211	45	14	4	261	56	11	0	410	88	16	8	910	197	3	4
212	45	18	8	262	56	15	4	420	91	0	0	920	199	6	8
213	46	3	0	263	56	19	8	430	93	3	4	930	201	10	0
214	46	7	4	264	57	4	0	440	95	6	8	940	203	13	4
215	46	11	8	265	57	8	4	450	97	10	0	950	205	16	8
216	46	16	0	266	57	12	8	460	99	13	4	960	208	0	0
217	47	0	4	267	57	17	0	470	101	16	8	970	210	3	4
218	47	4	8	268	58	1	4	480	104	0	0	980	212	6	8
219	47	9	0	269	58	5	8	490	106	3	4	990	214	10	0
220	47	13	4	270	58	10	0	500	108	6	8	1,000	216	13	4
221	47	17	8	271	58	14	4	510	110	10	0	1,100	238	6	8
222	48	2	0	272	58	18	8	520	112	13	4	1,200	260	0	0
223	48	6	4	273	59	3	0	530	114	16	8	1,300	281	13	4
224	48	10	8	274	59	7	4	540	117	0	0	1,400	303	6	8
225	48	15	0	275	59	11	8	550	119	3	4	1,500	325	0	0
226	48	19	4	276	59	16	0	560	121	6	8	1,600	346	13	4
227	49	3	8	277	60	0	4	570	123	10	0	1,700	368	6	8
228	49	8	0	278	60	4	8	580	125	13	4	1,800	390	0	0
229	49	12	4	279	60	9	0	590	127	16	8	1,900	411	13	4
230	49	16	8	280	60	13	4	600	130	0	0	2,000	433	6	8
231	50	1	0	281	60	17	8	610	132	3	4	3,000	650	0	0
232	50	5	4	282	61	2	0	620	134	6	8	4,000	866	13	4
233	50	9	8	283	61	6	4	630	136	10	0	5,000	1,083	6	8
234	50	14	0	284	61	10	8	640	138	13	4	6,000	1,300	0	0
235	50	18	4	285	61	15	0	650	140	16	8	7,000	1,516	13	4
236	51	2	8	286	61	19	4	660	143	0	0	8,000	1,733	6	8
237	51	7	0	287	62	3	8	670	145	3	4	9,000	1,950	0	0
238	51	11	4	288	62	8	0	680	147	6	8	10,000	2,166	13	4
239	51	15	8	289	62	12	4	690	149	10	0				
240	52	0	0	290	62	16	8	700	151	13	4				
241	52	4	4	291	63	1	0	710	153	16	8				
242	52	8	8	292	63	5	4	720	156	0	0				
243	52	13	0	293	63	9	8	730	158	3	4				
244	52	17	4	294	63	14	0	740	160	6	8				
245	53	1	8	295	63	18	4	750	162	10	0				
246	53	6	0	296	64	2	8	760	164	13	4				
247	53	10	4	297	64	7	0	770	166	16	8				
248	53	14	8	298	64	11	4	780	169	0	0				
249	53	19	0	299	64	15	8	790	171	3	4				
250	54	3	4	300	65	0	0	800	173	6	8				

PARTS OF A £.

s.	d.	s.	d.
	5		1
1	7		4
3	1		8
4	8	1	0
6	2	1	4
7	9	1	8
9	3	2	0
10	10	2	4
12	4	2	8
13	11	3	0
15	5	3	4
17	0	3	8
18	6	4	0

TAX AT 4s. 5d.

Income.	Tax.			Income.	Tax.			Income.	Tax.			Income.	Tax.		
£	£	s.	d.	£	£	s.	d.	£	£	s.	d.	£	£	s.	d.
1		4	5	51	11	5	3	101	22	6	1	151	33	6	11
2		8	10	52	11	9	8	102	22	10	6	152	33	11	4
3		13	3	53	11	14	1	103	22	14	11	153	33	15	9
4		17	8	54	11	18	6	104	22	19	4	154	34	0	2
5	1	2	1	55	12	2	11	105	23	3	9	155	34	4	7
6	1	6	6	56	12	7	4	106	23	8	2	156	34	9	0
7	1	10	11	57	12	11	9	107	23	12	7	157	34	13	5
8	1	15	4	58	12	16	2	108	23	17	0	158	34	17	10
9	1	19	9	59	13	0	7	109	24	1	5	159	35	2	3
10	2	4	2	60	13	5	0	110	24	5	10	160	35	6	8
11	2	8	7	61	13	9	5	111	24	10	3	161	35	11	1
12	2	13	0	62	13	13	10	112	24	14	8	162	35	15	6
13	2	17	5	63	13	18	3	113	24	19	1	163	35	19	11
14	3	1	10	64	14	2	8	114	25	3	6	164	36	4	4
15	3	6	3	65	14	7	1	115	25	7	11	165	36	8	9
16	3	10	8	66	14	11	6	116	25	12	4	166	36	13	2
17	3	15	1	67	14	15	11	117	25	16	9	167	36	17	7
18	3	19	6	68	15	0	4	118	26	1	2	168	37	2	0
19	4	3	11	69	15	4	9	119	26	5	7	169	37	6	5
20	4	8	4	70	15	9	2	120	26	10	0	170	37	10	10
21	4	12	9	71	15	13	7	121	26	14	5	171	37	15	3
22	4	17	2	72	15	18	0	122	26	18	10	172	37	19	8
23	5	1	7	73	16	2	5	123	27	3	3	173	38	4	1
24	5	6	0	74	16	6	10	124	27	7	8	174	38	8	6
25	5	10	5	75	16	11	3	125	27	12	1	175	38	12	11
26	5	14	10	76	16	15	8	126	27	16	6	176	38	17	4
27	5	19	3	77	17	0	1	127	28	0	11	177	39	1	9
28	6	3	8	78	17	4	6	128	28	5	4	178	39	6	2
29	6	8	1	79	17	8	11	129	28	9	9	179	39	10	7
30	6	12	6	80	17	13	4	130	28	14	2	180	39	15	0
31	6	16	11	81	17	17	9	131	28	18	7	181	39	19	5
32	7	1	4	82	18	2	2	132	29	3	0	182	40	3	10
33	7	5	9	83	18	6	7	133	29	7	5	183	40	8	3
34	7	10	2	84	18	11	0	134	29	11	10	184	40	12	8
35	7	14	7	85	18	15	5	135	29	16	3	185	40	17	1
36	7	19	0	86	18	19	10	136	30	0	8	186	41	1	6
37	8	3	5	87	19	4	3	137	30	5	1	187	41	5	11
38	8	7	10	88	19	8	8	138	30	9	6	188	41	10	4
39	8	12	3	89	19	13	1	139	30	13	11	189	41	14	9
40	8	16	8	90	19	17	6	140	30	18	4	190	41	19	2
41	9	1	1	91	20	1	11	141	31	2	9	191	42	3	7
42	9	5	6	92	20	6	4	142	31	7	2	192	42	8	0
43	9	9	11	93	20	10	9	143	31	11	7	193	42	12	5
44	9	14	4	94	20	15	2	144	31	16	0	194	42	16	10
45	9	18	9	95	20	19	7	145	32	0	5	195	43	1	3
46	10	3	2	96	21	4	0	146	32	4	10	196	43	5	8
47	10	7	7	97	21	8	5	147	32	9	3	197	43	10	1
48	10	12	0	98	21	12	10	148	32	13	8	198	43	14	6
49	10	16	5	99	21	17	3	149	32	18	1	199	43	18	11
50	11	0	10	100	22	1	8	150	33	2	6	200	44	3	4

TAX AT 4s. 5d.

Income. £	Tax. £	s.	d.
201	44	7	9
202	44	12	2
203	44	16	7
204	45	1	0
205	45	5	5
206	45	9	10
207	45	14	3
208	45	18	8
209	46	3	1
210	46	7	6
211	46	11	11
212	46	16	4
213	47	0	9
214	47	5	2
215	47	9	7
216	47	14	0
217	47	18	5
218	48	2	10
219	48	7	3
220	48	11	8
221	48	16	1
222	49	0	6
223	49	4	11
224	49	9	4
225	49	13	9
226	49	18	2
227	50	2	7
228	50	7	0
229	50	11	5
230	50	15	10
231	51	0	3
232	51	4	8
233	51	9	1
234	51	13	6
235	51	17	11
236	52	2	4
237	52	6	9
238	52	11	2
239	52	15	7
240	53	0	0
241	53	4	5
242	53	8	10
243	53	13	3
244	53	17	8
245	54	2	1
246	54	6	6
247	54	10	11
248	54	15	4
249	54	19	9
250	55	4	2

Income. £	Tax. £	s.	d.
251	55	8	7
252	55	13	0
253	55	17	5
254	56	1	10
255	56	6	3
256	56	10	8
257	56	15	1
258	56	19	6
259	57	3	11
260	57	8	4
261	57	12	9
262	57	17	2
263	58	1	7
264	58	6	0
265	58	10	5
266	58	14	10
267	58	19	3
268	59	3	8
269	59	8	1
270	59	12	6
271	59	16	11
272	60	1	4
273	60	5	9
274	60	10	2
275	60	14	7
276	60	19	0
277	61	3	5
278	61	7	10
279	61	12	3
280	61	16	8
281	62	1	1
282	62	5	6
283	62	9	11
284	62	14	4
285	62	18	9
286	63	3	2
287	63	7	7
288	63	12	0
289	63	16	5
290	64	0	10
291	64	5	3
292	64	9	8
293	64	14	1
294	64	18	6
295	65	2	11
296	65	7	4
297	65	11	9
298	65	16	2
299	66	0	7
300	66	5	0

Income. £	Tax. £	s.	d.
310	68	9	2
320	70	13	4
330	72	17	6
340	75	1	8
350	77	5	10
360	79	10	0
370	81	14	2
380	83	18	4
390	86	2	6
400	88	6	8
410	90	10	10
420	92	15	0
430	94	19	2
440	97	3	4
450	99	7	6
460	101	11	8
470	103	15	10
480	106	0	0
490	108	4	2
500	110	8	4
510	112	12	6
520	114	16	8
530	117	0	10
540	119	5	0
550	121	9	2
560	123	13	4
570	125	17	6
580	128	1	8
590	130	5	10
600	132	10	0
610	134	14	2
620	136	18	4
630	139	2	6
640	141	6	8
650	143	10	10
660	145	15	0
670	147	19	2
680	150	3	4
690	152	7	6
700	154	11	8
710	156	15	10
720	159	0	0
730	161	4	2
740	163	8	4
750	165	12	6
760	167	16	8
770	170	0	10
780	172	5	0
790	174	9	2
800	176	13	4

Income. £	Tax. £	s.	d.
810	178	17	6
820	181	1	8
830	183	5	10
840	185	10	0
850	187	14	2
860	189	18	4
870	192	2	6
880	194	6	8
890	196	10	10
900	198	15	0
910	200	19	2
920	203	3	4
930	205	7	6
940	207	11	8
950	209	15	10
960	212	0	0
970	214	4	2
980	216	8	4
990	218	12	6
1,000	220	16	8
1,100	242	18	4
1,200	265	0	0
1,300	287	1	8
1,400	309	3	4
1,500	331	5	0
1,600	353	6	8
1,700	375	8	4
1,800	397	10	0
1,900	419	11	8
2,000	441	13	4
3,000	662	10	0
4,000	883	6	8
5,000	1,104	3	4
6,000	1,325	0	0
7,000	1,545	16	8
8,000	1,766	13	4
9,000	1,987	10	0
10,000	2,208	6	8

PARTS OF A £.

s.	d.	s.	d.
	5		1
1	7		4
3	1		8
4	7	1	0
6	1	1	4
7	7	1	8
9	1	2	0
10	7	2	4
12	1	2	8
13	8	3	0
15	2	3	4
16	8	3	8
18	2	4	0
19	8	4	4

TAX AT 4s. 6d.

Income.	Tax.			Income.	Tax.			Income.	Tax.			Income.	Tax.		
£	£	s.	d.	£	£	s.	d.	£	£	s.	d.	£	£	s.	d.
1		4	6	51	11	9	6	101	22	14	6	151	33	19	6
2		9	0	52	11	14	0	102	22	19	0	152	34	4	0
3		13	6	53	11	18	6	103	23	3	6	153	34	8	6
4		18	0	54	12	3	0	104	23	8	0	154	34	13	0
5	1	2	6	55	12	7	6	105	23	12	6	155	34	17	6
6	1	7	0	56	12	12	0	106	23	17	0	156	35	2	0
7	1	11	6	57	12	16	6	107	24	1	6	157	35	6	6
8	1	16	0	58	13	1	0	108	24	6	0	158	35	11	0
9	2	0	6	59	13	5	6	109	24	10	6	159	35	15	6
10	2	5	0	60	13	10	0	110	24	15	0	160	36	0	0
11	2	9	6	61	13	14	6	111	24	19	6	161	36	4	6
12	2	14	0	62	13	19	0	112	25	4	0	162	36	9	0
13	2	18	6	63	14	3	6	113	25	8	6	163	36	13	6
14	3	3	0	64	14	8	0	114	25	13	0	164	36	18	0
15	3	7	6	65	14	12	6	115	25	17	6	165	37	2	6
16	3	12	0	66	14	17	0	116	26	2	0	166	37	7	0
17	3	16	6	67	15	1	6	117	26	6	6	167	37	11	6
18	4	1	0	68	15	6	0	118	26	11	0	168	37	16	0
19	4	5	6	69	15	10	6	119	26	15	6	169	38	0	6
20	4	10	0	70	15	15	0	120	27	0	0	170	38	5	0
21	4	14	6	71	15	19	6	121	27	4	6	171	38	9	6
22	4	19	0	72	16	4	0	122	27	9	0	172	38	14	0
23	5	3	6	73	16	8	6	123	27	13	6	173	38	18	6
24	5	8	0	74	16	13	0	124	27	18	0	174	39	3	0
25	5	12	6	75	16	17	6	125	28	2	6	175	39	7	6
26	5	17	0	76	17	2	0	126	28	7	0	176	39	12	0
27	6	1	6	77	17	6	6	127	28	11	6	177	39	16	6
28	6	6	0	78	17	11	0	128	28	16	0	178	40	1	0
29	6	10	6	79	17	15	6	129	29	0	6	179	40	5	6
30	6	15	0	80	18	0	0	130	29	5	0	180	40	10	0
31	6	19	6	81	18	4	6	131	29	9	6	181	40	14	6
32	7	4	0	82	18	9	0	132	29	14	0	182	40	19	0
33	7	8	6	83	18	13	6	133	29	18	6	183	41	3	6
34	7	13	0	84	18	18	0	134	30	3	0	184	41	8	0
35	7	17	6	85	19	2	6	135	30	7	6	185	41	12	6
36	8	2	0	86	19	7	0	136	30	12	0	186	41	17	0
37	8	6	6	87	19	11	6	137	30	16	6	187	42	1	6
38	8	11	0	88	19	16	0	138	31	1	0	188	42	6	0
39	8	15	6	89	20	0	6	139	31	5	6	189	42	10	6
40	9	0	0	90	20	5	0	140	31	10	0	190	42	15	0
41	9	4	6	91	20	9	6	141	31	14	6	191	42	19	6
42	9	9	0	92	20	14	0	142	31	19	0	192	43	4	0
43	9	13	6	93	20	18	6	143	32	3	6	193	43	8	6
44	9	18	0	94	21	3	0	144	32	8	0	194	43	13	0
45	10	2	6	95	21	7	6	145	32	12	6	195	43	17	6
46	10	7	0	96	21	12	0	146	32	17	0	196	44	2	0
47	10	11	6	97	21	16	6	147	33	1	6	197	44	6	6
48	10	16	0	98	22	1	0	148	33	6	0	198	44	11	0
49	11	0	6	99	22	5	6	149	33	10	6	199	44	15	6
50	11	5	0	100	22	10	0	150	33	15	0	200	45	0	0

TAX AT 4s. 6d.

Income.	Tax.			Income.	Tax.			Income.	Tax.			Income.	Tax.		
£	£	s.	d.	£	£	s.	d.	£	£	s.	d.	£	£	s.	d.
201	45	4	6	251	56	9	6	310	69	15	0	810	182	5	0
202	45	9	0	252	56	14	0	320	72	0	0	820	184	10	0
203	45	13	6	253	56	18	6	330	74	5	0	830	186	15	0
204	45	18	0	254	57	3	0	340	76	10	0	840	189	0	0
205	46	2	6	255	57	7	6	350	78	15	0	850	191	5	0
206	46	7	0	256	57	12	0	360	81	0	0	860	193	10	0
207	46	11	6	257	57	16	6	370	83	5	0	870	195	15	0
208	46	16	0	258	58	1	0	380	85	10	0	880	198	0	0
209	47	0	6	259	58	5	6	390	87	15	0	890	200	5	0
210	47	5	0	260	58	10	0	400	90	0	0	900	202	10	0
211	47	9	6	261	58	14	6	410	92	5	0	910	204	15	0
212	47	14	0	262	58	19	0	420	94	10	0	920	207	0	0
213	47	18	6	263	59	3	6	430	96	15	0	930	209	5	0
214	48	3	0	264	59	8	0	440	99	0	0	940	211	10	0
215	48	7	6	265	59	12	6	450	101	5	0	950	213	15	0
216	48	12	0	266	59	17	0	460	103	10	0	960	216	0	0
217	48	16	6	267	60	1	6	470	105	15	0	970	218	5	0
218	49	1	0	268	60	6	0	480	108	0	0	980	220	10	0
219	49	5	6	269	60	10	6	490	110	5	0	990	222	15	0
220	49	10	0	270	60	15	0	500	112	10	0	1,000	225	0	0
221	49	14	6	271	60	19	6	510	114	15	0	1,100	247	10	0
222	49	19	0	272	61	4	0	520	117	0	0	1,200	270	0	0
223	50	3	6	273	61	8	6	530	119	5	0	1,300	292	10	0
224	50	8	0	274	61	13	0	540	121	10	0	1,400	315	0	0
225	50	12	6	275	61	17	6	550	123	15	0	1,500	337	10	0
226	50	17	0	276	62	2	0	560	126	0	0	1,600	360	0	0
227	51	1	6	277	62	6	6	570	128	5	0	1,700	382	10	0
228	51	6	0	278	62	11	0	580	130	10	0	1,800	405	0	0
229	51	10	6	279	62	15	6	590	132	15	0	1,900	427	10	0
230	51	15	0	280	63	0	0	600	135	0	0	2,000	450	0	0
231	51	19	6	281	63	4	6	610	137	5	0	3,000	675	0	0
232	52	4	0	282	63	9	0	620	139	10	0	4,000	900	0	0
233	52	8	6	283	63	13	6	630	141	15	0	5,000	1,125	0	0
234	52	13	0	284	63	18	0	640	144	0	0	6,000	1,350	0	0
235	52	17	6	285	64	2	6	650	146	5	0	7,000	1,575	0	0
236	53	2	0	286	64	7	0	660	148	10	0	8,000	1,800	0	0
237	53	6	6	287	64	11	6	670	150	15	0	9,000	2,025	0	0
238	53	11	0	288	64	16	0	680	153	0	0	10,000	2,250	0	0
239	53	15	6	289	65	0	6	690	155	5	0				
240	54	0	0	290	65	5	0	700	157	10	0				
241	54	4	6	291	65	9	6	710	159	15	0				
242	54	9	0	292	65	14	0	720	162	0	0				
243	54	13	6	293	65	18	6	730	164	5	0				
244	54	18	0	294	66	3	0	740	166	10	0				
245	55	2	6	295	66	7	6	750	168	15	0				
246	55	7	0	296	66	12	0	760	171	0	0				
247	55	11	6	297	66	16	6	770	173	5	0				
248	55	16	0	298	67	1	0	780	175	10	0				
249	56	0	6	299	67	5	6	790	177	15	0				
250	56	5	0	300	67	10	0	800	180	0	0				

PARTS OF A £.

s.	d.		s.	d.
	5	....		1
1	6	....		4
3	0	....		8
4	6	....	1	0
6	0	....	1	4
7	5	....	1	8
8	11	....	2	0
10	5	....	2	4
11	11	....	2	8
13	4	....	3	0
14	10	....	3	4
16	4	....	3	8
17	10	....	4	0
19	4	....	4	4

TAX AT 4s. 7d.

Income.	Tax.			Income.	Tax.			Income.	Tax.			Income.	Tax.		
£	£	s.	d.	£	£	s.	d.	£	£	s.	d.	£	£	s.	d.
1		4	7	51	11	13	9	101	23	2	11	151	34	12	1
2		9	2	52	11	18	4	102	23	7	6	152	34	16	8
3		13	9	53	12	2	11	103	23	12	1	153	35	1	3
4		18	4	54	12	7	6	104	23	16	8	154	35	5	10
5	1	2	11	55	12	12	1	105	24	1	3	155	35	10	5
6	1	7	6	56	12	16	8	106	24	5	10	156	35	15	0
7	1	12	1	57	13	1	3	107	24	10	5	157	35	19	7
8	1	16	8	58	13	5	10	108	24	15	0	158	36	4	2
9	2	1	3	59	13	10	5	109	24	19	7	159	36	8	9
10	2	5	10	60	13	15	0	110	25	4	2	160	36	13	4
11	2	10	5	61	13	19	7	111	25	8	9	161	36	17	11
12	2	15	0	62	14	4	2	112	25	13	4	162	37	2	6
13	2	19	7	63	14	8	9	113	25	17	11	163	37	7	1
14	3	4	2	64	14	13	4	114	26	2	6	164	37	11	8
15	3	8	9	65	14	17	11	115	26	7	1	165	37	16	3
16	3	13	4	66	15	2	6	116	26	11	8	166	38	0	10
17	3	17	11	67	15	7	1	117	26	16	3	167	38	5	5
18	4	2	6	68	15	11	8	118	27	0	10	168	38	10	0
19	4	7	1	69	15	16	3	119	27	5	5	169	38	14	7
20	4	11	8	70	16	0	10	120	27	10	0	170	38	19	2
21	4	16	3	71	16	5	5	121	27	14	7	171	39	3	9
22	5	0	10	72	16	10	0	122	27	19	2	172	39	8	4
23	5	5	5	73	16	14	7	123	28	3	9	173	39	12	11
24	5	10	0	74	16	19	2	124	28	8	4	174	39	17	6
25	5	14	7	75	17	3	9	125	28	12	11	175	40	2	1
26	5	19	2	76	17	8	4	126	28	17	6	176	40	6	8
27	6	3	9	77	17	12	11	127	29	2	1	177	40	11	3
28	6	8	4	78	17	17	6	128	29	6	8	178	40	15	10
29	6	12	11	79	18	2	1	129	29	11	3	179	41	0	5
30	6	17	6	80	18	6	8	130	29	15	10	180	41	5	0
31	7	2	1	81	18	11	3	131	30	0	5	181	41	9	7
32	7	6	8	82	18	15	10	132	30	5	0	182	41	14	2
33	7	11	3	83	19	0	5	133	30	9	7	183	41	18	9
34	7	15	10	84	19	5	0	134	30	14	2	184	42	3	4
35	8	0	5	85	19	9	7	135	30	18	9	185	42	7	11
36	8	5	0	86	19	14	2	136	31	3	4	186	42	12	6
37	8	9	7	87	19	18	9	137	31	7	11	187	42	17	1
38	8	14	2	88	20	3	4	138	31	12	6	188	43	1	8
39	8	18	9	89	20	7	11	139	31	17	1	189	43	6	3
40	9	3	4	90	20	12	6	140	32	1	8	190	43	10	10
41	9	7	11	91	20	17	1	141	32	6	3	191	43	15	5
42	9	12	6	92	21	1	8	142	32	10	10	192	44	0	0
43	9	17	1	93	21	6	3	143	32	15	5	193	44	4	7
44	10	1	8	94	21	10	10	144	33	0	0	194	44	9	2
45	10	6	3	95	21	15	5	145	33	4	7	195	44	13	9
46	10	10	10	96	22	0	0	146	33	9	2	196	44	18	4
47	10	15	5	97	22	4	7	147	33	13	9	197	45	2	11
48	11	0	0	98	22	9	2	148	33	18	4	198	45	7	6
49	11	4	7	99	22	13	9	149	34	2	11	199	45	12	1
50	11	9	2	100	22	18	4	150	34	7	6	200	45	16	8

TAX AT 4s. 7d.

Income.	Tax.			Income.	Tax.			Income.	Tax.			Income.	Tax.		
£	£	s.	d.	£	£	s.	d.	£	£	s.	d.	£	£	s.	d.
201	46	1	3	251	57	10	5	310	71	0	10	810	185	12	6
202	46	5	10	252	57	15	0	320	73	6	8	820	187	18	4
203	46	10	5	253	57	19	7	330	75	12	6	830	190	4	2
204	46	15	0	254	58	4	2	340	77	18	4	840	192	10	0
205	46	19	7	255	58	8	9	350	80	4	2	850	194	15	10
206	47	4	2	256	58	13	4	360	82	10	0	860	197	1	8
207	47	8	9	257	58	17	11	370	84	15	10	870	199	7	6
208	47	13	4	258	59	2	6	380	87	1	8	880	201	13	4
209	47	17	11	259	59	7	1	390	89	7	6	890	203	19	2
210	48	2	6	260	59	11	8	400	91	13	4	900	206	5	0
211	48	7	1	261	59	16	3	410	93	19	2	910	208	10	10
212	48	11	8	262	60	0	10	420	96	5	0	920	210	16	8
213	48	16	3	263	60	5	5	430	98	10	10	930	213	2	6
214	49	0	10	264	60	10	0	440	100	16	8	940	215	8	4
215	49	5	5	265	60	14	7	450	103	2	6	950	217	14	2
216	49	10	0	266	60	19	2	460	105	8	4	960	220	0	0
217	49	14	7	267	61	3	9	470	107	14	2	970	222	5	10
218	49	19	2	268	61	8	4	480	110	0	0	980	224	11	8
219	50	3	9	269	61	12	11	490	112	5	10	990	226	17	6
220	50	8	4	270	61	17	6	500	114	11	8	1,000	229	3	4
221	50	12	11	271	62	2	1	510	116	17	6	1,100	252	1	8
222	50	17	6	272	62	6	8	520	119	3	4	1,200	275	0	0
223	51	2	1	273	62	11	3	530	121	9	2	1,300	297	18	4
224	51	6	8	274	62	15	10	540	123	15	0	1,400	320	16	8
225	51	11	3	275	63	0	5	550	126	0	10	1,500	343	15	0
226	51	15	10	276	63	5	0	560	128	6	8	1,600	366	13	4
227	52	0	5	277	63	9	7	570	130	12	6	1,700	389	11	8
228	52	5	0	278	63	14	2	580	132	18	4	1,800	412	10	0
229	52	9	7	279	63	18	9	590	135	4	2	1,900	435	8	4
230	52	14	2	280	64	3	4	600	137	10	0	2,000	458	6	8
231	52	18	9	281	64	7	11	610	139	15	10	3,000	687	10	0
232	53	3	4	282	64	12	6	620	142	1	8	4,000	916	13	4
233	53	7	11	283	64	17	1	630	144	7	6	5,000	1,145	16	8
234	53	12	6	284	65	1	8	640	146	13	4	6,000	1,375	0	0
235	53	17	1	285	65	6	3	650	148	19	2	7,000	1,604	3	4
236	54	1	8	286	65	10	10	660	151	5	0	8,000	1,833	6	8
237	54	6	3	287	65	15	5	670	153	10	10	9,000	2,062	10	0
238	54	10	10	288	66	0	0	680	155	16	8	10,000	2,291	13	4
239	54	15	5	289	66	4	7	690	158	2	6				
240	55	0	0	290	66	9	2	700	160	8	4				
241	55	4	7	291	66	13	9	710	162	14	2				
242	55	9	2	292	66	18	4	720	165	0	0				
243	55	13	9	293	67	2	11	730	167	5	10				
244	55	18	4	294	67	7	6	740	169	11	8				
245	56	2	11	295	67	12	1	750	171	17	6				
246	56	7	6	296	67	16	8	760	174	3	4				
247	56	12	1	297	68	1	3	770	176	9	2				
248	56	16	8	298	68	5	10	780	178	15	0				
249	57	1	3	299	68	10	5	790	181	0	10				
250	57	5	10	300	68	15	0	800	183	6	8				

PARTS OF A £.

s.	d.	s.	d.
	5		1
1	6		4
2	11		8
4	5	1	0
5	10	1	4
7	4	1	8
8	9	2	0
10	3	2	4
11	8	2	8
13	2	3	0
14	7	3	4
16	0	3	8
17	6	4	0
18	11	4	4

TAX AT 4s. 8d.

Income.	Tax.			Income.	Tax.			Income.	Tax.			Income.	Tax.		
£	£	s.	d.	£	£	s.	d.	£	£	s.	d.	£	£	s.	d.
1		4	8	51	11	18	0	101	23	11	4	151	35	4	8
2		9	4	52	12	2	8	102	23	16	0	152	35	9	4
3		14	0	53	12	7	4	103	24	0	8	153	35	14	0
4		18	8	54	12	12	0	104	24	5	4	154	35	18	8
5	1	3	4	55	12	16	8	105	24	10	0	155	36	3	4
6	1	8	0	56	13	1	4	106	24	14	8	156	36	8	0
7	1	12	8	57	13	6	0	107	24	19	4	157	36	12	8
8	1	17	4	58	13	10	8	108	25	4	0	158	36	17	4
9	2	2	0	59	13	15	4	109	25	8	8	159	37	2	0
10	2	6	8	60	14	0	0	110	25	13	4	160	37	6	8
11	2	11	4	61	14	4	8	111	25	18	0	161	37	11	4
12	2	16	0	62	14	9	4	112	26	2	8	162	37	16	0
13	3	0	8	63	14	14	0	113	26	7	4	163	38	0	8
14	3	5	4	64	14	18	8	114	26	12	0	164	38	5	4
15	3	10	0	65	15	3	4	115	26	16	8	165	38	10	0
16	3	14	8	66	15	8	0	116	27	1	4	166	38	14	8
17	3	19	4	67	15	12	8	117	27	6	0	167	38	19	4
18	4	4	0	68	15	17	4	118	27	10	8	168	39	4	0
19	4	8	8	69	16	2	0	119	27	15	4	169	39	8	8
20	4	13	4	70	16	6	8	120	28	0	0	170	39	13	4
21	4	18	0	71	16	11	4	121	28	4	8	171	39	18	0
22	5	2	8	72	16	16	0	122	28	9	4	172	40	2	8
23	5	7	4	73	17	0	8	123	28	14	0	173	40	7	4
24	5	12	0	74	17	5	4	124	28	18	8	174	40	12	0
25	5	16	8	75	17	10	0	125	29	3	4	175	40	16	8
26	6	1	4	76	17	14	8	126	29	8	0	176	41	1	4
27	6	6	0	77	17	19	4	127	29	12	8	177	41	6	0
28	6	10	8	78	18	4	0	128	29	17	4	178	41	10	8
29	6	15	4	79	18	8	8	129	30	2	0	179	41	15	4
30	7	0	0	80	18	13	4	130	30	6	8	180	42	0	0
31	7	4	8	81	18	18	0	131	30	11	4	181	42	4	8
32	7	9	4	82	19	2	8	132	30	16	0	182	42	9	4
33	7	14	0	83	19	7	4	133	31	0	8	183	42	14	0
34	7	18	8	84	19	12	0	134	31	5	4	184	42	18	8
35	8	3	4	85	19	16	8	135	31	10	0	185	43	3	4
36	8	8	0	86	20	1	4	136	31	14	8	186	43	8	0
37	8	12	8	87	20	6	0	137	31	19	4	187	43	12	8
38	8	17	4	88	20	10	8	138	32	4	0	188	43	17	4
39	9	2	0	89	20	15	4	139	32	8	8	189	44	2	0
40	9	6	8	90	21	0	0	140	32	13	4	190	44	6	8
41	9	11	4	91	21	4	8	141	32	18	0	191	44	11	4
42	9	16	0	92	21	9	4	142	33	2	8	192	44	16	0
43	10	0	8	93	21	14	0	143	33	7	4	193	45	0	8
44	10	5	4	94	21	18	8	144	33	12	0	194	45	5	4
45	10	10	0	95	22	3	4	145	33	16	8	195	45	10	0
46	10	14	8	96	22	8	0	146	34	1	4	196	45	14	8
47	10	19	4	97	22	12	8	147	34	6	0	197	45	19	4
48	11	4	0	98	22	17	4	148	34	10	8	198	46	4	0
49	11	8	8	99	23	2	0	149	34	15	4	199	46	8	8
50	11	13	4	100	23	6	8	150	35	0	0	200	46	13	4

TAX AT 4s. 8d.

Income.	Tax.			Income.	Tax.			Income.	Tax.			Income.	Tax.		
£	£	s.	d.	£	£	s.	d.	£	£	s.	d.	£	£	s.	d.
201	46	18	0	251	58	11	4	310	72	6	8	810	189	0	0
202	47	2	8	252	58	16	0	320	74	13	4	820	191	6	8
203	47	7	4	253	59	0	8	330	77	0	0	830	193	13	4
204	47	12	0	254	59	5	4	340	79	6	8	840	196	0	0
205	47	16	8	255	59	10	0	350	81	13	4	850	198	6	8
206	48	1	4	256	59	14	8	360	84	0	0	860	200	13	4
207	48	6	0	257	59	19	4	370	86	6	8	870	203	0	0
208	48	10	8	258	60	4	0	380	88	13	4	880	205	6	8
209	48	15	4	259	60	8	8	390	91	0	0	890	207	13	4
210	49	0	0	260	60	13	4	400	93	6	8	900	210	0	0
211	49	4	8	261	60	18	0	410	95	13	4	910	212	6	8
212	49	9	4	262	61	2	8	420	98	0	0	920	214	13	4
213	49	14	0	263	61	7	4	430	100	6	8	930	217	0	0
214	49	18	8	264	61	12	0	440	102	13	4	940	219	6	8
215	50	3	4	265	61	16	8	450	105	0	0	950	221	13	4
216	50	8	0	266	62	1	4	460	107	6	8	960	224	0	0
217	50	12	8	267	62	6	0	470	109	13	4	970	226	6	8
218	50	17	4	268	62	10	8	480	112	0	0	980	228	13	4
219	51	2	0	269	62	15	4	490	114	6	8	990	231	0	0
220	51	6	8	270	63	0	0	500	116	13	4	1,000	233	6	8
221	51	11	4	271	63	4	8	510	119	0	0	1,100	256	13	4
222	51	16	0	272	63	9	4	520	121	6	8	1,200	280	0	0
223	52	0	8	273	63	14	0	530	123	13	4	1,300	303	6	8
224	52	5	4	274	63	18	8	540	126	0	0	1,400	326	13	4
225	52	10	0	275	64	3	4	550	128	6	8	1,500	350	0	0
226	52	14	8	276	64	8	0	560	130	13	4	1,600	373	6	8
227	52	19	4	277	64	12	8	570	133	0	0	1,700	396	13	4
228	53	4	0	278	64	17	4	580	135	6	8	1,800	420	0	0
229	53	8	8	279	65	2	0	590	137	13	4	1,900	443	6	8
230	53	13	4	280	65	6	8	600	140	0	0	2,000	466	13	4
231	53	18	0	281	65	11	4	610	142	6	8	3,000	700	0	0
232	54	2	8	282	65	16	0	620	144	13	4	4,000	933	6	8
233	54	7	4	283	66	0	8	630	147	0	0	5,000	1,166	13	4
234	54	12	0	284	66	5	4	640	149	6	8	6,000	1,400	0	0
235	54	16	8	285	66	10	0	650	151	13	4	7,000	1,633	6	8
236	55	1	4	286	66	14	8	660	154	0	0	8,000	1,866	13	4
237	55	6	0	287	66	19	4	670	156	6	8	9,000	2,100	0	0
238	55	10	8	288	67	4	0	680	158	13	4	10,000	2,333	6	8
239	55	15	4	289	67	8	8	690	161	0	0				
240	56	0	0	290	67	13	4	700	163	6	8				
241	56	4	8	291	67	18	0	710	165	13	4				
242	56	9	4	292	68	2	8	720	168	0	0				
243	56	14	0	293	68	7	4	730	170	6	8				
244	56	18	8	294	68	12	0	740	172	13	4				
245	57	3	4	295	68	16	8	750	175	0	0				
246	57	8	0	296	69	1	4	760	177	6	8				
247	57	12	8	297	69	6	0	770	179	13	4				
248	57	17	4	298	69	10	8	780	182	0	0				
249	58	2	0	299	69	15	4	790	184	6	8				
250	58	6	8	300	70	0	0	800	186	13	4				

PARTS OF A £.

s.	d.	s.	d.
	5		1
1	6		4
2	11		8
4	4	1	0
5	9	1	4
7	2	1	8
8	7	2	0
10	0	2	4
11	6	2	8
12	11	3	0
14	4	3	4
15	9	3	8
17	2	4	0
18	7	4	4

TAX AT 4s. 9d.

Income.	Tax.			Income.	Tax.			Income.	Tax.			Income.	Tax.		
£	£	s.	d.	£	£	s.	d.	£	£	s.	d.	£	£	s.	d.
1		4	9	51	12	2	3	101	23	19	9	151	35	17	3
2		9	6	52	12	7	0	102	24	4	6	152	36	2	0
3		14	3	53	12	11	9	103	24	9	3	153	36	6	9
4		19	0	54	12	16	6	104	24	14	0	154	36	11	6
5	1	3	9	55	13	1	3	105	24	18	9	155	36	16	3
6	1	8	6	56	13	6	0	106	25	3	6	156	37	1	0
7	1	13	3	57	13	10	9	107	25	8	3	157	37	5	9
8	1	18	0	58	13	15	6	108	25	13	0	158	37	10	6
9	2	2	9	59	14	0	3	109	25	17	9	159	37	15	3
10	2	7	6	60	14	5	0	110	26	2	6	160	38	0	0
11	2	12	3	61	14	9	9	111	26	7	3	161	38	4	9
12	2	17	0	62	14	14	6	112	26	12	0	162	38	9	6
13	3	1	9	63	14	19	3	113	26	16	9	163	38	14	3
14	3	6	6	64	15	4	0	114	27	1	6	164	38	19	0
15	3	11	3	65	15	8	9	115	27	6	3	165	39	3	9
16	3	16	0	66	15	13	6	116	27	11	0	166	39	8	6
17	4	0	9	67	15	18	3	117	27	15	9	167	39	13	3
18	4	5	6	68	16	3	0	118	28	0	6	168	39	18	0
19	4	10	3	69	16	7	9	119	28	5	3	169	40	2	9
20	4	15	0	70	16	12	6	120	28	10	0	170	40	7	6
21	4	19	9	71	16	17	3	121	28	14	9	171	40	12	3
22	5	4	6	72	17	2	0	122	28	19	6	172	40	17	0
23	5	9	3	73	17	6	9	123	29	4	3	173	41	1	9
24	5	14	0	74	17	11	6	124	29	9	0	174	41	6	6
25	5	18	9	75	17	16	3	125	29	13	9	175	41	11	3
26	6	3	6	76	18	1	0	126	29	18	6	176	41	16	0
27	6	8	3	77	18	5	9	127	30	3	3	177	42	0	9
28	6	13	0	78	18	10	6	128	30	8	0	178	42	5	6
29	6	17	9	79	18	15	3	129	30	12	9	179	42	10	3
30	7	2	6	80	19	0	0	130	30	17	6	180	42	15	0
31	7	7	3	81	19	4	9	131	31	2	3	181	42	19	9
32	7	12	0	82	19	9	6	132	31	7	0	182	43	4	6
33	7	16	9	83	19	14	3	133	31	11	9	183	43	9	3
34	8	1	6	84	19	19	0	134	31	16	6	184	43	14	0
35	8	6	3	85	20	3	9	135	32	1	3	185	43	18	9
36	8	11	0	86	20	8	6	136	32	6	0	186	44	3	6
37	8	15	9	87	20	13	3	137	32	10	9	187	44	8	3
38	9	0	6	88	20	18	0	138	32	15	6	188	44	13	0
39	9	5	3	89	21	2	9	139	33	0	3	189	44	17	9
40	9	10	0	90	21	7	6	140	33	5	0	190	45	2	6
41	9	14	9	91	21	12	3	141	33	9	9	191	45	7	3
42	9	19	6	92	21	17	0	142	33	14	6	192	45	12	0
43	10	4	3	93	22	1	9	143	33	19	3	193	45	16	9
44	10	9	0	94	22	6	6	144	34	4	0	194	46	1	6
45	10	13	9	95	22	11	3	145	34	8	9	195	46	6	3
46	10	18	6	96	22	16	0	146	34	13	6	196	46	11	0
47	11	3	3	97	23	0	9	147	34	18	3	197	46	15	9
48	11	8	0	98	23	5	6	148	35	3	0	198	47	0	6
49	11	12	9	99	23	10	3	149	35	7	9	199	47	5	3
50	11	17	6	100	23	15	0	150	35	12	6	200	47	10	0

TAX AT 4s. 9d.

Income.	Tax.			Income.	Tax.			Income.	Tax.			Income.	Tax.		
£	£	s.	d.	£	£	s.	d.	£	£	s.	d.	£	£	s.	d.
201	47	14	9	251	59	12	3	310	73	12	6	810	192	7	6
202	47	19	6	252	59	17	0	320	76	0	0	820	194	15	0
203	48	4	3	253	60	1	9	330	78	7	6	830	197	2	6
204	48	9	0	254	60	6	6	340	80	15	0	840	199	10	0
205	48	13	9	255	60	11	3	350	83	2	6	850	201	17	6
206	48	18	6	256	60	16	0	360	85	10	0	860	204	5	0
207	49	3	3	257	61	0	9	370	87	17	6	870	206	12	6
208	49	8	0	258	61	5	6	380	90	5	0	880	209	0	0
209	49	12	9	259	61	10	3	390	92	12	6	890	211	7	6
210	49	17	6	260	61	15	0	400	95	0	0	900	213	15	0
211	50	2	3	261	61	19	9	410	97	7	6	910	216	2	6
212	50	7	0	262	62	4	6	420	99	15	0	920	218	10	0
213	50	11	9	263	62	9	3	430	102	2	6	930	220	17	6
214	50	16	6	264	62	14	0	440	104	10	0	940	223	5	0
215	51	1	3	265	62	18	9	450	106	17	6	950	225	12	6
216	51	6	0	266	63	3	6	460	109	5	0	960	228	0	0
217	51	10	9	267	63	8	3	470	111	12	6	970	230	7	6
218	51	15	6	268	63	13	0	480	114	0	0	980	232	15	0
219	52	0	3	269	63	17	9	490	116	7	6	990	235	2	6
220	52	5	0	270	64	2	6	500	118	15	0	1,000	237	10	0
221	52	9	9	271	64	7	3	510	121	2	6	1,100	261	5	0
222	52	14	6	272	64	12	0	520	123	10	0	1,200	285	0	0
223	52	19	3	273	64	16	9	530	125	17	6	1,300	308	15	0
224	53	4	0	274	65	1	6	540	128	5	0	1,400	332	10	0
225	53	8	9	275	65	6	3	550	130	12	6	1,500	356	5	0
226	53	13	6	276	65	11	0	560	133	0	0	1,600	380	0	0
227	53	18	3	277	65	15	9	570	135	7	6	1,700	403	15	0
228	54	3	0	278	66	0	6	580	137	15	0	1,800	427	10	0
229	54	7	9	279	66	5	3	590	140	2	6	1,900	451	5	0
230	54	12	6	280	66	10	0	600	142	10	0	2,000	475	0	0
231	54	17	3	281	66	14	9	610	144	17	6	3,000	712	10	0
232	55	2	0	282	66	19	6	620	147	5	0	4,000	950	0	0
233	55	6	9	283	67	4	3	630	149	12	6	5,000	1,187	10	0
234	55	11	6	284	67	9	0	640	152	0	0	6,000	1,425	0	0
235	55	16	3	285	67	13	9	650	154	7	6	7,000	1,662	10	0
236	56	1	0	286	67	18	6	660	156	15	0	8,000	1,900	0	0
237	56	5	9	287	68	3	3	670	159	2	6	9,000	2,137	10	0
238	56	10	6	288	68	8	0	680	161	10	0	10,000	2,375	0	0
239	56	15	3	289	68	12	9	690	163	17	6				
240	57	0	0	290	68	17	6	700	166	5	0				
241	57	4	9	291	69	2	3	710	168	12	6				
242	57	9	6	292	69	7	0	720	171	0	0				
243	57	14	3	293	69	11	9	730	173	7	6				
244	57	19	0	294	69	16	6	740	175	15	0				
245	58	3	9	295	70	1	3	750	178	2	6				
246	58	8	6	296	70	6	0	760	180	10	0				
247	58	13	3	297	70	10	9	770	182	17	6				
248	58	18	0	298	70	15	6	780	185	5	0				
249	59	2	9	299	71	0	3	790	187	12	6				
250	59	7	6	300	71	5	0	800	190	0	0				

PARTS OF A £.

s.	d.	s.	d.
	5		1
1	5		4
2	10		8
4	3	1	0
5	8	1	4
7	1	1	8
8	6	2	0
9	10	2	4
11	3	2	8
12	8	3	0
14	1	3	4
15	6	3	8
16	11	4	0
18	3	4	4
19	8	4	8

TAX AT 4s. 10d.

Income.	Tax.			Income.	Tax.			Income.	Tax.			Income.	Tax.		
£	£	s.	d.	£	£	s.	d.	£	£	s.	d.	£	£	s.	d.
1		4	10	51	12	6	6	101	24	8	2	151	36	9	10
2		9	8	52	12	11	4	102	24	13	0	152	36	14	8
3		14	6	53	12	16	2	103	24	17	10	153	36	19	6
4		19	4	54	13	1	0	104	25	2	8	154	37	4	4
5	1	4	2	55	13	5	10	105	25	7	6	155	37	9	2
6	1	9	0	56	13	10	8	106	25	12	4	156	37	14	0
7	1	13	10	57	13	15	6	107	25	17	2	157	37	18	10
8	1	18	8	58	14	0	4	108	26	2	0	158	38	3	8
9	2	3	6	59	14	5	2	109	26	6	10	159	38	8	6
10	2	8	4	60	14	10	0	110	26	11	8	160	38	13	4
11	2	13	2	61	14	14	10	111	26	16	6	161	38	18	2
12	2	18	0	62	14	19	8	112	27	1	4	162	39	3	0
13	3	2	10	63	15	4	6	113	27	6	2	163	39	7	10
14	3	7	8	64	15	9	4	114	27	11	0	164	39	12	8
15	3	12	6	65	15	14	2	115	27	15	10	165	39	17	6
16	3	17	4	66	15	19	0	116	28	0	8	166	40	2	4
17	4	2	2	67	16	3	10	117	28	5	6	167	40	7	2
18	4	7	0	68	16	8	8	118	28	10	4	168	40	12	0
19	4	11	10	69	16	13	6	119	28	15	2	169	40	16	10
20	4	16	8	70	16	18	4	120	29	0	0	170	41	1	8
21	5	1	6	71	17	3	2	121	29	4	10	171	41	6	6
22	5	6	4	72	17	8	0	122	29	9	8	172	41	11	4
23	5	11	2	73	17	12	10	123	29	14	6	173	41	16	2
24	5	16	0	74	17	17	8	124	29	19	4	174	42	1	0
25	6	0	10	75	18	2	6	125	30	4	2	175	42	5	10
26	6	5	8	76	18	7	4	126	30	9	0	176	42	10	8
27	6	10	6	77	18	12	2	127	30	13	10	177	42	15	6
28	6	15	4	78	18	17	0	128	30	18	8	178	43	0	4
29	7	0	2	79	19	1	10	129	31	3	6	179	43	5	2
30	7	5	0	80	19	6	8	130	31	8	4	180	43	10	0
31	7	9	10	81	19	11	6	131	31	13	2	181	43	14	10
32	7	14	8	82	19	16	4	132	31	18	0	182	43	19	8
33	7	19	6	83	20	1	2	133	32	2	10	183	44	4	6
34	8	4	4	84	20	6	0	134	32	7	8	184	44	9	4
35	8	9	2	85	20	10	10	135	32	12	6	185	44	14	2
36	8	14	0	86	20	15	8	136	32	17	4	186	44	19	0
37	8	18	10	87	21	0	6	137	33	2	2	187	45	3	10
38	9	3	8	88	21	5	4	138	33	7	0	188	45	8	8
39	9	8	6	89	21	10	2	139	33	11	10	189	45	13	6
40	9	13	4	90	21	15	0	140	33	16	8	190	45	18	4
41	9	18	2	91	21	19	10	141	34	1	6	191	46	3	2
42	10	3	0	92	22	4	8	142	34	6	4	192	46	8	0
43	10	7	10	93	22	9	6	143	34	11	2	193	46	12	10
44	10	12	8	94	22	14	4	144	34	16	0	194	46	17	8
45	10	17	6	95	22	19	2	145	35	0	10	195	47	2	6
46	11	2	4	96	23	4	0	146	35	5	8	196	47	7	4
47	11	7	2	97	23	8	10	147	35	10	6	197	47	12	2
48	11	12	0	98	23	13	8	148	35	15	4	198	47	17	0
49	11	16	10	99	23	18	6	149	36	0	2	199	48	1	10
50	12	1	8	100	24	3	4	150	36	5	0	200	48	6	8

TAX AT 4s. 10d.

Income.	Tax.			Income.	Tax.			Income.	Tax.			Income.	Tax.		
£	£	s.	d.	£	£	s.	d.	£	£	s.	d.	£	£	s.	d.
201	48	11	6	251	60	13	2	310	74	18	4	810	195	15	0
202	48	16	4	252	60	18	0	320	77	6	8	820	198	3	4
203	49	1	2	253	61	2	10	330	79	15	0	830	200	11	8
204	49	6	0	254	61	7	8	340	82	3	4	840	203	0	0
205	49	10	10	255	61	12	6	350	84	11	8	850	205	8	4
206	49	15	8	256	61	17	4	360	87	0	0	860	207	16	8
207	50	0	6	257	62	2	2	370	89	8	4	870	210	5	0
208	50	5	4	258	62	7	0	380	91	16	8	880	212	13	4
209	50	10	2	259	62	11	10	390	94	5	0	890	215	1	8
210	50	15	0	260	62	16	8	400	96	13	4	900	217	10	0
211	50	19	10	261	63	1	6	410	99	1	8	910	219	18	4
212	51	4	8	262	63	6	4	420	101	10	0	920	222	6	8
213	51	9	6	263	63	11	2	430	103	18	4	930	224	15	0
214	51	14	4	264	63	16	0	440	106	6	8	940	227	3	4
215	51	19	2	265	64	0	10	450	108	15	0	950	229	11	8
216	52	4	0	266	64	5	8	460	111	3	4	960	232	0	0
217	52	8	10	267	64	10	6	470	113	11	8	970	234	8	4
218	52	13	8	268	64	15	4	480	116	0	0	980	236	16	8
219	52	18	6	269	65	0	2	490	118	8	4	990	239	5	0
220	53	3	4	270	65	5	0	500	120	16	8	1,000	241	13	4
221	53	8	2	271	65	9	10	510	123	5	0	1,100	265	16	8
222	53	13	0	272	65	14	8	520	125	13	4	1,200	290	0	0
223	53	17	10	273	65	19	6	530	128	1	8	1,300	314	3	4
224	54	2	8	274	66	4	4	540	130	10	0	1,400	338	6	8
225	54	7	6	275	66	9	2	550	132	18	4	1,500	362	10	0
226	54	12	4	276	66	14	0	560	135	6	8	1,600	386	13	4
227	54	17	2	277	66	18	10	570	137	15	0	1,700	410	16	8
228	55	2	0	278	67	3	8	580	140	3	4	1,800	435	0	0
229	55	6	10	279	67	8	6	590	142	11	8	1,900	459	3	4
230	55	11	8	280	67	13	4	600	145	0	0	2,000	483	6	8
231	55	16	6	281	67	18	2	610	147	8	4	3,000	725	0	0
232	56	1	4	282	68	3	0	620	149	16	8	4,000	966	13	4
233	56	6	2	283	68	7	10	630	152	5	0	5,000	1,208	6	8
234	56	11	0	284	68	12	8	640	154	13	4	6,000	1,450	0	0
235	56	15	10	285	68	17	6	650	157	1	8	7,000	1,691	13	4
236	57	0	8	286	69	2	4	660	159	10	0	8,000	1,933	6	8
237	57	5	6	287	69	7	2	670	161	18	4	9,000	2,175	0	0
238	57	10	4	288	69	12	0	680	164	6	8	10,000	2,416	13	4
239	57	15	2	289	69	16	10	690	166	15	0				
240	58	0	0	290	70	1	8	700	169	3	4				
241	58	4	10	291	70	6	6	710	171	11	8				
242	58	9	8	292	70	11	4	720	174	0	0				
243	58	14	6	293	70	16	2	730	176	8	4				
244	58	19	4	294	71	1	0	740	178	16	8				
245	59	4	2	295	71	5	10	750	181	5	0				
246	59	9	0	296	71	10	8	760	183	13	4				
247	59	13	10	297	71	15	6	770	186	1	8				
248	59	18	8	298	72	0	4	780	188	10	0				
249	60	3	6	299	72	5	2	790	190	18	4				
250	60	8	4	300	72	10	0	800	193	6	8				

PARTS OF A £.

s.	d.	s.	d.
	5		1
1	5		4
2	10		8
4	2	1	0
5	7	1	4
6	11	1	8
8	4	2	0
9	8	2	4
11	1	2	8
12	5	3	0
13	10	3	4
15	3	3	8
16	7	4	0
18	0	4	4
19	4	4	8

TAX AT 4s. 11d.

Income.	Tax.			Income.	Tax.			Income.	Tax.			Income.	Tax.		
£	£	s.	d.	£	£	s.	d.	£	£	s.	d.	£	£	s.	d.
1		4	11	51	12	10	9	101	24	16	7	151	37	2	5
2		9	10	52	12	15	8	102	25	1	6	152	37	7	4
3		14	9	53	13	0	7	103	25	6	5	153	37	12	3
4		19	8	54	13	5	6	104	25	11	4	154	37	17	2
5	1	4	7	55	13	10	5	105	25	16	3	155	38	2	1
6	1	9	6	56	13	15	4	106	26	1	2	156	38	7	0
7	1	14	5	57	14	0	3	107	26	6	1	157	38	11	11
8	1	19	4	58	14	5	2	108	26	11	0	158	38	16	10
9	2	4	3	59	14	10	1	109	26	15	11	159	39	1	9
10	2	9	2	60	14	15	0	110	27	0	10	160	39	6	8
11	2	14	1	61	14	19	11	111	27	5	9	161	39	11	7
12	2	19	0	62	15	4	10	112	27	10	8	162	39	16	6
13	3	3	11	63	15	9	9	113	27	15	7	163	40	1	5
14	3	8	10	64	15	14	8	114	28	0	6	164	40	6	4
15	3	13	9	65	15	19	7	115	28	5	5	165	40	11	3
16	3	18	8	66	16	4	6	116	28	10	4	166	40	16	2
17	4	3	7	67	16	9	5	117	28	15	3	167	41	1	1
18	4	8	6	68	16	14	4	118	29	0	2	168	41	6	0
19	4	13	5	69	16	19	3	119	29	5	1	169	41	10	11
20	4	18	4	70	17	4	2	120	29	10	0	170	41	15	10
21	5	3	3	71	17	9	1	121	29	14	11	171	42	0	9
22	5	8	2	72	17	14	0	122	29	19	10	172	42	5	8
23	5	13	1	73	17	18	11	123	30	4	9	173	42	10	7
24	5	18	0	74	18	3	10	124	30	9	8	174	42	15	6
25	6	2	11	75	18	8	9	125	30	14	7	175	43	0	5
26	6	7	10	76	18	13	8	126	30	19	6	176	43	5	4
27	6	12	9	77	18	18	7	127	31	4	5	177	43	10	3
28	6	17	8	78	19	3	6	128	31	9	4	178	43	15	2
29	7	2	7	79	19	8	5	129	31	14	3	179	44	0	1
30	7	7	6	80	19	13	4	130	31	19	2	180	44	5	0
31	7	12	5	81	19	18	3	131	32	4	1	181	44	9	11
32	7	17	4	82	20	3	2	132	32	9	0	182	44	14	10
33	8	2	3	83	20	8	1	133	32	13	11	183	44	19	9
34	8	7	2	84	20	13	0	134	32	18	10	184	45	4	8
35	8	12	1	85	20	17	11	135	33	3	9	185	45	9	7
36	8	17	0	86	21	2	10	136	33	8	8	186	45	14	6
37	9	1	11	87	21	7	9	137	33	13	7	187	45	19	5
38	9	6	10	88	21	12	8	138	33	18	6	188	46	4	4
39	9	11	9	89	21	17	7	139	34	3	5	189	46	9	3
40	9	16	8	90	22	2	6	140	34	8	4	190	46	14	2
41	10	1	7	91	22	7	5	141	34	13	3	191	46	19	1
42	10	6	6	92	22	12	4	142	34	18	2	192	47	4	0
43	10	11	5	93	22	17	3	143	35	3	1	193	47	8	11
44	10	16	4	94	23	2	2	144	35	8	0	194	47	13	10
45	11	1	3	95	23	7	1	145	35	12	11	195	47	18	9
46	11	6	2	96	23	12	0	146	35	17	10	196	48	3	8
47	11	11	1	97	23	16	11	147	36	2	9	197	48	8	7
48	11	16	0	98	24	1	10	148	36	7	8	198	48	13	6
49	12	0	11	99	24	6	9	149	36	12	7	199	48	18	5
50	12	5	10	100	24	11	8	150	36	17	6	200	49	3	4

TAX AT 4s. 11d.

Income.	Tax.			Income.	Tax.			Income.	Tax.			Income.	Tax.		
£	£	s.	d.	£	£	s.	d.	£	£	s.	d.	£	£	s.	d.
201	49	8	3	251	61	14	1	310	76	4	2	810	199	2	6
202	49	13	2	252	61	19	0	320	78	13	4	820	201	11	8
203	49	18	1	253	62	3	11	330	81	2	6	830	204	0	10
204	50	3	0	254	62	8	10	340	83	11	8	840	206	10	0
205	50	7	11	255	62	13	9	350	86	0	10	850	208	19	2
206	50	12	10	256	62	18	8	360	88	10	0	860	211	8	4
207	50	17	9	257	63	3	7	370	90	19	2	870	213	17	6
208	51	2	8	258	63	8	6	380	93	8	4	880	216	6	8
209	51	7	7	259	63	13	5	390	95	17	6	890	218	15	10
210	51	12	6	260	63	18	4	400	98	6	8	900	221	5	0
211	51	17	5	261	64	3	3	410	100	15	10	910	223	14	2
212	52	2	4	262	64	8	2	420	103	5	0	920	226	3	4
213	52	7	3	263	64	13	1	430	105	14	2	930	228	12	6
214	52	12	2	264	64	18	0	440	108	3	4	940	231	1	8
215	52	17	1	265	65	2	11	450	110	12	6	950	233	10	10
216	53	2	0	266	65	7	10	460	113	1	8	960	236	0	0
217	53	6	11	267	65	12	9	470	115	10	10	970	238	9	2
218	53	11	10	268	65	17	8	480	118	0	0	980	240	18	4
219	53	16	9	269	66	2	7	490	120	9	2	990	243	7	6
220	54	1	8	270	66	7	6	500	122	18	4	1,000	245	16	8
221	54	6	7	271	66	12	5	510	125	7	6	1,100	270	8	4
222	54	11	6	272	66	17	4	520	127	16	8	1,200	295	0	0
223	54	16	5	273	67	2	3	530	130	5	10	1,300	319	11	8
224	55	1	4	274	67	7	2	540	132	15	0	1,400	344	3	4
225	55	6	3	275	67	12	1	550	135	4	2	1,500	368	15	0
226	55	11	2	276	67	17	0	560	137	13	4	1,600	393	6	8
227	55	16	1	277	68	1	11	570	140	2	6	1,700	417	18	4
228	56	1	0	278	68	6	10	580	142	11	8	1,800	442	10	0
229	56	5	11	279	68	11	9	590	145	0	10	1,900	467	1	8
230	56	10	10	280	68	16	8	600	147	10	0	2,000	491	13	4
231	56	15	9	281	69	1	7	610	149	19	2	3,000	737	10	0
232	57	0	8	282	69	6	6	620	152	8	4	4,000	983	6	8
233	57	5	7	283	69	11	5	630	154	17	6	5,000	1,229	3	4
234	57	10	6	284	69	16	4	640	157	6	8	6,000	1,475	0	0
235	57	15	5	285	70	1	3	650	159	15	10	7,000	1,720	16	8
236	58	0	4	286	70	6	2	660	162	5	0	8,000	1,966	13	4
237	58	5	3	287	70	11	1	670	164	14	2	9,000	2,212	10	0
238	58	10	2	288	70	16	0	680	167	3	4	10,000	2,458	6	8
239	58	15	1	289	71	0	11	690	169	12	6				
240	59	0	0	290	71	5	10	700	172	1	8				
241	59	4	11	291	71	10	9	710	174	10	10				
242	59	9	10	292	71	15	8	720	177	0	0				
243	59	14	9	293	72	0	7	730	179	9	2				
244	59	19	8	294	72	5	6	740	181	18	4				
245	60	4	7	295	72	10	5	750	184	7	6				
246	60	9	6	296	72	15	4	760	186	16	8				
247	60	14	5	297	73	0	3	770	189	5	10				
248	60	19	4	298	73	5	2	780	191	15	0				
249	61	4	3	299	73	10	1	790	194	4	2				
250	61	9	2	300	73	15	0	800	196	13	4				

PARTS OF A £.

s.	d.	s.	d.
	5		1
1	5		4
2	9		3
4	1	1	0
5	6	1	4
6	10	1	8
8	2	2	0
9	6	2	4
10	11	2	8
12	3	3	0
13	7	3	4
14	11	3	8
16	4	4	0
17	8	4	4
19	0	4	8

TAX AT 5s.

Income.	Tax.			Income.	Tax.			Income.	Tax.			Income.	Tax.		
£	£	s.	d.	£	£	s.	d.	£	£	s.	d.	£	£	s.	d.
1		5	0	**51**	12	15	0	**101**	25	5	0	**151**	37	15	0
2		10	0	**52**	13	0	0	**102**	25	10	0	**152**	38	0	0
3		15	0	**53**	13	5	0	**103**	25	15	0	**153**	38	5	0
4	1	0	0	**54**	13	10	0	**104**	26	0	0	**154**	38	10	0
5	1	5	0	**55**	13	15	0	**105**	26	5	0	**155**	38	15	0
6	1	10	0	**56**	14	0	0	**106**	26	10	0	**156**	39	0	0
7	1	15	0	**57**	14	5	0	**107**	26	15	0	**157**	39	5	0
8	2	0	0	**58**	14	10	0	**108**	27	0	0	**158**	39	10	0
9	2	5	0	**59**	14	15	0	**109**	27	5	0	**159**	39	15	0
10	2	10	0	**60**	15	0	0	**110**	27	10	0	**160**	40	0	0
11	2	15	0	**61**	15	5	0	**111**	27	15	0	**161**	40	5	0
12	3	0	0	**62**	15	10	0	**112**	28	0	0	**162**	40	10	0
13	3	5	0	**63**	15	15	0	**113**	28	5	0	**163**	40	15	0
14	3	10	0	**64**	16	0	0	**114**	28	10	0	**164**	41	0	0
15	3	15	0	**65**	16	5	0	**115**	28	15	0	**165**	41	5	0
16	4	0	0	**66**	16	10	0	**116**	29	0	0	**166**	41	10	0
17	4	5	0	**67**	16	15	0	**117**	29	5	0	**167**	41	15	0
18	4	10	0	**68**	17	0	0	**118**	29	10	0	**168**	42	0	0
19	4	15	0	**69**	17	5	0	**119**	29	15	0	**169**	42	5	0
20	5	0	0	**70**	17	10	0	**120**	30	0	0	**170**	42	10	0
21	5	5	0	**71**	17	15	0	**121**	30	5	0	**171**	42	15	0
22	5	10	0	**72**	18	0	0	**122**	30	10	0	**172**	43	0	0
23	5	15	0	**73**	18	5	0	**123**	30	15	0	**173**	43	5	0
24	6	0	0	**74**	18	10	0	**124**	31	0	0	**174**	43	10	0
25	6	5	0	**75**	18	15	0	**125**	31	5	0	**175**	43	15	0
26	6	10	0	**76**	19	0	0	**126**	31	10	0	**176**	44	0	0
27	6	15	0	**77**	19	5	0	**127**	31	15	0	**177**	44	5	0
28	7	0	0	**78**	19	10	0	**128**	32	0	0	**178**	44	10	0
29	7	5	0	**79**	19	15	0	**129**	32	5	0	**179**	44	15	0
30	7	10	0	**80**	20	0	0	**130**	32	10	0	**180**	45	0	0
31	7	15	0	**81**	20	5	0	**131**	32	15	0	**181**	45	5	0
32	8	0	0	**82**	20	10	0	**132**	33	0	0	**182**	45	10	0
33	8	5	0	**83**	20	15	0	**133**	33	5	0	**183**	45	15	0
34	8	10	0	**84**	21	0	0	**134**	33	10	0	**184**	46	0	0
35	8	15	0	**85**	21	5	0	**135**	33	15	0	**185**	46	5	0
36	9	0	0	**86**	21	10	0	**136**	34	0	0	**186**	46	10	0
37	9	5	0	**87**	21	15	0	**137**	34	5	0	**187**	46	15	0
38	9	10	0	**88**	22	0	0	**138**	34	10	0	**188**	47	0	0
39	9	15	0	**89**	22	5	0	**139**	34	15	0	**189**	47	5	0
40	10	0	0	**90**	22	10	0	**140**	35	0	0	**190**	47	10	0
41	10	5	0	**91**	22	15	0	**141**	35	5	0	**191**	47	15	0
42	10	10	0	**92**	23	0	0	**142**	35	10	0	**192**	48	0	0
43	10	15	0	**93**	23	5	0	**143**	35	15	0	**193**	48	5	0
44	11	0	0	**94**	23	10	0	**144**	36	0	0	**194**	48	10	0
45	11	5	0	**95**	23	15	0	**145**	36	5	0	**195**	48	15	0
46	11	10	0	**96**	24	0	0	**146**	36	10	0	**196**	49	0	0
47	11	15	0	**97**	24	5	0	**147**	36	15	0	**197**	49	5	0
48	12	0	0	**98**	24	10	0	**148**	37	0	0	**198**	49	10	0
49	12	5	0	**99**	24	15	0	**149**	37	5	0	**199**	49	15	0
50	12	10	0	**100**	25	0	0	**150**	37	10	0	**200**	50	0	0

TAX AT 5s.

Income.	Tax.			Income.	Tax.			Income.	Tax.		
£	£	s.	d.	£	£	s.	d.	£	£	s.	d.
201	50	5	0	251	62	15	0	310	77	10	0
202	50	10	0	252	63	0	0	320	80	0	0
203	50	15	0	253	63	5	0	330	82	10	0
204	51	0	0	254	63	10	0	340	85	0	0
205	51	5	0	255	63	15	0	350	87	10	0
206	51	10	0	256	64	0	0	360	90	0	0
207	51	15	0	257	64	5	0	370	92	10	0
208	52	0	0	258	64	10	0	380	95	0	0
209	52	5	0	259	64	15	0	390	97	10	0
210	52	10	0	260	65	0	0	400	100	0	0
211	52	15	0	261	65	5	0	410	102	10	0
212	53	0	0	262	65	10	0	420	105	0	0
213	53	5	0	263	65	15	0	430	107	10	0
214	53	10	0	264	66	0	0	440	110	0	0
215	53	15	0	265	66	5	0	450	112	10	0
216	54	0	0	266	66	10	0	460	115	0	0
217	54	5	0	267	66	15	0	470	117	10	0
218	54	10	0	268	67	0	0	480	120	0	0
219	54	15	0	269	67	5	0	490	122	10	0
220	55	0	0	270	67	10	0	500	125	0	0
221	55	5	0	271	67	15	0	510	127	10	0
222	55	10	0	272	68	0	0	520	130	0	0
223	55	15	0	273	68	5	0	530	132	10	0
224	56	0	0	274	68	10	0	540	135	0	0
225	56	5	0	275	68	15	0	550	137	10	0
226	56	10	0	276	69	0	0	560	140	0	0
227	56	15	0	277	69	5	0	570	142	10	0
228	57	0	0	278	69	10	0	580	145	0	0
229	57	5	0	279	69	15	0	590	147	10	0
230	57	10	0	280	70	0	0	600	150	0	0
231	57	15	0	281	70	5	0	610	152	10	0
232	58	0	0	282	70	10	0	620	155	0	0
233	58	5	0	283	70	15	0	630	157	10	0
234	58	10	0	284	71	0	0	640	160	0	0
235	58	15	0	285	71	5	0	650	162	10	0
236	59	0	0	286	71	10	0	660	165	0	0
237	59	5	0	287	71	15	0	670	167	10	0
238	59	10	0	288	72	0	0	680	170	0	0
239	59	15	0	289	72	5	0	690	172	10	0
240	60	0	0	290	72	10	0	700	175	0	0
241	60	5	0	291	72	15	0	710	177	15	0
242	60	10	0	292	73	0	0	720	180	0	0
243	60	15	0	293	73	5	0	730	182	10	0
244	61	0	0	294	73	10	0	740	185	0	0
245	61	5	0	295	73	15	0	750	187	10	0
246	61	10	0	296	74	0	0	760	190	0	0
247	61	15	0	297	74	5	0	770	192	10	0
248	62	0	0	298	74	10	0	780	195	0	0
249	62	5	0	299	74	15	0	790	197	10	0
250	62	10	0	300	75	0	0	800	200	0	0

Income.	Tax.		
£	£	s.	d.
810	202	10	0
820	205	0	0
830	207	10	0
840	210	0	0
850	212	10	0
860	215	0	0
870	217	10	0
880	220	0	0
890	222	10	0
900	225	0	0
910	227	10	0
920	230	0	0
930	232	10	0
940	235	0	0
950	237	10	0
960	240	0	0
970	242	10	0
980	245	0	0
990	247	10	0
1,000	250	0	0
1,100	275	0	0
1,200	300	0	0
1,300	325	0	0
1,400	350	0	0
1,500	375	0	0
1,600	400	0	0
1,700	425	0	0
1,800	450	0	0
1,900	475	0	0
2,000	500	0	0
3,000	750	0	0
4,000	1,000	0	0
5,000	1,250	0	0
6,000	1,500	0	0
7,000	1,750	0	0
8,000	2,000	0	0
9,000	2,250	0	0
10,000	2,500	0	0

PARTS OF A £.

s.	d.	s.	d.
	4		1
1	4		4
2	8		8
4	0	1	0
5	4	1	4
6	8	1	8
8	0	2	0
9	4	2	4
10	8	2	8
12	0	3	0
13	4	3	4
14	8	3	8
16	0	4	0
17	4	4	4
18	8	4	8

Printed by Sir Isaac Pitman & Sons, Ltd., Bath, England

R—(1526)

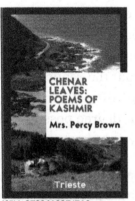

You May Also Like

Haym Salomon: The Financier of the Revolution : an Unwritten Chapter in American History

Madison C. Peters

ISBN: 9781760570170
Paperback: 56 pages
Dimensions: 6.14 x 0.12 x 9.21 inches
Language: eng

The setter

Edward Laverack

ISBN: 9781760570309
Paperback: 90 pages
Dimensions: 6.14 x 0.19 x 9.21 inches
Language: eng

www.triestepublishing.com

You May Also Like

The Ship Captain's Medical Guide

Harry Leach

Around the Year in Rhyme for the Jewish Child

Jessie E. Sampter

Lightning Source UK Ltd.
Milton Keynes UK
UKOW05f2246110218
317697UK00004B/9/P

9 780649 159048